权威·前沿·原创

皮书系列为

“十二五”“十三五”国家重点图书出版规划项目

智库成果出版与传播平台

中国汽车零部件产业发展报告（2020~2021）

ANNUAL REPORT ON THE DEVELOPMENT OF CHINESE AUTOMOBILE PARTS INDUSTRY (2020-2021)

中国汽车工业协会
中国汽车工程研究院股份有限公司 / 主　编
广西思维奇电力集团有限公司

社会科学文献出版社
SOCIAL SCIENCES ACADEMIC PRESS (CHINA)

图书在版编目（CIP）数据

中国汽车零部件产业发展报告．2020－2021／中国汽车工业协会，中国汽车工程研究院股份有限公司，广西思维奇电力集团有限公司主编．－－北京：社会科学文献出版社，2021．9
（汽车工业蓝皮书）
ISBN 978－7－5201－8806－7

Ⅰ．①中…　Ⅱ．①中…　②中…　③广…　Ⅲ．①零部件－汽车工业－产业发展－研究报告－中国－2020－2021
Ⅳ．①F426．471

中国版本图书馆 CIP 数据核字（2021）第 162956 号

汽车工业蓝皮书
中国汽车零部件产业发展报告（2020～2021）

主　编／中国汽车工业协会
中国汽车工程研究院股份有限公司
广西思维奇电力集团有限公司

出 版 人／王利民
责任编辑／张　超
责任印制／王京美

出　版／社会科学文献出版社·皮书出版分社（010）59367127
地址：北京市北三环中路甲 29 号院华龙大厦　邮编：100029
网址：www.ssap.com.cn
发　行／市场营销中心（010）59367081　59367083
印　装／天津千鹤文化传播有限公司

规　格／开　本：787mm×1092mm　1/16
印　张：25.5　字　数：385 千字
版　次／2021 年 9 月第 1 版　2021 年 9 月第 1 次印刷
书　号／ISBN 978－7－5201－8806－7
定　价／158.00 元

本书如有印装质量问题，请与读者服务中心（010－59367028）联系

《中国汽车零部件产业发展报告（2020～2021）》编委会

编委会主任　付炳锋

编委会副主任　李开国　罗军民

主　　编　万鑫铭　李桂新

副 主 编　夏国强　杜道锋　鲍欢欢

编　　委　薛　凯　郭　钰　崔　岩

主要执笔人　薛　凯　崔　岩　何　明　张业杰　何　鹏
张　帆　兰　兵　占文锋　李钰怀　涂莉娟
应红亮　彭　军　王　彊　罗家仁

参与编写人员　杨红松　孙　悦　樊　琛　李佳妮　赵　颖
盛　凯　汪建峰　何　海　王泓轶　李　康
张鹏魁　陈　泓　杜家坤　罗亨波　吴凯凡
孙梦龙　陈　雷　张　宁　罗　丹　郝峥嵘
滕学蓓　廖军飞　陈　思　张　静

参编单位　中国汽车工业协会
中国汽车工程研究院股份有限公司

广西思维奇电力集团有限公司
紫光国芯微电子股份有限公司
万帮数字能源股份有限公司
百度智能驾驶事业群组
中国电动汽车充电基础设施促进联盟
东风设备制造有限公司
广汽集团汽车工程研究院
深圳市航盛电子股份有限公司
上海电驱动股份有限公司
北京小马智行科技有限公司

摘　要

《中国汽车零部件产业发展报告（2020～2021）》是关于中国汽车零部件产业发展的年度研究报告，2016 年首次出版，本书为第六册。本报告由中国汽车工业协会、中国汽车工程研究院股份有限公司和广西思维奇电力集团有限公司组织编撰，集合了整车企业、零部件企业、中汽协会各零部件分支机构、大专院校和有关政府部门众多行业管理者、专家和学者的智慧，是一部较为全面论述中国汽车零部件产业发展的权威著作。

受新冠肺炎疫情的影响，全球汽车市场遭受重创，2020 年全球汽车销售出现自 2008 年金融危机以来的最大降幅，全球汽车零部件产业配套受到了严重的影响。在汽车市场疲软的影响下，我国汽车产销量连续两年下滑，突如其来的新冠肺炎疫情更是对汽车的生产、销售、出口等多个方面造成严重影响，使汽车供应链受到威胁。在政府的有效控制下，我国汽车零部件市场快速复苏，零部件企业整体业绩稳步增长。在“十三五”收官之年，我国汽车零部件产业如何应对突发事件完成转型升级、“十四五”期间如何完成高质量发展成为行业重点关注的话题。

本报告以“汽车零部件产业的融合创新”为主线，对产业投资研究、企业研究、细分行业研究和质量管理研究等方面进行相应阐述，报告共分为总报告、专题篇、行业篇、案例篇和附录五个部分。

总报告宏观分析了我国汽车零部件产业的政策体系、企业营收和进出口现状、战略布局等方面的发展情况，宏观描述了全球汽车零部件产业市场现状、企业经营情况、技术研发、投资活动以及在华布局战略等方面的发展动态。

专题篇对我国国家层面、地方层面以及企业层面在“十四五”期间的发展规划进行了深入研究，并从中预测及展望了我国汽车零部件行业的发展趋势。

行业篇深入剖析了发动机、电驱动总成系统、电动汽车充换电设施、车载核心芯片、智能汽车人机交互以及自动驾驶操作系统六大行业领域的发展现状及趋势，对产品技术及市场规模进行了深入研究，并对各行业未来发展趋势进行了预测和分析。

案例篇分别选取了智能制造方面的东风设备制造有限公司、充换电基础设施方面的万帮数字能源股份有限公司、自动驾驶方面的小马智行和能源互联网公司思维奇为例，对其企业情况、业务布局、企业发展战略、创新发展经验及典型转型升级事件等内容进行了详细阐述和分析。

在丰富的素材支撑下，本报告针对汽车零部件产业进行了一定广度和深度的研究，有助于广大读者全方位了解中国汽车零部件产业发展态势，对汽车产业管理部门、行业机构、地方政府、企业决策及战略研究具有重要的参考价值和借鉴意义。

关键词： 汽车零部件　融合创新　智能化

目 录

Ⅰ 总报告

Ⅱ 专题篇

Ⅲ 行业篇

Ⅳ 案例篇

Ⅴ 附 录

皮书数据库阅读**使用指南**

总 报 告

General Reports

B.1 2020年中国汽车零部件产业发展分析

摘　要：　截至2020年底，我国汽车产销量分别完成2522.5万辆和2531.1万辆，同比下降2%和1.9%，与上年相比，降幅分别缩小5.5个和6.3个百分点。在新冠肺炎疫情的影响下，我国汽车零部件产业国际贸易受到了严重影响，尤其是汽车零部件出口严重下滑。在政府的有效控制下，我国汽车零部件市场快速复苏，零部件企业整体业绩稳步增长。同时，在新能源技术、智能网联技术领域多年的研究积累后，2020年我国汽车零部件企业开始将技术向商业化、产业化的方向推进。本文详细阐述了2020年我国汽车零部件产业在政策体系、市场规模、企业经营、投资并购及核心技术研发等方面的发展情况。

关键词：　汽车产业　汽车零部件产业　产业政策　汽车技术

一　“十四五”助推产业发展，规划政策陆续发布

2020 年是“十三五”收官之年，国家及地方各级政府部门重点围绕新

能源汽车和智能网联汽车两个方面制定并出台了大量零部件产业相关政策及规划，积极推动汽车零部件产业高质量发展（见表1）。

表1　2020年汽车零部件相关政策

政策法规名称	颁布时间	颁布单位
《新能源汽车废旧动力蓄电池综合利用行业规范条件(2019年本)》《新能源汽车废旧动力蓄电池综合利用行业规范公告管理暂行办法(2019年本)》	2020年1月2日	工信部
《车用动力电池回收利用单体拆解技术规范(征求意见稿)》	2020年1月3日	全国汽车标准化技术委员会
《智能汽车创新发展战略》	2020年2月22日	国家发展和改革委员会、中央网络安全和信息化委员办公室、科学技术部、工信部、公安部、财政部、自然资源部、住房和城乡建设部、交通运输部、商务部、国家市场监督管理总局
《全国重点工业产品质量安全监管目录(2020年版)》	2020年3月17日	国家市场监督管理总局
《2020年工业节能与综合利用工作要点》	2020年3月23日	工信部
《2020年智能网联汽车标准化工作要点》	2020年4月16日	工信部
《2020年新能源汽车标准化工作要点》	2020年4月26日	工信部
《铅蓄电池回收利用管理暂行办法(征求意见稿)》	2020年6月2日	国家发改委
《关于开展新能源汽车安全隐患排查工作的通知》	2020年6月8日	工信部装备中心
《京津冀及周边地区工业资源综合利用产业协同转型提升计划(2020~2022年)》	2020年7月15日	工信部
《河北省汽车产业链集群化发展三年行动计划(2020~2022年)》	2020年7月20日	河北省制造强省建设领导小组
《关于修改〈新能源汽车生产企业及产品准入管理规定〉的决定》	2020年7月30日	工信部
《汽车零部件再制造管理暂行办法(征求意见稿)》	2020年8月11日	国家发改委
《六安市氢能产业发展规划(2020~2025年)(征求意见稿)》	2020年9月7日	六安市人民政府

续表

政策法规名称	颁布时间	颁布单位
《乌海市氢能规划简介》	2020 年 9 月 7 日	乌海市发改委
《北京市氢燃料电池汽车产业发展规划（2020～2025 年）》	2020 年 9 月 8 日	北京市经济和信息化局
《广东省氢燃料电池汽车标准体系与规划路线图（2020～2024 年）》	2020 年 9 月 15 日	广东省市场监督管理局、广东省发展和改革委员会、广东省工业和信息化厅、广东省住房和城乡建设厅、广东省应急管理厅
《关于促进汽车产业加快发展的意见》	2020 年 9 月 15 日	广州市人民政府办公厅
《临港新片区创新型产业规划》	2020 年 9 月 24 日	上海市经济信息化委员会、中国（上海）自由贸易试验区临港新片区管委会、上海市发展和改革委员会、上海市商务委员会、上海市科学技术委员会、上海市交通委员会、上海市金融工作局
《广东省发展汽车战略性支柱产业集群行动计划（2021～2025 年）》	2020 年 9 月 25 日	广东省工业和信息化厅、广东省发展和改革委员会、广东省科学技术厅、广东省商务厅、广东省市场监督管理局
《舟山市加快氢能产业发展的实施意见（征求意见稿）》	2020 年 9 月 28 日	舟山市司法局
《四川省支持新能源与智能汽车产业发展若干政策措施》	2020 年 9 月 29 日	四川省人民政府办公厅
《大同市氢能产业发展规划（2020～2030 年）》	2020 年 9 月 30 日	大同市人民政府
《新能源汽车动力蓄电池梯次利用管理办法（征求意见稿）》	2020 年 10 月 10 日	工信部
《保定市氢燃料电池汽车产业发展三年行动方案（2020～2022 年）》	2020 年 9 月 15 日	保定市人民政府办公室
《关于开展燃料电池汽车示范应用的通知》	2020 年 9 月 16 日	财政部、工信部、科技部、国家发改委、国家能源局
《新能源电池回收利用行业标准化工作组筹建申请公示》	2020 年 10 月 12 日	工信部
《关于组织开展 2020 年度道路机动车辆生产企业及产品生产一致性监督检查工作的通知》	2020 年 10 月 16 日	工信部

续表

政策法规名称	颁布时间	颁布单位
《新能源汽车产业发展规划(2021 ~2035年)》	2020年11月2日	国务院办公厅
《全国深化"放管服"改革优化营商环境电视电话会议重点任务分工方案》	2020年11月10日	国务院办公厅
《上海市燃料电池汽车产业创新发展实施计划》	2020年11月13日	上海市经济和信息化委员会、上海市发展和改革委员会、上海市交通委员会、上海市科学技术委员会、上海市住房和城乡建设管理委员会、上海市财政局
《平湖市加快推进氢能产业发展和示范应用实施意见(征求意见稿)》	2020年11月17日	平湖市发改局
《中共辽宁省委关于制定辽宁省国民经济和社会发展第十四个五年规划和二〇三五年远景目标的建议》	2020年11月27日	中共辽宁省委
《关于上海市开展推进长三角交通一体化等交通强国建设试点工作的意见》	2020年11月30日	交通运输部
《江西省加快推进电动汽车充电基础设施建设三年行动计划(2021~2023年)》	2020年12月4日	江西省发展和改革委员会、江西省自然资源厅、江西省住房和城乡建设厅、江西省交通运输厅、江西省商务厅、江西省工业和信息化厅、江西省文化和旅游厅、江西省机关事务管理局
《中共海南省委关于制定国民经济和社会发展第十四个五年规划和二〇三五年远景目标的建议》	2020年12月4日	中共海南省委
《中共湖南省委关于制定湖南省国民经济和社会发展第十四个五年规划和二〇三五年远景目标的建议》	2020年12月12日	中共湖南省委
《中共安徽省委关于制定国民经济和社会发展第十四个五年规划和二〇三五年远景目标的建议》	2020年12月11日	中共安徽省委
《中共贵州省委关于制定贵州省国民经济和社会发展第十四个五年规划和二〇三五年远景目标的建议》	2020年12月12日	中共贵州省委

续表

政策法规名称	颁布时间	颁布单位
《上海市加快新能源汽车产业发展实施计划(2021～2025年)》和《关于支持本市燃料电池汽车产业发展若干政策》	2020年12月14日	上海市人民政府办公厅
《青岛市氢能产业发展规划(2020～2030年)》	2020年12月14日	青岛市人民政府
《内蒙古自治区促进燃料电池汽车产业发展若干措施(试行)》	2020年12月18日	内蒙古自治区能源局
《平湖市加快推进氢能产业发展和示范应用实施意见》	2020年12月22日	平湖市人民政府
《关于支持氢能产业发展的意见》	2020年12月24日	济宁市人民政府
《自治区汽车及机械产业供应链金融贷款贴息实施方案》	2020年12月25日	广西壮族自治区工业和信息化厅、广西壮族自治区财政厅

资料来源：中国汽研整理。

国家层面，融合创新为主旋律，技术研发是重点。国务院办公厅正式印发的《新能源汽车产业发展规划（2021～2035年）》部署了5项战略任务，其中包括坚持整车和零部件并重，强化整车集成技术创新，提升动力电池、新一代车用电机等关键零部件的产业基础能力，推动电动化与网联化、智能化技术互融协同发展。《智能汽车创新发展战略》明确开展复杂系统体系架构、复杂环境感知、智能决策控制、人机交互及人机共驾、车路交互、网络安全等基础前瞻技术研发，重点突破新型电子电气架构、多源传感信息融合感知、新型智能终端、智能计算平台、车用无线通信网络、高精度时空基准服务和智能汽车基础地图、云控基础平台等共性交叉技术。

地方层面，随着国家层面产业规划的印发，各地方根据自身产业发展情况、区位特点，在地区“十四五”规划上针对零部件产业也做出相应的举措，并获得地方省委、政府的批复与肯定。其中，氢能产业和新能源汽车、智能网联汽车全产业链的“新兴产业”成为热点。氢能产业方面，《关于开展燃料电池汽车示范应用的通知》中强化了对电堆、膜电极、双极板等关键零部件的考核力度，为加快带动相关基础材料、关键零部件和整车核心技术研发创新，对新技术示范应用以及关键核心技术产业化应用给予奖励。逾20个城市群进行了“燃料电池汽车”示范城市的申报，河北、天津、北京相继完成了氢燃料电池汽车产业的发展规划，标志着京津冀氢燃料电池产业的导向性政策完成。聚集了众多燃料电池汽车产业链上下游企业的上海也相继发布了《上海市燃料电池汽车产业创新发展实施计划》、《上海市加快新能源汽车产业发展实施计划（2021～2025年）》和《关于支持本市燃料电池汽车产业发展若干政策》。新能源汽车、智能网联汽车全产业链的“新兴产业”方面，内蒙古将以呼包鄂为重点，培育发展北奔、北重等新能源重卡汽车，打造动力电池、电机、电控系统、动力总成、配套零部件及整车研发生产的新能源汽车全产业链。安徽将新能源汽车和智能网联汽车作为全省的十大新兴产业之一，各市在发展汽车产业时分工明确、各有侧重。大力支持合肥新能源汽车和智能网联汽车、阜阳新能源电池、芜湖智能网联汽车、宣城汽车零部件、安庆新能源汽车等重大项目建设。辽宁做强做大重大成套装备、汽车及零部件、高档数控机床等产业，打造具有国际影响力的先进装备制造业基地。湖北发挥汽车整车产能和零部件配套优势，打造万亿级汽车产业集群，高质量建设国家新能源和智能网联汽车等四大基地。

二　疫情影响国际贸易，零部件出口严重受挫

2020年，新冠肺炎疫情席卷全球，全球各国通过实施封国、限制人员流动、控制物流等政策来应对疫情的蔓延，导致全球范围内相互关联的汽车零部件供应商在生产和物流环节中受到了重大影响。2020年下半年，我国在疫情控制上有了良好的进展，物流业开始逐步恢复，汽车零部件进出口业务也逐步有了改善。在汽车零部件进口方面到2020年底基本恢复到了上一年的水平，但是在汽车零部件出口方面，由于美、日、韩、德是我国汽车零部件的主要出口地，而其又是疫情集中发酵的地区，

国内零部件企业的海外订单被大量取消，全年汽车零部件出口业务严重受挫。

进口总额与2019年相比保持平稳有略微的增长。2020年，汽车零部件进口总额353.540亿美元，同比增长0.14%（见图1）。四大类汽车零部件主要品种与上年同期相比，发动机和轮胎出现了下降趋势，其他零部件均有上涨。其中发动机进口额17.80亿美元，降幅最大，下降了23.53%；汽车零件、附件及车身进口额292.52亿美元，同比增长了1.76%；汽车、摩托车轮胎进口额6.40亿美元，同比下降了1.04%；其他汽车相关产品进口额36.82亿美元，同比增长了2.74%。可以看出，2020年我国汽车零部件在进口需求上，仅对汽车零件、附件及车身的进口需求增加比较明显。

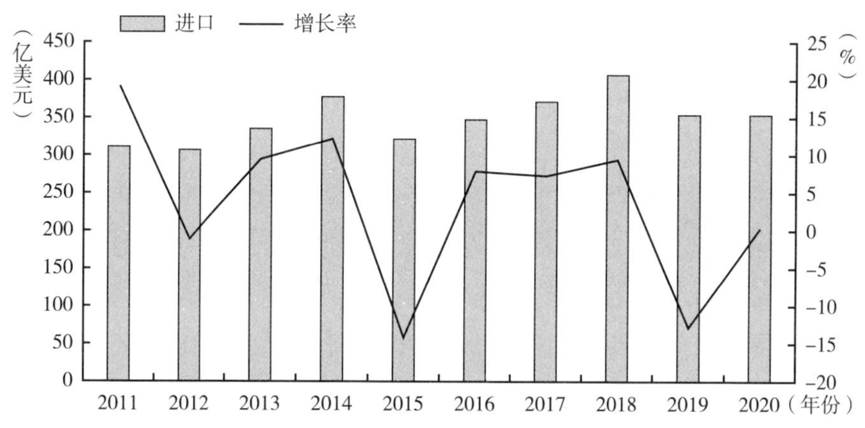

图1　2011～2020年汽车零部件进口总额和增长率情况

资料来源：中汽协。

出口总额延续了上一年的趋势，依然呈现负增长态势。2020年，汽车零部件出口总额624.97亿美元，同比下降6.04%（见图2）。四大类汽车零部件主要品种与上年同期相比，出口总额均有所下降，其中发动机出口额17.32亿美元，同比下降了18.51%；汽车零件、附件及车身出口额399.49亿美元，同比下降了2.77%；汽车、摩托车轮胎出口额120.25亿美元，同比下降了 10.7%；其他汽车相关产品出口额 87.92 亿美元，同比下降了 10.62%。从数据上看出，2020 年我国汽车零部件出口额中，降幅最小的为汽车零件、附件及车身，其他降幅均超过 10%。

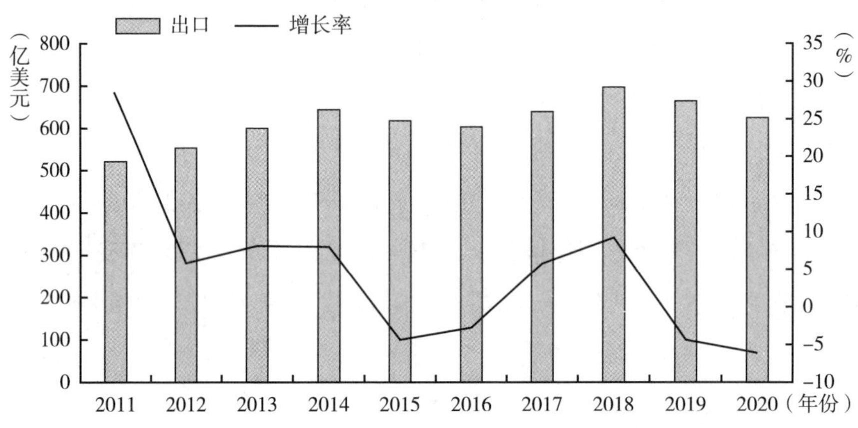

图 2　2011 ~ 2020 年汽车零部件出口总额和增长率情况

资料来源：中汽协。

三　企业业绩稳步增长，盈利状况保持良好

虽然国际汽车零部件企业在 2020 年受全球疫情影响，业绩出现了较大幅度的下降，但我国汽车零部件企业受国家对新冠肺炎疫情的有效防控，企业在整个 2020 年中的经营情况整体表现良好。企业通过消毒、轮岗、控制安全距离等方式，有效提高企业在生产过程中的防疫措施，使企业逐步复工复产。尤其是到 2020 年下半年，我国的汽车零部件企业已经基本全部恢复了生产，保证了汽车零部件行业的正常生产经营。

表 2 选择 2020 年我国汽车零部件企业百强榜中的 20 家企业，进行整理分析。这 20 家均为 2020 年企业营收超过 60 亿元，具有代表性的企业，通过对我国国内汽车零部件的领军企业的经营状况的分析，可以了解到 2020 年我国汽车零部件整个行业的企业经营状况。

表 2　我国部分汽车零部件企业 2020 年经营情况

企业	2020 年企业营业收入(万元)	增长率(%)	净利润(万元)	营业利润率(%)
潍柴动力股份有限公司	19749109.29	13.2657	920712.92	6.3095
华域汽车系统股份有限公司	13357763.97	-7.253	540327.69	5.9286
宁波均胜电子股份有限公司	4788983.76	-22.3814	61617.37	1.017
宁德时代新能源科技股份有限公司	5031948.77	9.8966	558333.87	13.8306
福耀玻璃工业集团股份有限公司	1990659.35	-5.6733	260077.65	16.4098
宁波继峰汽车零部件股份有限公司	1573274.96	-12.6019	-25823.14	-2.1062
长春一汽富维汽车零部件股份有限公司	1951997.97	9.8444	61725.97	5.6459
山东玲珑轮胎股份有限公司	1838272.12	7.0994	49468.58	12.6143
宁波华翔电子股份有限公司	1689235.77	-1.1763	84943.80	7.6814
郑州煤矿机械集团股份有限公司	2651939.35	3.0614	123914.95	7.362
万向钱潮股份有限公司	1088167.99	2.8407	75993.89	4.5775
富奥汽车零部件股份有限公司	1111343.03	10.4297	89924.20	8.3212
无锡威孚高科技集团股份有限公司	1288382.63	46.6678	278655.11	22.8243
昆明云内动力股份有限公司	1000874.27	46.9435	22623.59	2.3484
贵州轮胎股份有限公司	680872.95	5.4254	113846.92	19.8822
浙江银轮机械股份有限公司	632418.65	14.5532	32158.31	6.7938
惠州市德赛西威汽车电子股份有限公司	679906.13	27.389	51814.99	7.8773
江南模塑科技股份有限公司	612445.26	11.5661	1437.87	0.7002
宁波拓普集团股份有限公司	651109.49	21.4994	62820.09	11.8576
浙江万里扬股份有限公司	606488.35	18.9231	61728.36	11.1219

资料来源：企业年报、中国汽研整理。

从图 3 以及表 2 中可以看出我国部分汽车零部件企业在 2020 年的营收情况，其中仅 5 家企业 2020 年收入出现负增长情况，大部分企业提升了企业的营业业绩。超过 9 家企业的收入增长率超过 10%，其中业绩增长最快的是威孚高科和云内动力这两家企业，增长率超过 40%，而这两家企业的业绩增长均得益于节能汽车、新能源汽车的汽车行业发展趋势带来的红利。威孚高科主要产品为柴油燃油喷射系统产品、汽车尾气后处理系统产品和进气系统产品，2020 年威孚高科积极抢抓市场机遇，抢抓重点产品、重点客户，实现三大系统业务快速增长，市场份额稳步上升。云内动力主要产品为柴油发动机和工业级电子产品，2020 年云内动力的业绩增长得益于国六排放法规的全面实施，环保高效柴油机匹配高端商用车的模式成为未来的主流趋势。而业绩下降的企业多为具有较高国际市场份额的我国零部件企业，受国际汽车零部件行业的整体影响，这类零部件企业在 2020 年出现了业绩下降的情况，其中业绩下降幅度最大的企业是均胜电子，降幅高达 22.38%。

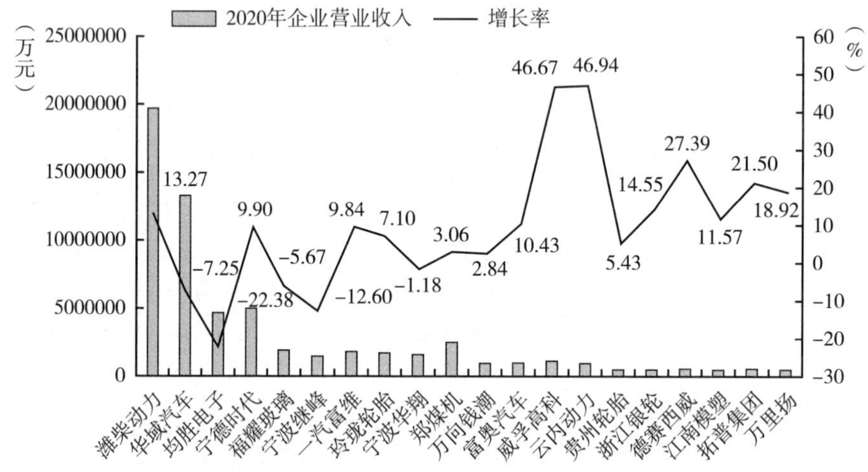

图 3　我国部分汽车零部件企业 2020 年营收情况

资料来源：企业年报、中国汽研整理。

从图 4 以及表 2 中可以看出我国部分汽车零部件企业在 2020 年的盈利情况，仅宁波继峰出现了亏损的现象，大部分企业实现了盈利，我国零部件行业内的企业整体表现良好。营业利润率超过 10% 的企业达到 7 家，其中营业利润率最高的是威孚高科，利润率高达 22.82%。而亏损企业宁波继峰出现亏损的主要原因是由于受新冠肺炎疫情影响，宁波继峰公司下游客户的经营出现产量减少、订单减少等问题，企业原材料无法在短期生产计划或中长期车型生产计划内消耗，所以在 2020 年计提了较多的存货、应收账款的减值损失。

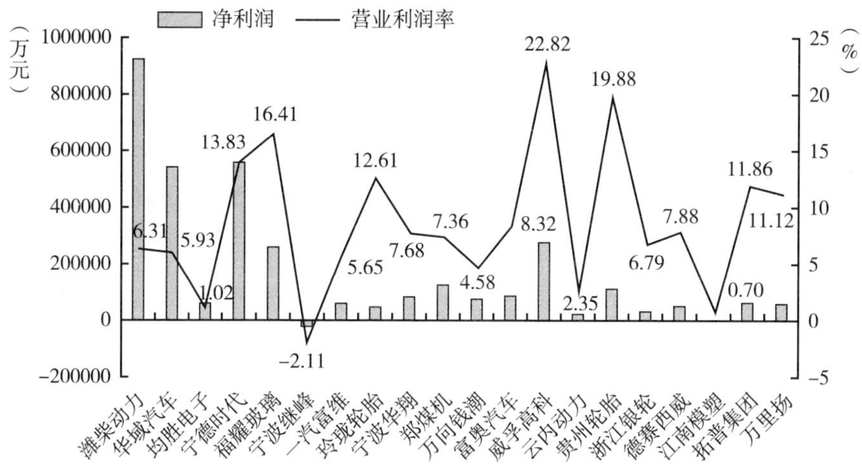

图 4　我国部分汽车零部件企业 2020 年盈利能力

资料来源：企业年报、中国汽研整理。

四　技术产业化成为趋势，融合创新推动发展

虽然 2020 年全球及中国都遇到了前所未有的疫情侵袭，但这并没有阻止汽车零部件产业的快速发展，尤其是在新能源汽车核心零部件和智能网联汽车零部件的技术量产落地方面，有着明显的成效。超级磷酸铁锂电池商业化应用、V2X 技术产量化发展，都表明了之前在新兴领域上技术研究成果，开始正式地向商业化、产业化方向发展。

在新能源汽车技术领域方面，比亚迪的刀片电池最为引人关注，这款“超级磷酸铁锂电池”，采用长电芯方案（主要指方形铝壳），将电芯进行扁平化设计，最长可以达到 2500mm，是传统普通磷酸铁锂电池的 10 倍以上，使能量密度从 251Wh/L 提升至 332Wh/L，寿命长达 8 年 120 万公里，成本降低了 30%。该刀片电池目前已经应用在比亚迪的新款车型上，正式实现商业化应用。而国轩高科也积极研发磷酸铁锂电池，通过将特殊添加剂添加到正极材料的制备过程中的方式，同时改进碳源及粒度的匹配程度，达到改善材料的碳包覆、结晶度、密实度等特性，从而提高材料克容量及压实密度，该自研的磷酸铁锂电池在实验阶段达到了200Wh/kg的单体能量密度。

在智能网联汽车技术领域方面，2020年最为重要的是高性能激光雷达和V2X技术量产落地。在激光雷达领域，华为在历经4年多的打磨之后，于12月21日发布了96线车规级高性能激光雷达产品和解决方案。在V2X技术量产落地方面，德赛西威首个C-V2X技术、别克V2X技术均在2020年实现了量产落地。德赛西威C-V2X无线通信技术有连接速度快、传输延迟短的特点，可透过部分障碍物进行数据传输，提升车辆在视线盲区的感知力，拥有高度的精确性、可靠性及强大的非视距性能，大大提升了用户驾驶体验、交通效率以及安全性。上汽通用率先将V2X技术应用在了别克GL8艾维亚上，实现了其车联网战略部署的巨大进步。

2020年汽车零部件企业在加大自身产品研发投入的同时，依然积极寻求与其他企业的合作机会。2020年上半年受疫情影响，企业合作进展很少。随着下半年我国疫情的良好控制，企业合作动向也越发的频繁。如表3所示，从7月开始陆续有多家汽车零部件企业进行了跨界合作，如宁德时代，与蔚来汽车、国泰君安、湖北省科技投资集团等多家企业合作，推动“车电分离”新商业模式在新能源汽车行业的发展。而宏景智驾、英特尔、赛灵思、江淮汽车、安能物流联合发起了面向量产的开放式自动驾驶生态朋友圈，此次联合发起融合了零部件公司、IT公司、物流公司、整车企业等多方力量，旨在不断积聚科技智慧，拓宽中国自动驾驶领域的创新之路。

表3　2020年多方合作推动我国汽车零部件产业研发

时间	合作企业	相关产业
2月	鸿达兴业、旭化成	推进双方在氯碱和氢能领域的合作
7月	宁德时代、河南跃薪	成立合资公司，将为电动智慧无人矿山的技术研发和产业推广提供全流程解决方案
	鸿泰佛吉亚、东风时代	双方将共同推进复合材料在动力电池领域应用

续表

时间	合作企业	相关产业
8月	途虎养车与双钱集团	未来双方将在产品研发、销售模式、线下体验等方面共同发力
	宁德时代、蔚来汽车、国泰君安、湖北省科技投资集团	推动"车电分离"新商业模式在新能源汽车行业的发展
9月	上汽零束、中科创达	双方将结合各自优势,共同打造智能网联汽车软件平台
	航盛科技、自行科技	成立智能驾驶技术联合研发中心
	倍耐力、京东	根据京东线上客户用车需求而量身定制研发的专属新产品
	腾讯、博世	双方将在物联网、人工智能等领域开展深入合作
	ADAYO 华阳、上海海思	联合发布 AVM(Aroud View Monitor)全视角智能泊车方案
10月	宁德时代、上海交大	双方将共建清洁能源技术联合研究中心
	泊知港、高德地图	共同为多个知名品牌汽车制造商提供停车信息服务
	星云互联、宸芯科技	双方将发挥各自优势,在宸芯科技车规级 C－V2X 模组产品 CX7101 的基础上,集成星云互联 C－V2X 国标协议栈 CWAVE II,联合推出面向量产的全栈式软硬件一体化解决方案 CX7101N
	中国第一汽车集团研发总院、Stratasys	未来在增材制造的材料、应用、研发、工程技术端进行全方位的合作
	上汽变速器、深圳威迈斯	双方就电源电驱七合一总成、新能源混合动力系统、电驱三合一总成、减速机、电机控制器、车载充电机、DCDC 等领域展开深度合作
11月	捷氢科技、未势能源	在氢燃料电池方面展开合作
	戴姆勒与吉利	共同开发用于混合动力汽车的下一代内燃机
	方正电机、四维图新	围绕国产汽车电子芯片领域进行深度合作,共同推动国产汽车电子技术发展与产品应用
	大陆集团、联创汽车电子	双方将围绕智能驾驶汽车核心技术进行全方位合作
12月	宏景智驾、英特尔、赛灵思、江淮汽车、安能物流	联合发起的面向量产的开放式自动驾驶生态朋友圈,旨在不断积聚科技智慧,拓宽中国自动驾驶领域的创新之路
	开云汽车、拓普集团	共同开发无人配送车用电控底盘样车
	博世、庆铃	成立合资公司,共同开发和销售燃料电池解决方案
	滴滴、英特尔	基于英特尔物联网自动驾驶解决方案及新一代至强处理器,共同探索自动驾驶未来的发展方向
	均胜电子、亿纬锂能	双方将以 12 伏锂电系统为契机,同时携手发力 48 伏锂电系统以及高压电池包方向

资料来源:中国汽研整理。

五 新“四化”产业投资加剧，重视境外投资布局

国内汽车零部件企业通过投资建厂、并购、合资等方式加快在国内外的战略布局，尤其是在新能源汽车和智能网联汽车领域。据不完全统计，2020年我国汽车零部件企业完成了29宗投资并购类的案例，其中传统汽车相关产品的投资并购案例有7宗，新能源汽车零部件产品投资并购案例有12宗，智能网联汽车零部件产品投资并购案例有10宗。投资并购中，不仅有国内企业之间的并购合作，而且国内企业在国外的大型投资并购活动也逐渐增多，如宁德时代以证券投资方式对产业链上下游进行投资，投资总额不超过190.67亿元。可以看出，我国汽车零部件企业通过对外投资并购，全力提升国际化水平，打造全球化的一流企业。

从传统汽车零部件领域的投资并购案例来看，主要涉及轮胎及汽车核心零部件等方面。轮胎方面如森麒麟拟公开发行可转债，总额不超过21.96亿元，将用于森麒麟轮胎（泰国）有限公司年产600万条高性能半钢子午线轮胎及200万条高性能全钢子午线轮胎扩建项目。汽车核心零部件方面如北京汽车制造厂（青岛）有限公司在青岛莱西开工建设增程式发动机项目，年产可达70万套（见表4）。

表4　2020年传统汽车相关产品的投资并购案例

时间	投资并购案例	资金	相关产业
2月	山东玲珑集团有限公司拟增持玲珑轮胎股份，增持金额不低于1亿元，不超过4亿元	1亿~4亿元	轮胎
5月	诺博汽车系统有限公司与沈阳市沈北新区人民政府在保定市正式签署投资合作协议，诺博汽车东北地区总部基地落户沈北新区	—	塑料配件
7月	均胜汽车安全系统（湖州）有限公司启动三期扩建项目，建成后，均胜安全湖州气体发生器年产能将达3000万件，并成为均胜汽车安全系统全球最大的气体发生器生产基地	—	安全系统

续表

时间	投资并购案例	资金	相关产业
7月	北京汽车制造厂（青岛）有限公司整车制造总部基地产业园项目之一的70万套增程式发动机项目已在青岛莱西开工建设	—	发动机
8月	东科克诺尔公司新工厂项目正式开工。该工厂将落地于东风公司十堰基地的东风零部件工业园中，规划占地75亩，一期用地58亩，总投资3亿元，预计2021年2月建成投产，年产值将达12亿元，年税收达5670万元	3亿元	制动系统
11月	森麒麟拟公开发行可转债用于森麒麟泰国公司高性能半钢子午线轮胎和高性能全钢子午线轮胎的产能扩建项目上	21.96亿元	轮胎
	宝能汽车零部件有限公司注册成立，注册资本50亿元	50亿元	传统零部件

资料来源：中国汽研整理。

从新能源汽车零部件领域投资并购来看，以动力电池领域的投资并购活动为主，案例数量多达9宗，涉及动力电池组、电解液等方面。而其中宁德时代作为新能源动力电池的领军企业，活动最为频繁，募集资金、投资动力电池项目、布局充电桩领域，并且将业务扩展到国外，将在印度尼西亚投建动力电池厂。电解液方面，中化蓝天集团有限公司与北京化学工业集团有限责任公司共同出资成立河北中蓝华腾新能源材料有限公司，该公司将主要经营锂电池电解液业务（见表5）。

表5　2020年新能源汽车零部件产品投资并购案例

时间	投资并购案例	资金	相关产业
2月	宁德时代用于动力电池及储能电池项目建设、研发及补充流动资金	200亿元	动力电池
3月	宁德时代联合百城新能源成立了一家新公司——上海快卜新能源科技有限公司，将为进入充电桩市场布局	5000万元	充电桩
	比亚迪宣布成立弗迪公司，进一步加快新能源汽车核心零部件的对外销售	—	新能源零部件

续表

时间	投资并购案例	资金	相关产业
4月	中化蓝天集团有限公司与北京化学工业集团有限责任公司共同出资在河北沧州成立河北中蓝华腾新能源材料有限公司,新公司主营锂电池电解液业务(含一次电解液及二次电解液)	—	电解液
	孚能科技成功上市,募集资金主要用于年产8GWh锂离子动力电池项目和补充运营资金	34.37亿元	动力电池
	湖北亿纬动力有限公司拟在荆门高新区建设高性能锂离子储能电池项目、高性能锂离子动力电池项目,建成达产后预计分别可形成6GWh/年的锂离子储能电池产能、5GWh/年的锂离子动力电池产能	12亿元	动力电池
6月	蜂巢能源科技有限公司注册资本大幅增加到15.2亿元,国投招商投资管理有限公司通过旗下两只基金战略性入股,正式成为蜂巢能源第二大股东	10亿元	动力电池
8月	宁德时代以证券投资方式对境内外产业链上下游优质上市企业进行投资,投资总额不超过2019年末经审计净资产的50%	190.67亿元	新能源零部件
	宁德时代控股子公司时代吉利动力电池有限公司拟在四川省宜宾市临港经济技术开发区投资建设动力电池项目	80亿元	动力电池
9月	宁德时代与四川省人民政府在成都签署全面战略合作协议,共同打造世界级锂电产业集群	—	动力电池
12月	为满足子公司惠州亿纬集能有限公司的经营发展所需,惠州亿纬锂能股份有限公司、亿纬集能与Blue Dragon Energy Co. Limited签署了4份现金贷款合同,亿纬集能向BDE申请借款,亿纬锂能以亿纬集能60%股权提供质押担保	—	动力电池
12月	印度尼西亚海事和投资事务协调部门副部长Septian Hario Seto表示,中国电池制造商宁德时代计划投资50亿美元在印度尼西亚建设一家锂电池工厂	50亿美元	动力电池

资料来源:中国汽研整理。

从智能网联汽车零部件领域投资并购来看,主要涉及产品有自动驾驶、汽车电子等方面。在自动驾驶方面,多数为创新型科技企业通过融资、发行

股票、合资建厂等方式获得资金，使企业可以在研发上有更多的资金支持。如驭势科技获得B轮融资、知行汽车科技完成B1轮融资、中科创达拟非公开发行股票募集不超过17亿元的资金。在汽车电子方面，长春旭阳工业（集团）股份有限公司与佛吉亚将共同合资成立长春佛吉亚旭阳显示技术有限公司，进军汽车电子市场；芯旺微电子（ChipON）引入包括硅港资本、上汽恒旭、中芯聚源、超越摩尔、联储证券、炬成投资等在内的A轮融资，融资总额近亿元（见表6）。

表6　2020年智能网联汽车零部件产品投资并购案例

时间	投资并购案例	资金	相关产业
2月	驭势科技正式对外公布在B轮融资中获得博世战略投资。同期投资的还包括深创投(深圳市创新投资集团)、中金资本、厦门七匹狼节能环保基金和重庆两江服务业基金等顶级VC、PE和地方战略新兴产业基金	—	自动驾驶
	中科创达发布公告宣布,拟非公开发行股票,募集资金总额不超过17亿元,主要用于智能网联汽车操作系统研发、智能驾驶辅助系统研发、5G智能终端认证平台研发等5个项目	17亿元	自动驾驶
3月	长春旭阳工业(集团)股份有限公司与佛吉亚将共同成立新的合资公司,进军汽车电子市场。新公司名为长春佛吉亚旭阳显示技术有限公司	1.2亿元	汽车电子
5月	博泰获得东风集团数亿元B轮战略融资,围绕此次融资,双方将继续深耕汽车智能互联,携手开拓车联网新纪元	—	智能互联
6月	经纬恒润完成新一轮融资,华兴新经济基金独家投资2.1亿元,成为最大的外部投资人	2.1亿元	自动驾驶
7月	知行汽车科技正式宣布完成B1轮融资,由建银苏州科创基金领投,禾裕壹号跟投,原股东理想汽车、明势资本、国中创投继续跟投支持	1亿元	自动驾驶
	华域汽车全资子公司上海实业交通电器有限公司与李尔(毛里求斯)有限公司和李尔(中国)投资有限公司签署框架协议。实业交通拟以6.26亿元向李尔中国出售其持有的上海李尔实业交通汽车部件有限公司45%股权	6.26亿元	汽车电子控制总成

续表

时间	投资并购案例	资金	相关产业
9月	芯旺微电子(ChipON)引入包括硅港资本、上汽恒旭、中芯聚源、超越摩尔、联储证券、炬成投资等在内的A轮融资,获得近亿元的投资,将主要用于新一代高性能MCU的开发、汽车电子领域的市场拓展,以及销售网络的搭建	—	MCU、汽车电子
11月	广和通宣布其参股公司顺利完成收购Sierra Wireless全球车载前装通信模块业务资产	—	通信
	德赛西威拟与富赛电子、德赛自动化、德赛西威智能交通技术研究院共同出资设立合资公司广东省威汇智能科技有限公司	—	自动驾驶

资料来源：中国汽研整理。

参考文献

高驰：《中国汽车产业加速向新能源、智能化转型升级》，《汽车与配件》2021年第1期。

田庆林：《新能源汽车产业迎发展机遇 充电设施建设待跟进》，《中国工业报》2020年12月17日。

徐锐、王乔琪：《宁德时代开启锂电产业链合纵连横》，《上海证券报》2020年8月12日。

B.2
2020年全球汽车零部件产业发展分析

摘 要： 在新冠肺炎疫情的冲击下，全球汽车市场遭受了重创，2020年全球汽车销售出现自金融危机以来的最大降幅，总计销售约为7650万辆，降幅高达15%，汽车零部件产业也受到了严重的影响。疫情以来，汽车产业链的配套、物流、人员等多方面都受到了严重影响，2020年下半年芯片短缺更是让汽车产品面临停产危机，在如此艰难的环境下，企业经营严重受阻，业绩下滑态势蔓延全球。然而，全球汽车零部件企业依然加速核心技术研发和市场布局，通过并购、市场拓展等方式，对冲当前环境带来的企业经营压力。本文详细阐述了2020年全球汽车零部件产业在配套营收、技术研发、并购重组、在华市场布局等方面的情况。

关键词： 汽车产业 汽车零部件 汽车技术

一 疫情影响全球市场，芯片短缺带来新危机

自新冠肺炎疫情全球大流行以来，全球各国的医疗体系、服务体系、物流体系都承受了前所未有的压力。在当前汽车产业链全球化的背景下，汽车产业及其零部件产业的生产、配套、销售都受到严重的打击，甚至部分汽车零部件企业在生产环节出现了停摆，市场出现严重下滑。

2020 年上半年，全球受新冠肺炎疫情影响，汽车生产需求暴跌，不少企业、工厂面临停工停产，零部件行业需求大幅下滑。虽然下半年市场迎

来了复苏，但全年全球汽车销售依然出现自金融危机以来的最大降幅，总计销售约为7650万辆，降幅高达15%，汽车零部件产业也受到了严重的影响。其中，欧洲汽车销量同比下跌24%，是30年来最大跌幅；美国轻型车销量同比下跌14%，创2012年以来新低；中国市场全年汽车销量出现微跌。

汽车生产涉及上万个零件、物料的全球化采购，任何一个微小零件的供应出现异常，都会对整车生产造成影响。上游的个别或部分供应商停摆，就有可能会引发供应链“断裂”危机。受疫情的影响，全球汽车产业链停产停工，导致汽车零部件产业链产能紧张。在2020年12月大众被爆出“缺芯停产”事件开始，半导体产能紧张导致的汽车企业停产停工潮开始蔓延，全球车企面临全球供应链体系的新考验（见表1）。

表1　芯片短缺导致汽车工厂减产事件（2020年12月至2021年3月）

OEM	工厂	详情
西雅特	西班牙马托雷尔(Martorell)工厂	日均产量从900辆减少至600辆,减产期间产量将减少1.8万辆
奥迪	德国内卡苏姆和因戈尔施塔特工厂	1月18~29日削减工时
	墨西哥San Jose Chiapa工厂	1月18~29日,周一至周五一班制 2月1~12日,周三至周五两班制
戴姆勒	德国拉施塔特工厂	削减工作时间
	德国不来梅工厂	消减产量,2月初可能关闭几日
	匈牙利凯奇凯梅特工厂	削减产量
福特	美国肯塔基州路易斯维尔组装工厂	两次短暂停产:1月11~17日;1月25日起两周
	德国萨尔路易工厂	1月18日至2月19日停产
FCA	墨西哥托卢卡(Toluca)工厂	工厂重启时间推迟至1月底
	加拿大安大略省布兰普顿工厂	暂停生产
日产	日本神奈川县奥帕马工厂	Note车型1月产量从15000辆降低至5000辆
本田	日本三县铃木市工厂	减产约4000辆汽车
	英国斯文顿工厂	1月18日~21日工厂关闭

续表

OEM	工厂	详情
丰田	美国得克萨斯州圣安东尼奥工厂	减产规模不清
斯巴鲁	日本群马工厂	削减产量,1月15日起停产两天
	美国印第安纳工厂	削减产量
通用汽车	富平工厂	取消原定于1月23日的加班安排
	密歇根兰辛市(Lansing)一座工厂	暂停生产;3月12日
大众汽车	沃尔夫斯堡工厂	1月某些日子进行短时工作
	卡塞尔和布伦瑞克零部件工厂	2月减少其工作时间
雷诺	法国工厂以及摩洛哥和罗马尼亚两家工厂	2月8日开始暂停生产数日
瑞萨电子	茨城县的主力生产基地那珂工厂	发生火灾;3月19日
蔚来汽车	合肥工厂	临时停产;5个工作日
Stellantis	墨西哥托卢卡工厂、安大略省温莎装配厂、伊利诺伊州一家工厂、密歇根一家生产工厂、安大略省另外一家工厂	暂停生产,3月26日
日产汽车	土耳其士麦那汽车厂、美国坎顿汽车厂和墨西哥 Aguascalientes 汽车厂	4月1日起,停产两天

资料来源：中国汽研整理。

面对芯片的短缺，几乎所有的车用芯片制造商都在积极扩产。即便如此，预计短期内缺芯现状仍难缓解。而从2020年底汽车行业突然被曝存在严重的芯片短缺问题，经过多月的发酵，缺芯带来的严重后果已经开始显现。当前汽车制造业半导体供应短缺问题预计最早要到2021年下半年才能缓解。部分机构甚至认为缺芯将导致2021年上半年全球汽车减产100万辆。这意味着，目前的形势非常严峻，甚至持续的时间可能会更长。

二　企业营收严重下滑，成本增加盈利困难

受整车企业业绩的影响，零部件供应商的业绩也受到了很大程度的影响。2020年上半年汽车零部件市场由于新冠肺炎疫情全球大流行影响，汽

车企业需求暴跌，零部件企业销售业绩下降严重。到下半年随着疫情的好转，市场迎来了复苏，企业业绩有了一定的提升，但随着年底汽车半导体短缺问题的凸显，全球汽车及汽车零部件企业将迎来更多的不确定性。

从图1中20多家国际汽车零部件企业营业收入情况可以看出，大部分企业2020年的销售额出现了两位数的跌幅，有16家企业营业收入降幅超过10%，其中降幅最大的维宁尔同比业绩下滑27.80%，维宁尔公司预计2021年有机销售额增长将超过25%，且运营亏损将较2020年有所改善，到2023年可恢复盈利。而销售额降幅最小的博格华纳降幅仅0.03%，得益于博格华纳收购的德尔福科技，其净销售额从2019年同期的25.59亿美元同比上涨53%至39.26亿美元。博世营业收入降幅为4.4%，优于大部分零部件企业，得益于中国经济的逐步恢复，中国车市、消费品以及工业技术市场陆续回暖，博世在中国的业务不仅扭转了疫情初期下滑的态势，全年业绩最终实现了逆势增长。2020年博世集团在华销售额创历史新高，约1173亿元，较2019年同比增长约9.1%，同时，中国首次成为博世集团最大的单一市场。

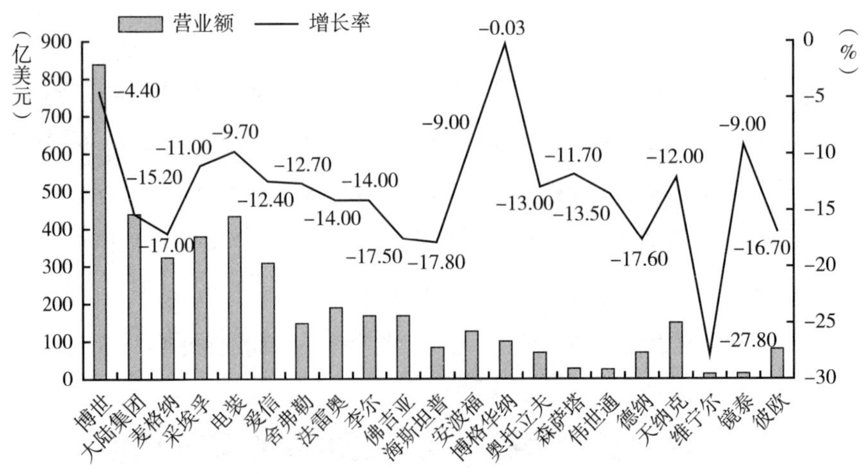

图1　部分汽车零部件企业2020年营收情况

资料来源：中国汽研整理。

从图 2 中 20 多家国际汽车零部件企业的盈利情况可以看出，2020 年企业受疫情影响，不仅在业绩收入上下滑严重，在企业净利润上也下滑严重，有一半以上的企业出现了亏损的现象，其中亏损最为严重的是博世，虽然博世靠中国市场，让 2020 年业绩逆势上涨，但当年亏损高达 22.8 亿美元。降幅最大的法雷奥公司对比 2019 年营业利润，下降幅度高达 448%。而在盈利的企业中，当年净利润均没有超过 10 亿美元的企业。可以看到，整个 2020 年国际汽车零部件行业的盈利环境非常困难，企业在保证自己业绩的同时，为了应对疫情带来的压力，额外支出的成本也增加了很多，多数企业没有及时有效地实施成本控制，使企业没能在 2020 年实现良好的盈利。

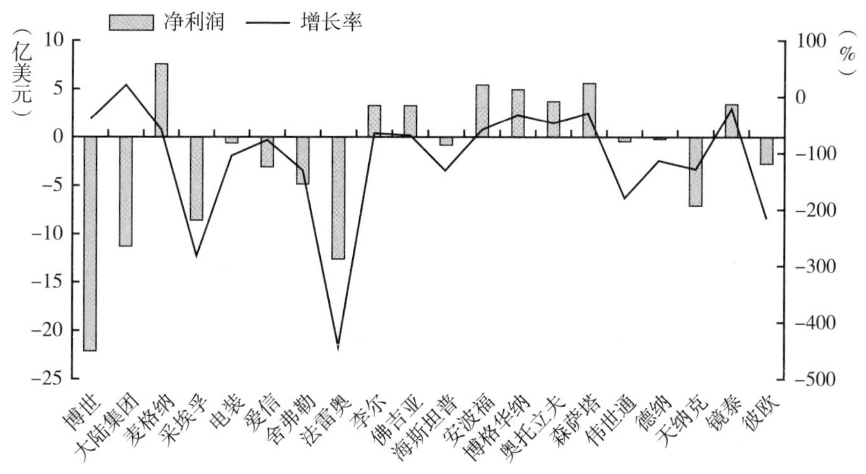

图 2　部分汽车零部件企业 2020 年盈利情况

资料来源：中国汽研整理。

三　核心技术稳步发展，网联技术持续热门

2020 年全球汽车零部件企业并没有因为新冠肺炎疫情的影响而减缓对汽车零部件的技术研发进度。从统计的 200 多项国外汽车零部件企业发布的技术最新动态信息中可以看到，智能网联技术领域的研发依然是各企业研究

的重点，其中激光雷达、辅助驾驶系统是主要研究突破的方向。传统汽车零部件研发和新能源汽车零部件研发基本持平，在传统汽车零部件领域重点以节能环保、轻量化技术为主要研发方向，在新能源汽车零部件领域大力研发动力电池、驱动电机等核心零部件技术（见图3）。

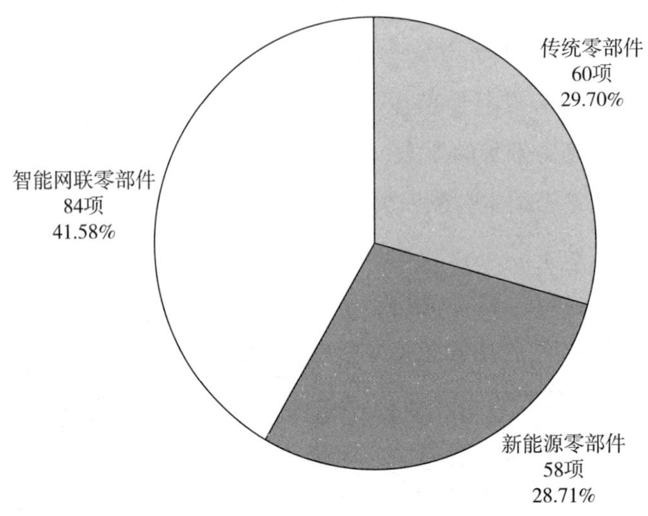

图3　2020年国外汽车零部件技术信息统计分布

资料来源：中国汽研统计。

在传统汽车零部件领域，节能环保方面如博格华纳研发的汽油发动机废气再循环（EGR）技术；吉凯恩推出的端面花键技术将侧轴连接到汽车轮毂上，能够实现更轻的传动系统，改善车辆的燃油经济性。轻量化技术方面如本田技术研究院与Autodesk合作研发的发动机曲轴将发动机曲轴的重量减轻了一半；保时捷研发的3D打印斗式座椅符合人体工程学的特点，不仅舒适而且轻便。

在新能源汽车零部件领域，动力电池方面如英国OXIS Energy公司的新款锂硫（Li-S）电池原型测试成功，能量密度为471Wh/kg，并有望在未来一年提升至500Wh/kg；特斯拉加拿大研究中心发布了一款新的混合电池技术，此种混合电池可延长电动汽车的续航里程，且寿命长、能量密度高。驱

动电机方面如澳大利亚公司 HyperPower Technologies 推出的新型电机，具有体积超小、功率却高达 1000kW（1360hp）的特性，几乎是特斯拉 Model 3 性能版所装的两个电机功率的 3 倍；清洁技术公司 Exro 开发了一种名为“线圈驱动器”（Coil Driver）的领先电机控制技术，可以提升电机和动力系统的性能。

在智能网联汽车领域，激光雷达方面如 AOI 研发的激光器克服了有效传感范围小的缺点，使探测距离更长，更适用于汽车传感器；索尼推出的新型智能视觉传感器，安装在车辆中对准车辆驾驶员，如果发现车辆驾驶员疲劳驾驶，就会发出警告。辅助驾驶系统方面如 TomTom、博世和戴姆勒联合研发了一种高级驾驶辅助系统——预测性动力总成控制（PPC）系统，可以帮助将每辆卡车的燃料使用量减少 5%；ESCORT 推出的新款联网驾驶员警报系统，具有较远的检测范围并增强了过滤能力，具体如表 2 所示。

表 2　2020 年部分汽车零部件企业核心技术动态

企业	技术名称	技术概况
TomTom、博世和戴姆勒	高级驾驶辅助系统	TomTom、博世和戴姆勒宣布联合研发了一种高级驾驶辅助系统——预测性动力总成控制(PPC)系统,可以帮助将每辆卡车的燃料使用量减少 5%
Velodyne Lidar	传感器	Velodyne Lidar 推出外形紧凑、价格便宜的传感器 Velabit™
瑞士洛桑联邦理工学院(EPFL)	专利	瑞士洛桑联邦理工学院(EPFL)的研究人员申请了一项新概念专利,可以将卡车的 CO_2 排放量减少近 90%
Applied Optoelectronics Inc.(AOI)	激光器	AOI 的激光器使探测距离更长,更适用于汽车传感器
索尼	智能视觉传感器	可安装在车辆中,并对准车辆驾驶员,如果发现车辆驾驶员疲劳驾驶,就会发出警告
UltraSense Systems	超声波传感器	全球首个且最小的超声波传感器,几乎可以穿透任何厚度的材料,还可以用于解锁或锁上车门

续表

企业	技术名称	技术概况
天纳克(Tenneco Inc)	创新耐磨材料	能够让各种发动机材料在高温下工作,从而减少对钴材料的依赖
日本汤浅株式会社(GS Yuasa)	汤浅 AGM 辅助电池-汤浅 YBXAX14	新型 AGM 辅助电池,可以为汽车提供额外电力
Lizmotors Mobility	边缘计算设备	Lizmotors Mobility 公司已经研发出一种边缘计算设备,可安装在任何车上,持续监控驾驶员和乘客,并在发现任何异常情况时发出通知
OXIS Energy	新款锂硫(Li-S)电池	英国 OXIS Energy 公司的新款锂硫(Li-S)电池原型测试成功,能量密度为471Wh/kg,并有望在未来一年提升至500Wh/kg
三星	固态电池	三星推出了一款高性能、长寿命的全固态电池,能够让电动汽车续航里程达到800公里,而且循环寿命超1000次
本田(Honda)	发动机曲轴	本田技术研究院与 Autodesk 合作,利用创成式设计(generative design,生成设计并迭代设计)可以极大地改变传统的设计规范,成功将发动机曲轴的重量减轻了一半
三菱电机	场景感知交互技术	全球首款能够与人类进行高度自然且直观互动的技术,该技术基于场景感知能力,能够将多模态感知信息翻译成自然语言
	紧凑型激光雷达解决方案	结合了微电子机械系统,实现了超宽的水平扫描角度,可以准确探测物体的形状和距离
保时捷(Porsche)	3D 打印贴合人体全斗式座椅(3D-printed bodyform full-bucket seat)	近日,保时捷宣布承袭其赛车运动原则,研发了一款3D 打印的斗式座椅,符合人体工程学的特点,而且重量轻,更加舒适
Cognitive Pilot	Cognitive Mini Radar(Cognitive 迷你雷达)	俄罗斯自动驾驶技术初创公司 Cognitive Pilot 研发了一款超级迷你的雷达传感器,长度与牙签相当
iXblue	INS(惯性导航系统)产品 Atlans 系列	iXblue 推出了基于光纤陀螺的惯性导航系统,并能在所有条件下,以及没有 GNSS 的环境中,提供高达0.01米的高精度定位
XING Mobility	模块化浸入式冷却电池组	用于冷却电动汽车电池的新技术,有助于增加能量密度,提高安全性

续表

企业	技术名称	技术概况
日本精工株式会社(NSK Ltd.)	新型超高速轴承	日本精工株式会社为新能源汽车的电机研发了一款超高速滚珠轴承,有望延长电动汽车的续航里程,减少功耗等
特斯拉加拿大研究中心	混合电池	特斯拉发布了一项最新的电池研究成果,此种混合电池可延长电动汽车的续航里程,且寿命长、能量密度高
Arbe	成像雷达处理器芯片	Arbe 发布了其成像雷达处理器芯片,据称是首款汽车级(AEC - Q100)专用成像雷达处理芯片
吉凯恩汽车公司(GKN Automotive)	端面花键(Face spline)技术	吉凯恩推出一种端面花键技术,将侧轴连接到汽车轮毂上,而此种技术能够实现更轻的传动系统,进而改善车辆的燃油经济性
起亚(Kia)	盲点查看监测(BVM)技术	起亚为欧洲新款索兰托车型设计了盲点查看监测技术,能够为驾驶员提供"第二双眼睛"
HyperPower Technologies	电机	该款体积超小、功率却高达 1000kW(1360hp)的电机,几乎是特斯拉 Model 3 性能版所装的两个电机功率的 3 倍
德国弗劳恩霍夫化工技术研究所	凸轮轴模块	塑料部件不仅可以减轻车辆重量,还能减少二氧化碳排放量。德国研究人员就为车辆动力系统研发了一款塑料凸轮轴
Jacobs	汽缸失活技术(CDA)	对目前正在开发的下一代柴油发动机进行的独立测试显示,Jacobs 车辆系统公司的汽缸失活技术(CDA),有助于大幅提高发动机性能
现代汽车公司(Hyundai Motor)	新型安全气囊技术	能够保护无人驾驶汽车内乘客的全身。为了确保乘客不会飞出座位,该款安全气囊用紧固件牢牢地抓住乘客
ESCORT	联网驾驶员警报系统	ESCORT 推出了新款联网驾驶员警报系统,具有较远的检测范围和增强的过滤能力
霍尼韦尔(Honeywell)	惯性导航系统 HGuide n380	即使在全球导航卫星信号不可用的情况下,也能获取自动驾驶车辆或无人机等物体的位置、方向和速度信息
克诺尔集团(Knorr-Bremse)	ProFleet Assist + 系统	克诺尔与 Mobileye 合作推出 ProFleet Assist + 提供转弯辅助功能
博格华纳	废气再循环(EGR)技术	最新的 FireFly 汽油发动机提供废气再循环(EGR)技术。这款发动机针对菲亚特 500 和 Panda 混合动力车型开发

续表

企业	技术名称	技术概况
Exro	电机控制技术	清洁技术公司 Exro 开发了一种名为“线圈驱动器”(Coil Driver)的领先电机控制技术,从而提升电机和动力系统的性能
Imagination	新神经网络加速器	英国半导体与软件设计公司 Imagination Technologies 宣布推出新一代神经网络加速器(NNA)——IMG Series4,可应用于高级驾驶辅助系统(ADAS)和自动驾驶
LG 化学	取消电池模组	借助 MPI 平台将电芯直接集成至电池包中,而不是先内置于模块中。其成本将降低 30%,能量密度将增加 10%
苹果	车辆抬头显示器(HUD)	该抬头显示器采用全息光学元件,可将图像投射到乘客一侧的挡风玻璃或车辆侧窗

资料来源：中国汽研整理。

四 高值并购热潮加剧，车企掀起合资浪潮

2020 年上半年全球汽车零部件企业仅达成的并购交易数量就达到了 50 多宗，其中包括多笔价值超过 10 亿美元的超大型并购交易。下半年，受新冠肺炎疫情带来的公司破产和低估值影响，全球汽车零部件领域的并购交易热潮进一步加剧，最终全年总并购量超过 100 宗。

对国外主要汽车零部件企业在 2020 年发生的投资并购项目进行的盘点分析发现，智能互联和电气化依旧是国外各汽车零部件企业主要布局的领域，其中智能互联领域又以半导体、电子系统和车载芯片相关的并购合资项目较多，电气化领域以三电为主，特别是动力电池和电机。作为主导汽车产业未来的三大主要趋势，智能化、网联化和电气化是当前几乎所有车企和零部件企业关注的焦点。尽管 2020 年受到疫情的冲击，很多企业均遭遇了资金困境，但在前沿技术领域上，零部件巨头们依旧不惜花重金投资。

就交易规模来看，2020 年比较大的交易主要发生在半导体、控制系统领

域。特别是英伟达对 Arm 的收购交易金额高达 400 亿美元，AMD 对赛灵思的收购交易金额高达 350 美元；在控制系统领域采埃孚对威伯科的收购交易金额高达 70 亿美元。另外，2020 年还发生了多起零部件企业与整车厂合资造车的案例，整车制造领域掀起新一轮“合资潮”，其中主要有大众汽车集团和零部件供应商博泽计划成立一家合资企业，专门生产座椅、座椅结构和座椅零部件；宝马则将在德国莱比锡工厂增加电动汽车高压蓄电池模块的生产基地（见表 3）。

表 3　2020 年国外部分汽车零部件行业投资并购案例

时间	案例	收购资金	相关产业
1 月	博格华纳将以全股票交易的形式收购德尔福科技	33 亿美元	动力系统
	弗吉亚收购大陆持有 SAS 的 50% 的股份	2.25 亿欧元	内饰
	克诺尔集团(Knorr-Bremse)将从威伯科(WABCO)控股公司手中收购 R. H. Sheppard 公司	未公布	转向系统
2 月	大陆将在得克萨斯州的新布朗费尔斯建设新厂生产 ADAS 产品	1.1 亿美元	ADAS
	优科豪马公司、风神轮胎将收购倍耐力工业胎(PTG)	未公布	轮胎
	日本电产计划投资用于电动车动力总成的研发和生产,进一步扩大电动车动力总成的产能	18 亿美元	动力总成
	佛吉亚完成对 SAS 收购,欲提升座舱系统集成能力	未公布	座舱
4 月	布雷博已经决定以“非投机性、长期持有”的方式,通过其母公司 Nuova FourB,直接和间接持有倍耐力 2.43% 的股份	未公布	轮胎
	英飞凌完成对赛普拉斯的收购	90 亿欧元	半导体
	英伟达收购 Mellanox	70 亿美元	数据计算
5 月	采埃孚完成收购威伯科,后者成为旗下商用车控制系统事业部独立运作,并成为采埃孚的第 10 个事业部	70 亿美元	商用电子制动、稳定性和悬挂控制系统
	英特尔收购 Moovit	约 9 亿美元	出行数据
	微软收购 MicroVision	未公布	激光雷达
6 月	捷太格特子公司收购加拿大研发中心提升转向/传动 ECU 研发能力	未公布	ECU
	加拿大汽车供应商麦格纳计划在未来三年投资 3540 万美元对密歇根州的一家工厂进行升级,以支持新的订单合同	3540 万美元	电子系统

续表

时间	案例	收购资金	相关产业
7月	佛吉亚公司正式收购加拿大初创公司 IRYStec Software Inc.,加码布局"未来座舱"	未公布	座舱
	艾迈斯半导体公司(ams)宣布成功完成对欧司朗(OSRAM)的收购,交易完成后,艾迈斯持有欧司朗69%的股份	未公布	半导体、照明技术
	大众汽车集团和零部件供应商博泽计划成立一家合资企业,专门生产座椅、座椅结构和座椅零部件	未公布	座椅
	Analog Devices Inc.(亚诺德半导体,ADI)公司将收购竞争对手美信集成产品公司(Maxim Integrated Products)	209.1亿美元	半导体
	英国初创公司 Britishvolt 计划在威尔士建造一座电池厂,这将是英国第一座电池"超级工厂"	未公布	电池
	丰田收购 BluE Nexus 的10%的股份	未公布	电驱动
	LeddarTech 收购 VagaVision	未公布	传感器融合
	瑞典电池制造商 Northvolt 获得16亿美元的债务融资	16亿美元	电池
8月	松下将对特斯拉位于美国内华达州的超级电池工厂进行投资,该工厂共有13条生产线	1亿美元	电池
	现代摩比斯投资360亿韩元,扩大韩国电动车零部件工厂产能	360亿韩元(约3000万美元)	电动汽车零部件
	延锋公司与安道拓全资子公司 Adient Interior Hong Kong Limited 签署了《股权转让协议》,延锋公司收购安道拓香港持有的延锋内饰30%的股权	3.79亿美元	内饰
9月	日立在美国肯塔基州成立新电动车电机公司预计2022年投产	未公布	电机
	电池回收初创企业 Redwood Materials 获得亚马逊投资	未公布	电池回收
	宝马将在其德国莱比锡工厂增加电动汽车高压蓄电池模块的生产基地	1亿欧元	电池模块
	英伟达以400亿美元收购软银旗下的英国芯片设计公司 ARM	400亿美元	芯片设计
	LeddarTech 收购 Phantom Intellgence 的全部知识产权和技术	未公布	激光雷达
	大众收购 GOTION 26%的股份	未公布	电池制造
	瑞典锂电池制造商 Northvolt 通过私募融资,投资方包括大众、Baillie Gifford、高盛和 Spotify 创始人 Daniel Ek 等	6亿美元	电池

续表

时间	案例	收购资金	相关产业
10月	AMD 正式收购赛灵思	350 亿美元	半导体
	戴姆勒卡车收购 Luminar 的少数股权	未公布	激光雷达
11月	日本电产计划在塞尔维亚新建一座电动汽车电机工厂	2000 亿日元(合19 亿美元)	电机
	英国家用电器制造商戴森未来 5 年将在技术和产品开发方面额外投资,进军 AI、机器人和电池等几大领域,令其产品组合在 2025 年之前增加 1 倍	27.5 亿英镑	AI、电池
12月	现代坦迪斯(Hyundai Transys)将在美国佐治亚州建设一家新变速器工厂	2.4 亿美元	变速器
	日本东芝(Toshiba)和富士电机将共同投资以加大电动车节能芯片产量,旨在适应全球各国向电动汽车和卡车的快速转型	2000 亿日元(约19 亿美元)	车载芯片
	LG 电子计划剥离部分电动车零部件业务,与加拿大公司麦格纳国际组建一家新的合资企业	未公布	电动车零部件

资料来源：中国汽研整理。

五　重视在华战略布局，加强企业跨界合作

2020 年，受到疫情的影响，全球汽车零部件供应链流通受到严重的影响。在中国对进出口货物的严格监测管控的情况下，全球各大整车企业、零部件企业、科技型企业、互联网企业依然没有降低对中国市场的重视，通过投资生产基地、与中国企业技术合作、合资建厂、设立在华研发中心、更换在华高层领导等方式推动其在华的业务布局。受智能汽车、电动汽车的广阔前景影响，近几年跨界合作成为汽车行业一道独特的风景。

在传统零部件方面，主要对轮胎、工艺材料、发动机、底盘系统等细分领域的企业进行组织架构调整、企业合作、战略投资来实现在华的战略布局。韩泰轮胎、康明斯、采埃孚、Elektrobit（EB）等企业通过调整中国区高层的方式加强企业在华的行动能力。海拉、英威达、大陆、佛吉亚等企业通过在华投资建设生产基地，扩大其产品本地化生产供应量，抢占市场份

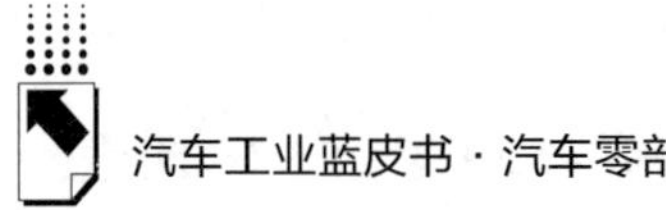

额；邓禄普轮胎、保时捷等企业通过新建销售中心、物流配送中心等手段提高其在华产品的流通能力。在企业合作上，采埃孚与上汽红岩合作、佛吉亚与北汽合作、Stratasys 与中国第一汽车集团研发总院合作、戴姆勒与吉利合作，均希望通过合作的模式在技术研发、供求关系、品牌战略、营销等方面提升企业在华的发展。另外，埃克森美孚与京东集团合作、倍耐力与京东合作，更希望通过跨界合作完成企业在华的战略布局（见表 4）。

表 4　2020 年外资企业在华传统零部件业务动态

企业	动态
邓禄普轮胎	2020 年 1 月，邓禄普轮胎销售总部落户上海
韩泰轮胎	2020 年 1 月，金显哲（Kim Hyun Cheol）接任李相勳（Lee Sang Hoon），正式出任韩泰轮胎中国董事长，负责中国区市场战略，以及日常运营管理
壳牌	2020 年 3 月 9 日，壳牌（中国）有限公司成立全资子公司——壳牌资本有限公司，并全资持股
康明斯	2020 年 3 月 30 日，石内森（Nathan Stoner）擢升康明斯副总裁，接替曹思德全面负责中国区业务
采埃孚	2020 年 5 月 6 日，采埃孚售后事业部（ZF Aftermarket）宣布，高海涛先生就任采埃孚集团售后事业部大中国区负责人
	2020 年 6 月 22 日，上汽红岩与采埃孚举行了“上汽红岩与采埃孚战略合作”云签约仪式，在技术研发、供求关系、品牌战略、营销服务以及管理经验方面进一步深度合作
埃克森美孚	2020 年 5 月 29 日，埃克森美孚与京东集团宣布美孚成为京东汽车战略合作品牌
海拉	2020 年 6 月，海拉创新型地毯灯在中国投产
奥升德	2020 年 6 月 11 日，奥升德（Ascend）宣布已签署协议，收购常熟市和氏璧新材料有限公司、特和工程塑料（苏州）有限公司的全部资产，旨在打造亚洲生产制造和技术研发中心
英威达	2020 年 6 月 16 日，英威达尼龙化工（中国）有限公司在上海化学工业区举行己二腈（ADN）生产基地奠基仪式，这标志着年产量 40 万吨的己二腈项目正式启动全面建设。该项目总投资超过 70 亿元
大陆	2020 年 6 月 29 日，大陆集团在常熟举行电子空气悬架系统新工厂开工仪式
TE	2020 年 8 月，TE 中国汽车事业部昆山 K2 工厂改扩建工程启动，将进驻注塑、组装、组合成型等产线

续表

企业	动态
Elektrobit	2020 年 8 月 31 日,Elektrobit(EB)宣布,任命邹露君(Woody Zou)为 EB 中国公司新任总经理。邹露君将接替文英棠(Francis Man),文英棠将转至 EB 德国总部,负责公司与卓越运营相关的全球行动计划
麦格纳	2020 年 9 月,麦格纳发布消息,其与重庆宏立至信科技发展集团股份有限公司达成并签署协议,扩大深化现有合作,并获得宏立至信的多数股权。此次收购将扩展麦格纳在中国的座椅产品生产制造能力和工程开发能力
马瑞利	2020 年 9 月,海立集团与马瑞利宣布就汽车零部件合资项目达成一致。马瑞利将其汽车空调压缩机和空调系统的资产和业务进行剥离重组,并设立马瑞利香港作为整合目标资产和业务的主体,海立集团收购马瑞利香港 60% 的股权。项目完成后,合资公司更名为海立马瑞利控股有限公司
倍耐力	2020 年 9 月,倍耐力与京东达成战略合作,满足消费者"个性化"和"差异化"需求
佛吉亚	2020 年 7 月,佛吉亚与北汽开展合作,在华成立座椅合资公司
	2020 年 9 月,上海佛吉亚红湖排气系统有限公司南京分公司与华夏幸福签约,将在南京溧水产业新城建立排气系统零部件研发及生产基地
	2020 年 9 月,佛吉亚座椅项目入驻上海临港新片区,共同打造智能网联汽车产业链,预计投资 2500 万元
Stratasys	2020 年 10 月,中国第一汽车集团研发总院和 Stratasys 签署战略合作协议,就未来在增材制造的材料、应用、研发、工程技术端进行全方位的合作
保时捷	2020 年 11 月,保时捷中国第二家零配件配送中心在珠三角中心城市之一的东莞盛大开业
戴姆勒	2020 年 11 月,戴姆勒表示,戴姆勒与吉利合作开发下一代内燃机

资料来源：中国汽研整理。

2020 年中国依然是全球最大的新能源汽车市场，中国新能源汽车市场依然是各大汽车零部件企业重点竞争的领域。2020 年外资汽车零部件企业在华新能源汽车零部件业务布局上，主要集中在动力电池、燃料电池、电机等方向。其中德纳、柯锐世、LG 化学等公司投入资金在中国建设电池及电极材料的生产线，扩大动力电池的产能；伟巴斯特、纬湃科技等企业则在华投资研发中心，加强其在华的产品研发能力。采埃孚、盖瑞特、大陆、博世等企业为推动燃料电池、电机等核心零部件在华的战略布局，也积极通过企业合作、建立研发中心、合资等方式实施推进。普洛斯则跨领域与宁德时代合作，合资组建资产管理公司，通过这样的方式进入中国汽车零部件行业（见表 5）。

表 5　2020 年外资企业在华新能源业务动态

企业	动态
伟巴斯特	2020 年 1 月 13 日,伟巴斯特在浙江嘉兴的新工厂以及动力电池系统研发中心正式落成
大众	2020 年 1 月,为加速在中国市场的电动化进程,大众汽车或将通过以折扣价购买私人配股的方式收购国轩高科股份有限公司 20% 股份
丰田 Boshoku	2020 年 2 月,科思创被日本丰田集团旗下的汽车零部件制造商丰田 Boshoku 公司选为合作伙伴,共同为丰田电动概念车 LQ 研发新型聚氨酯复合材料
采埃孚	2020 年 3 月 10 日,卧龙电气驱动集团股份有限公司与采埃孚股份公司正式合资签约。合资公司定名为"卧龙采埃孚汽车电机有限公司",产品范围包括应用于电动车、插电式混合动力车和微混混合动力车的汽车牵引电机
ABB	2020 年 3 月 17 日,ABB 完成对上海联桩的收购,进一步捍卫在中国电动汽车充电市场地位
德纳	2020 年 3 月,德纳北方新能源车动力产业园项目正式在山东省潍坊市综合保税区奠基,总投资 4.1 亿元
柯锐世	2020 年 4 月 17 日,全球先进储能解决方案佼佼者柯锐世在中国投资首个低压锂离子电池工厂。该工厂的首期投资为 1000 万美元
纬湃科技	2020 年 4 月,科技公司大陆集团下属动力总成公司纬湃科技(Vitesco Technologies)在天津建立一个全新的研发中心。这里将成为纬湃科技混合动力及电气化动力总成技术的研发基地
德尔福	2020 年 7 月,德尔福科技与三家中国领先的原始设备制造商(OEM)达成了超过 6 亿美元的应用于新能源汽车的电力电子业务
佛吉亚	2020 年 7 月,鸿泰佛吉亚与东风时代达成战略合作,双方将共同推进复合材料在动力电池领域应用
博格华纳	2020 年 7 月,博格华纳为福特、爱驰、理想汽车三大国内知名新能源汽车品牌提供高性能 eDM 电驱模块产品,助力电动汽车长足发展
普洛斯	2020 年 9 月 23 日,宁德时代与全球领先的投资管理与商业创新公司普洛斯签署战略合作协议,双方将凭借在各自产业领域内的领先优势,组建资产管理公司
盖瑞特	2020 年 9 月,盖瑞特与重塑科技签署战略合作协议。双方此次合作旨在为开发性能更好、寿命更长、成本更优的氢燃料电池汽车打下坚实基础,使之能够更好地适用于多种场景中的商业用途,拓宽市场前景、加快产业化进程
LG 化学	2020 年 11 月,LG 化学将向其位于中国南京的锂电池工厂额外投资 5 亿美元
英飞凌	2020 年 11 月 6 日,英飞凌宣布,将新增在华投资,扩大其无锡工厂的 IGBT 模块生产线,从而以更丰富的 IGBT 产品线满足快速增长的可再生能源、新能源汽车等领域的应用需求

续表

企业	动态
大陆	2020 年 12 月,科技公司大陆集团在其常熟工厂建立氢能与燃料电池技术中心,为中国的氢能和燃料电池汽车市场提供高品质解决方案
博世	2020 年 12 月 22 日,博世中国与庆铃汽车(集团)有限公司在重庆签署合资协议。双方将成立合资公司,共同开发燃料电池解决方案

资料来源：中国汽研整理。

在“四化”大潮下，面向智能化进行战略布局是每个汽车零部件企业都必须走的一步。2020 年外资汽车零部件企业在华智能网联业务布局上，涉及智能座舱、汽车电子、软件开发、数字化出行等业务。佛吉亚、海拉、博世、罗姆等企业通过投资建设生产基地、研发中心等方式实现其产能和核心技术的在华布局目的；更多的企业选择投资中国初创企业或与中国企业合作、合资，如丰田投资中国企业小马智行、电装投资纵目科技，而 SK 电讯、RoboSense、微软、泊知港、大陆分别与拜腾汽车、福瑞泰克、均胜电子、高德地图、联创汽车电子等中国企业合作，提升车内数字体验、传感器感知融合、汽车产业云、停车信息服务、智能驾驶技术等多方面能力。除智能网联汽车相关领域的企业合作外，跨领域企业合作在 2020 年也多次发生，如泊知港与腾讯车联签署战略合作协议，泊知港作为腾讯车联停车服务供应商，将提供封闭停车场的动静态数据，共同为主机厂提供服务；同时腾讯也与博世中国达成合作，双方共同深耕移动出行数字化业务（见表 6）。

表 6　2020 年外资企业在华智能网联业务动态

企业	动态
佛吉亚	2020 年 1 月,佛吉亚与地平线达成战略合作,为中国汽车市场开发基于人工智能的座舱解决方案
	2020 年 3 月,佛吉亚与长春旭阳工业(集团)股份有限公司共同成立新的合资公司,进军汽车电子市场。新公司名为长春佛吉亚旭阳显示技术有限公司,投资总额达 1.2 亿元
	2020 年 5 月 14 日,佛吉亚正式宣布建立佛吉亚歌乐汽车电子重庆研发总部,落户重庆两江新区。总投资达 4.5 亿元

续表

企业	动态
SK 电讯	2020 年 1 月，拜腾汽车与韩国最大的移动通信运营商 SK 电讯达成合作，共同开发和拓展车内数字体验
RoboSense	2020 年 1 月，中国领先的智能驾驶解决方案产品供应商和服务提供商福瑞泰克与领先的智能激光雷达系统提供商 RoboSene（速腾聚创）签署战略合作协议，达成面向 L3、L4 级别智能驾驶多传感器感知融合领域的全方位战略合作。合作双方将共同努力，致力于为中国主机厂提供可量产的智能驾驶产品
海拉	2020 年 1 月，海拉与海纳川在中国新设立的电子合资企业——海纳川海拉电子（江苏）有限公司开始量产
耐世特	2020 年 1 月，耐世特亚太区新技术中心在苏州工业园区正式开业
博世	2020 年 2 月，驭势科技在 B 轮融资中获得博世战略投资
	2020 年 9 月，腾讯与博世中国达成合作深耕移动出行数字化业务
	2020 年 11 月 19 日，博世中国创新与软件开发中心于无锡正式落成启用，这是博世集团首个在中国开设的软件开发中心。中心初期投资额超过 3500 万元
丰田	2020 年 2 月，小马智行（Pony. ai）获得丰田汽车公司投资 4 亿美元
微软	2020 年 4 月，均胜电子与微软达成战略合作，快速推进汽车产业云应用
电装	2020 年 5 月，纵目科技（上海）股份有限公司和电装（中国）投资有限公司达成战略合作并获得由电装（中国）投资的 D1 轮投资
泊知港	2020 年 6 月，全球领先的互联网停车服务提供商泊知港与腾讯车联签署战略合作协议，泊知港作为腾讯车联停车服务供应商，将提供封闭停车场的动静态数据，共同为主机厂提供服务
	2020 年 10 月，全球领先的车联网停车服务提供商泊知港与高德地图深化战略合作，共同为多个知名品牌汽车制造商提供停车信息服务
伟世通	2020 年 6 月 15 日，伟世通发布消息称中国区总裁一职将由刘伟坚担任，后期他将全面负责伟世通在中国的业务
巴斯夫	2020 年 6 月 19 日，巴斯夫宣布与中国领先的汽车制造商广汽集团旗下广汽新能源汽车有限公司签署合作协议，深化战略伙伴关系，探索汽车行业的数字化解决方案
罗姆	2020 年 6 月，臻驱科技（上海）有限公司与全球知名半导体厂商罗姆宣布在中国（上海）自由贸易试验区临港新片区成立“碳化硅技术联合实验室”，并于 2020 年 6 月 9 日举行了揭牌仪式
大陆	2020 年 11 月 24 日，大陆集团正式对外宣布，其同联创汽车电子已于 11 月 23 日正式签署战略合作备忘录，双方将围绕智能驾驶汽车核心技术进行全方位合作，进一步推进智能汽车的产业化发展

资料来源：中国汽研整理。

参考文献

杜莎：《2020 年汽车零部件供应商业绩如何？看看博世、安波福、海拉、欧司朗等的财报》，《汽车与配件》2021 年第 5 期。

左茂轩、宋豆豆：《2020 中国汽车产业十大事件盘点》，《21 世纪经济报道》2021 年 1 月 5 日。

《解决停车难 腾讯为 85 座城市出“奇招”》，汽车之家，2020 年 6 月 11 日，http：//www. yescar. cn/kanche/20200611/825554_ 1. html。

李琳：《“家电系”汽车零件成趋势?》，《汽车观察》2021 年第 6 期。

专 题 篇

Monographic Study Reports

B.3
中国汽车零部件行业“十四五”期间发展展望

摘　要：“十四五”规划建议提出要加快发展现代产业体系，推动经济体系优化升级。坚持把发展经济着力点放在实体经济上，坚定不移建设制造强国、质量强国、网络强国、数字中国，推进产业基础高级化、产业链现代化，提高经济质量效益和核心竞争力。汽车产业是我国实体经济的重要抓手，汽车零部件行业是支撑汽车工业持续稳步发展的前提和基础，汽车供应链正处于全面向上发展的关键阶段，随着全球市场一体化程度的逐步加深，传统汽车供应链面临整零协同、技术融合、数字化转型、模式创新等大变革，“十四五”时期将是汽车零部件行业重要的战略机遇期。

关键词：汽车　汽车零部件行业　智能化　全球化　汽车产业链

一 “十四五”时期是汽车零部件行业新发展阶段

2020 年 10 月 29 日中国共产党第十九届中央委员会第五次全体会议通过了《中共中央关于制定国民经济和社会发展第十四个五年规划和二〇三五年远景目标的建议》（简称“‘十四五’规划建议”）。“十四五”时期是我国全面建成小康社会、实现第一个百年奋斗目标之后，乘势而上开启全面建设社会主义现代化国家新征程、向第二个百年奋斗目标进军的第一个五年。

（一）“十三五”时期我国经济环境

“十三五”时期，我国经济总体实现了规划期保持中高速增长的目标。2016～2019 年，GDP 先后突破 70 万亿元、80 万亿元、90 万亿元大关，年均实际增速为 6.7%。2020 年新冠肺炎疫情的全球大流行，导致经济增速大幅放缓，全年 GDP 增速为 2.3%，成为全球唯一实现经济正增长的主要经济体，GDP 历史上首次突破 100 万亿元（见图 1）。总体来看，“十三五”时期在面对复杂多变的国际局势和全球疫情的侵袭下，我国经济运行保持良好，经济总量稳居世界第二，是全球经济增长表现最好的主要经济体。

（二）“十四五”时期是我国汽车零部件企业转型升级的战略机遇期

中国已成为世界第一新车产销大国，汽车产业总产值超过 10 万亿元，汽车产品终端销售超过 3 万亿元，汽车产业就业、税收和商品零售总额都超过全国的 10%。我国汽车零部件行业方面，“十三五”期间市场规模的发展速度趋于稳定。

由于国民经济结构调整、特大型城市限购政策等原因，“十三五”期间我国汽车产业增速放缓，我国汽车市场由增量市场逐渐步入存量市场阶段，但我国目前的千人汽车拥有量小于 200 辆，低于人均 GDP 世界排名，远远

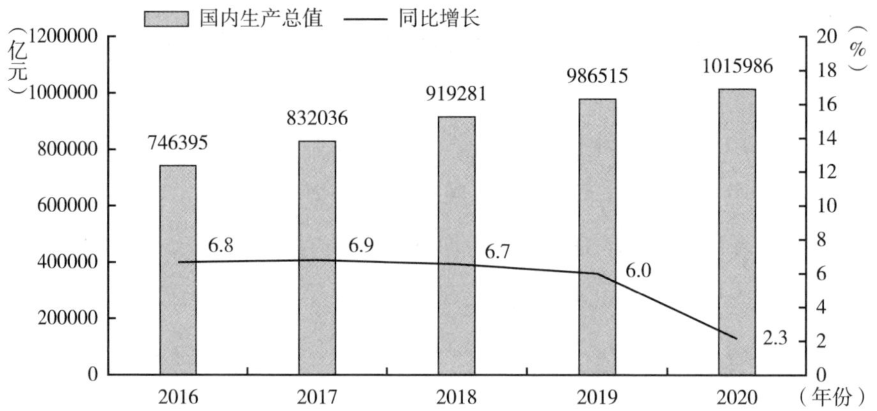

图 1　“十三五”期间我国国内生产总值及增速

资料来源：国家统计局。

低于发达国家，仅相当于发达国家的 1/4～1/3，我国汽车市场仍有巨大的增长空间。且随着国民经济发展、大型城市交通改善、新型城镇化发展等，“十四五”阶段我国仍将是全球最大的汽车市场，且市场需求将稳定释放，根据国家信息中心预测，2021 年我国乘用车销量将同比增长 9%，未来 10 年的增长率也均将保持在 3% 以上（见图 2）。

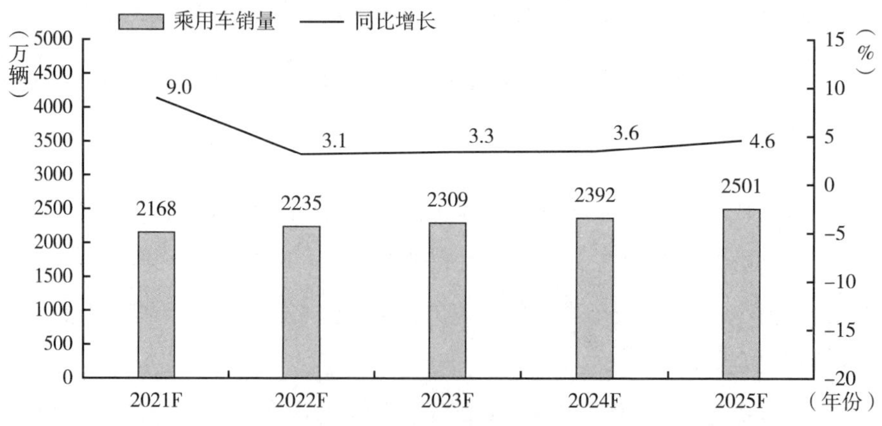

图 2　“十四五”期间我国乘用车市场规模及增速预测

资料来源：国家信息中心。

汽车零部件行业长期发展情况将趋于稳定良好，新车生产为我国汽车零部件市场提供了稳定的发展空间，同时在不断增长的汽车保有量下，汽车维修与改装对零部件的需求也将不断增长，促使我国汽车零部件行业不断壮大。2021 年中国汽车零部件行业销售收入有望达到 5 万亿元。但在“十四五”期间，汽车零部件行业在汽车行业增量红利消失的大背景下，行业分化将逐步显现。随着销量增速进一步放缓，龙头企业份额将进一步提升，缺乏品牌效应和规模优势的中小企业在激烈竞争中将渐遭淘汰，强者恒强格局日益凸显，“十四五”阶段将是我国汽车零部件企业转型升级的战略机遇期。

二 “十四五”时期汽车零部件行业新发展理念

（一）智能化

1. 政策环境

汽车智能化即指通过与智能科技硬件和软件相结合，汽车可进行智能化人机交互，主动与外部环境信息进行交互，并能够自动控制，实现人、车、道路、环境的智能信息交换。在“工业 4.0”、“智能交通”、“智慧城市”和“互联网 +”的大背景下，智能化汽车有解决能源、安全和环境问题的巨大潜力，智能化现已成为汽车产业发展中最重要的热点和趋势之一，并正在引起行业的巨大变革。

智能化汽车涉及汽车、电子、通信、互联网、测绘等众多领域，由中央各政府部门协同管理，其中工信部和国家发改委协调推动，网信办、工信部、公安部在网络通信管理方面形成有效衔接；交通部、住建部、公安部、能源局共同负责智能交通设施的规划、建设与管理；自然资源部负责地图测绘管理；公安部主管智能汽车公共道路测试、交通事故处理与责任判定；科技部和财政部分别从科技专项和财政资金方面对智能化汽车发展给予支持。自 2015 年起，各相关部门加快相关政策制定步伐，不断完善相关政策，营造良好产业发展环境。

2020 年 2 月，国家发改委等 11 部门联合发布《智能汽车创新发展战略》，这是我国发展智能汽车的顶层设计文件。其中明确提出建设中国标准智能汽车和实现智能汽车强国的战略目标，以及构建协同开放的技术创新体系、跨界融合的产业生态体系、先进完备的基础设施体系、系统完善的法规标准体系、科学规范的产品监管体系、全面高效的网络安全体系等六大重点任务，对我国智能网联汽车未来发展做出全面部署和系统谋划。

在总体发展战略下，智能汽车发展技术路线、方式等也需要明确。2020 年 11 月，《智能网联汽车技术路线图 2.0》正式发布，提出到 2025 年，中国标准智能汽车的技术创新、产业生态、基础设施、法规标准、产品监督和网络安全体系将基本形成，能够实现有条件自动驾驶的智能汽车达到规模化生产，实现高度自动驾驶的智能汽车在特定环境下市场化应用。

地方层面，多个省份均在“十四五”规划中提出大力发展智能网联相关新兴产业，北京市提出将大力发展新能源智能汽车、新材料等战略性新兴产业，前瞻布局人工智能、工业互联网等未来产业，培育新技术、新产品、新业态、新模式。浙江省“十四五”期间将大力培育新能源及智能汽车等产业，加快形成一批战略性新兴产业集群。湖北省围绕新能源和智能汽车、装备制造、先进材料等，将加快突破核心技术，增强产业核心竞争力，高质量建设国家新能源和智能网联汽车基地。

2. “十四五”时期汽车零部件智能化发展趋势

实现汽车智能化或者更远期的自动驾驶有两大路径：一是单车智能，通过摄像头、激光雷达、毫米波雷达等传感器以及高效准确的算法，赋予车辆在一定条件下实现自动驾驶的能力；二是车路协同（V2X），主要通过 5G 和高精度地图等技术，路侧智能感知设备与智能车辆协同，实现网联式自动驾驶。

当前阶段汽车智能化仍处于产业化初期阶段，单车智能化渗透率正在快速提升。汽车零部件行业方面，现阶段受益最为明显的是车联网和高级辅助驾驶（ADAS）相关零部件行业，相关产品如车载摄像头、毫米波雷达、车

载智能中控、车载 T-BOX 等。随着汽车智能化需求的不断提升，越来越多的电子产品会使用到汽车零部件的开发和设计中，电子产品将助力汽车实现精确控制的功能，使汽车操控性能更好、安全体验更舒适、汽车排放更清洁，并且可以满足全球各国日趋严苛的汽车法规要求。

3. 智能座舱

作为汽车智能化的重要组成部分，智能座舱的感官体验最为直接，是人车交互的关键载体，现阶段智能座舱技术已逐步成熟，当前发展的重要方向是新型人机交互体验，其中大尺寸中控液晶屏开始替代传统中控，全液晶仪表开始逐步替代传统仪表，并开始出现中控屏与仪表盘的一体化设计方案；HUD 抬头显示和流媒体后视镜等产品逐步成为智能化汽车标配。随着半导体制程和算力芯片的发展与不断提高、座舱娱乐域的底层操作系统及软件打通，座舱产品将不断升级，各系统之间将会进一步集成融合。未来智能座舱产品将向一芯多屏或多芯多屏、多屏互联的高智能化方向发展，同时结合 AR/VR 虚拟技术、多模态识别控制技术及空气全息成像等新技术提供交互式场景，带给消费者丰富多样的驾驶体验。

“十三五”期间，高性能主控芯片、AR HUD、5G、C-V2X 等新技术和新产品纷纷实现量产，移动端操作系统、“小场景”“小程序”已有上车实例，空气成像、透明 A 柱、智能表面材料等前沿科技正在被一步步完善，此外新冠肺炎疫情也推动了智能座舱清洁与健康的新需求，同时随着自动驾驶的到来，智能座舱如何实现更多主动安全和自动驾驶功能将是下一阶段的发展重点。国际各大车企已纷纷聚焦布局智能座舱领域，宝马发布新一代 iDrive 智能化系统，包括宝马操作系统 8.0、曲面显示屏、控制和网联设备；奔驰发布 MBUX Hyperscreen 车机系统；奥迪发布数字仪表、中控 MMI、自然语音控制系统、AR HUD 等一整套智能座舱组件。

国内汽车零部件企业方面，华域汽车是国内最大内饰件公司，公司凭借内饰件、座椅、车灯等优势业务，积极布局智能汽车业务。在智能座舱领域，公司以旗下延锋科技为主导，与歌尔股份在座舱声学、HMI 交互等方面进行合作，与京东方在显示屏等方面合作，打造以座舱域控制器为核心，包含显示屏、智能开关、HMI 交互、座舱声学、智能座椅、安全系统以及其他部件的完整的座舱系统，延锋饰件系统作为华域旗下内外饰平台是全球少有旗下兼具内饰、外饰、座椅、安全气囊、座舱电子的智能座舱系统解决方案供应商，现已发布智能座舱平台延锋 XiM21s。2021 年 3 月华域汽车发布公告，全资子公司延锋公司与安道拓签署框架协议，拟完成一揽子交易，若交易完成延锋公司将实现延锋安道拓座椅 100% 控股，以便在智能座舱方向深度发展。

4. 车联网

车联网是智能化汽车中最为重要的技术基础，车联网是智能交通的必要前提，整个过程由车辆位置、速度和路线信息、驾驶人信息、道路拥堵以及事故信息以及各种多媒体应用等重要信息元素组成，并且通过大数据和云计算实现网络化交互性控制。其中 C－V2X 是车联网落地的关键，与智能摄像头、毫米波雷达、激光雷达等类似，C－V2X 是获得其他车辆、行人运动状态，即车速、刹车、变道的另一种信息交互手段，且不容易受到天气、障碍物以及距离等因素的影响。C－V2X 融合单车智能下，车联网产业正在由单一性的车载信息服务向综合性智能网联汽车迈进。当前我国车联网产业化进程逐步加快，产业链上下游企业已经围绕 C－V2X 形成包括通信芯片、通信模组、终端设备、整车制造、运营服务、测试认证、高精度定位及地图服务等为主导的完整产业链生态。未来车联网技术将与 5G 技术深度融合，我国已正式进入 5G 时代，5G 网络“更高”“更快”的技术特点可满足车联网中用户需求多样性、数据传输高速率、信号时延低的要求，解决了车联网的核心问题。

国内汽车零部件企业方面，均胜电子致力于构建方便快捷且智能的车联网生态圈，在车联网领域具备持续创新能力和市场引领地位。2020 年 9 月，均胜电子旗下子公司均联智行顺利完成总额约 7.2 亿元融资，均联智行“十四五”期间将进一步加强智能驾舱、智能车联、智能云、智能驾驶及软件增值服务领域的投入，助推车联网、自动驾驶领域行业的长足发展。均联智行开发的 V2X 车载单元产品集成了高精定位地图、高精摄像头功能，通过协作式通信，融合雷达、摄像头等信息，可使车辆实现安全有效的感知，将在提升智能驾驶体验的同时有助于预警逃生，2021 年，均联智行将有望实现全球首个 5G－V2X 量产项目。

（二）数字化

1. 政策环境

“十四五”规划明确提出我国将加快数字化发展，发展数字经济，推进数字产业化和产业数字化，推动数字经济和实体经济深度融合，打造具有国际竞争力的数字产业集群。2021 年 3 月 13 日，《中华人民共和国国民经济和社会发展第十四个五年规划和 2035 年远景目标纲要》（简称“十四五”规划纲要）发布，相比“十四五”规划建议除了更细化规划内容外，“十四五”规划纲要单列出第五篇“加快数字化发展建设数字中国”，该篇内容分 4 章指出要迎接数字时代，激活数据要素潜能，推进网络强国建设，加快建设数字经济、数字社会、数字政府，以数字化转型整体驱动生产方式、生活方式和治理方式变革，我国对于数字化的重视程度正在逐渐提高。

地方层面，2020 年 7 月河北省工业和信息化厅印发《河北省汽车制造业数字化转型行动计划（2020～2022）》，提出到 2022 年全省汽车制造业数字化转型成效明显，全行业关键工序数控化率达到 53%，数字化研发设计工具普及率达到 64%，机器人应用密度达到 150 台/万人，工业互联网平台达到 4 家，认定数字化车间 25 家，智能制造标杆企业累计达到 5 家，汽车制造业综合实力实现稳步提升。北京市“十四五”规划中同样提出要大力发展数字经济，加紧布局 5G、大数据平台、车联网等新型基础设施，推动传统基础设施数字化赋能改造。

2. 数字化转型必要性及趋势

汽车零部件行业的数字化即将数字技术融合到企业生产/管理中，在产品全生命周期构建数据闭环，实现“物理层、平台层、数字层”的高度融合，形成数据驱动的经营理念，提升产业经济运行效率，具体表现为四个维度，即数字化研发、数字化生产、数字化管理与数字化中台。当前汽车行业正处于数字化转型升级初期，已开始从企业内部组织、人才管理、产品研发、生产制造、市场营销等全链条逐步建立数字生态，“十四五”期间汽车产业数据体系将从单点数据迅速爆发的阶段进入全链条数据融合的产业数据化阶段。

当前我国汽车产业仍然处于成长期向成熟期过渡阶段，是我国最具潜力的制造业之一，随着新技术、新模式、新业态的迅速发展，现有产业发展面临成本、质量、交付、法规、产能过剩的挑战，亟须新技术助推数字化转型，同时汽车产业数据生产要素呈指数级爆发增长，对于汽车零部件企业，“十四五”期间需加快数字化转型步伐，充分挖掘数据要素资源的价值，促使数据充分汇聚、共享流通和创新应用。

数字化研发方面，协同研发创新平台与数字孪生/数字化仿真仍将是汽车零部件研发的主流发展趋势；数字化生产方面，汽车零部件企业将逐步通过深度融合数字技术提升生产端的自动化水平，实现均衡、柔性、透明、同步生产；数字化管理方面，汽车零部件企业通过构建数字化管理平台以达到数据资产的最大化利用；数字化中台方面，统一的数字化中台是数字化转型的基础保障，汽车零部件企业将通过对大数据的持续分析与应用，促进各业务由信息化向数字化转型，解决数据、系统、业务、能力与创新中存在的孤岛问题。

3. 数字化工厂

数字化生产包含生产执行、物料管理、仓储管理三大业务范围，集成了生产计划、生产控制、数据采集、设备管理、质量管理、能源管理、厂内外物流、配送管理、出入库管理、库存管理功能，并使功能之间数据实时共享，通过信息系统传递的实时信息，可支撑生产过程的准确分析，从而将精益思想融入数字化制造的各个场景，支撑企业在生产制造过程中实现精细化生产管理与控制。其中，数字化工厂是实现数字化生产的重要载体，当前领先的汽车零部件企业已经在数字化工厂的建设和发展方面通过深度融合数字技术提升生产端的自动化水平，越来越多的汽车零部件企业将数字化工厂作为转型升级的战略举措。

国内汽车零部件企业方面，中信戴卡股份有限公司（简称中信戴卡）提出了“DMS戴卡数字化制造系统”，通过标准化、自动化、信息化、数字化与智能化的全面建设，打造有中信戴卡特色的智慧工厂，中信戴卡在秦皇岛建设了“未来工厂”6号线，车轮年产能达300万只以上，融合了最新的智能化、柔性化的相关技术，通过机器人和全长3.7公里的智能物流以及无人化加工设备、无人化自动包装等相关技术，实现了全流程柔性制造。2021年4月，中信戴卡与西门子签署战略合作协议，此次合作是对双方2015年签署的数字化战略合作协议的进一步深化，双方将重点聚焦在机床等先进设备研发、数字化双胞胎在设备层面和新建工厂层面应用潜力的进一步挖掘，以及工业AI、边缘计算、大数据等未来技术在工业场景的应用探索等。

4. 数字化管理

对于汽车零部件企业而言，数字化转型的最大挑战不在于技术，而是组织管理，汽车零部件企业传统的组织管理架构已很难适应当前瞬息变化的市场环境，未来，企业将逐步向扁平化、分布式、去中心化、网络化的液态组织管理架构变迁，以提高决策效率与响应速度，同时激活个体价值，达到和外部环境变化的同步。同时，数字化技术将会渗透到企业管理理念、人才战略、组织形态、管理职能等各个层面，高效集合无数成员与资源从而成为“大系统”，“大中台、小前台”的新型IT组织架构将更好地加强部门间以及与外部生态的协作、加快知识与能力的共享、帮助业务创新提速。

国内汽车零部件企业方面，福耀玻璃全集团推进工业4.0建设，运用智能研发、智能产品、智能生产、智能改善、智能服务，以SOA数据总线为底层架构，实现CRM（客户关系管理）、PLM（智能设计）、CAPP（智能工艺）、SRM（供应链管理）、MES（制造执行）、IL（智能物流）、EPM（全面预算）、BI（商业智能）等多个信息化和自动化平台的纵向集成，以BPM打通端到端的流程集成，以EDI实现企业间的横向数据集成，从而构建长期、安全、可靠、具有竞争力的供应链体系，实现大规模定制生产的智能制造。福耀集团采用了360度供应商全生命周期管理，通过供应链中枢SCB，集成了资源调配、全局实时监控、风险感知的统一管理，对供应商的全流程、全体系、全模块进行梳理与辅导，并将客户的需求、福耀的需求和供应商的需求进行联动，确保福耀的供应资源处于动态平衡中，保证日常业务更快捷、更高效。

（三）电动化

1. 政策环境

自2009年“十城千辆”起，我国正式开启新能源汽车产业化时代，随着密集的扶持政策陆续出台，我国新能源汽车产业步入快速发展轨道，当前新能源汽车产业已上升至国家发展战略的高度，“十三五”期间，我国出台了多项政策鼓励新能源汽车发展，降低了新能源企业的进入门槛，提高了产品要求，完善了强制性标准，延长了新能源汽车财政补贴，2020年11月，国务院办公厅印发《新能源汽车产业发展规划（2021～2035年）》，提出“十四五”发展愿景，到2025年，新能源汽车新车销售量达到汽车新车销售总量的20%左右，并提出到2035年远景目标，纯电动汽车将成为新销售车辆的主流，公共领域用车全面电动化，燃料电池汽车实现商业化应用。

“十四五”期间，我国将深入推进“放管服”改革，进一步放宽市场准入，实施包容审慎监管，生产端完善企业平均燃料消耗量与新能源汽车积分并行管理办法，有效承接财政补贴政策，并研究建立与碳交易市场衔接机制，新能源产业政策将由终端产品补贴向汽车产品全生命周期各个环节延伸，引导和鼓励企业加大技术研发和产品投放，促进供给侧结构性改革，需求端我国政策将向充换电基础设施建设、电池回收再利用等领域倾斜，并鼓励与智能化、网联化融合发展。我国对新能源汽车产业有明确的发展目标，不断完善的产业政策也将推动整个新能源汽车产业包括车企、电池、电机等上下游产业链健康发展。

2. 新能源汽车零部件行业发展现状及趋势

我国通过多年来对新能源汽车产业的培育，2020年国内新能源汽车产销创历史新高，分别完成136.6万辆和136.7万辆，同比分别增长7.5%和10.9%，产业链各个环节逐步成熟，丰富和多元化的新能源汽车产品不断满

足市场需求，使用环境逐步优化完善，新能源汽车产业已逐步由政策驱动向市场驱动转变。

新能源汽车零部件行业与传统汽车产业链最大不同在于，核心零部件的研发与整车企业逐渐分离，下游的整车企业可以外采电池、电控和电机，同时部分智能化硬件与辅助驾驶芯片也可以与其他企业合作开发，给予了零部件企业更大的发展空间。同时，由于基础设施对于新能源汽车的重要性，充电桩、换电站等服务于新能源汽车后市场的产业也将在产业链中占据愈加重要的地位。

新能源汽车零部件行业中，动力电池产业链率先得到发展，2020 年我国动力电池装车量累计 63.6GWh，同比累计上升 2.3%，在新能源汽车规模效应、单车带电量提升的推动下，动力电池市场仍具增长空间。同时当前动力电池产业产能结构性过剩，产业集中度逐年提升，头部动力电池企业降本增效优势明显，马太效应可能会持续放大。在动力电池能量密度快速提升、新能源汽车续航焦虑逐渐减轻的情况下，现阶段新能源汽车轻量化、高压化、电气化、智能化趋势愈发明显，非电池零部件方面“十四五”期间将迎来红利期，电机电控、热管理系统、车载电源等零部件企业将以市场需求为导向逐步转型升级。

3. 燃料电池

我国在新能源汽车“三纵三横”发展战略指导下，早在 2001 年就确定了“863 电动汽车重大科技专项计划”，其中包括燃料电池和燃料电池汽车的开发。2011 年以来，我国相继发布《“十三五”战略性新兴产业发展规划》《能源技术革命创新行动计划（2016～2030 年）》《节能与新能源汽车产业发展规划（2012～2020 年）》《中国制造 2025》等顶层规划，引导并鼓励氢能及燃料电池产业发展。2020 年 10 月，《节能与新能源汽车技术路线图 2.0》正式发布，明确了燃料电池汽车发展目标，至 2035 年燃料电池汽车保有量将达到 100 万辆。

当前我国已有 60 多个地区做出了明确的氢能产业发展规划，发布了指导意见，产业发展已从基础研究阶段进入示范应用阶段，各热点地区围绕产业各环节积极吸引国内外优势资源落地发展，“十四五”期间，燃料电池汽车示范应用将推动我国燃料电池产业形成布局合理、各有侧重、协同推进的发展新模式，同时此次示范应用将直接惠及上游的材料和关键零部件企业，相关燃料电池产业链将得到高速发展。

国内汽车零部件企业方面，潍柴动力自2016年起即开始燃料电池产业的布局，先后认购弗尔赛33.5%股份，与英国锡里斯动力控股有限公司（Ceres Power）签署战略合作协议，收购20%股份并成立合资公司，认购巴拉德动力系统公司（Ballard Power Systems）19.9%股份，并成为巴拉德第一大股东。此外，潍柴动力还主导参与国家燃料电池发动机及商用车产业化技术与应用重大项目等研发项目、技术标准以及政策的制定。2021年4月，潍柴动力发布公告，收到中国证监会核发的《关于核准潍柴动力股份有限公司非公开发行股票的批复》，核准公司非公开发行不超过7.93亿股、募资不超过130亿元的定增方案，其中20亿元将用于燃料电池全产业链项目，项目达产后，将形成年2万台氢燃料电池、3万台新型燃料电池的燃料电池产能。

4. IGBT

绝缘栅双极型晶体管（IGBT）是新能源汽车电机控制器、车载空调、充电桩等设备的核心元器件，也是目前除电池之外成本第二高的元器件，长期以来，我国的IGBT器件市场主要由英飞凌、三菱、富士电机、安森美、ABB等国际厂商供应，我国尚处于发展初期，目前已逐渐形成了较为完备的IGBT产业链。随着汽车电动化、网联化、智能化的持续推进，车规级IGBT产品的需求仍在持续扩大，此外，充电桩是新能源汽车产业的重要配套设施，其中直流充电桩的核心是以MOSFET、IGBT为控制单元的充电模块，“十四五”期间，充电桩市场的快速发展也将推动IGBT需求高速增长，“十四五”规划纲要提出七大“科技前沿领域攻关”项目，其中明确将IGBT列为未来重点攻关技术之一，IGBT产业的发展已上升到国家战略层面，“国产替代”将会是未来IGBT行业发展的主旋律之一。

国内汽车零部件企业方面，比亚迪是国内新能源汽车的领先企业，拥有

完整的“三电”系统，也是国内唯一能完全自主生产车用 IGBT 的车企。2020 年 4 月，比亚迪公告称，将比亚迪微电子公司进行重组并更名为比亚迪半导体。该公司将比亚迪半导体业务重新整合，拟以增资扩股等方式引入战略投资者，并期望在未来独立上市。2021 年 4 月，比亚迪 IGBT 项目在长沙正式动工，项目总投资 10 亿元，将建成年产 25 万片 8 英寸新能源汽车电子芯片生产线，投产后可满足年装车 50 万辆新能源汽车的产能需求。

（四）全球化

1. 政策环境

“十四五”规划建议中提出需立足国内大循环，以国内大循环吸引全球资源要素，积极促进内需和外需、进口和出口、引进外资和对外投资协调发展，促进国际收支基本平衡，要提升产业链供应链现代化水平，加强国际产业安全合作，形成具有更强创新力、更高附加值、更安全可靠的产业链供应链。当前，我国汽车产业已经融入国际循环并连续 12 年居全球汽车产销量首位，我国汽车零部件行业正在逐步形成以国内大循环为主体、国内国际双循环相互促进的新发展格局。

2020 年 11 月，东盟 10 国同中国、日本、韩国、新西兰、澳大利亚 15 个国家，正式签署区域全面经济伙伴关系协定（RCEP），标志着全球规模最大的自由贸易协定正式达成，RCEP 协定给我国汽车零部件产业出口提供了新的契机，RCEP 协定所覆盖的大部分区域均为我国整车及零部件出口的重点区域，RCEP 协定签订后，零关税的优势将会拉动汽车零部件产业链出口贸易。

2020 年 12 月 30 日，中欧领导人共同宣布如期完成中欧投资协定谈判，历经 7 年 35 轮谈判，中欧投资协定终成正果。协定核心内容包括四方面：保证相互投资获得保护，尊重知识产权，确保补贴透明性；改善双方市场准入条件；确保投资环境和监管程序清晰、公平和透明；改善劳工标准，支持可持续发展。随着协议生效，中欧双方投资将打开局面。我国汽车零部件市场有望在此过程中诞生具有真正竞争力的跨国企业，实现“由大变强”。

2020 年 12 月，国家发改委、商务部公开发布《鼓励外商投资产业目录(2020 年版)》，此次修订充分贯彻了“十四五”规划建议中双循环的理念，突出强调鼓励外资进入关键原材料、零部件以及重要设备等环节，此举对于锻造我国汽车零部件产业链供应链长板、补齐产业链供应链短板，实现产业链优化升级具有重要意义。

2. 全球化发展必要性及趋势

2018 年以来全球汽车销量下滑，同时伴随电动化、智能化的转型需求，整车及零部件企业研发投入不断提升，企业降本压力增大。2020 年新冠肺炎疫情对产业造成巨大冲击，全球大量企业出现停产、减产甚至破产的现象，我国汽车零部件企业得益于国内汽车消费市场的迅速回暖，纷纷尝试在全球范围内寻求合作及兼并收购的机会，同时在国际市场上大量吸纳优秀人才以扩充研发实力，“十四五”期间，在新冠肺炎疫情的持续影响下，部分领域我国汽车零部件企业有望加速实现全球化进程。

由于消费市场的全球化迅速发展，整车企业将利用独资、合资等方式进入全球各大消费市场，随之引发的即为汽车零部件企业的全球化趋势。当前我国汽车零部件企业已逐步意识到在加强自主创新、补足产业短板的同时，应放开视野面对广阔的全球市场，未来我国汽车零部件企业将更多地参与国际分工合作和标准规范制定，持续推动我国汽车产业融入世界，提高国际话语权、影响力和国际合作的能力与水平。

3. 新能源汽车高速发展为我国汽车零部件企业全球化提供了新的赛道

当前由于我国整车企业出口规模较低，全球消费者对于我国汽车品牌的认知暂未建立，我国汽车零部件企业以内部配套为主，汽车零部件出口金额在行业总收入中的占比仅为 10% 左右。但电动化、智能化的快速发展为我国汽车零部件企业的全球化带来了新的机遇，得益于政策支持，我国在新能源汽车领域起步较早且得到了快速发展，我国新能源产业链已较为完善，已经在电池、热管理等领域形成了全球的产业优势。

国内汽车零部件企业方面，动力电池领域，宁德时代是全球领先的动力电池企业，连续四年装机量全球第一，2020 年宁德时代境外业务营收为

79.08 亿元，营收占比达到15.71%，同比大增295.30%。全球化布局方面，宁德时代与全球多家车企进行合作，进入全球供应链体系，同时也在加速全球产能布局，先后在美国、欧洲、日本等国家和地区成立子公司，并且在欧洲进行产能扩建，欧洲生产基地预计 2021 年建成并投入使用，为后续与欧美车企的深度合作奠定基础。

热管理系统领域，传统燃油车的热管理市场以外资品牌为主，随着新能源汽车渗透率的提升，新能源车热管理系统需求快速增长，三花智控等国内企业凭借零部件的渠道和成本优势，加速切入海内外主流新能源车企的供应链。自 20 世纪 90 年代起，三花智控便着重开拓国际市场，在日本、韩国、新加坡、美国、墨西哥、德国等地建立了海外子公司，搭建全球营销网络，并在美国、波兰、墨西哥、越南等地建立海外生产基地，初步具备全球化的生产能力。依托国际化营销网络逐步开拓多个国际客户，包括顶尖供应商法雷奥、马勒，以及国际著名车企丰田、大众、宝马等，是全球市场热管理系统产品的有力竞争者。当前三花智控新能源领域产品已获得了国内外知名汽车厂商的认可，先后拿到了戴姆勒、沃尔沃、宝马、大众、通用等新能源平台的订单，国内客户主要为吉利、蔚来和比亚迪等。

4. 疫情影响下细分领域龙头凭借优秀的成本控制能力加速全球化进程

新冠肺炎疫情发生后，海外疫情控制始终不及预期，疫情的持续和反复对海外供应商生产产生巨大冲击，主要外资零部件供应商从 2020 年 3 月开始陆续停产，后续逐步在 5～6 月实现复产，下半年采埃孚、大陆、舍弗勒等零部件企业陆续发布工厂关停、裁员公告。预计全球范围内“十四五”期间汽车零部件企业的破产数量将持续增加，短期内日、韩汽车零部件供应商受疫情影响最为严重。

对于我国已有全球产能布局的汽车零部件企业来说，“十四五”阶段是拓展海外业务的窗口期。借助于中国汽车市场规模大的优势，以及与国内的合资汽车企业的合作基础，凭借持续的研发投入、优秀的成本控制能力、快速的客户需求响应能力等方面的优势，我国汽车零部件企业走向海外、进入国际汽车集团全球供应链的趋势会加速。

国内汽车零部件企业方面，继峰股份是自主汽车座椅头枕领先企业，2019年继峰股份完成对格拉默的并购，成为全球乘用车头枕、商用车座椅龙头企业。2020年上半年，公司的战略重心集中在对格拉默的整合和应对新冠肺炎疫情，2020年下半年，随着格拉默的整合顺利步入正轨，疫情的冲击逐步缓解，公司的战略重心向双方的协同发展转移，双方利用彼此的优势，共同深入探讨新技术、新产品、新业务模式，不断加强自身的专业能力，拓展公司业务的中远期发展空间。“十四五”期间，继峰股份依托一流的国际化研发平台，将加大相关产品的前瞻性研发投入，巩固全球市场份额，同时来自全球市场的销售也将增强公司抵御个别地区下游整车厂销售波动风险的能力，降低疫情及其他因素对企业经营发展的影响，实现更为快速高效的发展。

（五）汽车后市场规范化高速发展

1. 政策环境

我国汽车后市场政策起步较晚，2014年前我国的汽车后市场行业长期缺乏配套政策，2014年，交通部牵头，联合国家发改委、国家工商行政管理总局、国家质检总局等共十部门印发《关于促进汽车维修业转型升级提升服务质量的指导意见》，确立了汽修产业在后市场中的重要地位，开启了政府对汽车后市场产业规范有序发展的引导和监管。

“十四五”期间，我国汽车后市场领域配套支撑政策不断推出，围绕开放化、透明化和规范化的整治思路和方向，引导行业向公平健康、良性有序、创新活力的方向发展。其中国家发改委于2016年发布《关于汽车业的反垄断指南（征求意见稿）》，该指导政策开启了汽车后市场反垄断监管的新形态，要求以主机厂和4S店为代表的授权体系开放技术、信息和配件，迫使4S店体系在售后业务上完全进入市场化竞争，通过放开原厂件流通、培养自主品牌售后配件，扶持独立维修体系，从而推动中国汽车售后零部件和维修行业的发展。2019年新版《机动车维修管理规定》进一步加强了对于汽车维修电子健康档案系统建设工作的监管力度，提出了详细的监管示

范，有力推动汽车后市场行业规范化进程。2020 年 9 月，《报废机动车回收管理办法实施细则》正式实施，报废车辆将汽车零部件划分为“五大总成”进行拆解回收、循环利用，将极大地促进报废车辆市场的发展。我国商务部新闻发言人高峰在 2020 年 12 月表示，商务部将着力推动扩大重点商品的消费，其中要积极发展汽车养护、维修、保险、租赁等汽车后市场，畅通新车、二手车、报废汽车的流通循环。2021 年 2 月，商务部《商务领域促进汽车消费工作指引和部分地方经验做法的通知》中，就扩大新车消费、发展二手车消费、促进汽车更新消费、培育汽车后市场等方面给出具体建议，提出要全面取消二手车限迁政策。总体而言，“十四五”期间，在巨大的汽车保有量的基础上，我国汽车后市场行业迎来发展机遇，实现行业规范化发展。

2. “十四五”时期汽车后市场发展趋势

保有量及平均车龄的增长是汽车后市场增长的核心驱动因素。当前我国汽车保有量达 2.8 亿，千人保有量持续提高，但仍远低于美国、法国、日本、英国、德国等发达国家，且低于全球平均水平，“十四五”期间将持续保持高速增长，此外，2010 年以来，我国在用车车龄持续增长，当前我国汽车平均车龄已进入维修期。

根据中国汽车流通协会数据，2020 年我国二手车交易量为 1434 万辆，2000 ~2020 年的 20 年间，二手车交易量的复合增长率为 22%，与新车销量呈周期波动不同的是，二手车销量始终处于稳步增长的成长期。横向与国际成熟的汽车消费市场相比，在发达国家，汽车行业整体利润中整车销售利润和零部件供应利润只占到 30% ~40%，其余的均在汽车售后服务领域中产生。我国的汽车后市场仍处发展初期，存在巨大的发展空间，“十四五”期间随着国内汽车保有量的不断上升，汽车产业从增量市场逐步转变为存量市场，汽车后市场行业将迎来巨大的发展机遇，2025 年我国汽车后市场规模预计将突破 2.5 万亿元，巨大的售后市场将成为汽车零部件行业增长点之一。

从产业结构来看，我国汽车后市场依然呈现多、小、散的局面，整个产业处于相对粗放的发展阶段，当前全国汽配生产企业有 10 多万家，但上规

模企业只有1.3万家，各类维修企业保持在42万家，但维修行业仅存活一年的企业达到14万家，占比接近20%，单店平均保有客户规模过低，行业竞争异常激烈，资产效率难以提升，行业整体利润率微薄。移动互联及数字化技术的发展，将会催生更符合市场需求的新发展模式。

3. 汽车再制造产业有望成为汽车后市场新蓝海

2020年3月，国家发改委、司法部印发《关于加快建立绿色生产和消费法规政策体系的意见》，明确提出“支持建立发动机、变速箱等汽车旧件回收、再制造加工体系，完善机动车报废更新政策”，为汽车再制造件产业链的完善提供了方向指导，为再制造件进入后市场大循环起到推动作用。

2021年4月，国家发改委、工业和信息化部、生态环境部、交通运输部、商务部、海关总署、国家市场监管总局、银保监会共同制定了《汽车零部件再制造规范管理暂行办法》（简称《暂行办法》）。《暂行办法》对再制造企业规范条件、旧件回收管理、再制造生产管理、再制造产品管理、再制造市场管理、监督管理等作出了明确规定，明确了国家对开展汽车零部件再制造业务的规范要求，规范了汽车零部件再制造企业的生产经营行为，监督保证再制造产品质量达到国家标准，为促进企业正确从事汽车零部件再制造经营行为提供了政策法律依据。可以说《暂行办法》的发布是我国汽车零部件再制造产业具有里程碑意义的事件，必将对汽车零部件行业产生巨大影响，将有力推动我国汽车零部件再制造产业的快速发展。

汽车零部件再制造需要多方主体共同参与，当前该产业还处于启蒙期，行业规范和公众认识都没有得到很好的建设和培养。“十四五”期间，我国将持续从政策端聚焦再制造行业发展重点，加强投资引导，有计划有目的地持续建设，避免为了抢占风口进行的无序投资，避免浪费。同时，加强事中事后的监督管理，为汽车后市场营造良性的市场环境，在为投资者提供投资保证的同时也提高了市场自主造血的能力。针对汽车零部件企业，应当加强企业创新主体地位，支持再制造技术研发，鼓励再制造企业、研究设计单位加快再制造重点技术研发与应用，解决再制造共性、关键技术问题。深入推进汽车零部件再制造技术及装备研发和产业化，重点发展高附加值零部件再

制造技术和工艺，推动零部件旧件回收和再制造产品质量控制等能力建设，并对再制造技术研发、示范和推广项目进行支持。面向“十四五”，我国汽车零部件企业的发展须深刻认识行业新发展理念，抓住我国再制造经济发展的机遇。

4. 数字化、智能化引领汽车后市场变革

汽车后市场作为提供汽车售后使用环节中后继所有需求服务的专业市场，其结构主要包含五大领域：汽车金融、汽车租赁、二手车交易、汽车零部件以及汽车维修保养。在汽车智能化、网联化的作用下，汽车不再只具备交通工具的属性，将进一步成为内容、服务的载体，车、人和驾驶舱外环境将逐步相互融合。汽车价值链不断丰富、动力系统持续向新能源转变，未来汽车后市场变革所覆盖的技术将以数字、智能方向为主，对于汽车半导体、功率器件以及新兴电子化集成装置等相关产品的需求将进一步凸显。

国内汽车零部件企业方面，道通科技专注于汽车智能检测诊断系统及汽车电子零部件的研发、生产、销售和服务，围绕汽车产业智能化、网联化和电动化的趋势，运用云平台、大数据、AI 等核心技术，基于多年积累的诊断维修数据与案例，逐步形成了汽车诊断通信系统、汽车诊断专用操作系统、智能仿真分析系统、智能诊断专家系统和云平台维修信息系统五大系统产品。在数字化方面，道通科技在由五大核心技术打造的智能诊断检测系统的基础上，进一步巩固全球诊断、检测领域的技术优势和市场优势，将维修场景数字化，构筑系列数字化智能终端生态。在此基础上以汽车后市场维修门店运营为中心，深度运用大数据和人工智能技术，结合维修信息和维修案例，贯穿诊断、维修、配件三大核心业务环节，提供“一站式”的智能维修综合解决方案。在智能化方面，道通科技持续拓展智能驾驶战略新机会，在 ADAS 智能检测标定领域，继续巩固行业领先优势，推出将 ADAS 与四轮定位相结合的校准设备 IA800，产品采用自主研发的智能 ADAS 光学定位系统，结合高分辨率摄像头和 ADAS 定位软件，打破了汽车后市场四轮定位和 ADAS 标定环节相割裂的局面，从而大幅提高标定的效率和准确度，道通科技在 ADAS 系统产品领域已组建超百人高级辅助驾驶研发团队，对 ADAS 系统部分传感器系统进行持续投入，积极布局汽车智能化领域的战略新机遇。

三　“十四五”时期汽车零部件行业新发展格局——融合发展

（一）汽车消费升级及产业技术变革拉动汽车零部件行业融合创新发展

“十三五”期间我国汽车消费普及度、成熟度显著提升，消费者对于汽车产品性能的关注产生了扩展和转移，过去汽车消费者主要关注产品质量和可靠性、耐久性等物理指标，随着我国汽车工业发展，这些指标普遍提高，消费者逐步开始关注汽车产品的外观造型、功能体验。此外，“90 后”“95 后”一代开始逐步成为汽车消费主体，这一代人成长于数字化的时代背景下，对于以质量为核心的消费需求逐渐淡化，对汽车产品提出了更宽泛的情感体验需求。

供给侧方面，汽车产业的转型已然成为全行业关注的焦点，现阶段汽车已经迈入数字化移动的智能互联时代，新能源、智能网联等技术正在引领产业变革，逐步将汽车传统交通运输工具的属性，拓展为可移动的生活、办公、娱乐空间，成为智能移动终端，以电动化、智能化、网联化为趋势的技术变革将重塑汽车产业及汽车零部件发展格局。

（二）互联网 + 汽车零部件行业融合发展

在“新四化”发展趋势下，汽车逐步由机械驱动向软件驱动过渡，相较于关注传统汽车的“三大件”，消费者逐步开始关注更具备科技感的配置，如自动驾驶、车联网、智能座舱等，而以上功能的实现均更依托于软件来实现，软件开发在整车研发中所占比重也逐步提升，软件体系的差异化成为构建汽车价值差异化的关键因素。“软件定义汽车”这一趋势正不断深入汽车价值链，不仅限于整车企业，汽车零部件企业也纷纷扩充软件能力，强化软件开发能力已经成为产业链头部企业的战略共识。

对于传统整车企业而言，对传统供应链的管控是其保障产品竞争力的核心，但对于汽车技术高速发展催生的对互联网及 IT 方面的需求，其在软件开发及把控能力上相对不足，由此各大互联网公司和传统汽车产业链融合产生无限可能，跨界合作已然成为汽车产业发展的常态。当前，车企与互联网公司合作，共同打造智能化出行方案的案例屡见不鲜，百度、华为、滴滴、大疆、商汤等一众科技互联网巨头，已各自推出了自动驾驶、智能座舱等智能汽车解决方案。

腾讯作为我国互联网科技龙头企业，在汽车领域旨在做汽车企业的数字化助手，帮助车企和用户做好“人与车”、“车与环境”及“生产制造与消费服务”的连接。2017 年，腾讯车联发布了 AI in car 智能汽车解决方案，该系统汇集了腾讯体系内安全平台、内容平台、大数据、服务生态和 AI 能力，针对交互智能和服务场景智能为车企提供具体解决方案，从人车交互、用车场景识别，到个性化车载内容、车内社交、车主账号化打通，形成一条完整的智能车联链条。2020 年，腾讯公布了包括生态车联网产品 TAI 3.0、新一代自动驾驶虚拟仿真平台 TAD Sim 2.0，以及汽车云数字营销解决方案等在内的智慧出行类产品。腾讯积极与全球各大车企达成合作，目前已经与 31 家车企、300 多家生态合作伙伴达成合作，通过提供智慧化的车内服务、车企数字化营销工具以及自动驾驶研发工具等，助力用户服务。

（三）通信 + 汽车零部件行业融合发展

我国车联网起步于 2009 年，经历了起步阶段（支持远程通话）、手机互联网阶段（与汽车共享手机应用）、汽车 IVI 阶段（车载娱乐，围绕中控屏展开）、5G + V2X 阶段，根据《智能网联汽车技术路线图 2.0》研判，到 2025 年，我国 PA（部分自动驾驶）、CA（有条件自动驾驶）级智能网联汽车销量占当年汽车总销量比例超过 50%，C－V2X（以蜂窝通信为基础的移动车联网）终端新车装配率达 50%。C－V2X 产业链涵盖通信芯片模组、终端设备、整车制造、运营服务四个主要领域，其中核心的技术是无线通信技术。未来汽车将由单车智能向车路协同发展，汽车与信息通信的深度融合将成为车联网产业发展趋势。《新能源汽车产业发展规划（2021～2035年）》中提出推进以数据为纽带的“人—车—路—云”高效协同，基于汽车感知、交通管控、城市管理等信息，构建“人—车—路—云”多层数据融合与计算处理平台，开展特定场景、区域及道路的示范应用，促进新能源汽车与信息通信融合应用服务创新。

作为C－V2X核心通信模组及终端设备提供商，大唐是C－V2X系列标准的三个起草者之一、3GPP等各标准化组织的核心成员，也是车联网领域国家重大科技专项的牵头单位，参与了近十项国家重大科技专项。大唐高鸿面向高速公路、智慧城市开发了上百种应用解决方案，其产品涵盖基于集团自研芯片的系列模组、车载终端（OBU）、路侧终端（RSU）、C－V2X云控平台、CA安全认证解决方案等，目前，大唐高鸿已经在跟多家车企合作，研发面向前装的C－V2X方案。车联网的发展最大的挑战即为跨产业跨部门融合，需要构建包括交通、汽车、通信、互联网产业等多个产业的跨界融合生态系统，需要各类企业深度参与并在示范项目建设过程中提升企业自身实力，基于此发展理念，大唐高鸿逐步建立了广泛的合作伙伴，从上游自动驾驶芯片厂商，到下游RSU厂商、Tier 1、车侧OEM厂商，再到更下游智慧高速、智慧城市建设集成商。

参考文献

中国涂料工业协会政策法规工作委员会：《近期发布的涂料及涂装政策法规及标准解读》，《中国涂料》2021年第1期。

白雪：《规范汽车零部件再制造产业发展 促进汽车售后市场提质升级》，《中国经济导报》2021年5月12日。

国家发展和改革委环资司：《解读〈汽车零部件再制造规范管理暂行办法〉》，《汽车纵横》2021年第5期。

行 业 篇

Industry Reports

B.4
发动机行业发展报告

摘　要：　当前全球制造业面临巨大的变革，制造业将简单的制造生产与先进信息技术结合起来，掀起了制造业革新的狂潮。发动机作为整车的关键核心技术，是国家汽车产业发展的核心竞争力。当前我国乘用车燃料消耗量，五阶段油耗法规要求2025年企业平均油耗达到4L/100km。进一步降低整车燃油消耗与污染物排放，成为全球各汽车企业竞相角逐的关键技术。

关键词：　汽车零部件　发动机　融合发展

一　发动机行业发展综述

（一）发动机行业政策环境

1. 全球政策环境

当前全球制造业面临巨大的变革，制造业将简单的制造生产与先进信息技术结合起来，掀起了制造业革新的狂潮。随着全球经济的不断发展，世界范围内的产业格局正悄然发生变化，全球的贸易、分工不断调整，在全球制造业发展过程中，不论是高端制造还是中低端制造都成为发达国家和发展中国家争夺的对象，制造业重新回归各国争相竞争的焦点，各国纷纷制定再工业化的战略，以抢占国际经济竞争的制高点。发达国家纷纷通过制定制造业回流及恢复计划，进一步鼓励及发展本国制造业，以提升国际竞争力。德国发布《工业 4.0》战略，美国先后发布《先进制造业伙伴计划》《制造业创新网络计划》，日本发布《制造业白皮书》，英国发布《英国制造 2050》等。

2. 中国政策环境

与此同时，我国制造业也面临前所未有的机遇与挑战。目前，中国经济由急速发展向稳步增长转变，与此伴生的资源和环境问题也日益受到广泛关注，发展环境相应受到制约。2015 年 5 月 19 日，国务院正式印发了《中国制造 2025》。文件指出，我国制造业发展进入新的阶段：我国制造业国际地位大幅提升，已成为世界制造业第一大国；我国制造业的自主创新能力有明显的提高，部分关键领域技术水平在世界上处于领先地位；我国工业发展的质量得到提升，效率得到增强；工业资源的能耗不断减少，生态环境保护得到重视，可持续发展能力增强。产业集聚发展也得到提升，在这一情境下，我国也在对自主创新给予关注，随着我国的自主创新能力的提升，企业也必须承担起社会创新的重任。

为持续降低我国乘用车燃料消耗量，五阶段油耗法规要求 2025 年企业平均油耗达到 4L/100km，开发超高燃烧热效率、超低排放的先进发动机技术，进一步降低整车燃油消耗与污染物排放，成为全球各汽车企业竞相角逐的关键技术。发动机作为整车的关键核心技术，没有掌握核心技术势必会受到制约，为进一步提升我国在汽车领域，尤其是车用动力总成领域国际话语权，国内自主品牌更应担负起振兴中国发动机事业的重任，掌握发动机的核心技术，提升核心竞争力。

（二）发动机行业技术环境

由于发动机系统集成度、复杂度高，工作过程涉及燃料化学能向内能及机械能转化的复杂过程，如何充分发挥燃油燃烧热功转化潜力，提高能量利用率，降低燃烧过程污染物排放，进一步提升机内燃烧过程的高效性与清洁性，是摆在全球内燃机行业的关键性问题。

长期以来，我国围绕节能减排积极开展了大量基础研究和应用技术研究工作，取得了一系列有价值的研究成果，促使内燃机技术达到一个新的水平，但受限于历史经验积累及技术开发能力，在高性能发动机方面仍未实现有效突破，目前面临的主要挑战及技术瓶颈存在于以下几个方面：首先，燃烧过程作为发动机能量转化过程的源头，高效的燃烧过程极大程度上依赖于燃烧系统的优化设计，由于发动机缸内燃烧属于受限空间内的强湍流燃烧过程，这一点目前在国际上仍是研究的热点与难点，国内自主品牌在发动机高效燃烧优化方面的积累仍有不足；其次，发动机使用工况复杂多变，极低温度条件下，燃油液滴在缸壁表面附着形成油膜导致机油稀释，进而诱发机油增多、早燃爆震等非常规工作问题，尤其是对于缸内直喷汽油机，由于燃油喷雾直接喷入缸内，喷雾在缸内与空气混合时间更为短暂，正确处理缸内喷雾发展与混合气组织、改善产品适应性与可靠性问题是国际上汽油机领域有待解决的技术课题（智能化自适应燃油动态管理策略）；再次，任何能量转化过程中必然伴随能量的损失，如何降低发动机热功转化过程中的㶲损，更为精细化控制能量传递路径及转化方向是提高能量利用率的关键手段，由于发动机工作过程涉及多种基础交叉学科领域，目前在能量管理方面仍缺少细致的能量分配模型，尤其对于热量管理技术，仍处于“黑匣子”状态，有必要对能量平衡状态展开精细化管理；最后，发动机大量新技术的应用，使发动机性能大幅改善，控制复杂度也随之提升，因此对整机运转的稳定性提出了更高的要求。

可以认为，随着先进智能制造业、电器化、智能化以及大数据技术的发展，发动机作为发展了100多年的技术产品，正迎来更大的机遇和挑战。

二　发动机行业技术发展现状及趋势

（一）国外现状与发展趋势

为了应对油耗和排放法规，世界各国 OEM 普遍采用先进发动机技术和动力总成电气化双路线平行推进。混合动力集成开发主要有 Add-on 和 DHE（混动专用发动机）+DHT（混动专用变速箱）两种模式，DHE+DHT 为未来主要技术升级方向。未来一款发动机很难同时兼顾传统和混动的需求，混动专用化 DHE 将成为未来开发的主要方向。图 1 展示了国外各大整车厂的 DHE 热效率水平和共性技术特征。

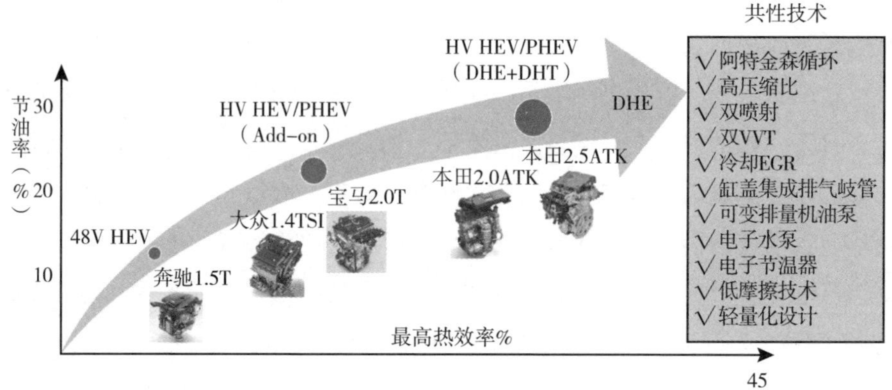

图 1　国外各大整车厂的 DHE 热效率水平和共性技术特征

资料来源：项目组整理。

就汽油机而言，着力于燃油经济性的提升、电气化程度的提高。预计 2025～2030 年使用先进发动机技术可以获得高达 30% 的燃油经济性提升，稀薄燃烧技术和汽油压燃技术等新技术也在美国 OEM 和零部件供应商中稳步研究中。GM 在 2015 年启动了一个为期 5 年的稀燃发动机项目，使用分层稀薄燃烧技术匹配米勒循环、先进增压系统（48V 电子增压/双级变速机械增压）、中置压电式高压喷射系统、冷却 EGR 技术、先进热管理、低摩擦技术等先进技术组合，发动机目标热效率为 43%。分层稀燃在 6 bar 以下使用，其余工况为均质理论空燃比燃烧，在提高热效率的同时，保证发动机的动力输出。目前该发动机已通过单缸机测试，多缸机试制完成并在试验中，目前研究重点在于复杂的稀燃后处理技术，需要评价对比 A-SCR 和 P-SCR。德尔福的汽油压燃技术（GDCI）发动机已经发展到第三代，用以满足严苛的 Tier 3 法规。不同于马自达的 SPCCI 技术，德尔福的 GDCI 是纯粹的汽油压燃，没有火花塞辅助，因此需要利用复杂的热管理系统和 EGR 系统通过控制进气温度和排气温度从而最终控制燃烧起点。该发动机使用超高压缩比（16）、中置喷油器、可变升程和持续期的排气控制装置用以控制内部 EGR 率，使用 VNT 和机械增压带 bypass，使用双 EGR 通路同时兼顾瞬态工况和稳态工况性能，高流量通道 EGR 率可高达 50%，低流量通道主要用于中低转速负荷关注瞬态响应性和控制精度的工况。

2019 年初，欧盟各成员达成共识，对油耗和排放法规进行进一步收紧。与 2020 年 95g/km 的 CO_2 限值相比，2025 年需在此基础上继续下降 15%，2030 年下降 37.5%。目前整车油耗仍基于 NEDC 循环进行测控，2021 年将更改为 WLTP 循环，关于全生命周期碳排放的分析也在积极讨论之中。与此同时，欧 6 的 RDE 最终版发布，2019 年开始实施。其中定义的 NO_x 一致性系数，从 1.5 下降至 1.43，2023 年的目标为 1。对欧 7 法规的讨论也已启动，主题涉及 <23nm 颗粒限制，-7℃低温测试及非常规排放物如 NH_3、N_2O、HNCO、乙醛等。欧洲的车企以大众、宝马、奔驰为代表，以 Downsizing 为主要发展方向，现阶段的主流是小型增压化，如奥迪 A8 未来一代停止使用一代神机 W12，全系使用 V6、V8 替代，使用先进增压技术在增加动力性的同时提升燃油经济性。以大众 2.0L EA888 3B 为例，通过加深米勒效应匹配 11.7 的几何压缩比，以及优化燃烧系统和降摩技术的应用，在提升热效率的同时，保证输出功率 147kW（旧款 125kW）。米勒技术或阿特金森技术不仅为日本车企所用，欧洲 OEM 也发现其节油优势而纷纷投入研发。

日本偏安于欧亚大陆以东的千岛之上，可利用的土地及能源资源贫乏，人口密度大，能源依存度高，反映在汽车主流市场的主流选择上就是，尽可能省油，走节能降耗路线，对肌肉车没有需求。早年日本自然吸气机盛行，小排量增压化在欧洲铺展之后，增压机的比例开始增大（如本田 1.5T、1.0T），但目前日本市场主流仍是自吸 + 阿特金森。以丰田为例，大批量产的全新 TNGA 平台，全系采用阿特金森循环，在提高几何压缩比（13）来提高热效率的同时，利用阿特金森效应，降低发动机爆震倾向，使 TNGA 2.5L 混动版成为目前量产最高的热效率发动机（41% 热效率，52kW/L 升功率），其普通版将升功率提升至 60kW/L，但热效率下降至 40%。为了使阿特金森效应发挥到极致，丰田为 TNGA 配置电动 VVT、D－4S 喷射系统（直喷和进气道喷射双喷射）、外部冷却 EGR、热管理系统、电子油泵和高能点火线圈。特别值得一提的是，丰田为了打破流量系数和滚流比的 trade-off 关系，重拾气门座激光熔覆技术，在保持滚流比的同时，大幅提高流量系数，使 TNGA 发动机在保证高热效率的同时，升功率也能满足日常用户需求。

综上所述，主要发达国家在中远期主要还是聚焦于传统动力的节能减排技术发展，相关研究集中于热效率的进一步提升，如分层或均质稀薄燃烧等，同时随着混动系统的发展，也带动了内燃机行业电气化的更新进步。

（二）国内现状与发展趋势

为了应对日益严苛的油耗法规以及完成 CO_2 减排任务，至 2019 年，全球主要的主机厂都在全面提升其产品序列的主要发动机热效率，典型的以丰田为例，将其 40% 及以上热效率的发动机产品在 TNGA 平台中全面搭载推广，以增压机为主的大众也在 2017 年推出了最高热效率大于 39% 的 EA211－1.5TSI EVO 产品。同时为了达到 40% 左右的热效率水平，更多的新技术也被引入市场，如日产在 2018 年推出的 KR20DDT－2.0T 机型，即是全球首台使用了可变压缩比的涡轮增压机型；马自达在 2019 款 Mazda 3 上搭载使用了 SPCCI 的 SKYACTIV－X 机械增压。

而国内主要主机厂也在推出其面向40%热效率的主流发动机产品，如一汽在2019年推出的CA4GC20TD-2.0T机型，通过增压米勒实现了39%的最高热效率与80kW/L的升功率水平；广汽在2019年推出的增压米勒三缸机型1.5TM达到了38.5%的热效率，其同平台产品2.0TM通过匹配使用LP-EGR可达到39.4%的最高热效率；广汽的2.0ATK发动机，通过采用高压缩比15.6，其基础机型为缸径83mm、行程92mm、程径比1.11，通过将缸径减小为79mm，行程提高到102mm，使程径比提高到1.29，实现了42.1%热效率；吉利最新发布的1.5L GEP混动专用发动机，采用了13的压缩比，152包角的米勒循环，22%～25% EGR率，高压缩比、米勒和冷却EGR组合，再经冷却和摩擦优化后，达到热效率42%、升功率70kW/L的性能目标。

三 发动机行业技术分析

（一）汽油机高效燃烧控制技术

在先进发动机技术开发过程中，首先需要重点关注的问题在于发动机缸内的瞬态燃烧过程，发动机缸内燃烧过程涉及复杂的多项流热交换及强瞬态湍流放热等多学科交叉内容，历来属于国际学术研究及工程应用领域的热点及难点。燃烧是发动机热功转化的承载核心，而燃烧优化是提高发动机性能的重要举措之一。因此，如何优化发动机缸内燃烧过程是实现发动机高效、低排放的关键所在，同时实现低损耗、高输出也是提高发动机有效输出的重要途径（见图2）。

1. 压缩比优化

（1）高压缩比技术

四冲程点燃式汽油机的放热在压缩上止点附近快速完成，热功转换过程可以简化为理想的等容加热循环。把压缩和膨胀简化为理想的绝热可逆的等熵过程，将燃烧过程简化为等容放热过程，忽略发动机进排气过程，同时将

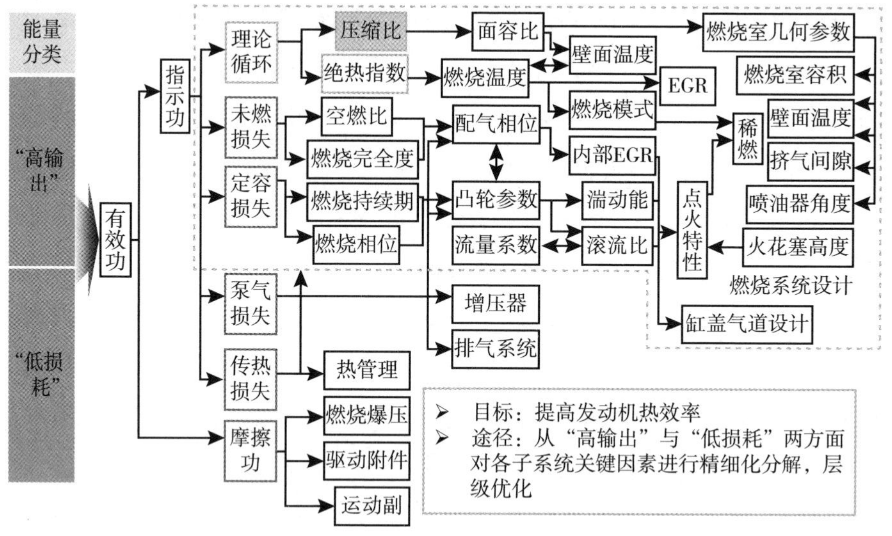

图2　提高发动机有效输出功的主要途径

缸内气体视为理想气体，理想的等容加热循环压力与体积（P－V）关系图如图3所示，几何压缩比定义为活塞运行到下止点的容积 V_0 与上止点容积 V_2 的比值，实际压缩比定义为压缩开始时刻的容积 V_1 与压缩上止点的容积 V_2，膨胀比定义为 V_4 与 V_2 的比值，发动机的理论热效率如式（1）所示。当膨胀比与实际压缩比相等时，理论热效率可简化为式（2）。理论热效率与膨胀比和实际压缩比呈正比关系。

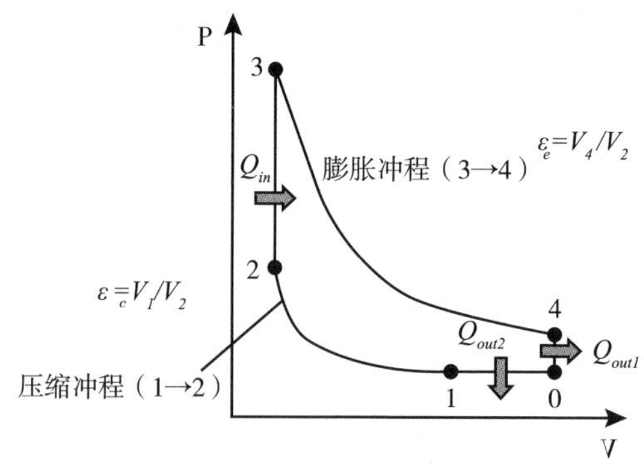

图3　P－V关系图

$$\eta_{th} = 1 - \frac{\rho \cdot \varepsilon_e^{1-\kappa} + \varepsilon_e \cdot \varepsilon_c^{-k}(\kappa - 1) - \kappa \cdot \varepsilon_c^{1-\kappa}}{\rho - 1} \tag{1}$$

$$\eta_{th} = 1 - \varepsilon^{1-\kappa} \tag{2}$$

η_{th}是理论热效率；ε_e 为膨胀比；ε_c 为实际压缩比；ε 为几何压缩比；ρ 为燃烧指数，为$\frac{p_3}{p_2}$；κ 为混合气的多变指数。

图 4 是理论热效率随膨胀比的变化，相同的实际压缩比下，随着膨胀比变大，理论热效率先上升后下降。为抑制爆震，将实际压缩比设定为 10，提高膨胀比至 25 时，理论热效率可以提高 20%。因此将实际压缩比控制在爆震限制下，提高膨胀比是提高热效率的有效手段。

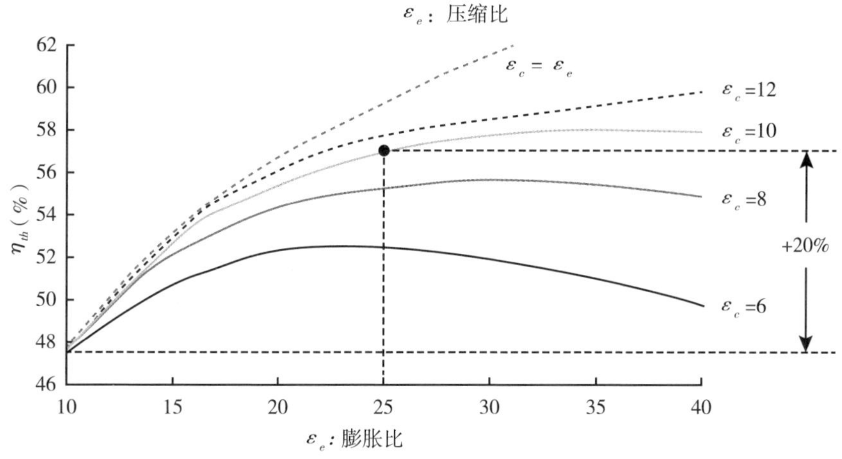

图 4　理论热效率随膨胀比的变化

若压缩比过高，发动机需要降低有效负荷来避免爆震、表面点火等不正常燃烧现象。总体趋势上随着压缩比的上升，最大 BMEP 呈下降的趋势。图 4 为压缩上止点面容比随压缩比的变化，当压缩比从 13 提升至 17 时，随着压缩比的提高，挤气面积提高，燃烧室更加扁平，导致面容比提高了 35%，高压缩比发动机的散热损失大幅提升。当压缩比提高时，未燃 HC 与 MBF50－90% 增加，挤气面积变大，余隙容积占比提升，导致 HC 增加，燃烧后阶段的火焰发展变慢。另外，扁平化燃烧室，使发动机缸内滚流比维持困难，在压缩上止点，湍动能耗散较快，这减少了火焰传播速度，加剧了高压缩比发动机的爆震倾向。

图5是相同排量下，面容比和压缩上止点的缸内湍流强度随程径比（活塞行程/缸径）的变化。随着程径比的提高，活塞运行速度提高，带动缸内气体流速提高，缸内湍动能线性提高。相同排量下，随着程径比的提高，缸径缩小，挤气面积比例减小，燃烧室扁平化程度减小，燃烧室更加趋向于球形，这使面容比降低，减少了高压缩比发动机的散热损失。以广汽42.1%热效率的2.0ATK发动机为例，通过采用高压缩比15.6，其基础机型为缸径83mm、行程92mm、程径比1.11，通过将缸径减小为79mm，行程提高到102mm，使程径比提高到1.29。另外，缩小缸径提高程径比也会缩小火焰传播距离，加速燃烧进程。但提高程径比会导致摩擦功提高，发动机布置困难。在多因素综合下，主流超过42%热效率高压缩比发动机均采用1.3左右的程径比，例如比亚迪汽车1.5ATK发动机压缩比15.5、程径比1.27，现代汽车2.0ATK发动机压缩比15、程径比1.29。

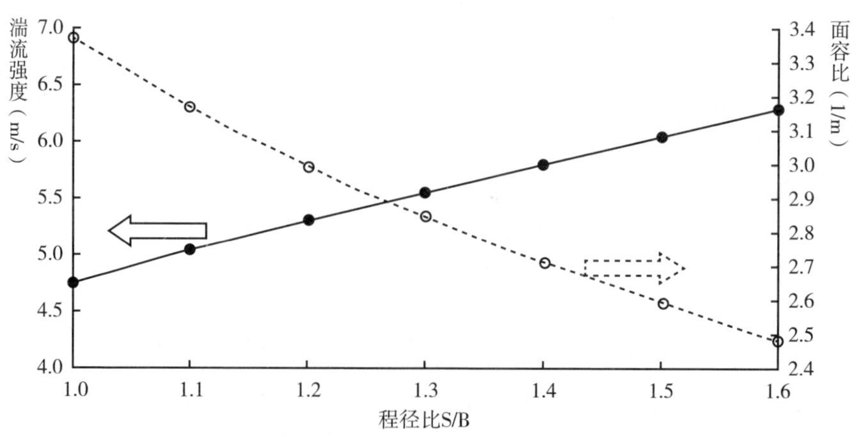

图5　面容比和湍流强度随程径比的变化

（2）爆震抑制技术

压缩比过高，会导致发动机爆震倾向大，缸内压力出现高频大幅波动，火焰传播速度和火焰前锋形状发生急剧变化。发生爆震的原因可归结为终燃混合气的快速自燃。火花塞跳火后，火焰以 30～70m/s 的正常速度向外传播，在最后燃烧位置的终燃混合气受到压缩和热辐射，加速先期反应，释放出部分热量，使终燃混合气的温度不断升高，导致在正常火焰未到达之前，终燃混合气出现一个或数个火焰中心，火焰从这些中心以 100～300m/s（轻微爆震）到 800～1000m/s 或更高的速率传播，迅速将终燃混合气燃烧完毕。

爆震会破坏附面层，导致缸盖、活塞顶面的温度上升，火焰达到之前混合气因炽热表面而着火，从而引起气缸进一步过热，最终导致轻合金的缸盖、活塞发生局部金属变软、熔化或烧损。爆震时压力升高率和最高爆发压力增加，连杆、曲轴等受力件损坏。另外，发生强烈爆震时形成的极高速率压力脉冲会破坏气缸壁层流边界层，使气缸壁面的传热量大大增加，输出功率降低。此外，压力波冲击缸壁表面，破坏油膜，加速零件磨损。

爆震的发生取决于终燃混合气的温度—压力—时间历程。由于汽油自燃有滞燃期，即使终燃混合气的温度达到自燃温度也不会立即着火。在滞燃期间，如火花塞引发的火焰通过了终燃混合气也不会发生爆震。推迟点火角能减少爆发压力，降低缸内燃烧温度，但燃油经济性会恶化。在保证燃烧相位的前提下，提高燃料的抗爆性能、降低缸内温度、提高火焰传播速度、缩短火焰传播距离是减少爆震的有效措施。提高燃料的抗爆性能，可使用高标号的汽油，但高标号的汽油单价更高，这会增加消费者的燃油费用。

降低缸内温度方面，阿特金森循环或米勒循环通过进气门晚关或早关，在维持高膨胀比的同时减少发动机的实际压缩比，降低了压缩终了混合气温度和压力。废气再循环技术将排气管中的高比热容惰性气体引入缸内，废气中 CO_2、H_2O、NO_2 等三原子气体的比热较高，当新鲜的混合气和废气混合后，热容量也随之增大，在燃料燃烧放热总量不变的情况下，最高燃烧温度也因此降低。先进热管理方面，发动机缸体、缸盖的散热需求不同，采用缸体缸盖分开水套和缸体分层水套设计，加上活塞冷却、高功率电子水泵、热管理模块，实现对发动机内部温度的精准调节，同时加强高散热需求部位的散热。高压缸内直喷将燃油直接喷入缸内，配合多次喷射，降低缸内温度。前主流的汽油缸内直喷压力为350bar，未来600～1000bar超高压喷射能在保证颗粒物排放在一定限度内时，进一步推迟喷射时间，更进一步降低缸内温度。在发动机燃烧室、活塞设计中，减少尖角的产生，从而避免局部热点。此外，缸内喷水，采用导热性能较好的铝合金制造活塞、缸盖也能降低缸内温度。

提高火焰传播速度、缩短火焰传播距离方面，气缸外围是火焰传播的最远距离，因此减少气缸直径能减少火焰传播距离，加快燃烧进程。火花塞的位置同样也影响火焰传播距离，影响终燃混合气在气缸内所处的位置，从而影响终燃混合气的温度。排气侧的温度较高，爆震倾向大，将火花塞靠近排气门附近能减少爆震倾向较高区域的火焰传播距离。采用高程径比设计，提高活塞对气流的扰动作用，增加压缩上止点的湍动能，提高燃烧速度。优化进气道设计，采用高滚流比气道，增强气体进入缸内的流速，提高湍动能。优化燃烧室、活塞设计，提高压缩冲程的滚流维持能力，减少湍动能耗散。另外优化燃烧室流场，减少Ω-swirl，使火花塞点火后火焰均匀向四周传播，让火焰快速传播到排气侧爆震概率较大区域。

2. 高膨胀比燃烧控制技术

米勒/阿特金森分别由James Atkinson于1882年、Ralph Miller于1957年提出专利，受限于当时复杂的机械结构，沉寂多年，直到VVT技术广泛应用后，1995年由Mazda量产了KJ-ZEM V6并连续三年获得沃德十佳发动机，米勒/阿特金森技术经由日本车企发扬光大，成为当今节能高效的主流技术之一。

无论是米勒循环还是阿特金森循环，其本质是通过分离膨胀比和有效压缩比，在提高理论热效率的同时抑制爆震。虽然米勒和阿特金森循环的定义国内外仍未统一，下文为描述方便，把进气门早关称作米勒循环（EIVC）、把进气门晚关称作阿特金森循环（LIVC）。

（1）阿特金森循环（LIVC）

日企由于多年来主推混合动力路线，对发动机的需求是高效率、低成本，故以阿特金森自然吸气发动机居多。阿特金森通过进气门晚关，进气门在压缩行程初段仍开放，进气进入缸内后又部分被排出，降低了实际有效压缩比，从而降低爆震趋势；与此同时，通过匹配高压缩比和长冲程，最大限度利用膨胀行程做功，让燃气充分膨胀，从而提高热效率。为了进一步削弱高压缩比带来的爆震倾向加大，一般匹配冷却 EGR，减小泵气损失，同时降低缸内温度从而减少传热损失。

丰田最新量产的 TNGA 系列的 2.5L 阿特金森发动机，燃油版使用压缩比 13，配激光熔覆高滚流气道，同时增大行程缸径比（S/B = 1.2）；使用 EGR 循环技术（25%）匹配高能点火系统，有效抑制爆震采用更高效的燃烧相位；匹配先进热管理、轻量化、双喷射系统和减摩擦等技术，使最高有效热效率提高到 40%，升功率 60kW/L；其搭载在凯美瑞双擎上的混动版把压缩比提高到 14，实现 41% 的有效热效率，升功率 52kW/L。而 TNGA 系列的 2.0L 燃油版，在保持有效热效率 40% 不变的基础上，升功率上升至 62.5kW/L；混动版仍保持 41% 有效热效率。最近推出的 1.5L 版本提升了 EGR 率，并优化了冷却摩擦模块，使传统车型搭载 CVT，油耗 6.3% 收益，WLTC 循环 8.5% 收益；混动版 4.9% 收益，NEDC 25% 收益（见表 1）。

表 1　丰田 TNGA 系列发动机

排量	类别	最高热效率(%)	升功率(kW/L)
2.5L	传统发动机	40	60
	混动发动机	41	52
2.0L	传统发动机	40	62.5
	混动发动机	41	50
1.5L	传统发动机	40	61
	混动发动机	41	45

现代的 2.0L 自然吸气 GDI 阿特金森原型机同样采用高压缩比（14）匹配高滚流气道，同时使用双火花塞系统拓展 EGR 率至 35%，S/B 提高至 1.29，并采用一系列减磨措施，在 2000rpm、8.6barBMEP 达到最高有效热效率 42.2%，而升功率 75kW/L 则为未来发展目标。日产已量产的世界第

一台 VCR 增压发动机，压缩比从 8 到 14 变化。为了匹配获得大膨胀比 14，日产搭配阿特金森技术和冷却 EGR 技术，减小泵气损失和传热损失，在提升热效率的同时，削弱高压缩比带来的爆震倾向，同时兼顾热效率点和功率点的实现。东风最新 C15TR 有常规版和混动版之分，其中混动版采用压缩比 12 匹配阿特金森循环、高滚流气道设计及长冲程、高压 EGR、智能热管理及降磨技术等，实现热效率 41.07%、升功率 83kW/L。

（2）米勒循环（EIVC）

米勒循环的节油原理跟阿特金森循环类似，也是分离有效压缩比和膨胀比，提升热效率，降低爆震倾向，不同点在于，米勒技术通过进气门早关实现，进气门在进气冲程末端已提前关闭。由于进气门提前关闭，进气量较奥托循环要少，故深度米勒技术一般与增压技术进行耦合使用，以增压弥补进气量的不足。根据包角的大小，米勒技术分为弱米勒技术和深度米勒技术。未来高效的燃烧路线需要高压缩比，此时需匹配深度米勒循环来抑制爆震，从而增大对高效增压器的需求。

吉利最新发布的 1.5L GEP 混动专用发动机，采用了 13 的压缩比、152°包角的米勒循环、22%~25% EGR 率、标准的高压缩比、米勒和冷却 EGR 组合，再经冷却和摩擦优化后，达到热效率 42%、升功率 70kW/L 的性能目标。沃尔沃 2.0L 微混发动机采用 12 的压缩比匹配米勒技术，450bar 高压燃油喷射、耦合 VGT 技术、优化燃烧系统、提升滚流比，最终获得 38% 热效率、72.5kW/L 升功率。

米勒/阿特金森技术的出现，使高压缩比技术的使用成为可能。通过进气门早关和晚关，分离有效压缩比和几何压缩比，使发动机在获得高热效率的同时，不受高压缩比带来的爆震困扰。与此同时，通过冷却 EGR 技术、长冲程等多技术的复合使用，形成当量比燃烧下的高效燃烧路线。橡树岭实验室对当量比燃烧路线下最大可能达到的热效率水平进行了探索，使用高压缩比 16.8，冲程缸径比 1.5，同时匹配 EGR 技术，并对不同的油品进行了研究，最后在 2000rpm、17bar IMEP 的单缸机试验中获得最高总热效率 47%、指示热效率 45% 的结果。日产最新发布的 e-Power 技术路线图，当量比燃烧下可以达到 45% 有效热效率、80kW/L 升功率的目标。使用深度米勒、长冲程技术、高滚流及保持、低摩擦技术、高效增压和 30% EGR 技术及高能点火可以达到 43% 热效率，最后的 2% 通过朗肯循环进行废热回收。

使用米勒/阿特金森循环可以获得大膨胀比，混合气在缸内获得最大限度的做工膨胀，从而提升热效率，但由此也会带来一系列问题，如排气温度下降导致的后处理系统升级、催化器起燃和 GPF 再生等问题。米勒/阿特金森通常与 EGR 相匹配使用，进气量会较奥托循环小，此时需要高效增压器进行弥补，而在未来，高压缩比匹配深度米勒方案，将对增压器的效率提出更高要求。

3. 废气再循环技术

汽油机采用高压缩比技术在一定程度上能提高热效率，但高压缩比会导致压缩上止点缸内混合气温度过高、爆震趋势变大的问题。推迟点火角能抑制爆震，但会导致燃油经济性降低。废气再循环（Exhaust Gas Recirculation，EGR）技术利用发动机废气降低发动机燃烧温度，能有效抑制爆震、降低氮氧化合物（NOx）排放，其主要机理是燃烧废气中含有大量的比热容较高的 CO_2、H_2O 等三原子分子提高了缸内混合气的热容，缸内的燃烧温度降低，从而抑制爆震，改善燃烧相位，同时可减少外特性加浓程度。此外，在中小负荷采用外部 EGR 能增大节气门开度，降低泵气损失，进一步改善发动机的燃油经济性。

根据废气引入方式的不同，可分为内部 EGR 和外部 EGR。实现内部 EGR 有两种方式，一种是通过进气门晚关、排气早关形成负阀重叠角，减少进入排气道的废气，增加留在气缸内的废气量；另一种是通过修改凸轮型线，排气门在进气行程再次打开或进气门在排气行程开启，废气反流进入缸内。内部 EGR 不需要添加额外的管路，因此不存在废气对管道的腐蚀问题。但内部 EGR 难以精确控制，未经冷却的较高温度的内部 EGR 会导致缸内混合气温度较高，不利于排气中氮氧化物的减少，同时降低了发动机的充气效率，因此汽油发动机内部 EGR 一般仅适用于中小负荷工况。

外部 EGR 是从排气管中引出一定量的废气，经过 EGR 管路、EGR 冷却器和 EGR 阀，重新流入进气管内与新鲜空气混合，最终流入缸内。通过调节 EGR 阀开度实现不同转速和负荷下 EGR 率的精确控制。经过冷却器冷却后的废气对充气效率的影响减小，同时也降低了缸内混合气的温度。对于涡轮增压发动机，根据 EGR 管路设计位置，可分为高压 EGR 和低压 EGR，如图 6 所示。高压 EGR 的废气取气口在涡轮上游，经过冷却器和 EGR 阀，与新鲜空气在压气机后混合，随后进入气缸。高压 EGR 的混合管路较短，瞬态响应性好，且避免了对增压中冷器和压气机的污染。但由于废气温度稍高，一定程度上会影响排放水平。高压 EGR 在低速、高负荷时发动机进气压力有时会高于排气压力，导致高压 EGR 不能引入气缸，此时就需要在进气管或排气管中添加调压阀，或者通过可变截面涡轮增压器，恢复 EGR 阀两端的正压差。此外，高压 EGR 的混合管路较短，废气与新鲜空气混合时间短，各缸均匀性较差。

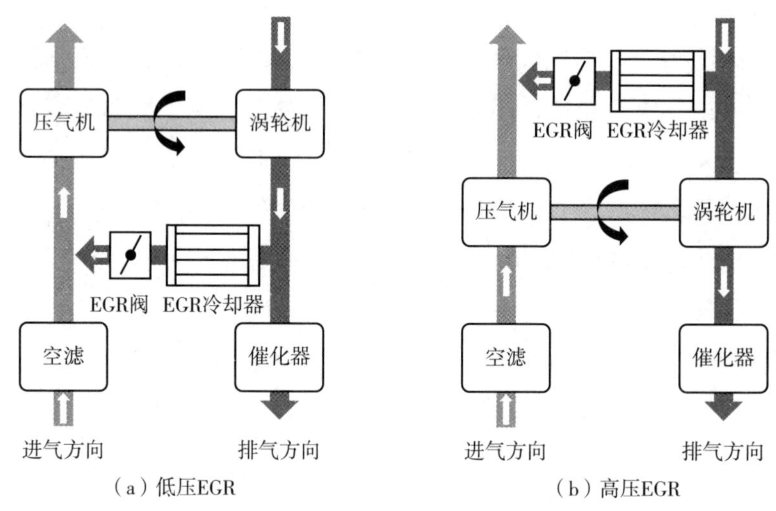

图 6　低压 EGR 与高压 EGR 示意

低压 EGR 的废气取气口在涡轮下游，在压气机上游与新鲜空气混合，经过压气机加压后进入气缸。由于涡轮后的排气背压高于压气机上游的压力，废气可自发从排气管经过 EGR 管道进入进气管，避免了高压 EGR 在低速、高负荷中取气困难的问题，因此低压 EGR 的工作范围大于高压 EGR。低压 EGR 的引流管路较长，有利于废气与新鲜空气的充分混合，提高各缸 EGR 的均匀性，但是较长的 EGR 管路导致低压 EGR 的瞬态响应性较差；低压 EGR 的废气在压气机上游与新鲜空气混合，排气中经过冷却的废气产生的冷水会加重压气机负荷，在极端情况下会导致压气机叶轮损坏，同时废气中的 HC 化合物、硫化物等腐蚀性物质对压气机叶轮有腐蚀作用，需要对压气机叶轮进行特殊涂层处理，这增加了压气机成本；低压 EGR 废气经过压气机被压缩，进气中新鲜空气的体积减小，降低了压气机效率；低压 EGR 的取气口在涡轮后，压力较低，需要在废气与新鲜空气混合处增加节气门或文丘里管来制造更大的压差，这导致低压 EGR 的控制难度较大。

相同 EGR 率下低压 EGR 系统的节油潜力比高压 EGR 高，其主要原因是：相比高压 EGR，低压 EGR 管路较长，且废气经过 EGR 冷却器后在增压中冷器后被再次降温，这使缸内温度更低，点火角可以更加提前，改善燃烧相位；低压 EGR 的废气流经涡轮，能量得到更加充分的利用。但低压 EGR 的废气经过增压中冷器，对增压中冷器的冷却能力要求更高。

研究表明，汽油发动机外部 EGR 在部分负荷下能减少燃油消耗 4.3% ~ 10.2%。EGR 率过高会大大降低缸内燃烧温度与燃烧速度，导致发动机燃烧稳定性差、燃烧不完全甚至失火等燃烧问题。随着负荷的提高，能稳定燃烧的最佳 EGR 率越大，油耗改善效果更加明显。高负荷下，EGR 减少燃油消耗的主要原因是燃烧相位优化与传热损失减少；在部分负荷下，燃油消耗改善的原因除此之外，还有泵气损失的减少。受到燃料特性的限制，EGR 在汽油机领域的应用受到限制，EGR 率应用范围一般比柴油机小。除了柴油、汽油本身的油品特性外，几何压缩比也是关键因素。高膨胀比汽油机一般采用较大的几何压缩比，高几何压缩比发动机对爆震的抑制需求更高，高几何压缩比配合高 EGR 率能更好地提升汽油发动机的节油潜力。

4. 稀薄燃烧技术

稀薄燃烧由来已久，自燃油车商用以来，排放法规实施以前，内燃机都是以稀燃为主导。后来在排放法规的压力下，催生了三元催化器的发明，由于 TWC 的高效区在当量空燃比附近非常狭窄的区间，因而使燃烧方式从稀薄燃烧转为当量比燃烧。而随着未来越发严苛的油耗排放法规出台，高效和超高效发动机是未来的发展趋势，而稀燃，是使发动机热效率达到 45% 以上的必由之路。

稀薄燃烧通过加入大量的空气增大缸内工质的多变指数从而提高理论热效率；空气的大量加入使缸内混合气的温度下降，传热损失大幅下降的同时，可使用更高的压缩比从而进一步增大热效率；同时，大量空气的加入，也有助于降低泵气损失，进一步减小损耗，增大有效热效率。

近年来国内外对稀燃的研究如火如荼。稀薄燃烧按混合气均匀程度可分为均质稀燃和分层稀燃。在稀燃早期的研究中，以分层燃烧为主，通过中置喷油器多次喷射，最后一次在点火前夕喷油，在火花塞附近形成浓混合气有助于点火和火焰传播以稳定燃烧。但分层燃烧有其限制，浓混合气燃烧后产生的高温高压有助于催生 NO_X 排放，难以达到目前严苛的排放标准，因而研究人员转而研究均质稀燃。

均质稀燃有别于分层稀燃，喷油器提前喷油，在缸内有充足时间进行混合，其最终混合气燃烧的状态近似于预混燃烧，但其难点在于点着及维持燃烧，因而，均质燃烧的使用必然伴随着高能点火系统的匹配。下面以国内外量产或在研的项目具体论述稀燃的发展。

Daimler Mercedes M274 1991cc 是近年来量产的稀薄燃烧发动机的代表之一。其采用壁面引导型中置直喷燃烧系统，燃烧模式根据不同工况分成三种：分层稀薄燃烧（中低转速小负荷）、均质稀薄燃烧（中低转速中负荷）、当量比燃烧（其他工况），同时匹配 Bosch 压电式喷油器（200bar，5 孔）实现不同燃烧模式下的不同喷油策略并精确控制喷油量，在点火前夕喷入少量燃油有助于在火花塞周围形成局部均质混合气以利于火核的生成和稳定发展。20% HP-EGR 的使用降低了外特性工况的最高温度从而降低传热损失，同时降低对增压器的温度限值要求，减小后续 LNT 处理 NOx 的压力（再生频率降低，节油）。M274 还通过启停、先进热管理、减磨技术等综合运用，使其升功率达到77.8kW/L，80% NEDC都运行在稀薄燃烧工况点内，其整车油耗的大幅降低大可期待。Benz与Umicore合作推出一款结合TWC及NSC功能的TWNSC，紧凑布置在涡轮出口段，不仅具备在当量比条件下转化HC、CO的能力和稀燃、冷启动条件下NOx的储存和转化能力，经优化的涂层还具备在稀燃条件下对HC、CO的稳定转化能力。TWNSC匹配排气管下游的NSC（又名LNT）是Benz的稀薄燃烧后处理方案。TMG（TOYOTA Motorsport GmbH）和FEV共同研发了一款指示热效率高达46%（λ=1.9）、升功率103kW/L的稀薄燃烧发动机，目前已经通过单缸机试验验证，如图7所示。

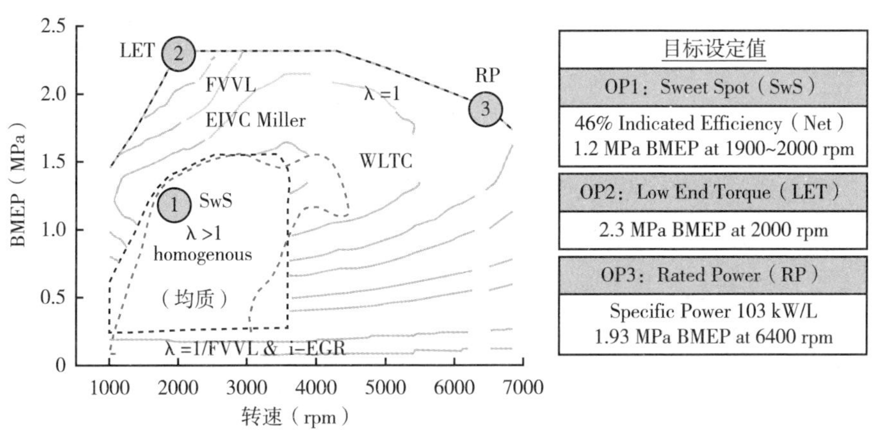

图7　TMG和FEV合作的稀燃发动机运行模式

该稀燃发动机使用CR=13.4保证高热效率，同时采用Miller技术降低LET和RP时的爆震倾向，但随之带来的滚流比降低由VCM（可调进气道滚流比的自研装置，关闭时滚流比增加）调节，滚流比的提高反过来促进燃烧速度的加快，从而降低稀薄燃烧循环的不均匀性（COV）；在LET工况打开VCM时可提高进气道流量系数；采用双级增压来解决稀薄燃烧带来的排气能量不足（单一涡轮）和所需的进气量增大的矛盾；燃烧系统也需要做相应的改进以适应高滚流气道。

图8结果表明，稀薄燃烧的极限与点火能量直接相关，理论上随着λ的

增大，点火能量要随之增大才能保证燃烧的稳定，在该稀燃发动机中采用500mJ 的点火能量可以使稀燃极限增大至 1.9。

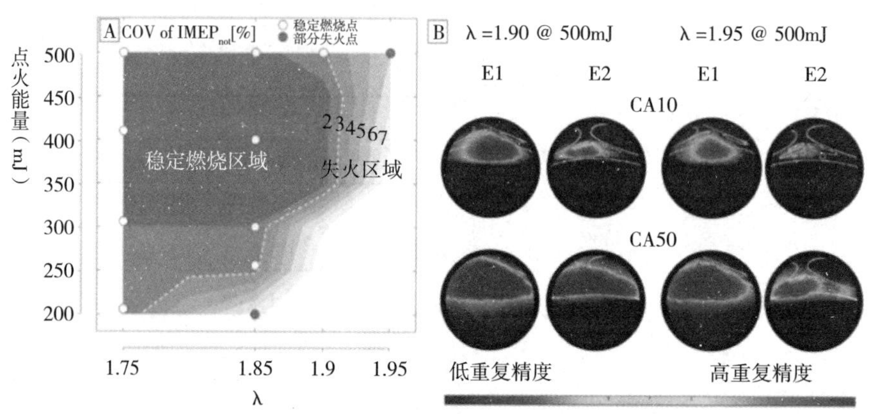

图 8 稀燃极限和点火能量

图 9 针对稀燃能量流的结果表明，稀薄燃烧主要是通过降低传热损失来大幅提高热效率的，但代价是未燃气体损失升高。

多家 OEM 已发布未来几年的发动机高效路线图，如丰田的 45% 热效率路线技术方案里提到稀燃和 EGR 的耦合，日产的 e-Power 路线图中 50% 热效率的实现主要靠稀燃达到 48%（最后的 2% 由朗肯循环达到）。发展稀薄燃烧技术是未来高效发动机的必经之路。但稀燃发动机走向量产还有很长的路要走，目前的技术难点在于稀燃后处理及对应的稀燃控制策略。

传统的 TWC 在稀燃区域的 NO_X 转化效率太低，已不再适用，需要发展适用于稀燃的专用后处理，上面奔驰的 M274 已经展示了其中一种解决方案——TWC + LNT 方案。此外还有：TWC + passive SCR，TWC + LNT/SCR，TWC + active SCR，各种方案各有优劣。使用 LNT 和 passive SCR 需要发动机不时进行浓稀切换，会增加发动机的油耗，并且对控制策略提出了新要求。Active SCR 需要一套专用的尿素喷射系统，成本大为增加的同时，用户也需要不时加尿素而导致使用不便。因此目前的研究集中在 LNT 和 passive SCR 上居多。

Indicated Efficiency & Losses (%)
ISNOx (g/kWh)
heat loss other
heat loss coolant
exhaust energy loss
unburned fuel loss
pumping loss
ηi net
ISNOx
ηi gross 40.4
ηi gross 41.4
ηi gross 45.7
ηi gross 45.3
ηi gross 45.9
ηi gross 45.3
ηi gross 45.6
ηi gross 45.4
base gas exchange
high residuals
low residuals gas exchange
λ=1.00
λ=1.10
λ=1.75
λ=1.85
λ=1.90

图9 能量流分析

对稀燃的控制策略研究主要分为两大部分，由于稀燃发动机的稀燃区域主要集中在中大负荷，小负荷和外特性工况仍使用当量比燃烧，工况需要在稀燃和当量比燃烧之间进行切换。而另外一部分是 LNT 和 passive SCR 时再生的需求。

5. 高性能点火技术

45% ~50% 的超高热效率发动机是当前时代背景下汽车动力技术发展的趋势。稀薄燃烧、废气再循环（EGR）等燃烧技术成为当前汽油机提升热效率的研究热点。然而，稀燃状态下缸内混合气密度增大、燃油浓度降低，使火花塞击穿和点燃油气混合气都变得困难，火焰传播过程也变迟缓；采用 EGR 技术，废气稀释降低了火焰传播速度，增加了点火难度。基于这些先进燃烧技术，若采用传统点火系统存在精度不足、点火能量不够、触点易烧蚀等缺点，限制了点火能量，特别是高速时的点火能量，一定程度上限制了发动机热效率的进一步提升。国内外学者提出了多种高性能点火技术方案，包括高能火花塞点火、电晕点火、预燃室点火等。

（1）高能火花塞点火

增大火核的尺寸可以提高初始燃烧速率，降低总燃烧时间，这与热效率的提高有关。火花塞电极的物理几何结构限制了两对电极之间的放电，点火能量只能在火花间隙内传递，且电极间存在能量的大量耗散。但是点火能量或放电功率的增加可以增强等离子体的热膨胀，使高温等离子体接触更多的空气—燃料混合物，有利于点火的发生，同时也有助于确保火核达到阈值半径，该阈值半径被认为是火核持续性的关键。实验表明，该方法可以有效地提高发动机的稀燃极限。

点火能量的提高通常通过提高点火线圈次级放电功率和延长放电时间两种方式实现，其中提高次级放电功率能缩短放电迟滞，更高效、快速地释放能量，并形成稳定的放电通道，着火成功率更高。但高放电功率往往伴随着火花塞电极的加速磨损；相比之下，延长放电时间是当前最容易实现的方式，且对发动机改动要求最小。研究表明，高能点火的能量并不是越高越好，需要在自身对电能的消耗和从稀燃极限、稳定性提升中获得的油耗收益之间寻找平衡。此外，工况点也是影响高能点火效用的一个重要因素，有研究表明，高转速和高空燃比条件下高能点火自身消耗的能量较多，而低负荷区域和高转速区域通常高能点火的作用更为明显。

（2）电晕点火

高性能点火技术中的电晕点火技术凭借点火能量高且点火体积大等优势，能够可靠、快速地点燃可燃混合气，扩大均质稀薄燃烧的空燃比极限，被认为是一种极具潜力的技术。电晕系统在装有气体燃料的压力容器中进行了试验，结果表明其可有效扩展稀燃极限且缩短点火延迟期。电晕点火系统也被运用于真实的发动机工况，与传统点火相比，电晕点火系统在增压状态下，EGR 容忍度增加了 10% ~15%，在自然吸气状态下，EGR 容忍度增加了 16% ~25%。国内吉利新能源商用车集团有限公司通过一台单缸汽油机分别研究了普通火花点火和电晕点火对均质稀薄燃烧过程的影响，结果表明：相比于普通火花点火，电晕点火能够有效拓宽汽油机均质稀薄燃烧的空燃比极限；可以实现过量空气系数 Lambda = 1.65 的均质稀薄燃烧，指示燃油消耗率（ISFC）最低达到 184.0g/（kW·h）；而采用点火能量更高的高能点火系统可以实现 Lambda = 1.94 的均质超稀薄燃烧，ISFC 最低达到 180.7g/（kW·h），对应的指示热效率为 48.2%。

（3）预燃室点火

基于 Vitaly Bychkov 等人提出的火焰经障碍物加速机理可以得出，一般来说经过障碍物前后火焰的速度会增加 5 ~8 倍，采用预燃室点火模式的发动机，预燃室内的混合气燃烧后经预燃室的小孔传播到主燃烧室时可形成高速射流火焰及强和热的自由基射流，同时形成的射流火焰可作为分散式的能量源点燃主燃室内的混合气，并有效提高湍流强度和燃烧速率，有利于减缓爆震倾向，由于其对缸内燃烧特性影响较大（火焰速度、燃烧速率、循环变化和爆震倾向等），成为近年来国内外先进燃烧技术研究的焦点。MAHLE 和 IAV 的研究结果表明传统火花点火的可燃极限在 Lambda 为 1.4 左右，此时，燃烧持续期显著延长；被动式预燃室可通过多点点火提高燃烧速度，但由于预燃室内容易残留废气，所以可燃界限与传统火花点火相差不大。主动式预燃室借助辅助燃油供给系统或空气泵，可以将预燃室内的废气排出，并通过预燃室内喷油进行局部加浓保障稀燃条件下预燃室内火花塞跳火的稳定性，产生射流火焰，能够实现缸内快速而稳定的燃烧，Lambda 可扩展至 2 以上。

为了了解预燃室的详细燃烧过程，Validi 等人采用大涡模拟（LES）的手段进行了研究，发现其燃烧过程分为三个阶段：①点火阶段，这是预燃室内气体膨胀和燃料射流形成的阶段；②热产物射流阶段，在此阶段，混合气及热产物以射流形式经小孔从预燃室传播到主燃烧室；③可燃混合气及热产物射流逆向发展阶段，在此阶段，主燃烧室发生快速燃烧，压力迅速上升致混合气及热产物射流从主燃烧室到预燃室的逆向发展。

（二）发动机整机能量流精细化调控技术

1. 低摩擦设计

摩擦损失中包含活塞、活塞环、轴瓦、配气机构及附件等损失，其与发动机有效输出直接相关。有效地降低摩擦，是发动机提高机械效率、减少功率损失的有效手段。图 10 直观地显示了 NDEC 循环工况下摩擦损失降低率与节油率的关系。

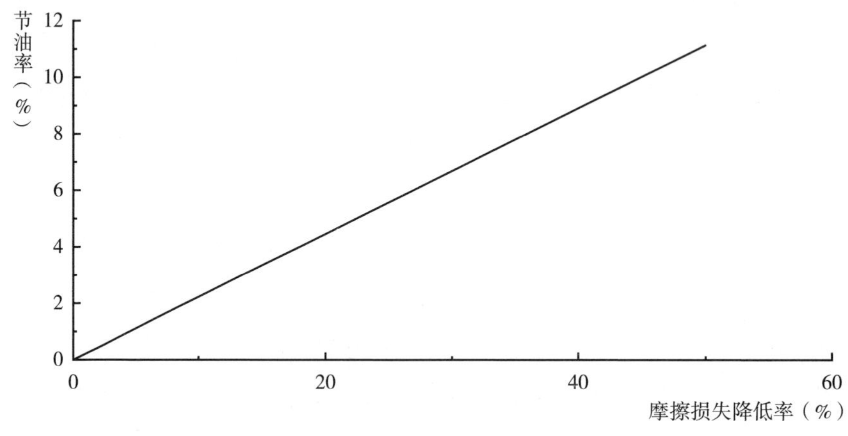

图 10　摩擦损失与节油率的关系

广汽在小排量发动机设计之初，即将低摩擦设计理念贯穿于整个设计过程，并制定了摩擦损失相较于以往项目降低30%的目标，从而达成油耗改善6.5%~7%的目标，基于此对发动机摩擦贡献较大的几方面进行目标分解。

（1）曲轴系统

曲柄连杆系统对整机摩擦功贡献接近60%，其中，曲轴轴颈、油封消耗达到20%。为了减小主轴承直径来降低轴颈摩擦，同时又不牺牲曲轴的强度和刚度，广汽在曲轴加工工艺上，采用圆角滚压方式达到强化曲轴目的。基于该工艺方法的应用，发动机轴颈可以在满足疲劳强度条件下做得更小，从而降低发动机轴承摩擦力。

图11为曲轴主轴颈直径在对标数据库中的位置，可以看出其位于对标数据库的下方，领先于多数同类机型。

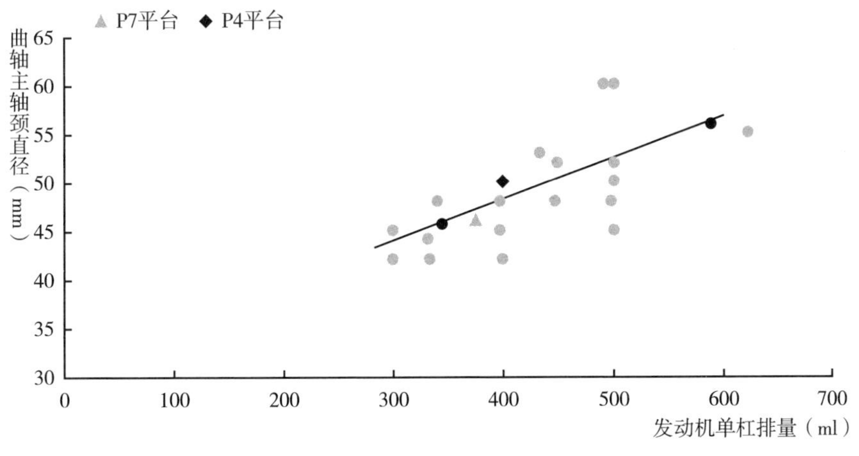

图11 曲轴主轴颈对标数据

曲轴偏置的应用也有效降低了发动机摩擦损失，曲轴偏置发动机是在中心式发动机的基础上将曲柄中心向左偏置一定的距离，从而降低发动机在做功行程的侧向力，最终达到降低整机摩擦的效果。广汽采用曲轴偏置与销孔偏置相结合的设计方案，偏置量为9mm。

（2）活塞组件——缸孔系统

缸孔作为发动机中最大摩擦副组成，是摩擦功的直接贡献者。其表面从普通珩磨发展至平台珩磨、螺旋滑动珩磨技术，表面处理方式的发展从注重尺寸精度和表面粗糙度（见图 12），到注重硬度和耐磨性，继而考虑润滑，再到对表面结构形貌进行加工以形成弹流动压润滑油膜。加工重点不断深入，处理效果也不断提高。

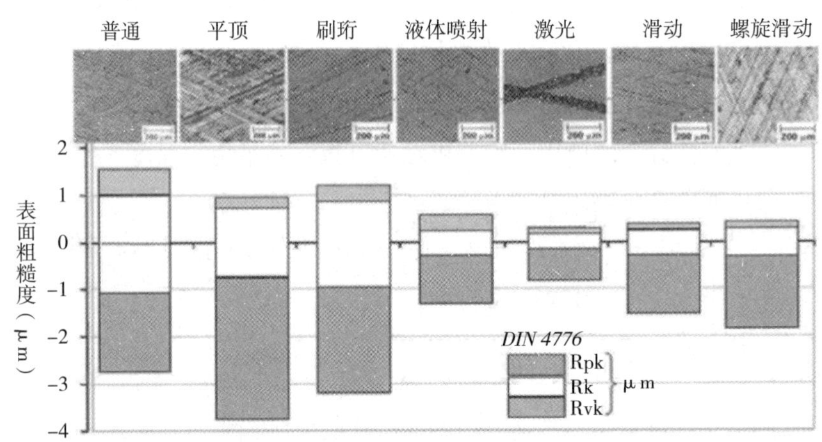

图 12　不同珩磨方式表面粗糙度对比

广汽发动机缸体加工均采取了先进的螺旋滑动形式，缸孔耐磨损性能提升 40%，并且明显降低发动机机油消耗量。

缸孔在理想状态下应为标准圆柱体，但由于缸盖螺栓轴力、水套长度、缸孔温度及爆发压力等因素影响，导致发动机在运转状态下，缸孔为不规则圆柱体，这种变形现象直接增加了活塞组件与缸孔间的摩擦损失，且会影响发动机漏气量及机油耗等性能。为减少缸盖螺栓预紧力对缸孔变形的影响，将缸孔由闭式水套变为开式水套，从而取消缸盖螺栓与缸孔件连接缸孔上顶板部分，使缸盖螺栓与缸孔相对独立。

活塞环在发动机中承载着密封、刮油、布油的作用，活塞环张力是活塞环设计中一项重要参数，合适的张力设计能够同时实现漏气量与机油耗的良好平衡。

广汽在设计时引入低张力活塞环（见图 13）的概念，采用钢制薄幅化设计，同时选择使用先进的表面处理技术，使活塞组件性能更趋于优化。

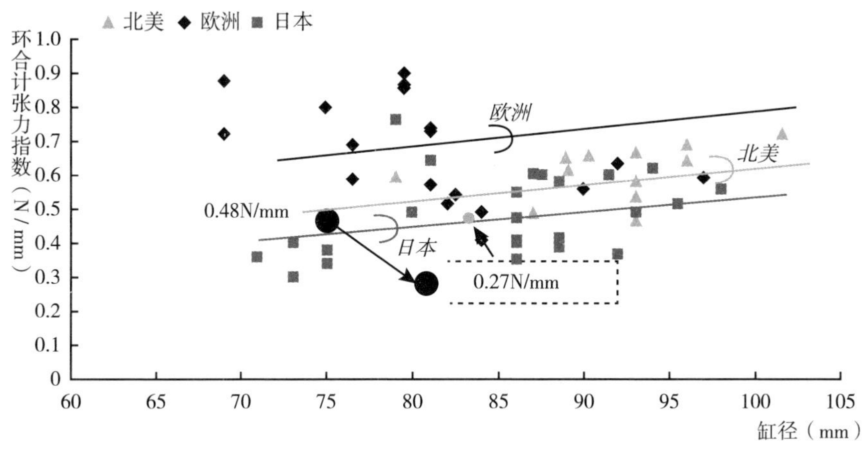

图 13　广汽发动机活塞环张力设计水平

活塞作为重要的运动件，随着对摩擦损失降低要求的不断升级，非对称裙部及型线的优化设计成为设计考虑的重点。利用更轻的材料获得更好的刚度，同时通过型线的优化在活塞裙部形成较为均布的面压，改善换向时的姿态，这些举措对于降低活塞摩擦损失来说均为正收益。

现阶段的活塞裙部涂层技术也在不断发展，广汽活塞使用的是道康宁 PA744 涂层，其中主要成分为作为减摩剂的 MoS2，不仅可以提高耐拉缸性能，在边界润滑状态下也能通过涂层本身的低摩擦特性降低摩擦损失（见图 14）。

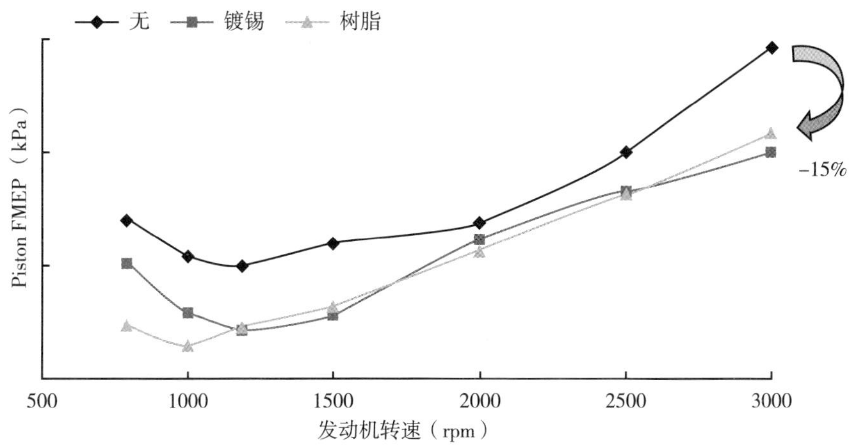

图 14　不同裙部涂层对应不同 FMEP 数据

如图 15 所示，在不同转速下（4000rpm 时，油温无法保持在 40℃，因此无法对比），使用带 DLC 涂层活塞销与普通活塞销倒拖功扭矩差异为 0.5 ~2.3Nm，可见对 FMEP 的贡献极大，属于较有性价比的降摩擦措施。

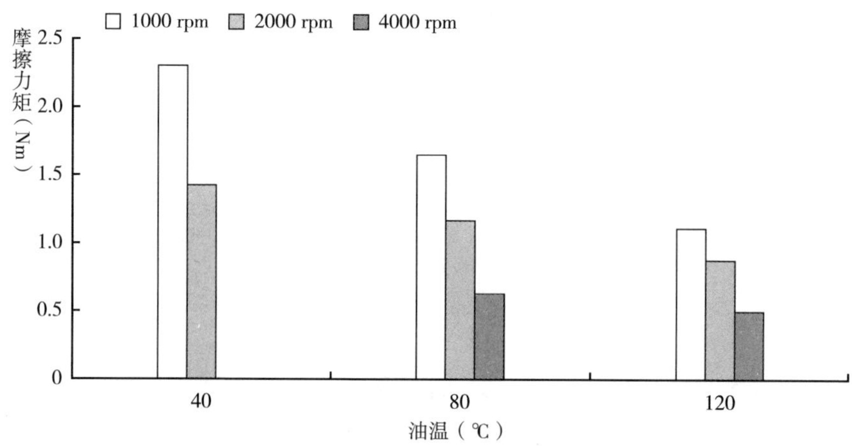

图 15　带 DLC 涂层活塞销与普通活塞销倒拖差异

从图 16 的活塞连杆组件分解摩擦功试验数据可以看出，采用低张力活塞环方案同时将活塞裙部面积减小能够有效降低活塞连杆组件消耗功率，相比市场同类机型扭矩消耗降低最高可达 30%。

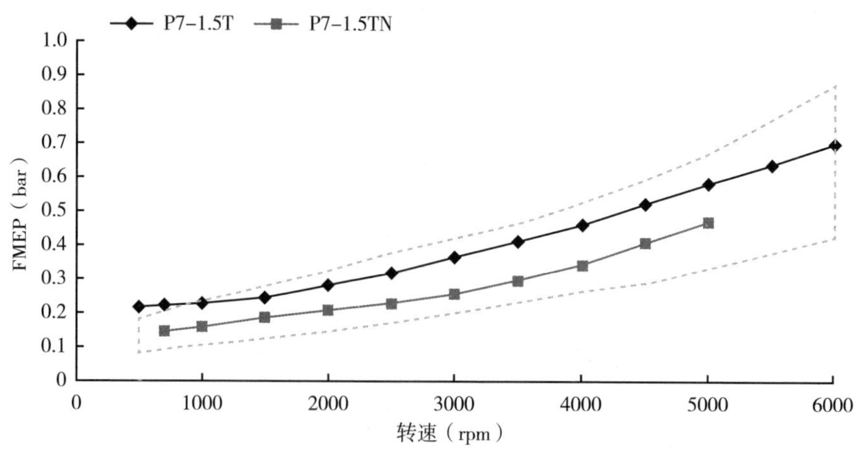

图 16　活塞连杆摩擦功对比

（3）可变式机油泵

广汽在小排量发动机上普遍采用了可变压力机油泵，机油泵内部设有主出油腔和副出油腔，通过机油泵内的泄压阀控制，对发动机主油道压力和油量进行调整。在发动机中速区域，降低、限制副回油腔的压力，减小润滑油路压力，降低润滑副的摩擦；在发动机低速和高速区域，副回油腔也向发动机供油，可确保与传统机油泵同等的油压（见图17）。这一控制策略使机油泵供油量在发动机工作的各个工况中尽可能少但足以润滑。如图17所示，采用可变式机油泵后发动机曲轴+机油泵消耗扭矩相比市场同类机型降低10%～20%。

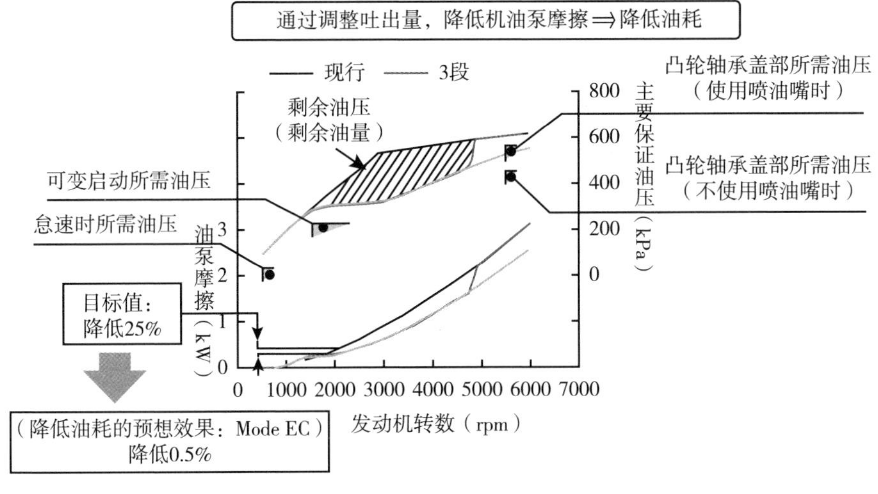

图17　可变式机油泵工作原理示意

2.高效热管理

在发动机燃烧室内，油气混合点燃后释放出的能量，主要去向有对外输出功、排气化学能、表面辐射，以及由冷却液带走的热量。其中冷却的能量交换过程较为间接，燃烧后油气释放的能量首先传递给气缸壁面，壁面分别与冷却液、机油进行换热，机油通过油冷器把能量传递给冷却液，最后冷却液通过散热器，与空气进行换热。冷却系统承担着将缸内多余热量散逸至外界的任务，但过程环节较多，因而存在着许多优化的空间。

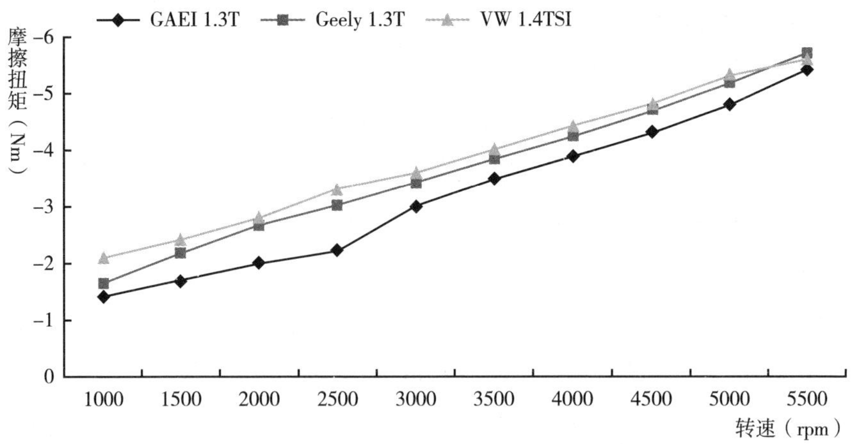

图 18　曲轴 + 机油泵摩擦功对比

发动机能量流如图 19 所示。假如能够对冷却能量进行调节，也就能够重新分配整个能量的各路去向，重新建立热平衡，合适的能量分配，能够在降低冷却能量的同时降低排气化学能，使更多的能量流向对外输出功，进而实现降低油耗、降低排放的效果。

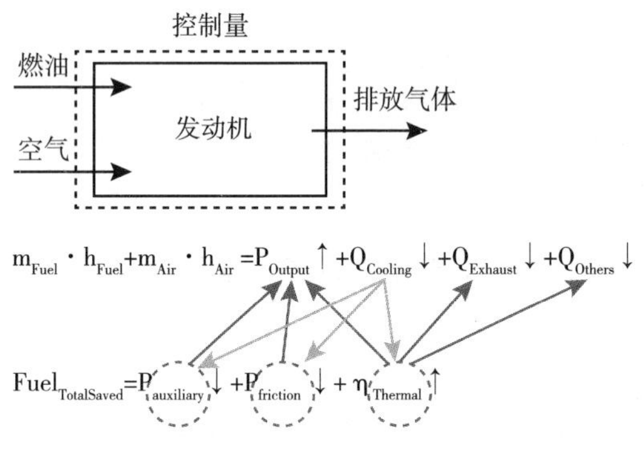

图 19　发动机能量流

常规的冷却系统设计以满足发动机的可靠性为主要目的，避免发动机过热即可，故水泵流量往往过剩。过高的冷却功率首先需要额外的机械消耗，导致对外输出降低，而过高的冷却性能，也会造成发动机内部壁面、机油温度偏低，壁面温度较低容易导致排放恶化，而机油黏度升高往往意味着更多的摩擦损失。

冷却系统设计的趋势是从整车需求出发，针对发动机的每一个工况进行更精细的热管理。在兼顾发动机可靠性的前提下，各个区域按需冷却，在发动机工作时，壁温、油温、水温均处在合适的范围里，避免在中低负荷的时候有额外的机械功、摩擦损失出现，避免高负荷的时候出现爆震。

在这种思想的指导下，广汽发动机的冷却系统原理如图 20 所示。

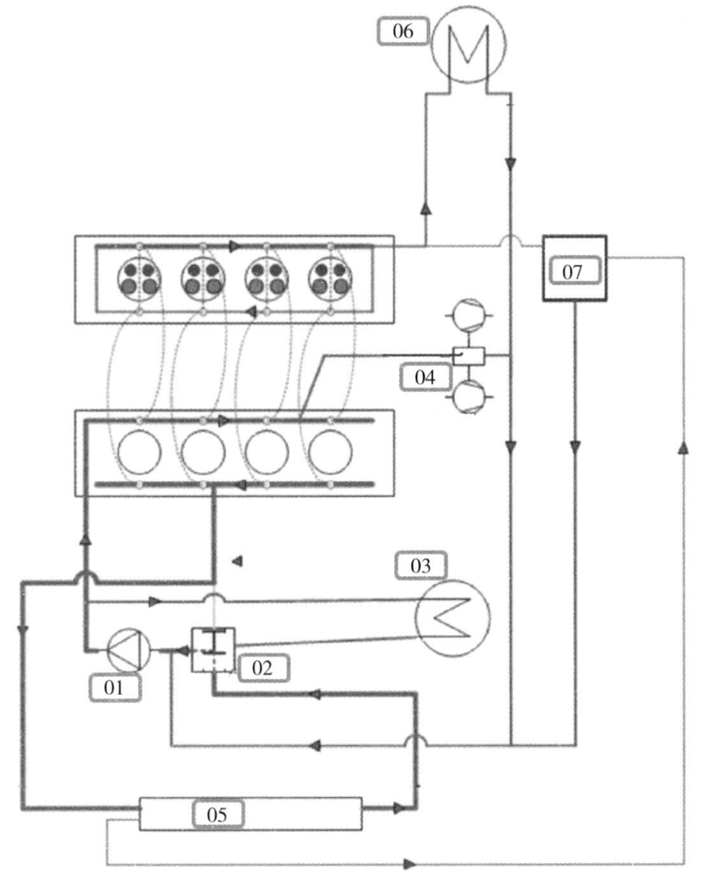

注：01水泵；02调温器；03机油冷却器；04涡轮增压器；05散热器；06暖风机；07膨胀箱。

图 20　冷却系统原理

该方案在发动机缸体水套内设置了两个隔板，实现了缸体、缸盖冷却水循环的混合流动，即缸盖内从排气到进气的横向流动，以及缸体内从前端到后端的纵向流动。采用混流式的冷却系统，结合水套隔板间隙的精确设计，结合双效调温器的控制方式，可以达成缸盖和缸体壁温、水温的差异化，实现按需冷却的效果。

（1）水套混流，分区冷却

发动机水套内的冷却液流向如图 21 所示，通过水套隔板的引导，冷却液从缸体流进缸盖排气侧，然后横流至缸盖进气侧，最终流回缸体。对于缸盖而言，由于优先冷却温度较高的排气侧，热害风险最高的鼻梁区能够得到保障，缸盖散热性能得到了提高，爆震倾向被抑制；对于缸体而言，由于流量下调，能够适当提高壁温，使其优先于缸盖快速升温，减少了发动机的散热损失，活塞、缸套可以将更多的热量交换给机油，使机油黏度下降，降低摩擦消耗，提升发动机热效率。

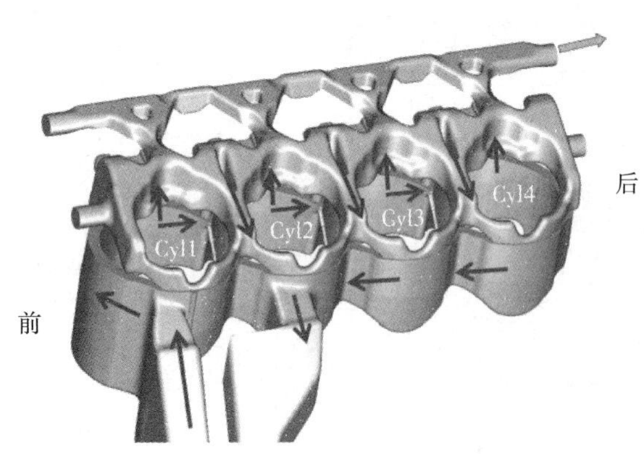

图 21　缸体缸盖水套流动示意

为了实现发动机水套内部冷却液的混流效果，该方案在发动机一缸进气侧和四缸后端各添加一个水套隔板，如图 22（a）所示。水套隔板的作用，主要是组织冷却液流动，将大部分流量引导至缸体的排气侧，但是为了避免出现整个水套的压力损失太大，最终导致 4 缸后端的冷却不足，水套前后隔板与缸体水套壁面之间需要留有一定流通面积，如图 22（b）所示。在 CFD

的仿真结果指导下，设计时使前隔板的流通面积占到水套截面面积的10.55%，后隔板的流通面积占到水套截面面积的13.1%。

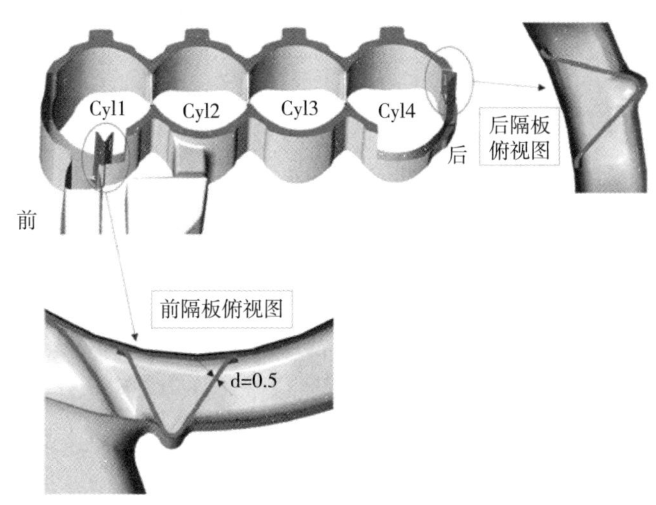

（a）水套隔板

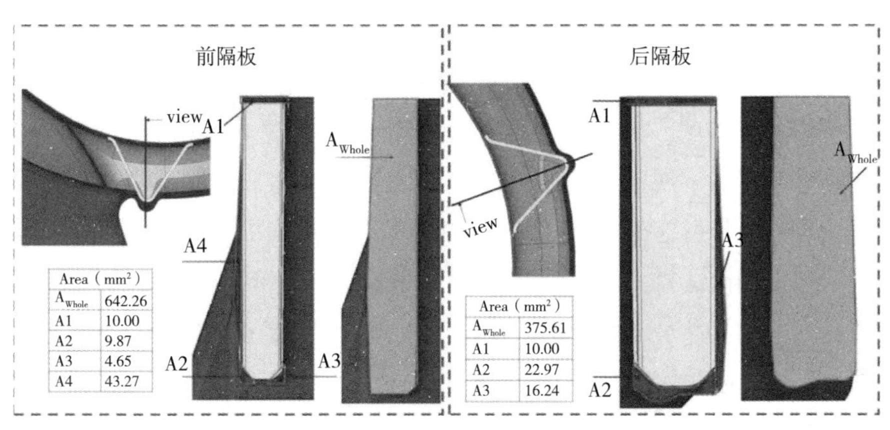

（b）水套隔板与壁面流通面积

图 22　水套隔板示意图及与水套壁面之间的流通面积

（2）双效调温器，精准调节

发动机外围管路采用并联旁通管路的方案，使用双效调温器作为支路冷却液流通回路的开关，进而实现冷却液温度的精准调节，如图 23 所示。

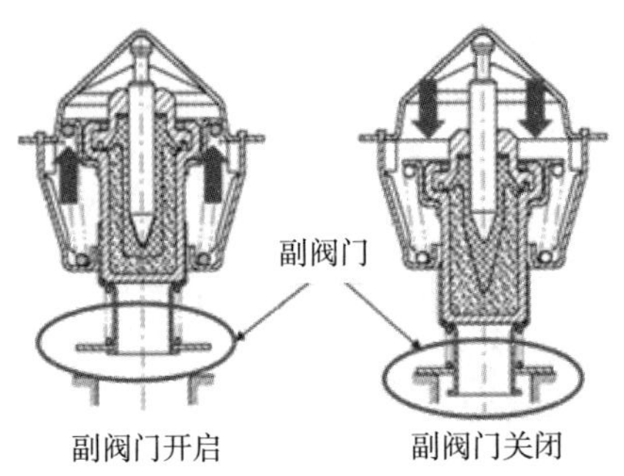

图 23　双效调温器结构及工作原理

双效调温器的原理是在其尾部设计副阀门，在暖机和小负荷工况下，调温器主阀门关闭，副阀门打开，冷却液通过旁通管路快速从发动机出水口回流到发动机进水口，保证缸盖和机油冷却器的冷却液流动，此时由于冷却液不进入散热器，热量不会耗散，可确保机体不过冷，不造成额外的摩擦损失；在发动机大负荷工况下，调温器的主阀门打开，推杆的反作用力推动蜡包向后移动，这时副阀门关闭旁通管路，该路冷却液改为流经散热器，过剩的热量能够对外耗散，避免机体过温。而调温器的石蜡物理特性，则能够合理调节主副阀门之间的开度，分配两支路的流量，从而将水温维持在合理的区间内。

为验证冷却系统在实际使用工况及恶劣工况下是否满足使用需求，广汽进行了整车环模试验。图 24 为广汽 1. 5T 搭载车型的爬坡试验温度曲线，可以看出，散热器进水温度在 2 分钟内达到 90℃，即暖机仅需 2 分钟。图 25 为某对标车型的爬坡温度曲线，其暖机时间为 3 分钟。结果表明，广汽的冷却系统设计，能够实现快速暖机的效果。在整个环模试验过程中，水温均可稳定在限值 115℃以内，表明该冷却系统设计可确保发动机的可靠性。

（3）电子水泵，按需冷却

传统的机械水泵（MWP）通过附件皮带与曲轴建立运动关系，由曲轴进行驱动。机械水泵的流量与发动机负荷无关，转速确定时，发动机的冷却需求随负荷升高而升高，这将导致中低负荷时，流量存在较大的盈余，额外

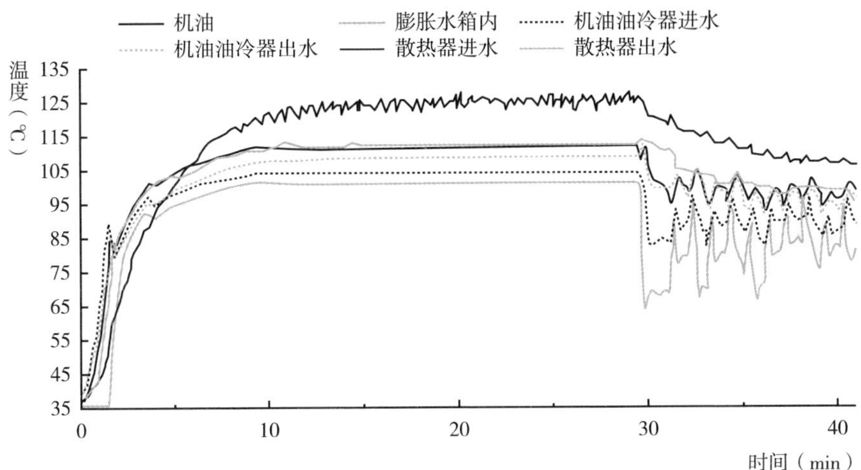

图 24　广汽车型的爬坡试验温度曲线

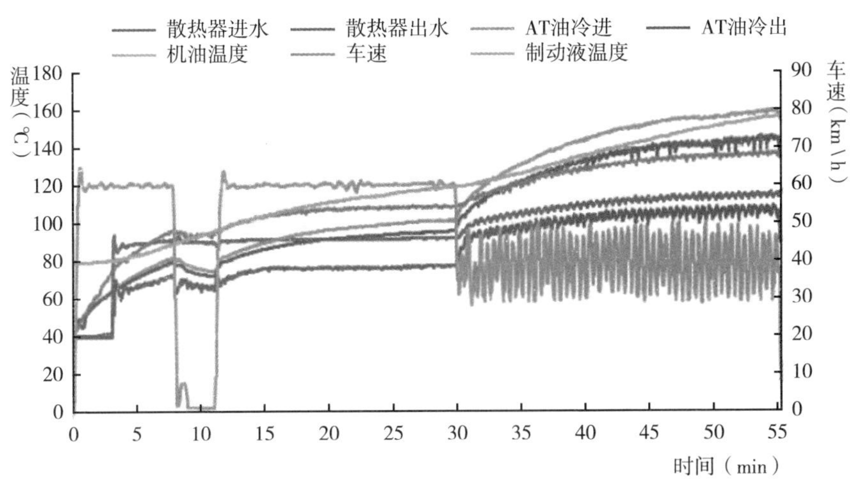

图 25　对标车型的爬坡试验温度曲线

的机械功被消耗。而过高的流量导致散热量高于实际需求，水温也将被限制在较低的水平，过低的缸壁温度对燃烧不利，过低的机油温度对摩擦不利，最终会对油耗、排放造成影响。

电子水泵使用电机驱动，其转速与发动机工况解耦。在设计其功率时，只需确保最高流量可满足发动机的最大散热需求即可，通过标定能够依据实际冷却需求调整流量，在发动机低负荷工况时提供较小的流量避免多余的消耗，在高负荷工况时提供较高的流量以避免发动机过热。

由于1.5ATK作为节油机型，是为混动车型而设计，可长期工作在高效区间，进一步扩大节油优势，故其搭载电子水泵作为平台化下的唯一区别点，具有客观意义。

以1.5ATK作为基础，广汽对电子水泵进行了设计与研究，并完成了快速暖机、节油模式的控制策略。快速暖机模式下，电子水泵以间歇性开闭的状态进行工作，可将更多的热量聚集在发动机内部，迅速提升壁温、油温，也可确保冷却液换热均匀，不出现局部过温的情况；同时，ECU对不同水温区间进行划分，针对不同的水温适配不同的开关时间分配水泵转速等。如图26所示，基于快速暖机的策略，整机暖机时间相比原机械水泵，可加速21%。

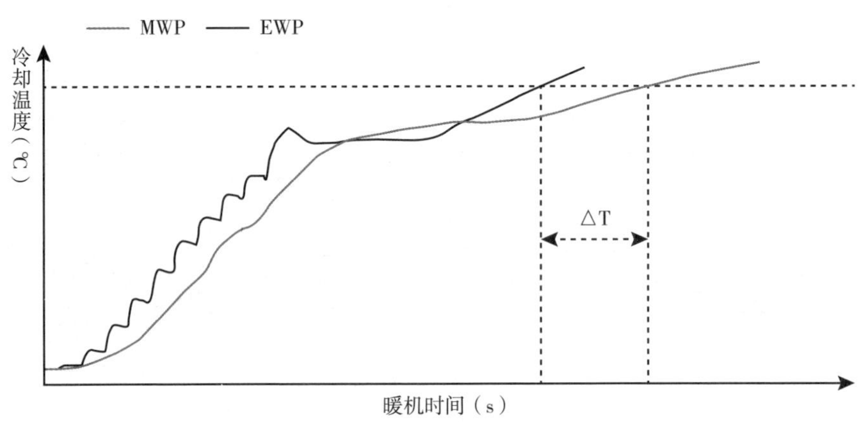

图26　电子水泵加速暖机效果

节油模式下，以试验数据为依据，兼顾油耗、排放的结果，为发动机每个工况单独设定了最佳的目标温度。整车工况下，电子水泵参考实际水温与目标水温之间的差值，对流量进行闭环控制。图27左、右两侧分别为两次整车实际上路的测试结果，上方曲线为车速，下方曲线为水泵转速。非节油模式下，电子水泵转速的变化与发动机工况变化相关性较强，右侧节油模式下时，大部分时候水泵均保持在最低转速即可，能有效降低能耗。

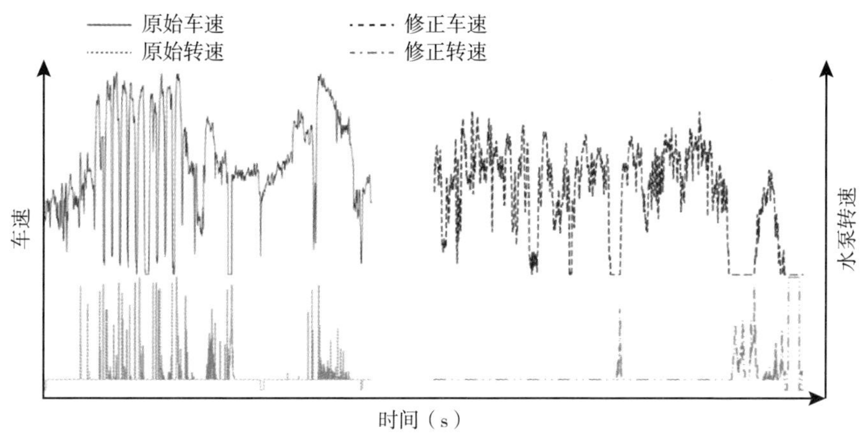

图 27　整车工况下的水泵表现

图 28 为发动机全工况时，电子水泵相比原机械水泵功耗的优化结果，可见在常用工况区域均可实现 1.5% ~3.6% 的能耗节省。在 NEDC 工况测试下，电子水泵将全程处于暖机模式，无法体现其机械能耗大幅降低，以及在正常行车时适当提高缸内温度的优势，但其节油效果依然可达到 1.8% 左右。

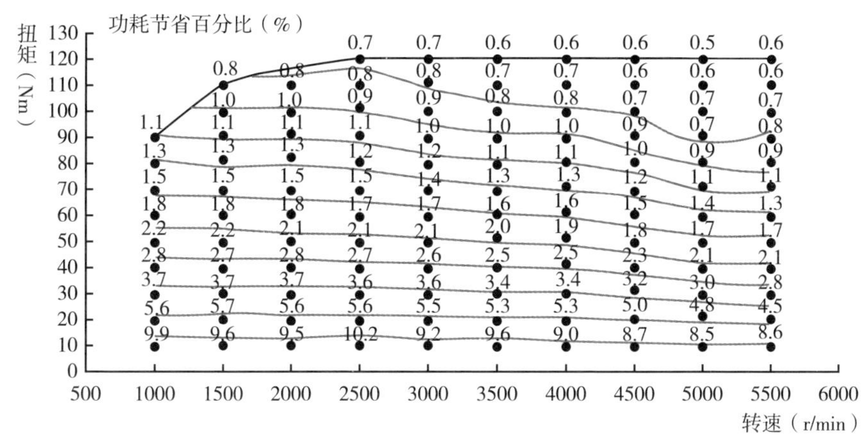

图 28　电子水泵节油效果

（三）计算机辅助工程技术 CAE 辅助仿真优化分析

CAE 仿真分析在产品设计的质量、寿命、性能和成本方面发挥着重要的作用，可提高研发设计的质量和效率，减少车型设计修改时的盲目性。在小排量平台开发的各个阶段，广汽利用 CAE 技术在设计和样机试验阶段对发动机性能进行多目标集成优化，有针对性地指导零部件的设计修改，创建了一套集成发动机动力学、结构强度分析、模态频响分析、CFD 流动分析、流固耦合分析等领域的整体协同式 CAE 技术体系。

1. 多物理场耦合缸体缸盖一体化分析技术

如图 29 所示，缸体缸盖一体化分析模型极其复杂，涵盖缸体、缸盖、缸垫、螺栓、进排气门、座圈、导管等非常复杂的结构零件，其中流固、热固多物理场耦合分析涉及传热学、热力学、流体力学、固体力学以及材料力学等多学科知识，缸垫压缩回弹材料及接触的非线性等，使分析的精度和难度大大增加。

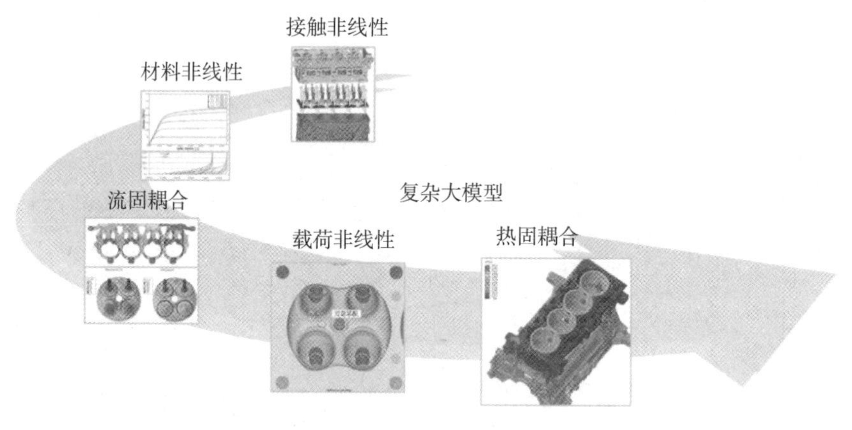

图 29　复杂边界多物理场耦合分析模型

广汽在小排量平台开发过程中，探索出一套完善的缸体缸盖一体化分析技术（见图 30）。结合前期一维性能仿真分析结果，完成水套、缸内过程的 CFD 分析，得到表面温度和传热系数的分布数据。然后将 CFD 分析结果作为边界条件施加到温度场分析有限元模型中，计算缸体缸盖的温度场分析结果并评估。再以温度场分析结果作为热边界，并加装配载荷、热载荷、各缸顺序点火爆发压力载荷进行弹塑性结构分析，对缸体缸盖热应力、缸孔变形和垫片密封等进行评估。最后计算结构安全系数，对缸体缸盖疲劳强度进行评估。进而控制发动机冷却、燃烧、强度、耐久、排放、机油耗等性能指标。

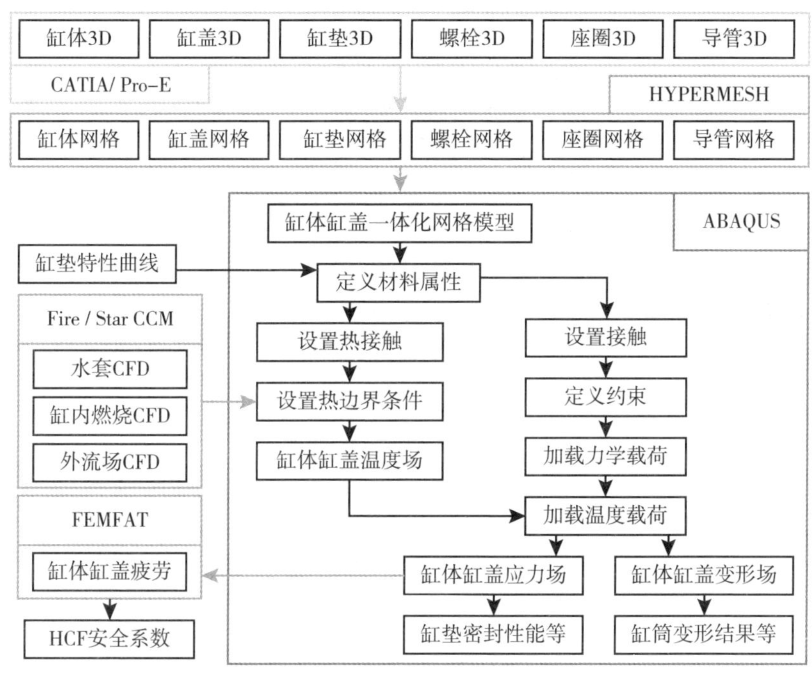

图 30 缸体缸盖一体化分析流程

（1）复杂模型前处理

发动机缸体缸盖模型极其复杂，具有油道、水套、燃烧室和加强筋等各种结构，加工工艺复杂。为适应不同边界、载荷的施加和细化应力集中部位，广汽摸索形成了一套完善的模型前处理规范。为保证分析精度，燃烧室需要细化，网格平均尺寸为 1.5（见图 31），AR 值必须小于 5；为方便后续缸压载荷的施加，缸孔部位需网格排布整齐划一（见图 32），运用 ISOline 技术来处理缸孔表面网格。

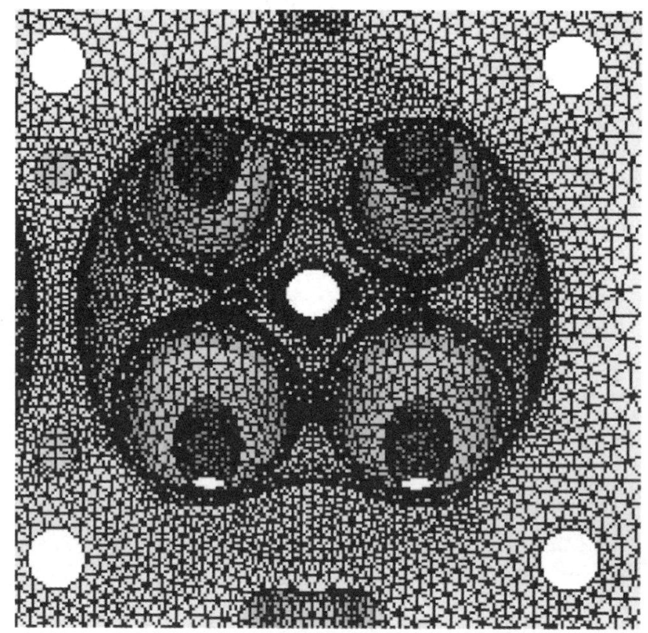

图 31　燃烧室网格细化

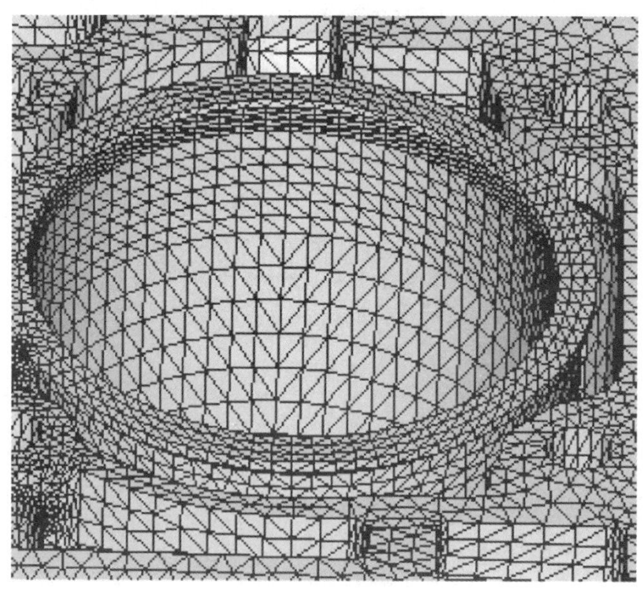

图 32　缸孔网格处理

（2）水套及缸内燃烧 CFD 分析

结构温度场计算的边界来自水套及缸内燃烧 CFD 的分析结果。为保证热边界的准确性，广汽通过透明水套试验（见图 33）来校准水套仿真模型。通过缸内燃烧 CFD 仿真分析技术，可直接将仿真的温度及换热系数映射到结构有限元网络（见图 34），成功解决了温度场分析只能手工分区施加基于经验的燃烧室热边界的问题，大幅提高了温度场的仿真分析精度。

图 33　透明水套试验

图 34　水套及燃烧边界直接映射到有限元网格

（3）热应力场分析

发动机性能指标的保证以可靠性为基础，机械强度能够满足设计要求而又不过多冗余才是整机性能提升的关键。本技术不仅考虑了发动机工作各缸点火时的爆发压力机械载荷，还考虑了整机温度梯度、不同温度水平下材料参数作用对机械结构的影响（见图35），得到比较准确的热应力结果（见图36），并规定针对不同特性材料需应用不同强度准则来进行评判。

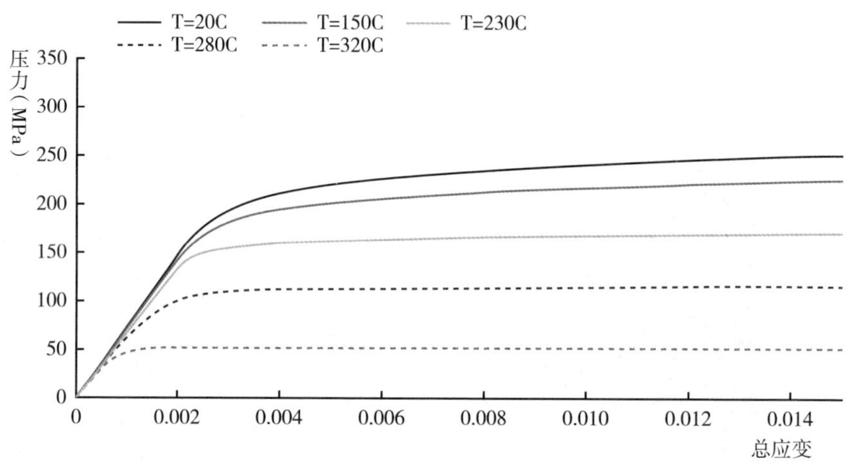

图35　不同温度水平下弹塑性材料特性

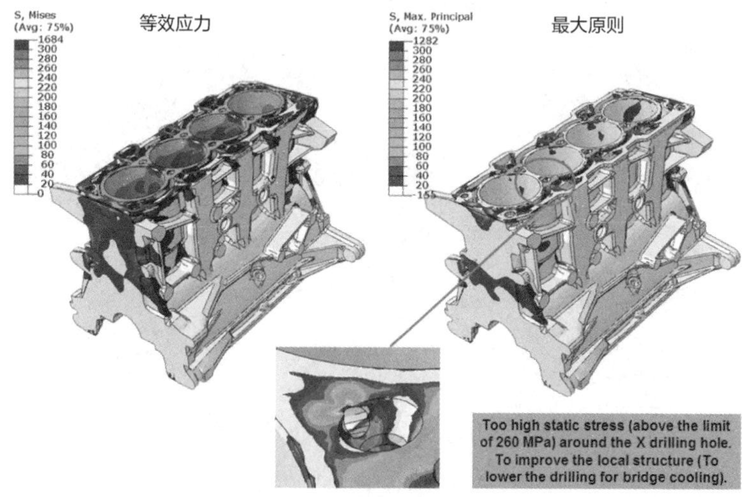

图36　缸体热机状态下应力场

（4）缸孔变形分析

缸孔变形对发动机的性能和可靠性等都有重要影响。缸孔变形大，会影响活塞环密封，机油易窜入燃烧室热解裂化产生颗粒，导致其排放水平差。机体和缸孔变形超过一定程度，还可能导致缸盖垫片密封失效、漏水漏气等严重故障。通过对缸孔变形数据进行傅立叶变换（见图 37），得到各阶次变形结果（见图 38），以校验设计方案的各阶次变形量是否超标来控制和保证整机的排放、机油耗和密封性能。

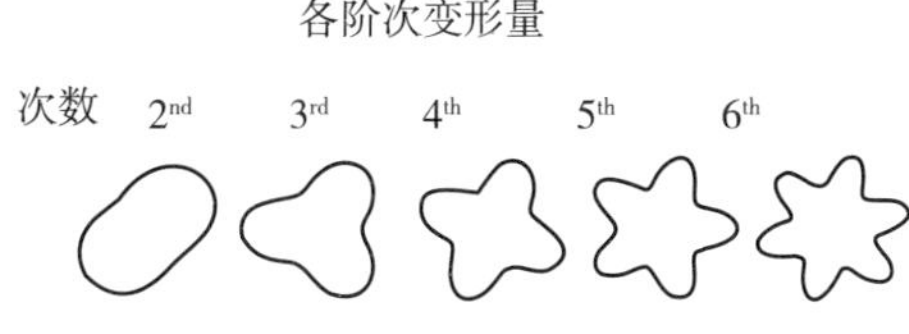

图 37　傅立叶变换得到各阶次变形

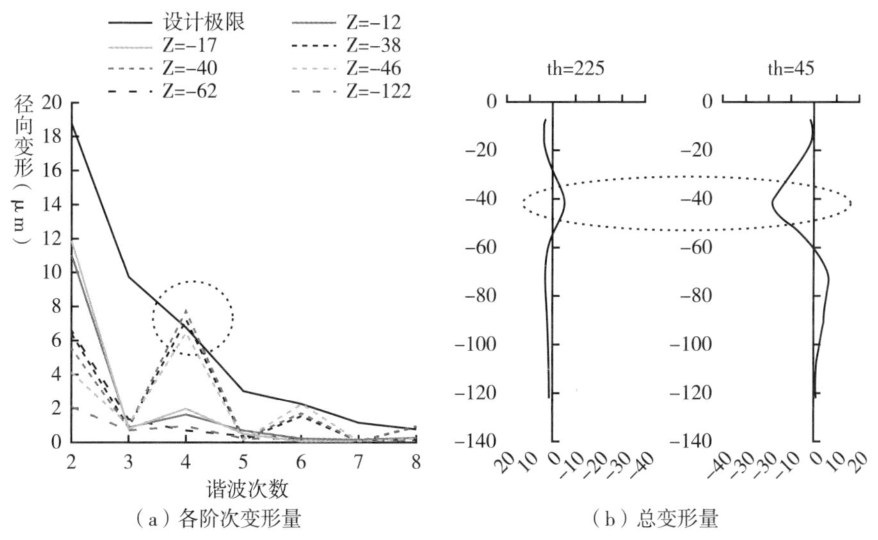

（a）各阶次变形量　　（b）总变形量

图 38　不同深度变形量

为校验缸孔变形仿真结果的正确性，特进行 1.3T 缸孔变形的测试，通过对比发现（见图 39），各阶次最大变形的位置和趋势基本吻合，但因为实际测试结果包含了加工误差，数值稍有偏差。

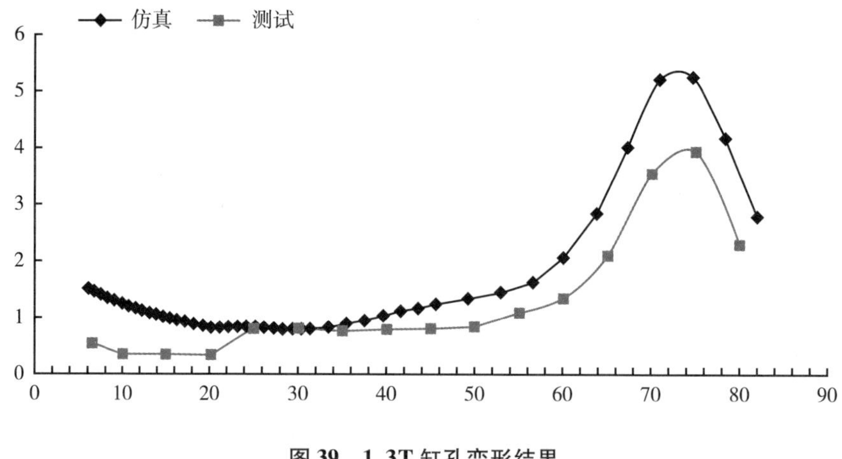

图 39　1.3T 缸孔变形结果

（5）缸垫密封分析

缸垫的作用是填补气缸体和缸盖之间的微观孔隙，保证结合面处有良好的密封性，进而保证燃烧室的密封，防止气缸漏气和水套漏水。随着发动机的不断强化，热负荷和机械负荷均不断增加，气缸垫的密封性愈来愈重要。在垫片设计过程中，传统的经验计算只能简单地考虑螺栓预紧力下理想平板的夹紧工况，与实际工况偏差较大。本技术充分发挥 CAE 的优势，考虑了缸体缸盖的温度升降、结构变形、螺栓预紧力的变化以及衰退对垫片密封性能的影响，并总结整理出一套缸垫封气、封油和封水处压波的最小线压要求（见图 40），以及各缸点火时缸垫的厚度跳动量要控制在 0.015mm 以内，计算结果与缸垫面压试验（见图 41）进行校核，以确保仿真分析精度。

（6）缸体缸盖安全系数分析

考虑到数值计算、边界约束、材料特性以及有限元网格简化的误差，仿真计算的结果与实际应力还是会有一定的偏差。结合实际项目台架试验结果等经验，并考虑国内外设计公司的经验数据，使用最小安全系数 1.1 来判定设计方案是否满足耐久性要求。如图 42 所示，初版分析结果显示水套底部安全系数偏小。通过对比不同项目的设计方案，找出安全系数偏小原因，进行结构优化后满足设计要求。

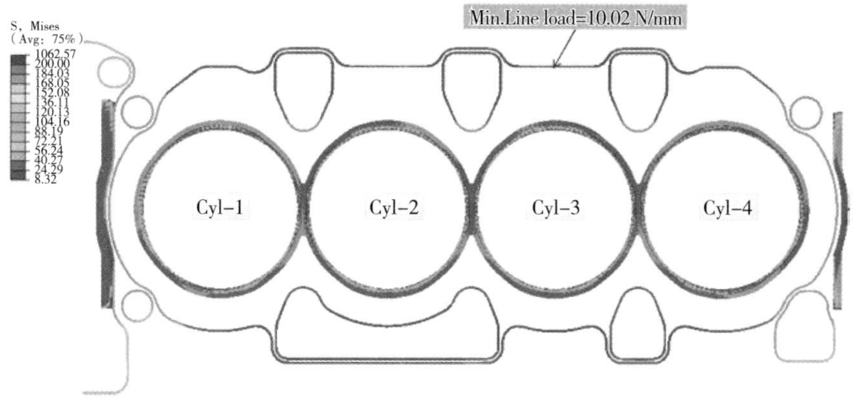

图 **40** 缸垫最小密封压力

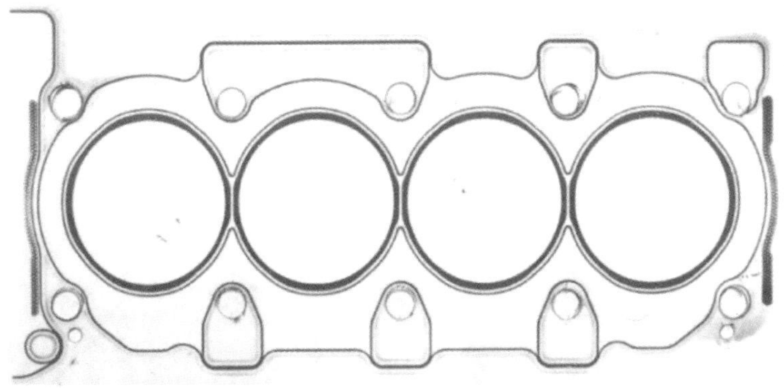

图 **41** 缸垫富士面压试验

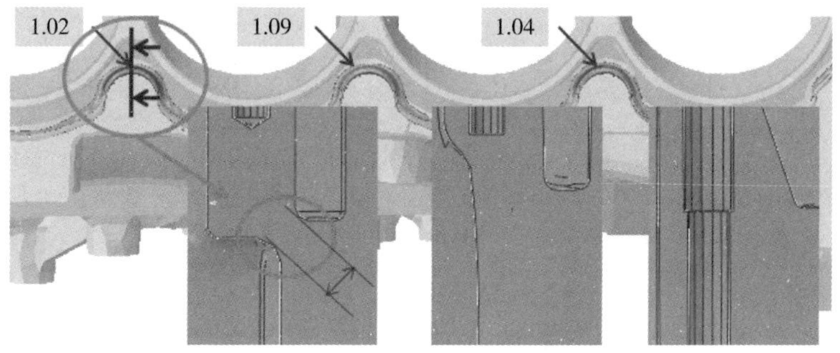

图 **42** 缸体最小安全系数处各机型结构对比

（7）温度场测试

试验是检验设计的唯一标准，同时也是校验仿真结果的最好手段，为了校正温度场仿真模型，在 P7－1.3T 样机上进行了温度场测试（见图 43 和图 44），共布置 36 个测点，传感器孔径 2mm。为防止加工误差对缸孔、燃烧室等造成破坏，特殊设计加工的热电偶探头距测点边缘 2mm。整机温度场测试和仿真结果对比如图 45 所示，除个别测点热电偶损坏无数据外，实测温度与仿真分析结果趋势基本一致，数值稍有差异。

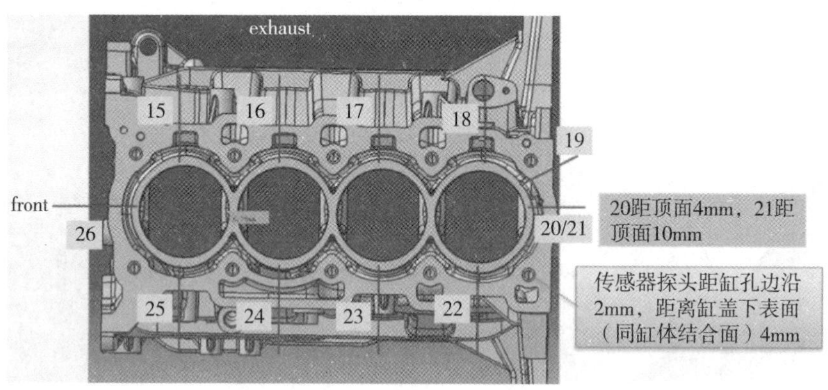

图 43　缸体温度场测点布置

图 44　缸体温度场测试

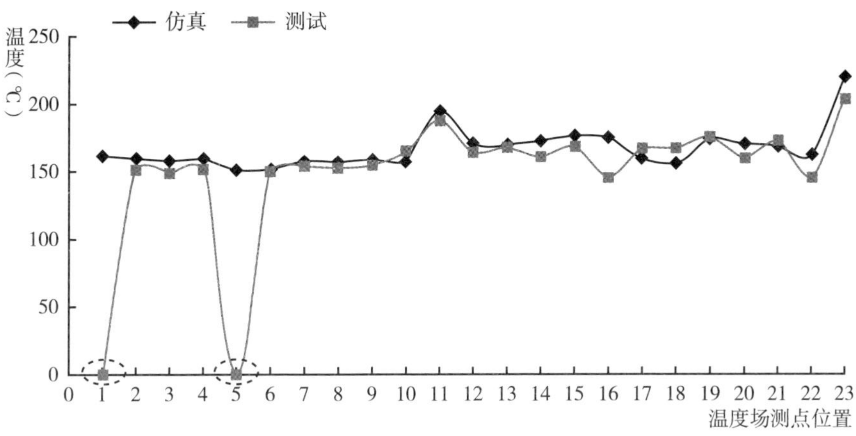

图 45　温度场仿真与测试值对比

2. 轴承弹性液动润滑（EHD）分析技术

主轴承作为发动机中最重要的摩擦副，对整机工作的可靠性和经济性有重要影响。传统的主轴承分析采用简化模型，假设轴承、轴颈等均为刚性体，且表面光滑，不考虑粗糙度对主轴承润滑的影响等。广汽在开发过程中，采用先进的发动机轴承弹性液动润滑（EHD）分析技术，考虑多种边界条件包括轴承半径及宽度、分割线位置、供油孔大小及位置、轴瓦变形等的影响，为主轴承壁强度及连杆强度分析计算提供准确的油膜压力分布，能够更精确地分析发动机各运行工况不同曲轴转角下轴承副的载荷情况，提高运动件结构强度仿真分析结果。建模流程如图 46 所示。

同时，为保证建模精度并提高建模效率，对各零部件采用了不同的建模方法。曲轴系统通过 Auto SHAFT 与 Shaft Modeler 完成当量化结构缩减，在保证曲轴系统质量刚度信息准确的同时极大提高了建模效率。缸体组通过有限元完成建模和子结构缩减，保证了主轴承座刚度的准确，是进行高精度的轴承 EHD 分析的基础。活塞连杆组采用 Conrod Modeler，保留必要的质量惯量信息，极大提高了建模速度。

（1）动力学分析技术

轴承 EHD 分析需搭建完整的动力学分析模型（见图 47），将曲轴系统、

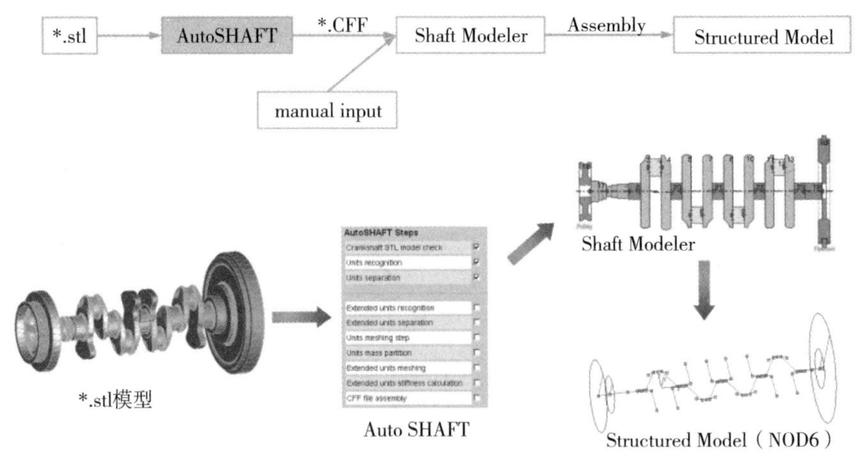

图 46　曲轴系统建模流程

缸体组、活塞连杆组等通过连接单元构成完善的分析模型。为得到准确的轴承润滑特性，使用 EHD2 单元来模拟轴承连接，充分考虑了轴承结构特征、轴瓦结构变形（见图 48）、供油情况等因素的影响。

（2）润滑特性分析

轴承润滑特性指标的保证是发动机可靠性的基础。在发动机高功率密度、结构小型化轻量化的大环境下，保证轴承在极恶劣工作环境下的性能指标是整机性能提升和轻量化的关键。本技术可得到轴瓦峰值总压力、峰值粗糙接触压力、平均热载荷、最小油膜厚度、摩擦功损失、机油温升等关键的轴承润滑特性指标的精确计算结果（见图 49），并根据指标制定了不同的评判标准。

（3）曲轴强度分析

曲轴强度分析流程如图 50 所示。基于弹性液动润滑（EHD）轴承模型的动力学分析，并考虑运动和结构变形的影响。通过计算主轴承的油膜压力，获得主轴颈实际承受的动态载荷，作为曲轴应力的计算边界，对曲轴进行整体应力恢复，从而得到各个分析工况的曲轴应力分布状态。综合分析各工况的应力大小和分布情况，判断危险工况及危险位置，从而进行更为详细的应力分析和疲劳安全系数计算。

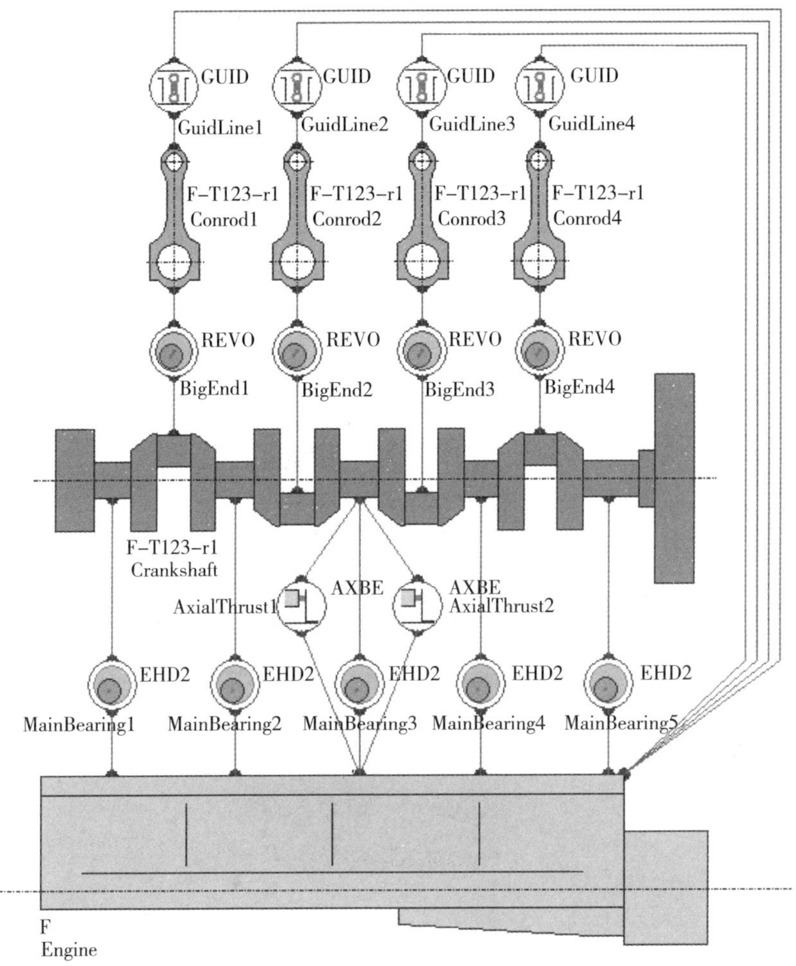

图 47　动力学分析模型

分析曲轴强度，使用子模型分析法，即对应力集中部位划分足够精细的网格，从粗糙的整体有限元模型中获得边界条件驱动子模型，从而在曲轴整体网格较粗的情况下，求得圆角精确解。截取曲轴半拐来划分有限元网格，为保证子模型具有准确的插值边界，精细划分半拐网格中的主轴颈圆角和连杆轴颈圆角。

本子模型分析法采用单位载荷法计算应力。如图 51 所示，用半拐模型节点的动态位移和应力结果来驱动圆角子模型对应边界上的节点，从而获得

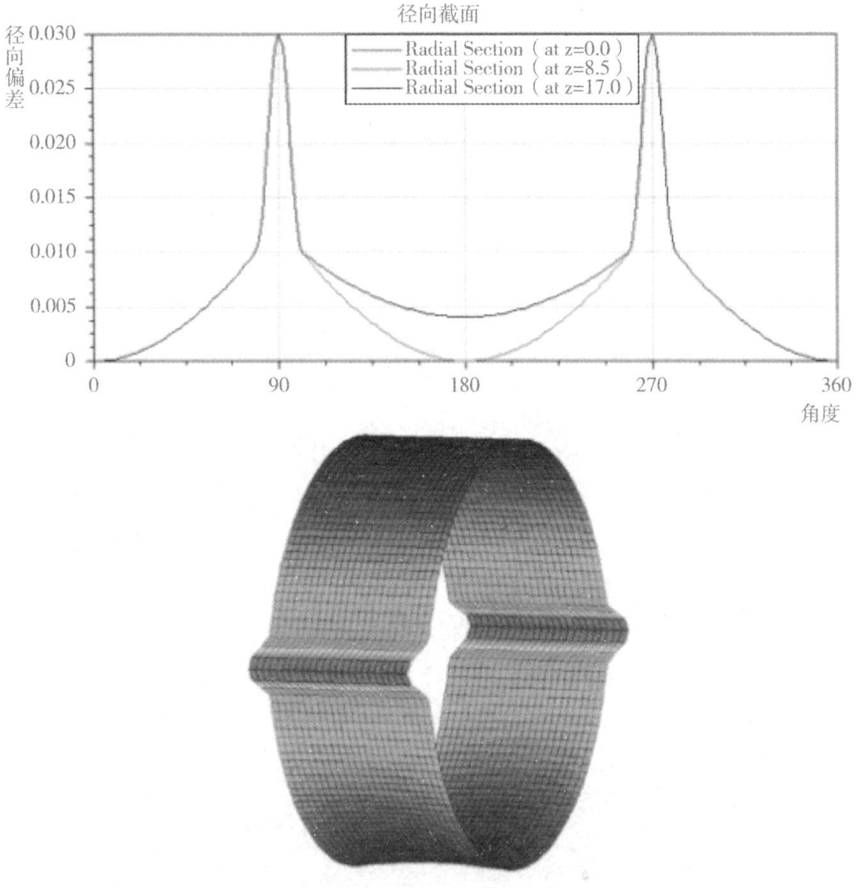

径向截面

径向偏差

0.030 0.025 0.020 0.015 0.010 0.005 0

Radial Section（at z=0.0）
Radial Section（at z=8.5）
Radial Section（at z=17.0）

0 90 180 270 360

角度

图 48　轴瓦结构变形

圆角处的精确应力值，并以曲轴各处圆角的动态应力时间历程作为有限元疲劳计算的边界条件，同时考虑曲轴结构的材料及圆角滚压工艺的影响，计算动态疲劳安全系数。

（4）连杆和主轴承壁强度分析

主轴承壁和连杆均为轴承连接零件，采用基于弹性液动润滑（EHD）轴承模型的动力学方法进行强度分析（见图 52），与传统施加静态爆发压力机械载荷方法相比（见图 53），可极大提高分析精度，是缸体和连杆轻量化设计的必要技术手段。

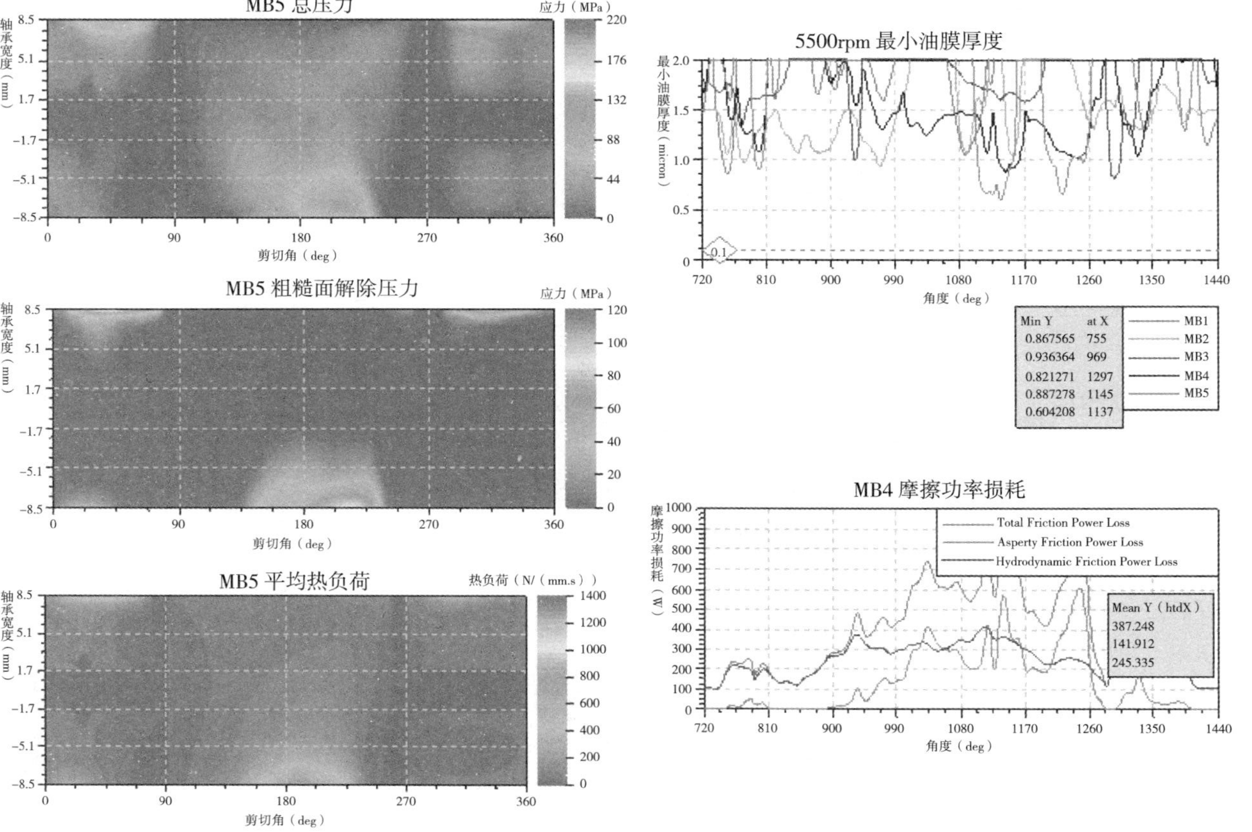

图 49　轴承润滑特性关键指标

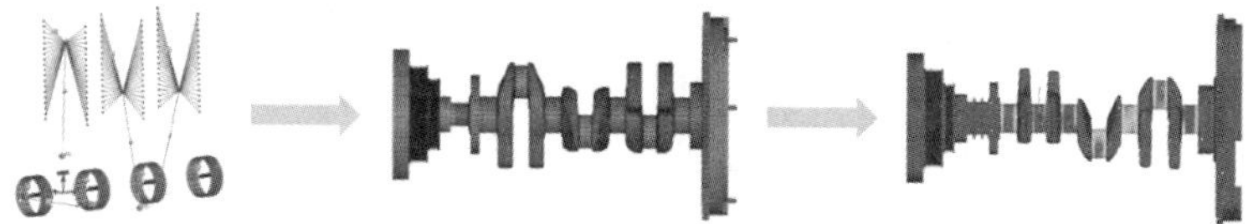

图 50　曲轴强度分析流程

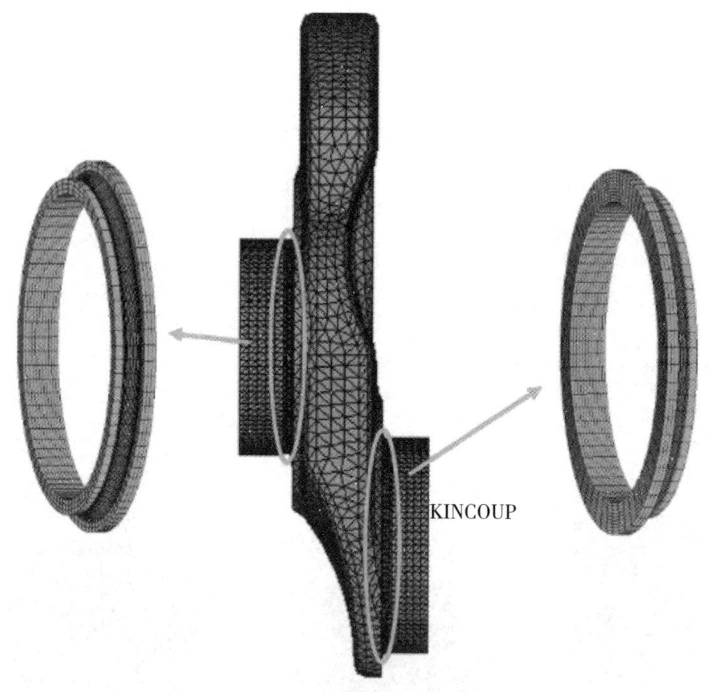

图 51　曲轴半拐模型及圆角子模型

以连杆强度分析为例，其分析主要目标与结果包括：①螺栓预紧、轴承过盈装配及轴承载荷（EHD 结果）直接施加于 3D 有限元模型；②轴承变形、应力场、安全系数、接触状态及轴承液力润滑等评估；③根据变形、应力、安全系数、材料性能等提升设计水平及合理减重等；④不同设计、不同材料全工况范围的分析评估（减少开发阶段原型机数量）。

3. 喷雾仿真的标定分析技术

直喷燃烧系统相对于气道喷射燃烧系统更为复杂，研发难度更高，对于国内自主乘用车品牌而言属于新技术，尚无直喷汽油机上市。广汽针对如何

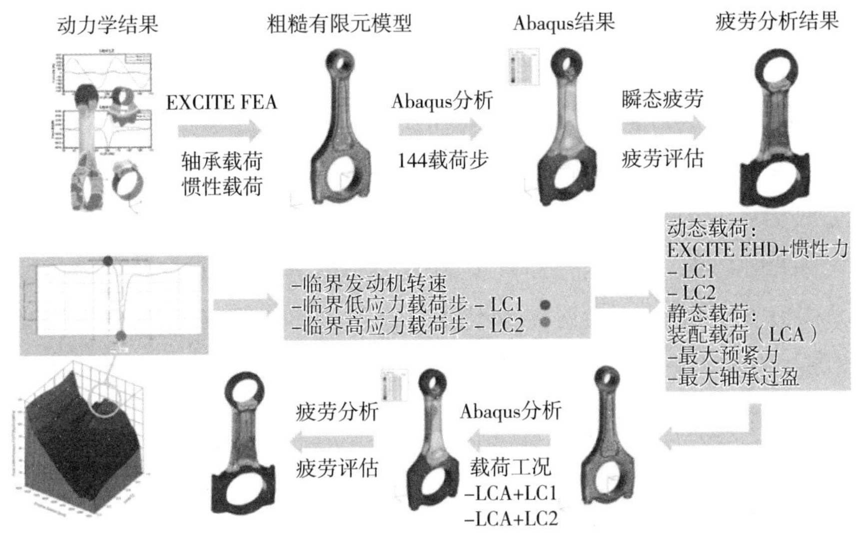

图 52　连杆强度分析流程

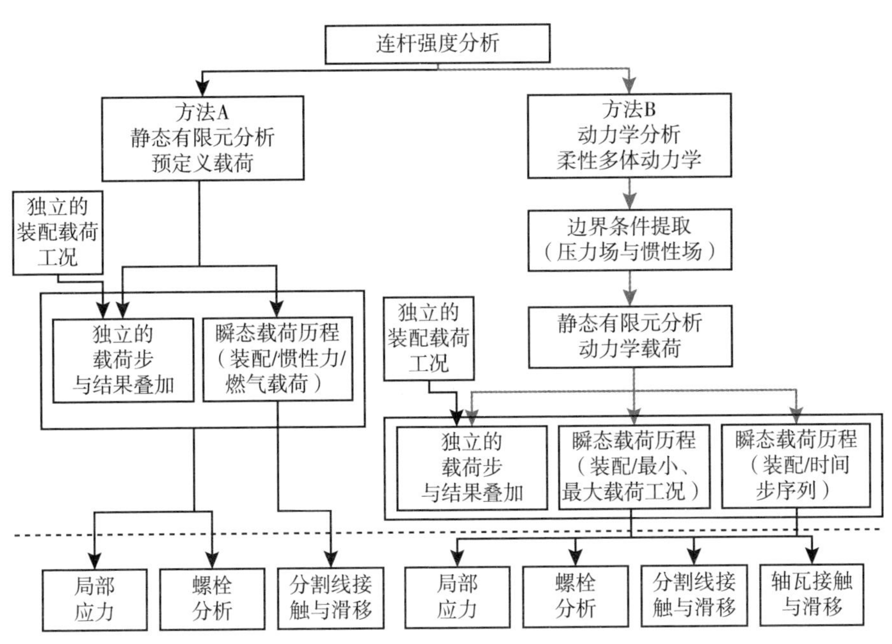

图 53　连杆强度 EHD 映射与静态载荷分析方法对比

开发出一套直喷燃烧系统并将之应用于产品开展了研究。在CAE领域，广汽创新性地将三维直喷仿真技术和光学测试技术结合，校准了喷雾仿真模型，使之能够被应用于直喷燃烧系统的开发。

为实现汽油发动机的高效燃烧，分解直喷燃烧系统设计的关键参数，对于直喷系统，最重要的几个参数有：喷雾靶点、喷雾锥角、喷雾贯穿距、液滴索特平均直径、喷油时刻和喷油规律。为确定这几个重要喷雾参数，从三维CFD仿真分析角度入手，在燃烧仿真软件Converge中，建立定容喷雾仿真模型，设定喷雾参数开展计算。不同的喷油器和工况条件下，喷雾数值模拟计算应选择合适的喷雾模型参数，以模拟不同的喷雾过程。模型参数不同，喷雾的形态和雾化质量也不同，需要根据试验测试的喷雾特征数据来逐步调整喷雾模型中各个参数，使喷雾模拟计算结果与实验数据吻合，即喷雾模型的标定。

（1）计算模型

湍流经验理论的核心问题是建立湍流脉动相关量的数学模型。燃油进入燃烧室后经历着破碎、湍流扰动、变形、碰撞聚合和碰壁等一系列物理过程。喷雾模型包含湍流扩散模型、液滴碰撞/破碎/阻力模型、液滴蒸发模型、喷雾—壁面相互作用模型等子模型。

湍流扩散模型选用其中的O'Roukemoder模型，其喷雾子循环的时间步长取决于液滴通过网格单元的时间尺度和湍流的时间尺度的最小值。

液滴碰撞/破碎/阻力模型采用NTC collision液滴碰撞模型、Dynamic drop drag液滴阻力模型、Kelvin-Helmholtz model（KH）和Rayleigh-Taylor model（RT）（即KH-RT喷雾破碎模型），其基本思想是认为喷雾破碎的时间和长度尺度以及喷雾模型选择的大小共同影响了液体分裂破碎雾化过程。

液滴蒸发模型描述了油滴在其运动过程中的吸热和蒸发过程，是混合气形成的一个重要环节。采用Frossling model，该模型认为传热和传质过程是完全相似的过程，并且假定Lewis数（热扩散系数和质扩散系数的比值）为1。

喷雾—壁面相互作用模型采用Wall film喷雾—壁面相互作用模型，该模型着重关注喷雾撞壁过程中的反弹、飞溅机理。

（2）标定验证

在喷油压力为18MPa、喷油脉宽为3ms、环境背压为1bar条件下，高速相机拍摄0.2～1.4毫秒试验结果和模拟结果的喷雾形态对比见图54，可以看出喷雾形态模拟结果与实验结果吻合很好。

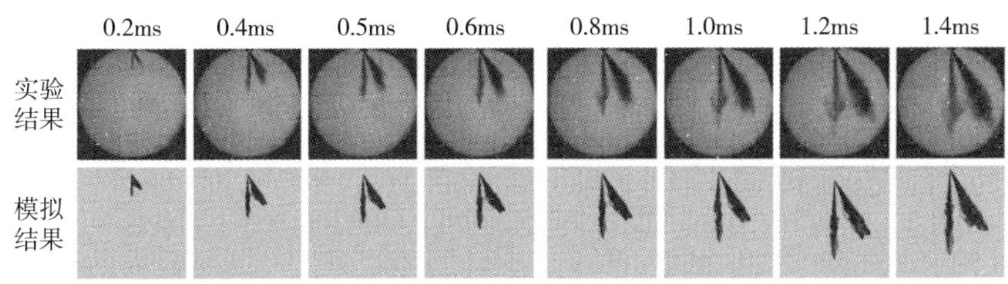

图54　0.2～1.4毫秒试验结果和模拟结果的喷雾形态对比

图55为计算整束喷雾所有液滴的索特平均直径（SMD）随喷油时刻的变化规律。可以看出0.6ms前，由于燃油从喷孔喷出后经历的时间较短，仅仅进行了初次破碎，二次破碎和蒸发雾化都还没有充分进行，因此液滴的平均尺寸相对较大，SMD值较高；当喷雾发展至0.8ms后，液滴破碎、蒸发雾化增强并逐步稳定下来，SMD值稳定在10μm左右。图56为通过PDA方法测量的索特平均直径随喷孔距离的变化趋势，指的是距离喷孔不同位置的平面上某一点处部分液滴的索特平均直径。喷雾稳定后的SMD数值非常接近，均为10μm左右。喷雾充分发展后的SMD数值基本相同。

上述的直喷喷油器喷雾模型标定过程，实现了在现有试验和技术条件下喷雾模型的准确标定，可以用该模型进行该喷油器缸内喷雾及燃烧的模拟计算。

四　行业存在的问题及建议

对于发动机来讲，缸内燃烧过程是热功转化的核心环节，对燃烧过程的深度优化是改善燃烧实现高效、低排放的关键所在。发动机缸内燃烧过程涉

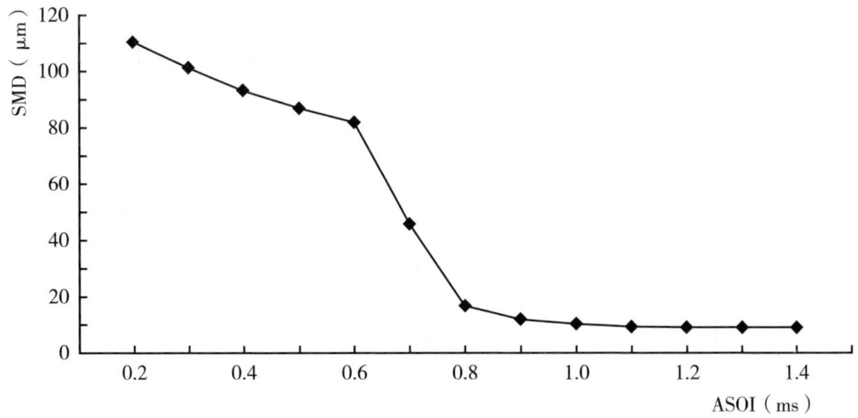

图 55　SMD 随喷油时刻的变化规律

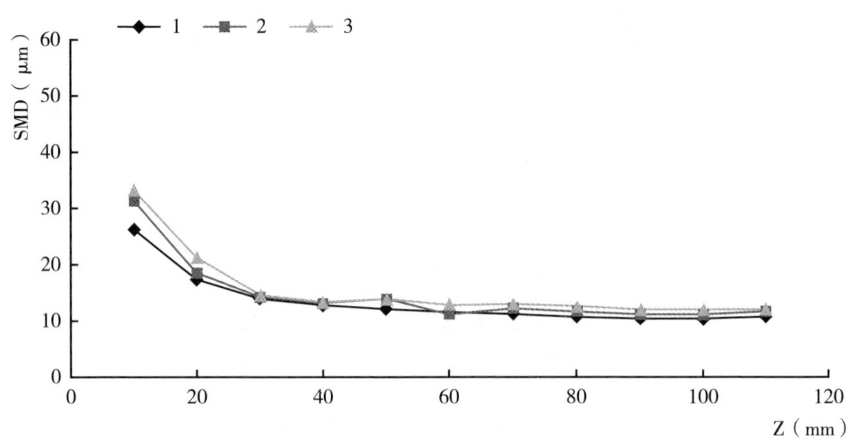

图 56　SMD 随喷孔距离的变化趋势

及多个交叉学科领域，高效的燃烧过程依赖于高效燃烧系统的设计与开发。根据理论热力学循环的计算方法可知，提高压缩比及增大缸内工质绝热指数是提高燃烧热效率的有效途径。但在压缩比提高过程中，受限于汽油发动机爆震问题，需要辅助手段进行优化，目前在量产产品中应用较为广泛的便是米勒循环技术及阿特金森循环技术。此外，采用废气再循环技术，提高缸内工质比热比，降低缸内燃烧温度，同样在爆震抑制方面表现出巨大潜力。为进一步提升工质绝热指数，通常会采用稀薄燃烧的方式，随着过量空气系数增大，热效率明显提升。但混合气过于稀薄时，混合气着火难度急剧增大，因此对于稀薄燃烧过程来讲，需要更高点火能量的点火系统以保证混合气的可靠着火。

为进一步提升发动机热效率，从能量平衡的角度考虑，需要对发动机冷却系统及排气系统进行进一步优化，降低冷却系统及排气系统带走的能量；对发动机摩擦副进行优化设计，降低运动副摩擦所带来的摩擦阻力损失，提升机械效率；通过对换气系统的精细化匹配，可进一步降低换气过程所带来的泵气损失。对于燃烧过程本身来讲，着力提升热功转化效率需要重点关注。其中提高燃烧过程定容度、降低燃烧时间损失能够进一步提高燃烧过程的及时性与高效性。

在高效发动机控制技术应用的同时，仍需积极推进乘用车动力总成电气化，利用电驱动与发动机协同匹配，混合动力总成优劣势互补，形成有效的能量高效转化路径，实现整车全工况条件下的高效运行更是亟须关注的焦点问题。

参考文献

郑佳：《中国汽车企业国际竞争力评价与提升研究——以吉利汽车为例》，吉林大学硕士学位论文，2020。

吴锡江、王志宇、尹琪：《高能点火在稀薄燃烧汽油机中的影响因素研究》，《车用发动机》2020 年第 5 期。

蔡文远、徐焕祥、马帅营、王一戎：《采用高能点火的均质稀薄燃烧汽油机试验》，《内燃机学报》2020 年第 4 期。

朱忠攀、林瑞、杜爱民：《EGR 稀释的高膨胀比汽油机研究综述》，《汽车技术》2018 年第 1 期。

B.5

电驱动总成系统行业发展报告

摘　要：近年我国的新能源汽车市场在政策、市场的双轮驱动下保持持续增长，作为新能源汽车的核心零部件，车用驱动电机系统行业的发展也保持快速向上态势。本报告对电驱动总成系统行业市场、产品、技术发展现状进行分析，研判电驱动总成行业当前存在的主要问题，并提出行业发展相关建议。

关键词：驱动电机　电机控制器　电驱动总成　集成化

一　电驱动总成系统行业发展综述

（一）电驱动总成系统定义

新能源汽车电驱动总成系统定义为驱动电机、电机控制器通过集成不同的机械组件（变速器、离合器等）形成的电驱动动力总成系统，是为新能源汽车提供主要的能量转换与动力传递的系统。

1. 驱动电机

新能源汽车驱动电机是车辆行驶的执行机构，是新能源汽车的动力来源，其性能决定了爬坡能力、加速能力及最高车速等汽车行驶的主要性能指标。电机利用电磁感应原理实现电能向机械能的转换，驱动车辆行驶。当车辆减速时，车轮带动电机运转为电池组充电，实现机械能向电能转换。

2. 电机控制器

电机控制器用于纯电动汽车或混合动力汽车驱动电机控制模块，电机控

制器主要由控制器软件、控制器硬件（功率模块、控制电路板、驱动电路板、电流传感器）和结构件等关键部件组成，电机控制器根据整车控制器的指令要求，控制新能源汽车电机的电流及电压，使其按照需要的方向、转速、转矩、响应时间工作。

（二）电驱动总成系统行业发展环境

1. 新能源汽车产业高速发展

我国的新能源汽车市场在政策扶持、市场接受度提升的双轮驱动下，年度销量由 2011 年的 5000 辆快速增长至 2020 年的 136.7 万辆。在 2019 年的补贴大幅退坡和 2020 年的疫情冲击的背景下，我国新能源汽车销量稳步增长，标志着我国新能源汽车产业已逐渐由政策驱动转向市场驱动。

（1）新能源汽车产业政策环境

“3060 目标”。2020 年 12 月 12 日，习近平主席在气候峰会上提出，中国将力争在 2030 年前实现碳达峰，努力争取 2060 年前实现碳中和的目标。2020 年，全球碳排放量达到 315 亿吨，其中中国占比接近 30%，欧盟占比 6% 左右。在全球碳排放的构成中，交通领域占比超过 20%，是第二大排放源，而其中的 72% 来自道路交通，道路交通领域的清洁化转型是实现交通领域碳达峰、碳中和目标的关键领域，其中新能源汽车是我国实现“3060 目标”的重要抓手。

《新能源汽车产业发展规划（2021～2035 年）》。2020 年 11 月，国务院办公厅印发《新能源汽车产业发展规划（2021～2035 年）》，该政策规划了我国新能源汽车之后 15 年的发展方向，明确了发展规划与目标。规划中提出，到 2025 年纯电动乘用车新车平均电耗降至 12.0 千瓦时/百公里，新能源汽车新车销售量达到汽车新车销售总量的 20% 左右，高度自动驾驶汽车实现限定区域和特定场景商业化应用；到 2035 年，纯电动汽车成为新销售车辆的主流，公共领域用车全面电动化，燃料电池汽车实现商业化应用，高度自动驾驶汽车实现规模化应用，有效促进节能减排水平和社会运行效率的提升。

（2）新能源汽车产业市场环境

2020 年，虽受新冠肺炎疫情影响，我国新能源汽车仍保持了高速的增长。根据中国汽车工业协会统计数据，2020 年我国新能源汽车产销量分别达到 136.6 万辆和 136.7 万辆，同比分别增长 7.5% 和 10.9%，其中，新能源乘用车产销均为 124.6 万辆，同比分别增长 11.3% 和 14.6%；新能源商用车产销分别为 12.0 万辆和 12.1 万辆，同比下降 20.8% 和 17.2%。2021 年 1 ~ 3 月我国新能源汽车产销双双超过 50 万辆，分别达到 53.3 万辆和 51.5 万辆，同比增长 3.2 倍和 2.8 倍。经过多年的努力，我国新能源汽车产业链各个环节已逐步发展成熟，越来越多的新能源汽车新车型上市，逐渐满足不同需求人群的购买意向，新能源汽车也越来越受到消费者的认同。

2. 电驱动总成系统政策环境

“十三五”期间，我国曾先后三次启动新能源汽车重点专项研发计划。在驱动电机与电力电子领域设置了十个项目，专项在高温电力电子学及测评方法、基于硅基器件的高密度电机控制器、基于碳化硅技术的宽禁带功率半导体控制器开发、高效轻量化驱动电机产品开发、高可靠电力电子集成控制器、高效轻量化轮载电机总成以及机电一体化电驱动总成等方面形成了一大批成果，推动了我国新能源汽车电驱动总成技术进步。

2021 年 5 月，国家科技管理信息系统公共服务平台发布了《科技部关于发布国家重点研发计划“信息光子技术”等“十四五”重点专项 2021 年度项目申报指南的通知》。其中，在新能源汽车重点专项申报指南中提到新能源汽车发展总体目标为坚持纯电驱动发展战略，夯实产业基础研发能力，解决新能源汽车产业卡脖子关键技术问题，突破产业链核心瓶颈技术，实现关键环节自主可控，形成一批国际前瞻和领先的科技成果，巩固我国新能源汽车先发优势和规模领先优势，并逐步建立技术优势。2021 年度指南部署坚持问题导向、分步实施、重点突出的原则，围绕电驱系统等 6 个技术方向，按照基础前沿技术、共性关键技术、示范应用，拟启动 18 个项目，拟安排国拨经费 8.6 亿元。总体而言，新能源汽车专项的实施对我国电驱动总成系统行业科技创新提供了良好的政策环境。

（三）电驱动总成系统行业发展综述

近年我国新能源汽车电驱动技术持续保持进步，高集成度三合一/多合一电驱动总成、电驱动系统 NVH 性能、高效高速驱动电机技术及核心零部件、高效高密度电机控制器技术、高速减速器、轮毂电机等方面均取得了技术进步。

1. 驱动电机发展综述

新能源汽车驱动电机主要有交流异步电机、电励磁同步电机、永磁同步电机三大类，由于这三种电机各有特色，从目前市场的应用情况来看，这三者均有批量应用。

交流感应电机又称交流异步电机，具有运行可靠、随动时无铁耗产生、高速效率高、调速范围宽、功率容量覆盖面广、产业化基础好、价格便宜等特点，被广泛应用于电动汽车中，其不足之处就是异步电机的驱动效率（94%以上）和功率密度（接近 2.5 ~4.0kW/kg）较永磁电机略低，作为驱动电机使用会存在续航里程不理想、驱动电机体积较大侵占车辆空间、逆变器成本更高等问题，然而正因为其随动损耗小的特点，在一些四驱车型上有一些典型的应用，如作为辅驱电机，可显著提高车辆的续航里程。

电励磁同步电机磁场可灵活调节，功率较高，调速范围宽，效率较高，价格便宜，在欧洲担忧稀土资源供给的背景下，仍然有车企选择这条技术路线，如宝马五代电机就是油冷的电励磁同步电机。

永磁电机因其具有高功率密度、高效率、调速范围大等特点（比功率超过 5kW/kg，峰值效率达 97%以上），无论是乘用车还是商用车都是当前驱动电机的首选与研究热点。

2. 电驱动总成架构发展综述

从电驱动总成架构上看，各种形式的集成化逐渐成为发展趋势，二合一、三合一、六合一、七合一等不一而足，其中驱动电机、电机控制器与减速器深度集成的电驱动一体化总成是乘用车领域现阶段发展的主要技术方向，上海电驱动、精进电动、巨一自动化、汇川技术、比亚迪、上汽变速器等企业均推出了三合一电驱动总成系统，最高转速范围达到 13000 ~ 16000r/min。

我国在电驱动总成领域起步与国外基本同步，上海电驱动给雷诺、长城量产的电机与控制器二合一系统分别搭载在 DACIA 车型及欧拉黑猫、白猫车型上，成为小型车市场热点（见图 1）；特斯拉驱动电机系统是三合一系统的代表之一，国内方面上海电驱动与长安联合开发了国内第一款量产的 120kW 三合一电驱动系统，后续又开发了小型车用的 55kW 三合一系统（见图 2）；多合一系统方面，华为推出了“七合一”产品，将电机、减速器、逆变器、DC - DC、OBC、BCU 及 PDU 七大部件集成，实现了机械部件和功率部件的深度融合（见图 3）。总体而言，我国电驱动一体化总成产品与国外基本同步，集成度方面有一定差距。

雷诺 DACIA 配套二合一

欧拉黑猫、白猫配套二合一

图 1　上海电驱动电机与控制器二合一系统

资料来源：上海电驱动。

商用车领域，我国宇通、中通、中车、金龙、福田、安凯商用车公司的最高车速和爬坡度要求不高的纯电动客车或公交客车均采用我国自主的直驱电机系统，分布式驱动方面，比亚迪在电动公交客车上应用轮边电机，直驱轮毂驱动系统因输出极高转矩和成本过高，制约了在纯电动商用车上的规模化应用。与国外商用车电驱动系统相比，我国商用车直驱电机在最高效率和

功率密度上与国外水平相当，比亚迪、宇通、精进电动、中车直驱电机最高效率均达到95% ~97%，但我国在可靠性、振动噪声、轻量化等方面与国外产品相比还有一定差距，特别是轴齿、轴承和壳体等零部件设计和精加工能力等方面与国外差距较大。

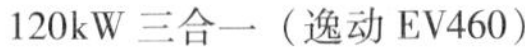
120kW 三合一（逸动 EV460）

55kW 三合一（奔奔 ESTAR）

图 2　上海电驱动量产三合一产品

资料来源：上海电驱动。

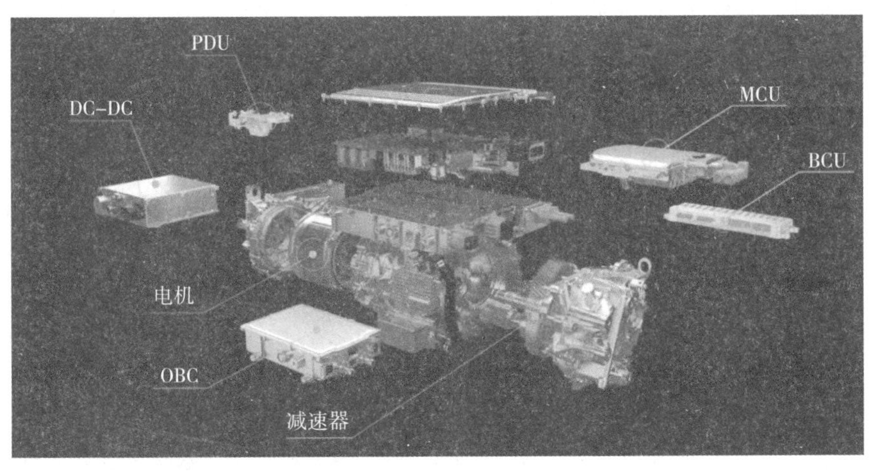

图 3　华为七合一系统

资料来源：华为。

3. 主要驱动系统配套企业综述

以上海电驱动、英博尔、深圳汇川、上海华域、联合电子、精进电动、株洲中车和方正电机等我国独立的电机供应商中的主要企业为代表，为我国新能源汽车进行电驱动系统的配套，这其中部分企业驱动产品已经批量销售至欧美国家。

以华为等为代表的一些新的独立电机系统供应商也在进入这个行业。华为聚集其在逆变器领域、自动驾驶技术、通信等多方面的优势已取得了多家客户的定点，部分已实现量产。

以苏州绿控、南京越博、特百佳等商用车动力总成企业为代表，以AMT 总成为产品核心，自主开发的驱动电机和电机控制器研发和制造能力发展迅速，主要为商用车产品配套。

在乘用车领域，株洲欧格瑞齿轮、上汽变速器、重庆青山工业等传统变速器生产企业从两个方面推进电驱动总成的研发，抢占乘用车市场。一方面从加快新能源汽车变速器产品研发入手，另一方面从电驱动总成产品合作研发入手。

以广州汽车、比亚迪、蔚来汽车、理想汽车、长安汽车、小鹏汽车、吉利汽车等整车企业为代表，通过自主建设、合资合作等方式，整车企业自主驱动电机系统研发实力得到快速增长。

国外变速器企业与电机系统企业加快在华步伐，如日本电产和广汽成立合资公司；博格华纳在收购雷米电机后，又完成收购德尔福，快速在新能源汽车驱动电机产业进行布局。

从驱动电机及控制器产品看，我国已经开发出了适用于混合动力与插电式新能源客车、燃料电池与纯电动乘用车、混合动力与插电式乘用车以及小型电动汽车的各类驱动电机及控制器系统，产品涵盖 300kW 以下功率范围，形成了系列化、规格化、模块化的驱动电机及控制器。总体而言，我国驱动电机系统的技术与产品满足了新能源商用车（客车、卡车）、乘用车和专用车辆的需求，多家驱动电机企业实际产量达到数十万套级以上，部分产品已经批量出口欧美，产业总体发展多样化，行业发展热度持续升温。

二　新能源电驱动系统市场发展状况

作为新能源汽车的核心之一，车用驱动电机系统行业的发展也保持快速向上的态势。驱动电机是新能源汽车核心关键部件，在我国“三纵三横”的研发布局和多年国家科技项目的支持下，我国新能源汽车驱动电机系统技术和产业伴随国家新能源汽车同步快速发展，2020 年我国新能源汽车驱动电机实现产销 135.7 万台套，同比实现增长 8.9%。其中国内自主驱动电机仍然占据绝大多数份额。随着外资企业持续进入，产业集中度进一步提高，前 10 家驱动电机与电机控制器的配套比例分别达到 73.3% 和 75.8%，较 2019 年增长 21.1% 和 26.1%。前 10 家配套企业中，驱动电机和电机控制器的国内企业占比分别达到 60% 和 70%。新能源商用车驱动电机及控制器全部由国内企业配套。总体上我国在驱动电机及控制器领域仍保持了较充分的国产化配套能力。

2020 年驱动电机配套企业装车量 TOP10 方面，整车企业自主配套占 4 席，独立电机企业占 6 席：其中，方正电机装车量 10.5 万台、双林电机装车量 7.9 万台，均为五菱汽车配套；上海电驱动装车量 9.1 万台，主要为长城欧拉、长安 EV460、小鹏汽车等配套；日本电产装车量 7.5 万台，主要为广汽埃安 EV 配套；博格华纳装车量 5.4 万台，主要为理想、威马和爱驰等造车新势力配套；精进电动装车量 4.9 万台，主要为小鹏和吉利汽车配套。2020 年我国新能源汽车驱动电机装车数据如图 4 所示。

三　新能源电驱动系统技术发展现状及趋势

（一）驱动电机发展现状及趋势

我国新能源汽车驱动电机的功率密度个别厂家已经突破 5kW/kg，电机峰值效率达到 97% 以上，功率密度、效率等方面都处于国际先进水平。在

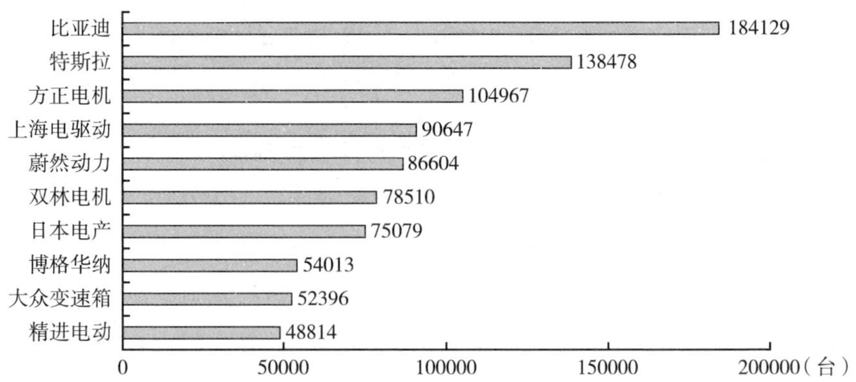

图 4　2020 年我国新能源汽车驱动电机装车数据

资料来源：NE 时代。

先进技术方面，高转速低噪声转子技术、扁线绕组技术与油冷却技术已经实现了大批量生产及应用。在关键原材料方面，我国在高性能硅钢片、漆包线、永磁材料、绝缘材料以及位置传感器方面都具有全国产化的良好基础，供应链和国外相比具备较强的竞争力。制造技术方面，自动嵌线技术、转子整体充磁技术、自动动平衡技术等电机关键工艺已经实现了大批量国产化设备应用。

新能源汽车驱动电机发展趋势是高速化、高密度化、低振动噪声和低成本。这不仅需要持续提升驱动电机设计和制造水平，还需要加大对高性能硅钢材料、低重稀土永磁材料、耐电晕耐高温绝缘材料、直接油冷电机材料、高速轴承、位置传感器等基础核心零部件的研发投入以促成驱动电机的快速发展。根据新能源汽车车型级别差异，可将驱动电机分为高性能驱动电机和普及型驱动电机两个发展方向，高性能驱动电机发展趋势侧重电机峰值功率密度和峰值转速的提升，普及型驱动电机侧重降低成本、提升可靠性及寿命。

结合节能与新能源汽车技术路线图 2.0 版本，具体在电机技术指标方面，关键指标是 2025 年驱动电机功率密度达到 5.0kW/kg，体积密度达到 35kW/L，连续比功率达到 2.8kW/kg，电机峰值效率达到 97%，最高转速可达到18000rpm，驱动电机关键技术指标达到国际先进水平，普及型新能源汽车驱动电机成本达到30元/kW；2030年驱动电机功率密度、体积密度、连续比功率在2025年基础上提升20%，电机最高转速可达到20000rpm，普及型新能源汽车驱动电机成本达到25元/kW；2035年再提升15%~20%，电机最高转速可达到25000rpm，驱动电机关键技术指标整体达到国际领先水平，普及型新能源汽车驱动电机成本达到22元/kW（见图5）。

电驱动系统比功率：电驱动系统输出功率/电驱动系统总重量，其中电驱动系统总重量包括电机、逆变器、减/变速器。由于集成构型不同，可用设计体积或设计重量折算得到三合一（电驱动部分）的体积或重量。

电机有效比功率：电机轴端输出功率/电机有效重量，含定转子不含轴。

峰值功率：驱动电机在85℃环境温度下，在逆变器65℃冷却液温度（其他冷却方式除外）条件下，在额定电压下，在基速~0.75倍最高工作转速范围内，在一定的持续时间内（30s）允许安全输出的最大功率。

持续功率：驱动电机在85℃环境温度下，在逆变器65℃冷却液温度（其他冷却方式除外）条件下，在额定电压下，能持续30分钟以上的功率输出。

电压等级因素影响：以额定电压400Vdc、相电流有效值最大450Arms范围的逆变器及其功率模块为基准提出的，对于经过适度升压或增大电流的电驱动系统，建议乘以加严系数k，k=（400×450）/（实际电压×实际电流）。

电驱动系统、电机、减速器1m总噪声：转折转速、50%负载。

（二）电机控制器发展现状及趋势

我国新能源汽车电机控制器的功率密度个别厂家已经突破40kW/L，电机峰值效率达到98.5%以上，系统EMC普遍能达到Level 3级。在关键原材料方面，我国在功率电子器件、薄膜电容、传感器方面具有较好的国产化基础。制造技术方面，电力电子器件封装测评技术、自动化装配技术等关键工艺已经实现了批量应用。

	2025年	2030年	2035年
总体目标	驱动电机关键性能达到国际先进水平，实现高压高速化与先进制造工艺，部分关键制造装备实现国产化	驱动电机关键性能部分达到国际领先水平，实现高压高速化与先进制造工艺，关键制造装备实现国产化	驱动电机关键性能整体达到国际领先水平，关键制造与测试装备与设计开发工具实现国产化
关键指标*	乘用车电机比功率5.0kW/kg，体积密度35kW/L，连续比功率2.8kW/kg	乘用车电机比功率6.0kW/kg，体积密度42kW/L，连续比功率3.2kW/kg	乘用车电机比功率7.0kW/kg，体积密度50kW/L，连续比功率3.8kW/kg
	商用车电机比转矩20Nm/kg或者比功率4.0kW/kg	商用车电机比转矩24Nm/kg或者比功率4.5kW/kg	商用车电机比转矩30Nm/kg或者比功率5.0kW/kg
	电机峰值效率97.0%，超过88%的系统效率高效率区不低于88%	电机峰值效率97.5%，超过88%的系统效率高效率区不低于90%	电机峰值效率98.0%，超过88%的系统效率高效率区不低于93%
	驱动电机最高转速达到18000rpm，电机噪声不超过72dB	驱动电机最高转速达到20000rpm，电机噪声不超过70dB	驱动电机最高转速达到25000rpm，电机噪声不超过68dB
	面向普及性应用，电机功率密度4.0kW/kg，成本30元/kW**	面向普及性应用，电机功率密度4.5kW/kg，成本25元/kW**	面向普及性应用，电机功率密度5.0kW/kg，成本22元/kW**

关键技术：

- 高比功率、高效、低成本永磁电机技术（高速、扁线/圆线精排、拼块、油冷）（2025年—2035年）
- 新结构电机/新材料/轻量化电机技术（轴向磁通、磁齿轮、高温超导、智能化）（2030年—2035年）
- 低损耗硅钢，低无重稀土磁钢、高速轴承、高线速度密封件、耐高频高压绝缘材料、低黏度润滑油等核心零部件技术（2025年—2030年）→ 新材料与新工艺的核心零部件技术及其应用（2035年）
- 基于智能云的状态检测、故障诊断与容错技术、寿命预测、加速寿命实验方法（2025年—2035年）
- 国产CAE、CAD优化设计工具开发、高精密电测功机检测设备与关键制造装备国产化（2025年—2035年）

图5　驱动电机技术路线

注：* 指标定义与测试条件；** 成本计算以峰值功率 100kW 作为参照。

资料来源：上海电驱动整理。

利用功率器件双面冷却与功率部件集成技术，提升电力电子部件的集成度、功率密度和效率是电机控制器的发展方向。应用于高性能驱动电机的电机控制器重点采用新型功率器件和新型拓扑提升电机控制器功率密度和效率，采用多核微处理器、域控制器、类 AUTOSAR 软件架构以及 ISO 26262 高功能安全技术，根据车辆需求灵活选择高电压平台，全面提升整车性能。普及型驱动电机将采用成本更具优势的 IGBT 器件及封装、功率部件高效散热与集成技术，以持续提升电机控制器可靠性、安全性与电磁兼容性能技术。未来，电机控制器还需要具备远程升级技术（OTA），重视网络安全和信息加密技术，建立汽车软件升级规范，确保车辆信息与运行安全。

同样结合技术路线图的指标，电机控制器方面的关键指标是 2025 年电机控制器功率密度达到 40kW/L，电机控制器峰值效率达到 98.5%，系统 EMC 达到 Level 4 级，实现高压化与先进工艺，普及型新能源汽车电机控制器成本达到 30 元/kW；2030 年电机控制器功率密度达到 50kW/L，电机控制器峰值效率达到 99.0%，宽禁带器件及控制器实现量产，普及型新能源汽车电机控制器成本达到 25 元/kW；2035 年乘用车电机控制器功率密度达到 60kW/L，电机控制器峰值效率达到 99.2%，形成成熟的电驱动系统全生命周期状态管理，普及型新能源汽车电机控制器成本达到 20 元/kW（见图 6）。

（三）电驱动总成发展现状及趋势

新能源汽车电驱动总成领域涵盖乘用车插电式机电耦合总成、乘用车纯电驱动总成、商用车动力总成和轮毂/轮边电机总成等四个方面。

1. 机电耦合总成

国外主流整车企业的深度混合动力技术已经成熟，拥有大规模生产新能源汽车变速器的技术和能力。与国外同类产品相比较，我国机电耦合架构设计相对较成熟，但是自动变速器技术和传动关键零部件基础相对比较薄弱，对国外供应商依赖度高，制约了混合动力总成的集成开发和成本控制。另外，对于机电耦合系统，在不同电压平台及耦合系统效率等方面需要持续优化与提升。我国仅有少数整车企业拥有新能源自动变速器及产品开发能力，上汽捷能开发出基于双离合变速器的机电耦合动力总成，并实现了量产；科力远开发出基于双行星排动力总成系统，应用于吉利新插电混合动力乘用车；比亚迪基于双模混动动力总成，在“秦”“宋”等插电式混合动力乘用

	2025年	2030年	2035年
总体目标	Si基电机控制器关键性能指标达到国际先进水平，实现高压化与先进工艺；基于宽禁带功率器件的电机控制器实现产业化，建立电驱动系统运行状态智慧监测架构	Si基电机控制器关键性能指标达到国际先进水平，实现高压化与先进工艺；基于宽禁带功率器件的电机控制器实现产业化，建设电驱动系统运行状态管理智慧云	基于新器件和新材料的高效高密度智慧电机控制器实现产业化，形成成熟的电驱动系统全生命周期状态管理智慧云
关键指标*	乘用车电机控制器功率密度达到40kW/L，商用车控制器达30kW/L	乘用车电机控制器功率密度达到50kW/L，商用车控制器达40kW/L	乘用车电机控制器功率密度达到60kW/L，商用车控制器达50kW/L
	电机控制器峰值效率98.5%，超过90%的系统效率高效率区不低于88%	电机控制器峰值效率99.0%，超过90%的系统效率高效率区不低于90%	电机控制器峰值效率99.2%，超过90%的系统效率高效率区不低于93%
	面向普及性应用，电机控制器功率密度20kW/L，成本30元/kW**	面向普及性应用，电机控制器功率密度30kW/L，成本25元/kW**	面向普及性应用，电机控制器功率密度40kW/L，成本20元/kW**
	电机系统EMC达到Level 4级	电机系统EMC达到Level 4级及以上	电机系统EMC达到Level 4级及以上
	功能安全等级ASIL-C或同等技术水平	功能安全等级ASIL-D或同等技术水平	功能安全等级ASIL-D或同等技术水平

关键技术：

- 基于功率器件级集成电力电子器件功率集成技术（2025年—2030年）
- 新型电力电子拓扑及其控制技术（2030年—2035年）
- 功率半导体器件与膜电容器集成（2025年）；新型功率半导体器件、新型无源器件（高温陶瓷材料）应用技术（2030年—2035年）
- 多核异构计算平台与智能控制、基于智能云的状态检测、故障诊断与容错技术（2025年—2035年）
- 国产CAE、CAD工具开发及应用技术，MIL/SIL/HIL测试软硬件工具开发及应用技术（2025年—2035年）

图6　电机控制器技术路线

注：* 电机控制器功率密度计算除了功率部件、散热组件和控制组件外，还需要计入达成EMC指标的滤波器、交直流接线端等辅助部件，考核条件为规定的冷却条件；** 成本计算以峰值功率100kW作为参照。

资料来源：上海电驱动整理。

车上实现了量产。

通过构型创新实现机电耦合总成高效率为未来发展目标，重点发展高效

混合动力机电耦合构型技术、高效的混合动力专用发动机技术、高效专用变速器技术（DHT）、新材料和新技术应用的下一代机电耦合装置、智能自动化专用生产线与下线（EOL）检测、国产设计与仿真及测试软硬件工具等。高效混合动力专用发动机、混合动力用多变流器电力电子集成、高密度高集成度电机与高效散热等是降低插电式混合动力、混合动力车型能耗与提升整车性能的关键技术途径。

关键指标是以 2020 年为基础，2025 年机电耦合总成体积和重量减少 20%，纯电工况运行效率 90%，混动工况效率达到 95%，WLTC 综合效率达到 83%，总成性能持续提升；2030 年机电耦合总成体积和重量减少 35%，纯电工况运行效率 91%，混动工况效率达到 96%，WLTC 综合效率达到 84%，技术保持国际先进水平；2035 年机电耦合总成体积和重量减少 50%，纯电工况运行效率 92%，混动工况效率达到 97%，WLTC 综合效率达到 86%，机电耦合总成插电式机电耦合产品处于世界一流水平，关键零部件技术达到世界领先水平（见图 7）。

2. 纯电驱动总成

纯电动汽车是国家在新能源汽车方面的重点发展方向，因此纯电驱动总成方面目前发展情况较好。从技术指标上来看，总成功率密度已达到约 1.9kW/kg，传动效率达到 93% 以上，CLTC 综合效率已达到 85% 以上，高速减速器大部分已实现国产化应用，均已比较接近技术路线图中 2025 年的技术指标。

关键指标是 2025 年乘用车电驱动总成功率密度达到 2.0kW/kg，电驱动系统传动效率达到 93.5%，CLTC 综合效率达到 86%，高速减速器制造及关键零部件完全自主，普及型新能源汽车纯电驱动总成成本达到 72 元/kW；2030 年，电驱动总成功率密度达到 2.4kW/kg，电驱动系统传动效率达到 94.0%，CLTC 综合效率达到 88%，核心零部件实现完全自主可控，普及型新能源汽车纯电驱动总成成本达到 60 元/kW；2035 年，电驱动总成功率密度达到 3.0kW/kg，电驱动系统传动效率达到 94.5%，CLTC 综合效率达到 90%，自主电驱动总成引领行业发展，普及型新能源汽车纯电驱动总成成本

	2025年	2030年	2035年
总体目标	插电式机电耦合总成性能达到国际先进水平，机电耦合电驱动总成性能持续提升，集成化程度提高	插电式机电耦合总成性能持续保持国际先进水平，开发出节油效果更优、全工况适用、平台通用性好的总成产品	插电式机电耦合总成处于世界一流水平，机电耦合电驱动总成参与国际竞争，关键零部件技术达到世界领先水平
关键指标	机电耦合总成体积和重量相对2020年降低20%	机电耦合总成体积和重量相对2020年降低35%	机电耦合总成体积和重量相对2020年降低50%
	纯发动机最高机械传动效率达到97%，纯电驱动工况系统最高效率达到90%	纯发动机最高机械传动效率达到97.5%，纯电驱动工况系统最高效率达到91%	纯发动机最高机械传动效率达到98%，纯电驱动工况系统最高效率达到92%
	混动工况最高机械传动效率达到95%，机电耦合系统WLTC综合效率83%	混动工况最高机械传动效率达到96%，机电耦合系统WLTC综合效率84%	混动工况最高机械传动效率达到97%，机电耦合系统WLTC综合效率86%
	机电耦合系统NVH主观评价达到7分	机电耦合系统NVH主观评价达到7.5分	机电耦合系统NVH主观评价达到8分
关键技术	高效混合动力机电耦合总成及其构型技术		新材料和新技术的新型机电耦合装置
	高效的混合动力专用发动机及其控制技术		
	基于DCT/行星排的变速器技术	高效专用变速箱技术（DHT）	
	高转速/高精度齿轮、低摩擦轴承、离合器等核心零部件制造与工艺技术		
	平台化驱动电机及控制器技术	以宽禁带材料应用为代表高集成度电机系统技术、下一代E/E电气构架技术	

图7　机电耦合总成技术路线

资料来源：上海电驱动整理。

达到50元/kW，总成成本和性能具有国际竞争力（见图8）。

3. 商用车动力总成

商用车动力总成方面，驱动电机的有效比转矩约达到19Nm/kg，高速电机30s有效比功率达到3.9kW/kg，商用车电机控制器比功率达到28kW/L以上。

技术路线图方面，关键指标是2025年商用车动力系统关键部件性能持续提升，保持国际先进水平，商用车驱动电机30s有效比转矩密度大于

	2025年	2030年	2035年
总体目标	我国自主电驱动产业综合竞争力达到国际先进水平，可持续发展能力显著增强。核心零部件按商品价值估算国产自给率达到50%以上	我国自主电驱动技术研发与商品化能力达到国际领先水平。核心零部件按商品价值估算国产自给率达到80%以上，100%可实现进口替代	我国自主电驱动产品开发引领国际发展，整机和以控制芯片与功率半导体器件为代表的核心零部件均实现大规模出口，电驱动产业实现全产业链自主可控
关键指标*	电驱动系统最高效率93.5%，超过80%高效率区达80%，CLTC综合使用效率86%**	电驱动系统最高效率94%，超过80%高效率区达83%，CLTC综合使用效率88%**	电驱动系统最高效率94.5%，超过80%高效率区达86%，CLTC综合使用效率90%**
	电驱动系统峰值比功率2.0kW/kg，连续比功率1.2kW/kg	电驱动系统峰值比功率2.4kW/kg，连续比功率1.5kW/kg	电驱动系统峰值比功率3.0kW/kg，连续比功率1.8kW/kg
	电驱动系统1m总噪声不超过75dB	电驱动系统1m总噪声不超过72dB	电驱动系统1m总噪声不超过68dB
	普及型电驱动总成成本不超过72元/kW***	普及型电驱动总成成本不超过60元/kW	普及型电驱动总成成本不超过50元/kW

关键技术

- 模块化电驱动总成（共用壳体、轴、冷却）→ 集成式驱动总成/分布式驱动总成
- 高比功率、高效电机及控制器技术 → 新结构、新材料驱动电机及控制器技术
- 核心零部件（专用润滑油、高精度齿轮工艺、断开装置、平行轴，高转速/低摩擦/长寿命轴承和油封、强制润滑、两档变速器）
- 新材料，新工艺，持续轻量化、无动力中断的断开装置、多挡变速器
- 智能自动化专用生产线、智能自动化EOL检测、国产设计与仿真及测试软硬件工具、下一代E/E电气构架技术

图8　纯电驱动总成技术路线

注：* 功率密度按照驱动电机峰值功率与电驱动总成质量计算；** 油耗计算基于 A 级轿车，车重 GVW 约 1.6 吨；*** 成本计算按照峰值功率 100kW 作为参照。

资料来源：上海电驱动整理。

20Nm/kg，高速电机 30s 有效比功率大于 4.0kW/kg，商用车电机控制器实现比功率不低于 30kW/L；2030 年商用车驱动电机 30s 有效比转矩密度大于 24Nm/kg，高速电机 30s 有效比功率大于 4.5kW/kg，商用车电机控制器实

现比功率不低于40kW/L；2035年商用车驱动电机30s有效比转矩密度大于30Nm/kg，高速电机30s有效比功率大于5.0kW/kg，商用车驱动电机控制器实现比功率不低于50kW/L，开发出节能效果更优、全工况适用、高度集成、平台通用性好的动力系统，拥有独立知识产权的仿真设计平台和精加工能力（见图9）。

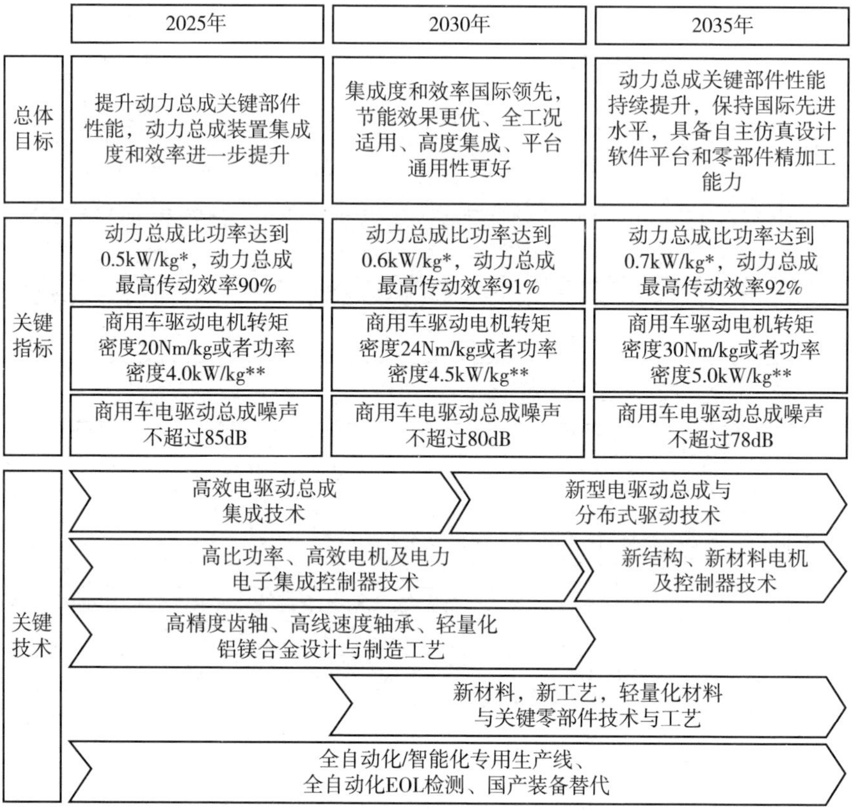

	2025年	2030年	2035年
总体目标	提升动力总成关键部件性能，动力总成装置集成度和效率进一步提升	集成度和效率国际领先，节能效果更优、全工况适用、高度集成、平台通用性更好	动力总成关键部件性能持续提升，保持国际先进水平，具备自主仿真设计软件平台和零部件精加工能力
关键指标	动力总成比功率达到0.5kW/kg*，动力总成最高传动效率90%	动力总成比功率达到0.6kW/kg*，动力总成最高传动效率91%	动力总成比功率达到0.7kW/kg*，动力总成最高传动效率92%
	商用车驱动电机转矩密度20Nm/kg或者功率密度4.0kW/kg**	商用车驱动电机转矩密度24Nm/kg或者功率密度4.5kW/kg**	商用车驱动电机转矩密度30Nm/kg或者功率密度5.0kW/kg**
	商用车电驱动总成噪声不超过85dB	商用车电驱动总成噪声不超过80dB	商用车电驱动总成噪声不超过78dB
关键技术	高效电驱动总成集成技术		新型电驱动总成与分布式驱动技术
	高比功率、高效电机及电力电子集成控制器技术		新结构、新材料电机及控制器技术
	高精度齿轴、高线速度轴承、轻量化铝镁合金设计与制造工艺		
		新材料，新工艺，轻量化材料与关键零部件技术与工艺	
	全自动化/智能化专用生产线、全自动化EOL检测、国产装备替代		

图9 商用车动力总成技术路线

注：*商用车总成定义：动力总成指电机+变速箱系统，其他系统此处不涵盖；动力总成噪声在纯电动模式下，50%峰值扭矩；动力总成效率指电机、控制器与变速箱综合效率；比功率指动力总成输出功率/动力总成重量（电机+变速箱）。**商用车驱动电机转矩密度和功率密度均指30s测试条件。

资料来源：上海电驱动整理。

4. 轮毂/轮边电机总成

轮毂电机总成是未来的一个重要发展方向，以“十三五”轮毂电机国家重点研发计划项目为例，上海电驱动股份有限公司开发的轮毂电机，本体转矩密度达到 43.6Nm/kg（30s），轮毂电机本体功率密度突破 4.4kW/kg（30s），已超过技术路线图 2025 年的目标。

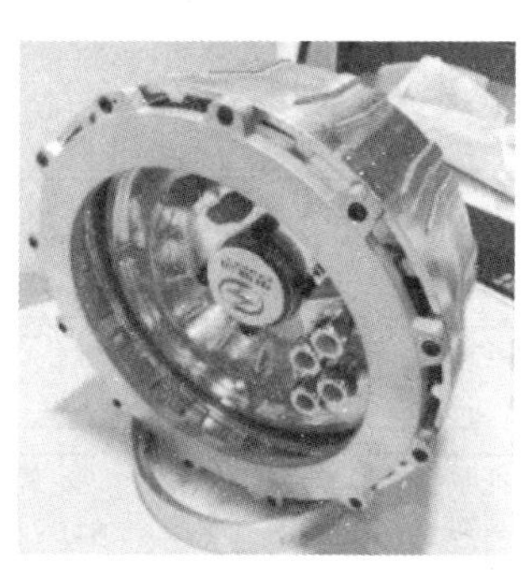

图 10　上海电驱动开发的轮毂电机

技术路线图中关于轮毂电机的关键指标是：2025 年直驱轮毂电机本体扭矩密度达到 60Nm/L，减速轮毂电机本体功率密度达到 4.0kW/kg，轮毂电机减速器综合峰值效率达到 92% 以上，轮毂电机实现小批量示范应用；2030 年直驱轮毂电机本体扭矩密度达到 72Nm/L，减速轮毂电机本体功率密度达到 5.0kW/kg，轮毂电机减速器综合峰值效率达到 93.5% 以上，轮毂电机实现乘用车批量应用；2035 年直驱轮毂电机本体扭矩密度达到 90Nm/L，减速轮毂电机本体功率密度达到 6.0kW/kg，轮毂电机减速器综合峰值效率达到 94.5% 以上，轮毂电机控制系统功能安全等级达到 ASIL D，轮毂电机实现大批量应用（见图 11）。

5. 未来技术趋势

从国内外新能源汽车驱动电机系统技术发展趋势来看，高度集成、永磁高效、数字智能将是未来的主要发展方向。同时又可以从驱动电机和电机控制器的技术上，向多个方向发展。

驱动电机技术上，主要从提高材料利用率、提升电机与整车工况匹配效

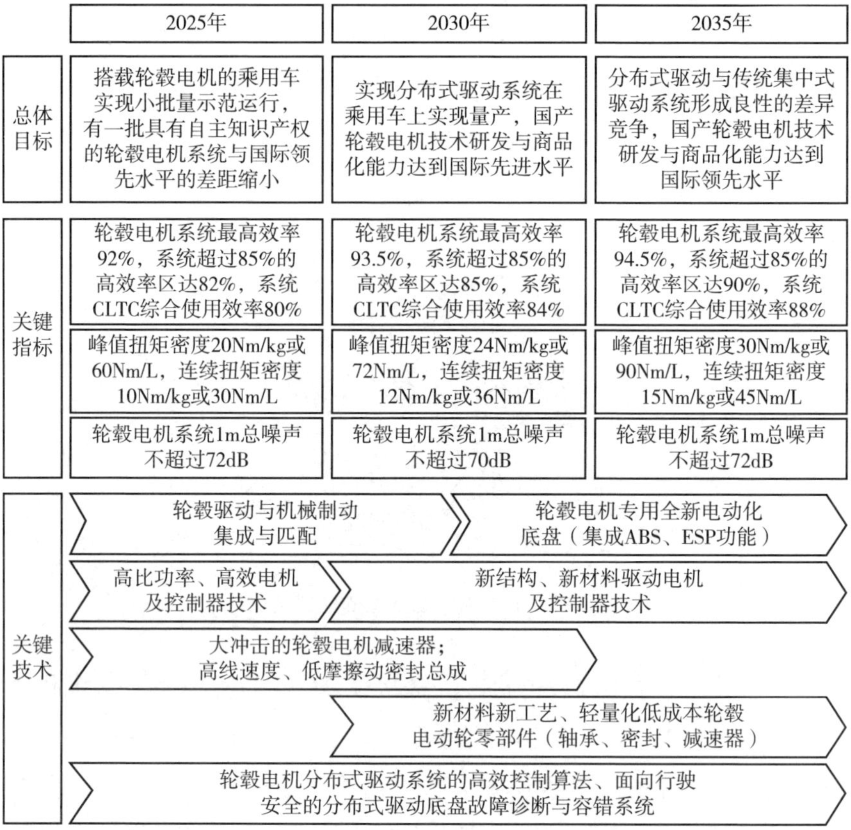

	2025年	2030年	2035年
总体目标	搭载轮毂电机的乘用车实现小批量示范运行，有一批具有自主知识产权的轮毂电机系统与国际领先水平的差距缩小	实现分布式驱动系统在乘用车上实现量产，国产轮毂电机技术研发与商品化能力达到国际先进水平	分布式驱动与传统集中式驱动系统形成良性的差异竞争，国产轮毂电机技术研发与商品化能力达到国际领先水平
关键指标	轮毂电机系统最高效率92%，系统超过85%的高效率区达82%，系统CLTC综合使用效率80%	轮毂电机系统最高效率93.5%，系统超过85%的高效率区达85%，系统CLTC综合使用效率84%	轮毂电机系统最高效率94.5%，系统超过85%的高效率区达90%，系统CLTC综合使用效率88%
	峰值扭矩密度20Nm/kg或60Nm/L，连续扭矩密度10Nm/kg或30Nm/L	峰值扭矩密度24Nm/kg或72Nm/L，连续扭矩密度12Nm/kg或36Nm/L	峰值扭矩密度30Nm/kg或90Nm/L，连续扭矩密度15Nm/kg或45Nm/L
	轮毂电机系统1m总噪声不超过72dB	轮毂电机系统1m总噪声不超过70dB	轮毂电机系统1m总噪声不超过72dB

关键技术：
- 轮毂驱动与机械制动集成与匹配 → 轮毂电机专用全新电动化底盘（集成ABS、ESP功能）
- 高比功率、高效电机及控制器技术 → 新结构、新材料驱动电机及控制器技术
- 大冲击的轮毂电机减速器；高线速度、低摩擦动密封总成
- 新材料新工艺、轻量化低成本轮毂电动轮零部件（轴承、密封、减速器）
- 轮毂电机分布式驱动系统的高效控制算法、面向行驶安全的分布式驱动底盘故障诊断与容错系统

图 11　轮毂/轮边电机总成

注：轮毂电机系统定义：指簧下重量和体积，包含电机、减速器、润滑油、壳体、轮毂轴承，不包含逆变器、转向节、轮辋、轮胎、制动器；对于逆变器布置在簧下的情形，核算时可扣除逆变器的重量和体积。轮毂电机系统比扭矩：轮毂电机系统输出扭矩/轮毂电机系统簧下总重量；转矩体积密度比：轮毂电机系统输出扭矩/轮毂电机系统簧下总体积。

资料来源：上海电驱动整理。

率和改善电机品质等方面发展。目前，我国驱动电机在功率密度、转速、效率等关键技术指标上与国外相差不大，并且在扁导线制造工艺方面有一定积累。未来主要是从直接油冷电机材料的兼容性、耐电晕耐高温绝缘材料、高导磁低损耗材料替代、高强度高热导耐高温绝缘材料及骨架、低重稀土永磁材料等技术领域上进行深入研究。

电机控制器技术上，主要从高功率密度和高效率继续提升、电机控制器主流封装工艺技术上（如双面焊接与单面/双面冷却技术）重点发展。另外，电力电子晶圆和芯片、相关集成电路（IC）等方面的材料性能、技术水平和工艺水平都需要重点加强。

电驱动一体化总成是乘用车领域一个明确的产品发展方向，我国起步与国外相比从时间上相差无几，国内多个企业推出了电驱动总成产品，如上海汽车变速器研发了16000rpm高速减速器样机。同时，新能源乘用车电力电子总成以DCDC变换器、AC/DC车载充电机以及高压配电单元（PDU）的集成化为另一个总成方向。

轮毂电机依然是新能源汽车行业发展的热点之一，轮毂电机发展需要从电动轮总成角度进行集成开发。轮毂电机集成、安全与控制问题仍是瓶颈技术，轮毂电机作为一个技术方向需持续关注和增加研究投入。轮毂电机在商用车和特种车辆上已经开始使用，但是在高速乘用车上应用还需要较长的探索阶段。

四　国内外技术差距分析

（一）驱动电机总成

在高密度驱动电机方面，我国驱动电机在功率密度、系统集成度、电机最高效率和转速、统组制造工艺、冷却散热技术等方面持续进步，与国外领先技术水平相当。我国主要电机研制企业如上海电驱动、比亚迪、精进电动、中车时代电动、苏州汇川、华域电动、安徽巨一自动化等纷纷开发出功率密度在3.8～4.6kW/kg的样机和产品，最高转速在8810～13200rpm，并实现了电驱动一体化集成，电机冷却方式涵盖水冷和油冷多种类型，技术指标达到国际先进水平，如表1所示。

在驱动电机精确设计方面，上海大学联合国内硅钢企业系统性开展了铁芯应力—磁特性研究，挖掘出硅钢材料加工、装配与运行过程中的温度和应

表 1　我国典型驱动电机与国外同类产品对比

项目	国内电机 1	国内电机 2	国内电机 3	国外电机 1	国外电机 2
电机图片					
峰值功率(kW)	125	130	130	130	125
最高转速(rpm)	13200	13200	12000	8810	12800
峰值转矩(Nm)	300	315	315	360	250
峰值效率(%)	97	97	97	97	97
功率密度(kW/kg)	4.30	4.56	4.20	4.60	3.80
冷却方式	水冷	油冷	水冷	水冷	水冷

资料来源：上海电驱动整理。

力导致材料本身性能改变的规律，如图 12（a）所示；中国科学院电工所应用非晶合金和硅钢片混合材料、分瓣式定子结构和粘接工艺，研制出非晶电机样机，样机最高效率达到 96.2%，连续功率密度达 1.2kW/kg，如图 12（b）所示。

在电机扁导线绕组技术方面，上海电驱动、精进电动、华域汽车等公司在国内较早开展了扁导线绕组工艺探索和实践。其中，上海电驱动将扁导线技术应用于 48VBSG 电机总成；华域汽车采用扁导线的驱动电机为上汽 EDU 二代电驱动总成配套，并且与麦格纳成立合资公司开发扁导线感应电机；精进电动依托国家重点研发计划专项开发了高速乘用车扁导线电机样机（见图 13）。

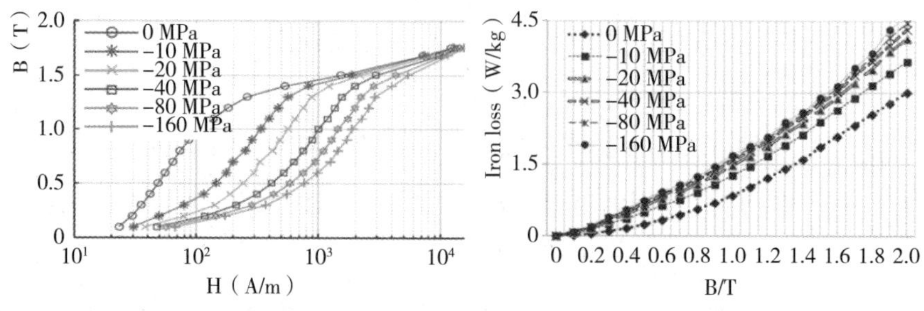

（a）不同应力下的磁感变化与不同应力下的铁耗变化曲线

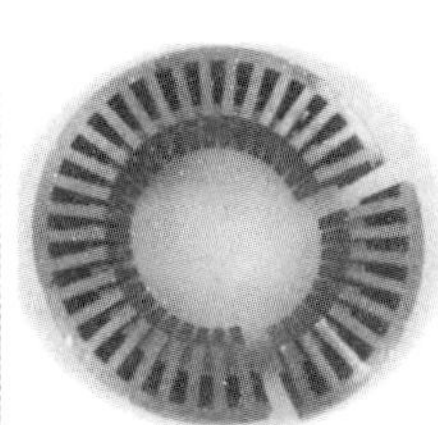
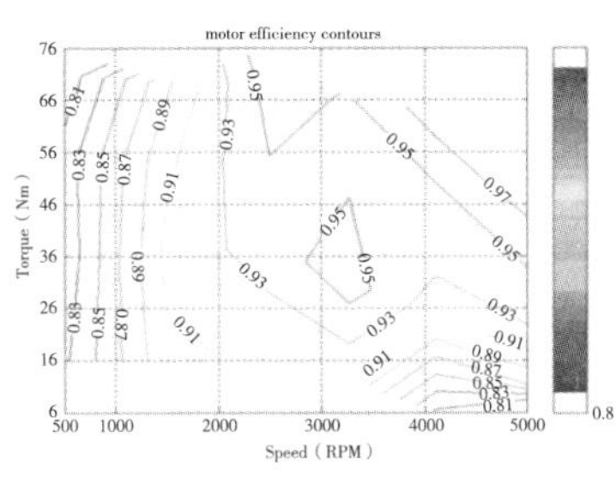

（b）非晶电机及其特性

图 12　新材料特性及新材料电机技术

资料来源：上海电驱动整理。

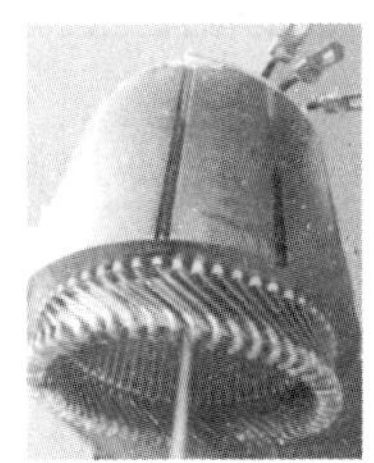

图 13　乘用车扁导线技术及典型定子结构

资料来源：上海电驱动整理。

在商用车领域，精进电动开发出转矩密度达到 20. 3Nm/kg 的商用车直驱电机，北京佩特来应用扁导线技术开发了 3500Nm 外转子直驱电机，我国商用车电机技术达到国际先进水平（见图 14）。

（二）电机控制器

高效、高密度、高电磁兼容性能是电机控制器的重要技术发展方向，通过采用电力电子集成技术，可有效减小整个控制器的重量和体积，提高功率密度，降低成本，电力电子集成技术主要分为三个不同的层次和形式：单片集成、混合集成和系统集成。我国典型电机控制器样机与国外先进水平对比见表 2。

图 14　商用车高密度电机和扁导线电机

资料来源：上海电驱动整理。

表 2　国内外典型电机控制器参数对比

项目	国内单位制器 1	国内单位制器 2	国内双控制器	国外控制器 1	国外控制器 2	国外控制器 3
控制器体积功率密度(kW/L)	22.4	23.1	23.5	25.0	25.0	23.0
控制器质量功率密度(kW/kg)	18.0	18.0	19.0	23.2	22.8	21.0
峰值功率(kW)	135	125	260	105	125	135
直流电压等级(V)	270～450	300～480	300～480	220～600	300～450	300～450
器件电流(A)	820	800	800	350Arms	400Arms	450Arms
器件封装形式	标准模块	定制	定制	定制	定制	定制

资料来源：上海电驱动整理。

五　新能源电驱动系统行业存在的问题及建议

（一）新能源电驱动系统行业现阶段存在的问题

国内外新能源汽车电驱动技术发展现状与技术发展方向有一定的差距，制约我国车用驱动电机发展的技术短板主要集中在电驱动总成设计、关键材料与核心工艺、核心装备等方面，具体表现在以下几方面。

1. 车用驱动电机智能化、深度集成化设计能力不足

当前我国对于车用电机缺乏实时监控，由于缺乏大量数据支撑，在解决运行故障、噪声、电磁兼容等方面核心问题时仍缺乏系统的理论实践的支撑，这直接影响了我国车用电机产品竞争力的提升。同时，我国软件开发企业水平差异较大，在驱动电机电子控制上存在较大的差异。

2. 驱动电机系统的关键零部件与新材料开发和制造工艺仍有差距

我国在新型电超导与热超导材料、漆包线成型与加工性、扁导线制造工艺方面与国外技术水平有较大的差距，亟须技术革新和进步；在高速轴承及高速变速箱的设计能力上存在严重的不足；第三代宽禁带半导体器件的芯片电流密度、外延材料及生长工艺、模块可靠性设计与封装等方面仍与国外的技术水平有着很大的差距。

3. 电驱动总成的部分核心零部件自主能力不足

在乘用车电驱动集成一体化方面，我国有多个三合一电驱动总成样机推出并开展应用，然而机—电、电—电的集成度、性能（功率密度和转速）、可靠性仍需要进一步提高，同时缺少可靠性高的后桥电驱动总成产品。

4. 电驱动系统产业化制造工艺与装备水平不足

我国在高端试验、高速试验和关键生产设备、检验设备方面的水平相对落后，基本依赖进口；批量化与“智能”产业化技术、高端工艺与装备技术同国际先进水平尚存差距，自动生产线的自主装备能力欠缺。

（二）新能源电驱动系统行业发展建议

1. 进一步加强基础研究

为攻克车用驱动电机智能化、高密度、集成化设计能力不足等难题，国内汽车行业应加强实时运行健康状态、故障实时诊断、震动噪声、电磁兼容等系统的理论支撑；深入研究高密度永磁电机多领域正向设计理论，研发关键部件及系统的少零件、模块化、集成化设计技术；结合大数据挖掘、新一代智能芯片和算法，攻克驱动电机智能化、高密度、集成化设计难题。

2. 持续提升设计制造水平，实现核心元器件国产化

面对新能源汽车的大规模应用，我国需持续提升驱动电机系统设计和制造水平，加大对高性能硅钢材料、低重稀土永磁材料、耐电晕耐高温绝缘材料、直接油冷电机材料、高速轴承、位置传感器等基础核心零部件的研发投入，实现高压、高速化驱动电机系统核心元器件、关键材料国产化。

参考文献

蒋莹：《把握产业变革机遇，创新引领新能源汽车加速发展》，《中国发展观察》2021 年第 2 期。

岳倩：《新能源汽车产业发展规划发布》，《中国质量报》2020 年 11 月 5 日。

汪正胜：《新能源汽车核心零部件技术攻关和成本优化仍需加强》，《汽车纵横》2020 年第 11 期。

B.6 电动汽车充换电设施行业发展报告

摘　要：“十三五”期间，在国务院的总体部署下，在国家发改委、国家能源局等部门的力推下,在全产业的努力下，我国电动汽车充电基础设施产业取得积极进展，具备产品技术创新能力，建立充换电设施服务体系，基本形成完整的产业链，有效支撑了新能源汽车的推广应用，成为全球充电设施保有量第一的国家。本报告对充换电设施行业市场、产品、技术发展现状进行分析，研判充换电设施行业当前存在的主要问题，并提出行业发展相关建议。

关键词：充电设施　换电设施　公共充电场景　私人充电场景　专用充电场景

一　充换电设施行业发展综述

（一）充换电设施行业政策

2020 年 9 月 22 日，国家主席习近平在第七十五届联合国大会一般性辩论上郑重宣布，“中国将提高国家自主贡献力度，采取更加有力的政策和措施，二氧化碳排放力争 2030 年前达到峰值，努力争取 2060 年前实现碳中和”。新能源汽车产业在实现碳达峰、碳中和以及在国家整体能源战略、环保战略中具有举足轻重的作用，充电基础设施作为其中不可或缺的一环，承担着艰巨的历史使命。

1. 国家政策

2020 年 5 月 22 日，国务院总理李克强在第十三届全国人民代表大会第三次会议上做的《政府工作报告》中明确提出：扩大有效投资。重点支持既促消费惠民生又调结构增后劲的“两新一重”建设，主要是：加强新型基础设施建设，增加充电桩、换电站等设施，推广新能源汽车。充换电基础设施与 5G、大数据一起被正式纳入“新基建”范畴。

2020 年 10 月 20 日，国务院办公厅印发《国务院办公厅关于印发新能源汽车产业发展规划（2021～2035 年）的通知》（国办发〔2020〕39 号），该规划以独立章节提出大力推动充换电网络建设的要求。

（1）加快充换电基础设施建设

科学布局充换电基础设施，加强与城乡建设规划、电网规划及物业管理、城市停车等的统筹协调。依托“互联网 +”智慧能源，提升智能化水平，积极推广智能有序慢充为主、应急快充为辅的居民区充电服务模式，加快形成适度超前、快充为主、慢充为辅的高速公路和城乡公共充电网络，鼓励开展换电模式应用，加强智能有序充电、大功率充电、无线充电等新型充电技术研发，提高充电便利性和产品可靠性。

（2）提升充电基础设施服务水平

引导企业联合建立充电设施运营服务平台，实现互联互通、信息共享与统一结算。加强充电设备与配电系统安全监测预警等技术研发，规范无线充电设施电磁频谱使用，提高充电设施安全性、一致性、可靠性，提升服务保障水平。

（3）鼓励商业模式创新

结合老旧小区改造、城市更新等工作，引导多方联合开展充电设施建设运营，支持居民区多车一桩、邻近车位共享等合作模式发展。鼓励充电场站与商业地产相结合，建设停车充电一体化服务设施，提升公共场所充电服务能力，拓展增值服务。完善充电设施保险制度，降低企业运营和用户使用风险。

依托规划文件，国家能源局组织修订电动汽车充电基础设施发展指南，

2021 年编制的《关于进一步提升充电基础设施服务保障能力的实施意见》已进入征求意见阶段，将全方位推动充电基础设施规划、建设、运维、管理。

2. 地方政策

2020 年，与充电设施相关的地方政策密集出台，据不完全统计，超过 26 个省区市出台涉及充电设施的相关政策 50 余项，较 2019 年有显著增加，政策文件涉及规划、补贴、平台、安全、价格、居民区充电桩建设等多个方面（见表 1）。

表 1　2020 年部分充电设施行业地方政策

地方	政策
广西	《广西“能源网”基础设施建设大会战实施方案(2020～2022 年)》
海南	《海南省发展和改革委员会关于做好电动汽车充电基础设施建设运营补贴工作的函》(琼发改能源函〔2020〕120 号)
天津	《2020 年居民小区公共充电桩建设实施方案(征求意见稿)》
广州	《广州市电动汽车充电基础设施补贴资金管理办法(修订征求意见稿)》
上海	《上海市促进电动汽车充(换)电设施互联互通有序发展暂行办法》
三亚	《三亚市电动汽车充电基础设施建设规划(2019～2030 年)》(三府办〔2020〕72 号)
上海	《上海市推进新型基础设施建设行动方案(2020～2022 年)》(沪府〔2020〕27 号)
昆明	《昆明市加快推进电动汽车充电基础设施建设实施意见的通知》(昆政办〔2020〕22 号)
北京	《关于开展电动汽车公共充电基础设施安全隐患排查的通知》(京管办发〔2020〕117 号)
广东	《广东省能源局关于进一步加强电动汽车充电基础设施安全隐患排查的通知》(粤能安全函〔2020〕239 号)
福州	《福州市推进新型基础设施建设行动方案(2020～2022 年)》
北京	《北京市加快新型基础设施建设行动方案(2020～2022 年)》
济南	《关于加快推进全市新能源汽车充电基础设施建设的实施意见》(济政办发〔2020〕13 号)
三亚	《关于规范电动汽车用电价格及充换电服务收费有关问题的通知》(三发改价格〔2020〕32 号)
济南	《济南市新能源汽车充电基础设施建设运营管理办法》(济发改电力〔2020〕299 号)
广州	《广州市加快推进数字新基建发展三年行动计划(2020～2022 年)》(穗工信函〔2020〕80 号)
四川	《四川省公(专)用充电基础设施建设运营管理暂行办法》(川发改能源规〔2020〕380 号)
河南	《关于加快电动汽车充电基础设施建设的若干政策措施》(豫政办〔2020〕30 号)

续表

地方	政策
武汉	《武汉市新能源汽车充电基础设施建设运营管理暂行办法(征求意见稿)》
深圳	《关于组织开展深圳市2020年度新能源汽车充电设施建设补贴申报工作的通知》
宁波	《宁波市民用建筑电动汽车充电设施和充电设备技术规定》(甬建发〔2020〕80号)
四川	《四川省加快推进新型基础设施建设行动方案(2020~2022年)》(川办发〔2020〕56号)
广西	《关于印发广西新能源汽车充电基础设施建设及配套运营服务财政补贴办法的通知》(桂财规〔2020〕3号)
海南	《关于规范住宅小区电动汽车充电设施建设管理流程的通知》(琼建房函〔2020〕283号)
西安	《西安市推进新能源汽车充电基础设施建设三年行动方案(2020~2022年)》(市政办发〔2020〕33号)

资料来源：中国电动汽车充电基础设施促进联盟。

国家政策能否贯彻实施关键看地方配套政策的执行力度，充电基础设施作为新兴行业，各级政府应下大力气逐步建立完善的政策体系，细化出台政策实施细则，统一相近区域政策要求标准，保障政策长期、可持续性，配套政策奖补资金，设置独立机构、人员，建立高效协同机制，强化专业管理能力，奖惩并举，保障政策落地有抓手，鼓励创新，做好行业服务工作。

（二）充换电技术

充电基础设施在充电设施布局技术、智能充电技术、充电安全技术、电能互动技术、云平台大数据技术等方面都取得了长足的进步，服务于不同车辆、不同应用场景充电服务功能需求，以实现“人—车—桩—网—运”各环节的友好链接。主要体现在：①柔性充电、有序充电、无线充电、自动充电等新技术开始示范应用；②快换电池模式、大功率快充、无线移动充电等方式可满足更多应用场景需求；③V2G、智能微电网及区域电能协调等能源互动技术发挥电动汽车分布式储能优势，支撑交通能源智慧化应用变革；④大数据、云平台信息技术、人工智能等技术支撑生态型充电服务网络加快形成。

（三）充换电设施行业市场环境

充电基础设施建设“跑马圈地”“烧钱补贴”的时代已经过去，充电

网、能源网、车联网、互联网、交通网等多网融合将是必然的发展趋势，多领域主体参与、合作是实现产业融合、构建健康可持续的产业生态环境的必要条件。换电基础设施建设速度也逐步加快，主要是因为大量新能源车企涌入以及换电车辆在特定场景下的进一步应用。

随着市场需求多样化，我国充电基础设施商业模式逐步演进。一是参与主体多样化。充电基础设施建设运营主体由以运营商为主导逐渐转变为运营商主导、多主体参与、多方合作的产业推进模式。二是市场领域更加细分。由原来笼统的公共和专用领域逐渐细分为以车型结构为服务对象的多领域市场结构，部分区域根据当地政策扶持重点以及车辆运行模式又进一步细分市场结构。三是收入来源多渠道化。由原来单一充电服务费模式逐渐向设备运维服务模式、代运营分成模式、大数据价值挖掘模式、站点增值服务拓展模式等演变。

我国充换电设施行业参与者已由初期独立的充换电设施企业、电网企业，逐步延伸到电力生产企业、传统能源企业、城投城建企业、新能源整车企业、新能源车运营企业、房地产和物业管理企业、出行服务企业、停车场管理企业、电池储能企业、地图导航企业、互联网企业、通信企业、大数据、金融机构等。充电设施产业实现跨领域深度融合，产业生态链不断向上下游延伸。

二 充换电设施行业市场发展状况

“十三五”时期，新能源汽车快速发展，新能源汽车能源补给能力和服务水平持续提升，产业生态体系和配套政策体系逐步完善。

（一）公共充电设施建设情况

根据中国电动汽车充电基础设施促进联盟统计数据，截至2020年底，联盟内成员单位总计上报公共类充电桩保有量798114台，其中：按应用领域划分，包含公用充电桩557328台、专用充电桩240768台；按产品类型划分，包含交流充电桩464695台、直流充电桩332938台、交直流一体充电桩481台（见图1）。

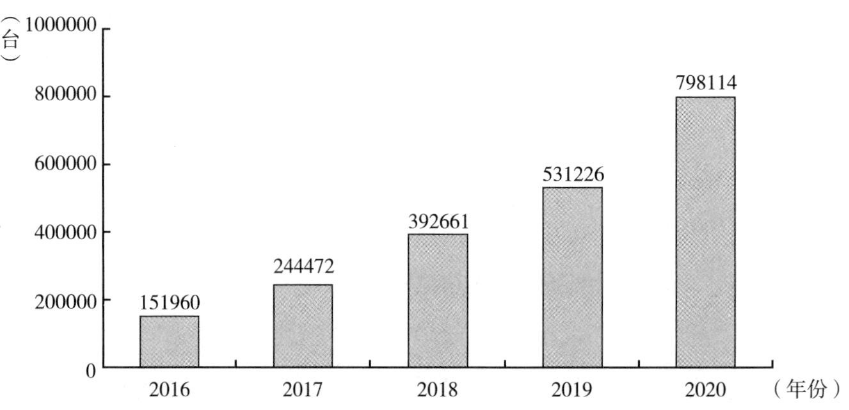

图1　2016～2020年公共充电桩保有量

资料来源：中国电动汽车充电基础设施促进联盟。

省级行政区域内所拥有的公共类充电桩数量前十的分别为：广东110168台、上海81821台、北京78737台、江苏72402台、浙江57800台、山东44917台、安徽38301台、湖北33431台、河北29540台、河南29205台。公共类充电设施的区域分布体现出北上广苏等经济发达地区发展领先、沿海省份充电桩分布整体靠前、除华北外南方好于北方等发展特点，与电动汽车推广应用的区域分布情况相对应（见图2）。

（二）充电设施企业发展情况

我国公共充电设施运营企业呈现头部企业规模大、中小企业数量多的“蝌蚪形”特点。在已统计的近80万台公共类充电桩中，特来电新能源、万帮数字能源、国家电网运营充电桩占比达68.28%，运营超过1万台充电桩的企业仅10家，公共充电基础设施的集中度较高。互联互通平台的代表企业联行科技，其合作运营商数量近300家；主要面向中小充电基础设施运营商的云快充平台，接入超过5万台充电桩，涉及上千家中小运营商（见图3）。

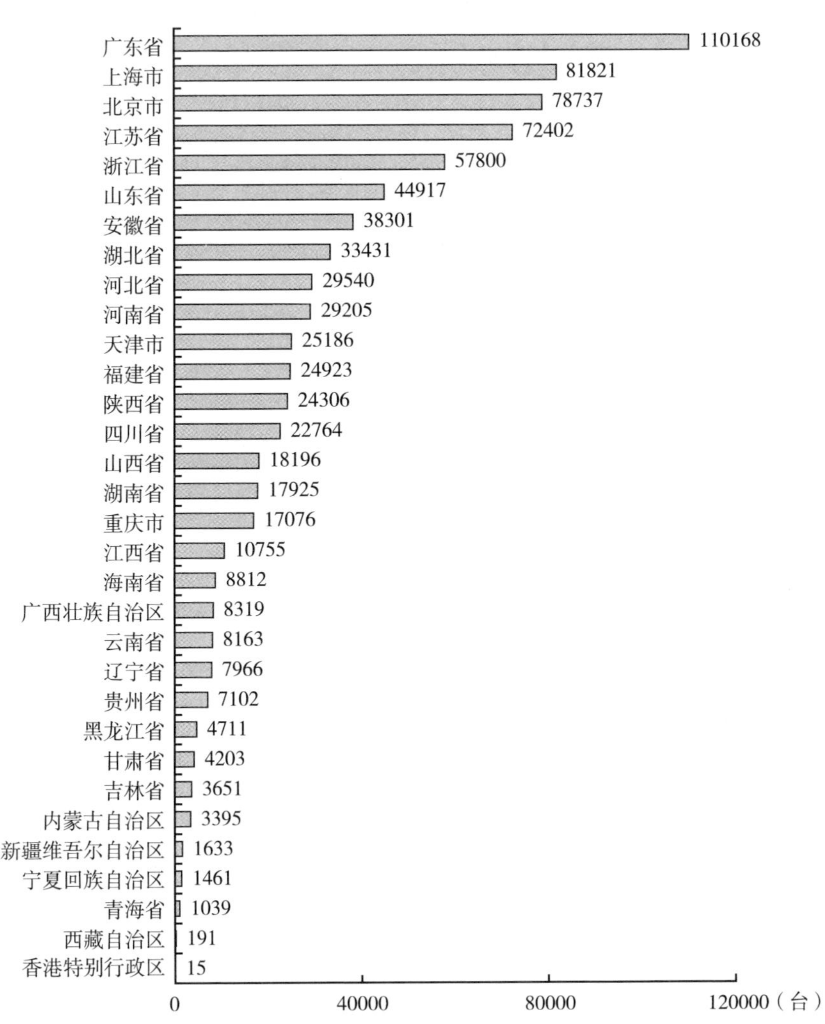

图 2　2020 年主要省份公共充电桩保有量

资料来源：中国电动汽车充电基础设施促进联盟。

结合头部企业和中小企业的发展特点，行业应重点关注和推动解决的问题主要包括：一是头部企业跨区域，更应深度实现互联互通；二是头部企业责任重，“持枪站岗”榜样先行；三是中小企业数量多，应规范监管，提质保安全；四是营造头部企业与中小企业公平的竞争环境；五是充电桩建设应加强规划，避免无序竞争，实现信息对称；六是头部企业与中小企业互为补充，应加强合作，共同构建产业生态。

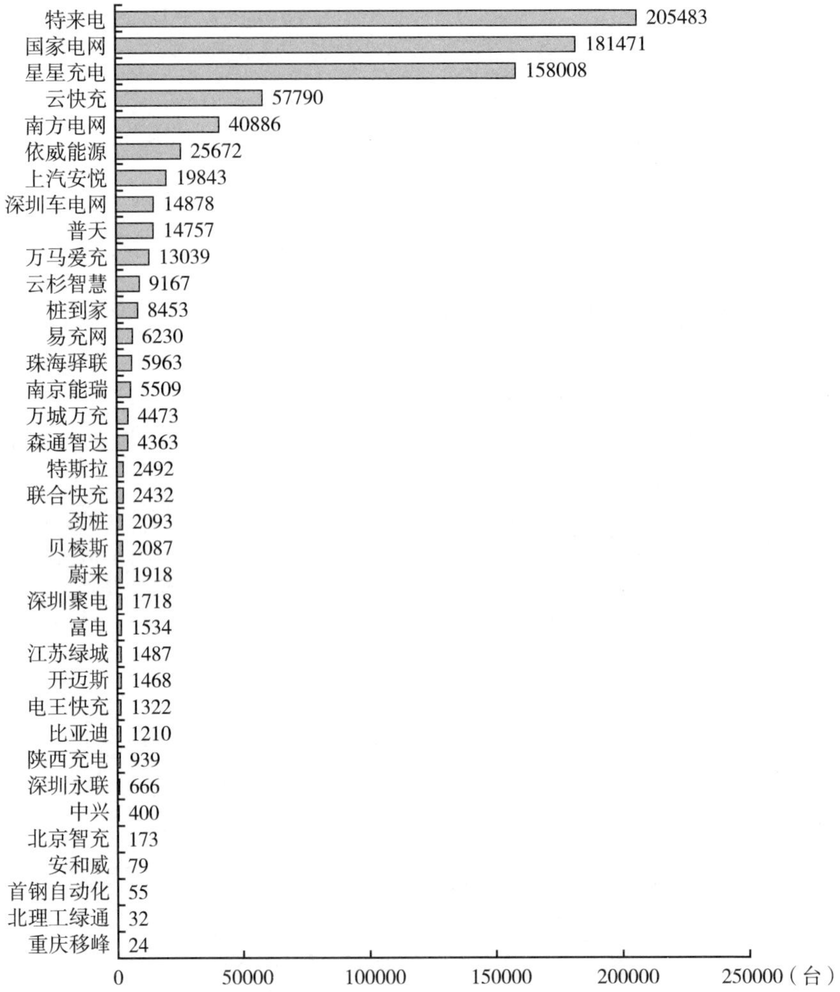

运营商	充电桩总量（台）
特来电	205483
国家电网	181471
星星充电	158008
云快充	57790
南方电网	40886
依威能源	25672
上汽安悦	19843
深圳车电网	14878
普天	14757
万马爱充	13039
云杉智慧	9167
桩到家	8453
易充网	6230
珠海驿联	5963
南京能瑞	5509
万城万充	4473
森通智达	4363
特斯拉	2492
联合快充	2432
劲桩	2093
贝棱斯	2087
蔚来	1918
深圳聚电	1718
富电	1534
江苏绿城	1487
开迈斯	1468
电王快充	1322
比亚迪	1210
陕西充电	939
深圳永联	666
中兴	400
北京智充	173
安和威	79
首钢自动化	55
北理工绿通	32
重庆移峰	24

0　50000　100000　150000　200000　250000（台）

图 3　2020 年各运营商充电桩总量

资料来源：中国电动汽车充电基础设施促进联盟。

（三）公共充电基础设施服务能力

目前，我国公共交流充电桩保有量较大，但平均充电功率较低，其中以

7kW 单相交流充电桩为主，公共三相交流充电桩较少。公共交流充电桩主要面向对充电时间要求不高的充电用户。

直流充电桩功率较高，可以满足快速充电需求。2016～2020 年，我国公共直流桩充电功率逐步提升，2020 年公共直流桩平均功率提高到 131.87kW。目前市场上在运营的公共直流桩充电功率已经能够满足电动汽车的快速充电需求，预期在大功率充电车型大面积推广后公共直流桩的充电功率才会有较大幅度提升（见图 4）。

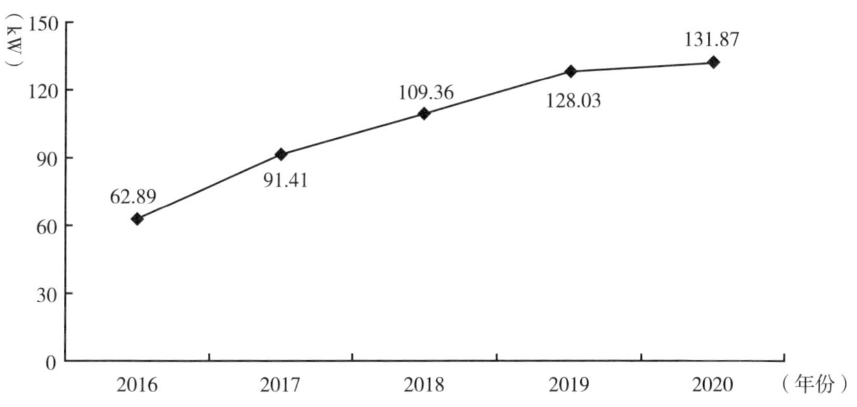

图 4　2016～2020 年新增公共直流桩平均功率

资料来源：中国电动汽车充电基础设施促进联盟。

（四）公共充电设施充电电量

2020 年，全国充电电量主要集中在广东、江苏、四川、北京、河南、陕西、山西、山东、福建、浙江等省份，电量流向以公交车、乘用车为主，环卫物流车、出租车等其他类型车辆占比较小。根据中国电动汽车充电基础设施促进联盟统计，2020 年全年累计充电电量 70.57 亿 kWh，考虑到未纳入统计范围的专用充电领域和中小充电运营商的充电电量，2020 年全国公共充电桩的充电电量有望达到 80 亿～100 亿 kWh。头部企业由于运营充电桩数量多，充电电量大幅领先中小企业（见图 5）。

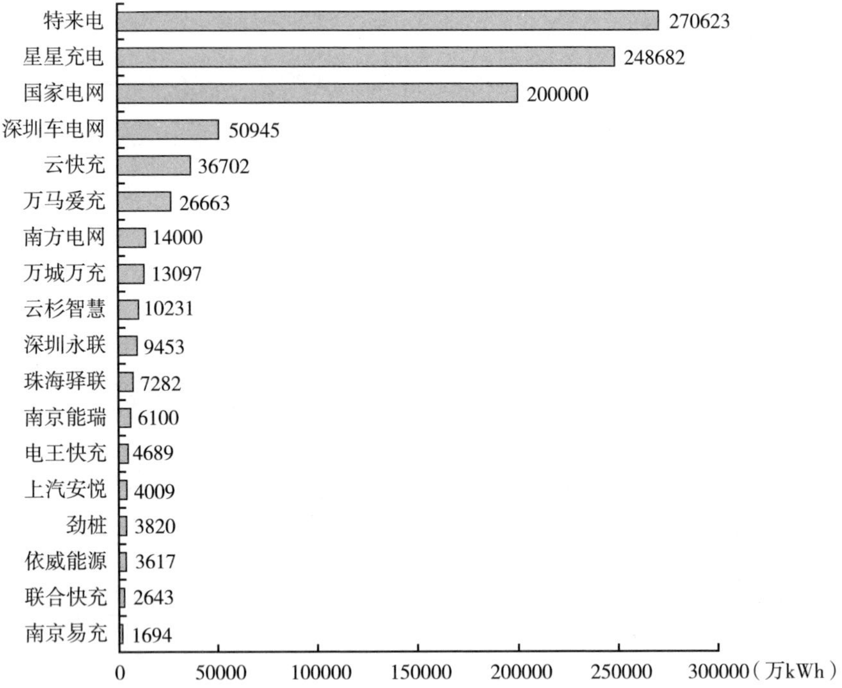

图5　2020年主要充电运营商充电电量统计情况

注：国家电网、南方电网充电电量数据为估算值。
资料来源：中国电动汽车充电基础设施促进联盟。

（五）换电设施建设情况

目前，国内已经形成了“慢充为主、快充为辅、鼓励换电”的战略共识。受经济性、安全性、标准化等因素制约，换电模式主要适用于出租车、物流车、分时租赁等商业领域营运车辆，重卡领域也在进行有益的尝试与探索。

换电模式具有多重优势：车辆端，有助于安全、便捷、高效、快速补能；销售环节，可有效降低一次性车辆购置成本；能源端，“充电 + 储能”等方式有助于电网“削峰填谷”；产业端，电池梯次应用、电池全生命周期与价值管理将助推全新商业模式出现。以北汽、蔚来、广汽、东风、长安、吉利、力帆、浙江时空电动等为代表的车企纷纷进入换电领域：2020 年，北汽与国网电动签署深化战略合作框架协议，在换电领域探索推广换电、充电、储能“三站合一”的能源服务站；汽标委电动车辆分标委 2020 年标准审查会审查通过《电动汽车换电安全要求》推荐性国家标准。国内换电领域的企业、机构正在通过推动电池包平台化、通用化，实现不同车型、不同电池技术路线的兼容，并持续开拓私人消费市场。

根据中国电动汽车充电基础设施促进联盟统计，截至 2020 年底，主要换电服务企业奥动（286 座）、蔚来（175 座）、杭州伯坦（94 座）共建设换电站 555 座，其中北京、广东、浙江等头部省份换电站数量占比较高（见图 6）。

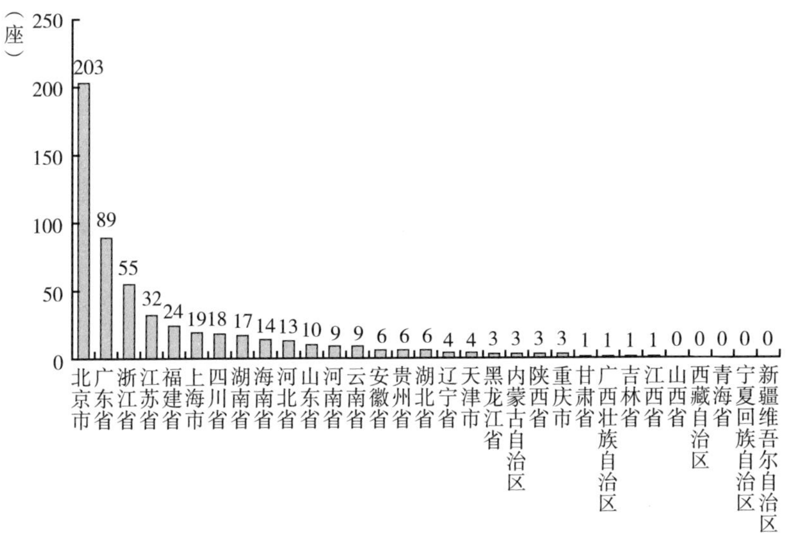

图 6　2020 年各省份换电站统计情况

资料来源：中国电动汽车充电基础设施促进联盟。

（六）随车配建私人充电桩及居住区公共充电桩建设情况

私人充电桩建设难已经成为制约私家车电动化的重要因素。根据中国电动汽车充电基础设施促进联盟统计，截至 2020 年底，联盟内成员整车企业

（比亚迪、北汽、上汽、蔚来、广汽埃安、吉利、江淮、长安、特斯拉、奇瑞、东风日产、东风电动、一汽等）采样1245048辆车的车桩相随信息，共配建私人类充电桩873533台，其中交流充电桩872963台、直流充电桩570台（见图7）。未配建充电桩的占比为29.84%，其中，原因为“集团用户自行建桩”的占比14.86%，原因为“居住地没有固定停车位”的占比3.07%，原因为“居住地物业不配合”的占比3.00%，原因为“通过专用场站充电”的占比1.60%，原因为“居住地报装接电难度大”的占比0.81%，原因为“工作地没有固定停车位”的占比0.80%。

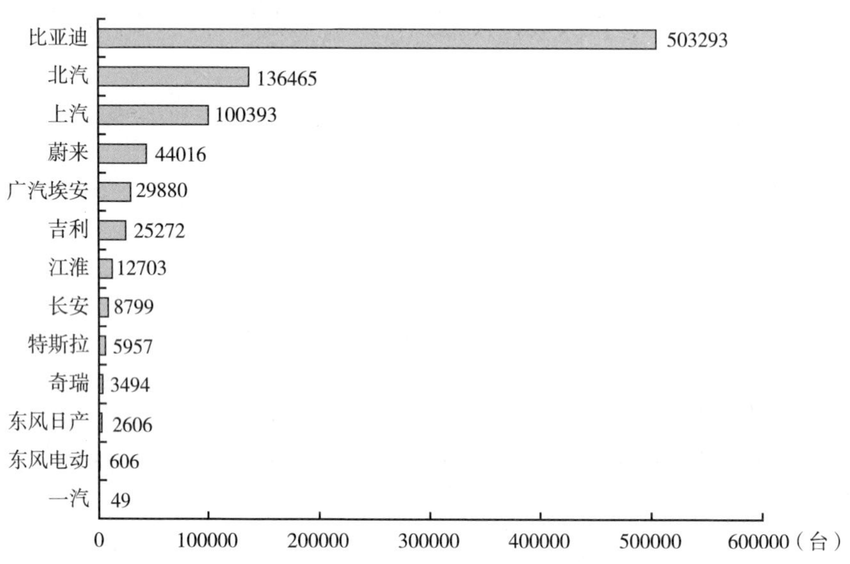

图7　2020年车企上报私人类充电桩数量

资料来源：中国电动汽车充电基础设施促进联盟。

三　产品技术发展状况

（一）充电产品向标准化、定制化方向发展

充电设备是充电基础设施的重要组成部分。充电设施产品向标准化、定

制化方向发展带动技术进步主要体现在三个方面。一是车企加强随车桩标准设计，提升产品安全质量。新能源汽车企业高度重视随车桩安全质量问题，纷纷制定要求较高的企业标准，并加强安全控制，提升用户体验。二是运营商推进充电设备模块标准化，优化运维服务。为解决不同类型充电桩元器件不通用、运维标准不统一的难题，主流运营商牵头制定充电设备模块标准化体系。三是地产、互联网等参与主体开发特殊功能需求的充电设备。房地产商在开发初期为车位配建带有有序功能的充电桩，互联网运营企业开发V2G功能的充电桩。

充电桩产品向标准化、定制化方向发展，对整机产品的耐久性、电力电子元器件的耐久性和稳定性、生产工艺的标准化控制等方面都提出了较高的要求，可以有效降低充电桩产品的运维成本，提升使用安全性，有利于促进充电基础设施行业高品质发展。

（二）支撑车网互动，保障电力能源供给

电动汽车大规模推广、充电设施规模不断扩大，对电力能源的需求量与日俱增，无序充电问题给发电侧、输电侧、配电侧与供电侧带来挑战。有研究显示，当城市新能源汽车保有量增长速度维持现有水平且慢充占比相对较高时，充电量增幅可以被电源侧富余的装机容量消化；但当城市新能源汽车保有量增长加速且快充占比相对较高时，充电量增幅在极端情况下使电源装机容量、输电线路容量出现缺口。短期来看，有序充电是解决充电电力能源供给的有效途径，从长远来看，推动实现需求响应、车网互动才是解决充电电力能源供给、保障能源安全的最终路径。

目前，实现车网互动、需求响应还存在以下困难：①需求响应的补偿资金缺乏可持续机制，多数城市峰谷电价差较窄，套利空间有限；②电力辅助服务市场准入门槛较高，缺乏对分散型用户侧资源的准入政策且补偿额度低；③现货电能市场仍在建设期，电动汽车参与电力现货市场的地位没有得到充分确立；④市场上配备放电功能的新能源汽车和双向充电桩的数量都有限，用户难以参与充放电互动；⑤充放电模式下，用户面临动力电池寿命加

速衰减的成本问题。

作为电动汽车与电网能源交互的中间环节，充电设施产品应具备支撑有序充电、双向充放电的功能，让电动汽车更加友好地接入电网，保障电力能源的高效、安全供给。

（三）面向不同应用场景的产品技术发展

1. 私人充电场景

对于私人充电场景，电动汽车的能源补给来源一般是居住区私人充电桩、居住区公共充电桩、居住区移动充电车、办公地的专用和公共充电桩、社会公共充电桩等。

配建私人充电桩是推动私家车电动化的重要动力，私人充电桩以交流慢充为主、直流快充为辅进行建设，主要有三方面原因。一是基本需求。私家车多以代步为主，满足日常出行需求，交流慢充具有充电方便、费用合理、可优选时段充电、充电时间和充电地点自由可控的特点，基本满足充电需求。二是成本。在满足基本需求的前提下，成本是最为关键的因素，用户对于交流慢充设备的投资远远低于直流快充设备。三是电源容量。现实情况无论是居民小区还是办公场所，电源容量都是有一定限制的，无法提供足够的电源容量建设直流快充桩，可满足建设交流慢充桩的条件。目前，私人充电桩主要有3.5kW、7kW交流充电桩以及少量的10kW、20kW直流快充桩。

随着私家车规模的快速扩大，充电电力能源补给需求量不断增加，特别是私家车充电同时率、并发率提高，家庭智慧充电、小区有序充电等对充电桩产品技术提出了更高的要求。

2. 公共充电场景

对于公共充电场景，为提高充电设施的利用率和实现快速能源补给需求，一般采用直流快充为主、交流慢充为辅的充电方式，公共充电领域直流快充占据主导地位。

公共充电领域充电设施基本以为电动汽车快速补电、节省时间成本、满

足客户出行需要为目的，如大型商场的充电场站、繁华商业街的充电场站、重要交通路线的充电站及高速公路的充电场站等。一般情况公共充电领域的充电站主要服务于部分运营车辆、公务出行或者私人出行需要及时充电的车辆和部分公共交通车辆，公共充电领域停车位有限，车流量大，并且会收取相应的停车费用，使用直流快充充电桩可迅速补电，节省了时间和金钱，避免了车辆的滞留等。目前，公共直流充电桩包括早期建设的20kW、30kW直流充电桩以及近几年快速发展的60kW、90kW、100kW、120kW等直流充电桩，充电桩也从早期的一桩一枪发展为一桩双枪、一桩多枪等多种充电方式。随着电动汽车充电功率需求的不断提升，充电桩充电功率呈现不断提升的趋势。如特斯拉在上海开设的全球最大的V3超级充电站部署了72个充电桩，单桩最大输出功率达到了250kW。

随着充电桩智能化、网联化水平的不断提升，大功率智能充电、智慧路边充电等有望成为主要的公共充电方式。

3. 专用充电场景

对于专用充电场景，一般会根据实际需要进行交流慢充与直流快充的搭配按需配建，多以直流快充为主、交流慢充为辅。

专用领域充电设施为满足某些专有领域的电动汽车充电，会根据实际情况综合考虑充电设施的利用率、时间成本、产生的效益等多方面因素来建设满足其需求的充电设施。专用充电领域主要分为以下几种。①公交充电站。公交车属于公共运营车辆，由于公交车服务的群体和公交车的运行线路运行时间的规律性，正常情况下，每辆车的充电时间都是具有严格规定的，所以为保障车辆正常运行，充电设施会多以快充为主，在一定的时间内可及时补充电量。②出租车、物流车和网约车辆充电站。出租车、物流车和网约车辆属于专有运营或重运营车辆，具有高速运转、时间利用率高和轻投入重回报的特点。在运行过程中都是长时间运行并将收益放在首位，而充电时间的长短对整体收益具有重要影响。所以应以直流快充建设为主，供及时补电，实现利益最大化，交流慢充作为辅助充电设施，利用轮转间歇时间段充电，同时可降低投入成本。

（四）充换电技术发展及应用

1. 大功充电技术

我国以电动汽车实际快速充电需求作为导向，日本方面对充电功率大幅提高可能带来的安全风险更为关注，欧美地区在快速充电领域的发展方向主要是由大型整车制造企业主导，采取跨越式发展，将快速充电功率定义在350kW～400kW。

国内的整车制造企业在乘用车方面，实现快速充电主要有两种技术路线，分别是通过升高电压平台和通过升高充电电流的方式；在商用车方面提高充电速度，主要以提高最大充电电流、保持电压的方式。控制电压平台方面，2020年前乘用车将车辆端电压平台控制在750V以内，预计到2025年车辆端电压平台不会高于800V；而商用车使用的电压平台不高于500V。提升充电电流方面，通过使用提高电压平台技术的乘用车制造企业，到2020年的车辆最大充电电流在200A左右；通过使用提高充电电流技术的乘用车制造企业，到2020年的车辆最大充电电流达到400～500A。目前整车企业还在分阶段推进大功率充电技术的研发和应用。

2. 小功率直流充电技术

电动汽车小功率直流技术是一种新型充电技术，该技术简化了电动汽车充电系统设计，解决了小功率充电通信协议的要求，降低了电动汽车和充电设施整体的成本，为未来的大范围电能双向互动奠定了基础。

3. 充放电双向互动技术

充放电双向互动技术是电动汽车充电基础设施未来的发展方向。充放电双向互动主要面向有序充电、电力需求侧管理、微电网等双向互动技术应用场景，需要整车和电网协同推进，充电桩居于其间在产品功能技术开发方面开展了大量工作，将根据市场需求适时推出相关产品。

4. 无线充电技术

我国充电技术已经基本成熟，传导式交流充电和直流充电已经成为主流，随着车辆性能、自动驾驶车辆的商业化，无线充电技术将得到逐步应用。无线充电技术与传导式充电技术相比具有诸多优点：充电方式易操作、简便、自动完成充电操作、空间利用率高占用空间小、无须人员值守、无须电缆、避免人为破坏等。

无线充电技术一般基于电磁感应、磁场共振、无线电波等原理。但目前还存在投入成本高、能耗较高、转换率低、有电磁辐射、异物影响等问题，应用规模有限。

5. 其他充电技术

充电弓技术主要应用在大巴车领域，充电棒技术主要应用在矿山车辆等工况环境恶劣、人工操作不便的领域，底盘充电技术有望成为自动充电的主要解决方案。以上充电技术根据应用场景不同将为电动汽车提供更多的充电解决方案。

6. 换电技术

目前，国内已经形成了“慢充为主、快充为辅、鼓励换电”的充电共识。换电具有补能阶段安全性提升、急速补能体现便捷性和高效性、“车电分离”降低购车成本、延长电池寿命实现梯次应用、波谷充电储能减轻电网负荷、“反向换电”有效削峰、电池全生命周期与价值管理、推动换电标准化等优点。

但受制于经济性、安全性和标准化等因素影响，目前换电模式主要适用于出租车、物流车、分时租赁车等营运车辆的 B 端领域，并在重卡领域进行有益的尝试与探索。

四　行业存在的问题及建议

（一）存在的主要问题

“十三五”期间，在国务院的总体部署下，在国家发改委、国家能源局等部门的力推下，在全产业的努力下，我国电动汽车充电基础设施产业取得积极进展，具备产品技术创新能力，建立充换电设施服务体系，基本形成完整的产业链，有效支撑了新能源汽车的推广应用，成为全球充电设施保有量第一的国家。但是，在产业发展环境、政策制度体系、供给侧发展质量等方面还有诸多亟待解决的问题。

1. 供给侧问题

（1）行业没有准入门槛，缺乏监管

随着充换电设施行业不断发展，充电设施的产品种类众多，充电设施市场化日益加剧，产品的品质、安全性、一致性、互操作性、兼容性等至关重要。目前，国家和行业标准主要面向技术要求，尚无产品标准和强制性认证要求，大量生产制造企业涌入，产品质量参差不齐。例如，2020 年 11 月在某新能源汽车充电设备展销会上，一台 120kW 的直流充电桩只卖 29800 元，现场签约还可以再下浮，而五六年前，一台 30kW 的充电桩就要卖到 10 万元左右，虽然充电桩制造成本在降低，但硬件成本比较透明，目前行业内直流充电桩的报价一般为 0.4 元/W，120kW 就是 48000 元，实际成本高于 3 万，29800 元的售价基本没有利润，很难保障品质和售后服务。

居民区私人充电桩是未来可以预见的规模最大的充电桩市场，目前以交流慢充桩（7kW）为主。长期以来，大部分车企都提供随车配建私人充电桩服务，车企一般通过招投标方式委托第三方充电桩建设企业采购、建设私人桩。几年前宝马委托建设一台 7kW 交流慢充桩的中标价格为 8000 元左右；现在特斯拉 Model 3 车主也需要花费 8000 元来购买家庭充电服务包，提供充电桩的质保期为 4 年，对安装工程提供 2 年的免费维修服务。但国内部分车企一般选择低价中标，价格在 1000 ~ 2000 元不等，其中包括施工及一台家用充电桩，其产品质量、施工质量以及售后服务令人担忧。

（2）充电桩布局不合理，用户找桩难

目前，各充电设施运营企业均推出并不断完善充电 App，为电动汽车用户提供充电导航服务，并努力朝着互联互通的方向发展，找桩难的问题逐步得以缓解，但充电设施布局不合理、相对集中和区域缺失的情况还大量存在。以北京为例，根据《2019 北京充电设施建设及充电行为浅析报告》，北京市整体的社会公用充电设施建设分布主要集中在五环内，建设占比高达65%，从建设密度的角度进行观测，五环内的建设密度远远高于五环外区域。三环内的社会公用充电设施主要集中在商业区，其中在二环内商业区的建设占比为50%；三环至六环的社会公用充电设施，集中建设在居民区和商业区，其中四环至五环有37%的充电设施建设在居民区；六环外的充电设施主要建设在居民区（25%）、公共停车场（22%）和城市公园绿地（18%）。

（3）充电桩尚未全面实现互联互通

通过标准和政策推动，车、桩硬件互联互通已经实现，但不同运营主体的充电桩之间的信息互联互通、支付互联互通尚未全面实现。长期以来，充电设施运营企业为用户提供刷卡支付、App支付、账号密码支付、微信支付、支付宝支付等多种支付方式选择，在一定程度上解决了用户的支付问题，但多卡、多App的情况依然普遍存在，大部分充电桩还无法实现跨平台启停充电桩、支付结算的功能。以第三方平台联行科技为例，联行科技是由国家电网、南方电网、特来电和星星充电共同创建，旨在推动充电设施互联互通、促进行业融合发展的平台公司，提供B2B数据信息交互服务，目前接入的300余家合作运营商的公共充电桩实现深度互联互通的不足总量的一半。

2. 发展营商环境问题

（1）政策支持力度弱

以鼓励引导政策为主，涉及核心问题和重点领域的政策缺乏强制性；财政奖补资金整体额度较小，地方配套中央奖补资金缺失；顶层政策规划全面，地方政策实施困难执行不到位；政策执行缺乏强有力的抓手，政策联动缺乏配合手段。

根据财政部经建司2020年4月发布的信息，中央财政历年已安排奖励资金45亿元，平均每年不足10亿元。目前全国共有超过23个省份出台充电设施补贴政策，其中北京、上海、广东、江苏、天津、山东、福建、浙江等省份地处东部沿海经济发达区域，财政补贴力度大、电动汽车推广应用良好，充电基础设施建设效果显著；河北、安徽、江西、河南、陕西、四川、重庆等地区地处中部发展区域和西部欠发达区域，补贴力度相对较小，充电设施规模建设与当地电动汽车规模基本匹配，取得了一定的成果。西藏、新疆、内蒙古、黑龙江、宁夏等地区电动汽车规模较小，且当地经济相对欠发达，暂未出台相应的充电基础设施补贴政策，充电基础设施建设效果较差。

目前地方发放的奖补资金基本是根据新能源汽车推广规模数量申报的中央奖励资金，地方很少配套资金，也没有按照既有政策要求将新能源汽车地方奖补资金转移至充电设施运营、新能源汽车使用环节上来。

目前，没有针对充电设施行业的税收优惠政策。

（2）地方政策实施主体不同，缺乏协同机制，多头共管加重企业负担

多头管理，充电设施建设运营涉及多个管理部门，大多数地区充电设施由多部门共同管理。例如涉及居民区、公共停车场等充电设施建设属住建系统管辖，充电设施产品质量属市场监管总局系统管辖，技术标准属国标委管辖，电力能源领域属发改委能源局系统管辖，车桩协同涉及工信系统等。政府各不同管理主体之间尚未建立起协同机制，不同城市的充电设施主管单位也不同，例如北京是城管委，上海是经信委、科委，有些城市是发改委能源局，有些城市是交通委。同时，在同一管辖范围内，各相关管理单位对同一座充电站进行检查，包括质检、消防安全、市容市貌、街道、城管、环境等，且相邻区域的检查要求可能不统一，严重增加了企业负担，此类问题在广州、深圳等地区较为突出。

（3）缺少上位法支撑

电动汽车和充电桩是新生事物，治理燃油车占位的情况目前也缺少法律层面的支撑。虽然早在 2018 年 8 月，北京市交通委员会就发布了《加强停车场内充电设施建设和管理的实施意见》（京管发〔2018〕94 号），该意见明确要求燃油车不得占用电动汽车专用泊位，且指明停车场产权（经营）单位拥有相关的责权；2019 年 7 月，海南省三亚市发改委、市交通运输局、市综合行政执法局三部门也联合发布了《关于加强停车场内充电基础设施

建设和管理的实施意见》，该意见明确，电动汽车专用应急充电车位只允许电动汽车充电使用，燃油车停占的，属于违规行为，在充电基础设施产权（运营）单位劝阻无效的情况下，由各区政府综合行政执法部门责令改正并依法予以处罚。但其实际效果并不是十分理想，亟须在法律法规层面进一步予以规范。在部分地区，燃油车占位情况通过各方共同努力已经缓解，新出现的电动汽车占位的情况却越来越多（充完电不挪车），严重干扰了充电站的正常运行，给企业造成大量损失，目前经济处罚手段和行政处罚手段均无法可依。

（4）用地保障难

目前，充电站建设用地的土地性质尚没有明确界定（不含既有停车场建桩），充电设施建设也未纳入城市整体建设用地规划，充电站建设用地供应严重不足，基本没有针对充电站建设用地的供应。充电设施建设运营企业租用土地建设充电站，租赁期一般在 5 ~ 8 年，合同周期结束后将面临充电用地续约等问题，或充电站在运营期间遇到规划拆迁等不可抗力，由于土地性质的问题而无法依据相关政策享受迁移补偿。

（5）电力接入、增容难，不及时

目前居民区电力增容较难。根据相关政策文件要求，新建居民区要求100% 预留充电设施安装条件，但验收环节未做强制要求。老旧居民区电力增容难是长期存在尚未解决的问题，很多居民区物业管理公司也以此为由不同意建设私人充电桩。对于公共充电站电力接入、增容存在的问题，各地情况也各有不同。

（6）居民区建桩难问题依然突出，参与方权、责、利界定不清晰

目前居民区建桩协调难度较大，一是居民区停车位不足，大量电动汽车为增购车辆，无固定停车位。以北京为例，截至 2019 年初，北京全市城镇地区车位总数是 427 万个，停车位的缺口有 137 万个，且停车位资源空间分布不均衡，造成大量电动汽车无固定车位无法安装私人充电桩。二是居民区电力容量有限。特别是老旧小区，保障日常生活用电已经捉襟见肘，更无法为私人充电桩提供充足的电力供应。三是物业、消防等出于安全考虑不同意

建桩。目前，居民区建设私人充电桩在各参与方的权、责、利方面尚没有明确的界定，特别是停车场物业管理单位无法依法合规收取管理费用，发生充电安全事故却可能承担安全监管责任，也没有强制用户迁移、更换充电桩的权力。

3. 发展中的不平衡问题

（1）新能源汽车总量较少，充电需求密度低，充电设施利用率低

截至 2020 年 12 月，我国新能源汽车保有量超过 500 万辆，其中，纯电动汽车保有量超过 400 万辆，公共充电桩超过 80 万台，车与公桩比约5∶1。现阶段，运营商建桩考虑覆盖半径，但因需求密度低，公共充电设施整体利用率不足 10%，电动汽车规模总量较少，能源供给需求严重不足，充电设施运营企业难以盈利。

（2）企业倒闭或转型，“僵尸桩”占用社会资源的问题亟待处理

由于充电设施利用率低，企业经营困难，大量充电设施运营企业倒闭或转型，遗留大量“僵尸桩”无人管理。同时，充电设施企业的部分利用率极低的充电桩或早期建设的老旧充电桩也缺乏维护，部分充电桩也成为“僵尸桩”。如 2020 年 11 月新华视点报道，安徽省淮南市 20 多座充电站中的 290 多个充电桩，只有 4 个充电站的 30 多个充电桩可以使用，其中国家电网所属充电桩建设时间已近 10 年，已经报废，更没有接入网络平台管理，由于当地新能源汽车很少，充电桩运营亏损，没有更换新桩的规划。经媒体报道后，为避免“僵尸桩”占用社会资源，部分“僵尸桩”已经移除，个别充电桩寻求有意向的单位接管运营。

“僵尸桩”的存在是产业发展过程中的必经阶段，需要尽快解决“僵尸桩”占用社会公共资源的问题。

（二）相关建议

围绕国家新能源汽车新发展阶段的能源补给需求特征，应统筹推动构建充换电设施建设的基础保障能力，推动构建科学布局、安全高效智能、便利快捷的充换电服务网络，推动构建有利于充换电设施产业健康可持续发展的

良好环境，促进产业技术创新、跨界协同、产业链优化，促进提质增效和高质量发展，建设形成世界一流的充换电保障体系，全力支撑我国新能源汽车普及应用。

1. 顶层设计

把充换电设施作为新能源汽车普及应用的基础保障，其建设发展及电力需求应纳入国民经济的整体发展计划，以及各省区市发展规划，充换电设施产业应作为单独序列统筹管理，出台相应的政策法规予以保障。

2. 充换电设施基础保障

（1）电力供应保障

将新能源汽车用电保障纳入国家电力供应保障体系。输配电网络要接入公共充换电站站点，老旧居民区、公共停车场、高速公路、交通枢纽、景区因配建充电设施需要的增容及电缆敷设由电力供应系统保证，且不收取接网费用。设立专项资金，相关建设成本全额纳入输配电有效投资范畴。

支持充电设施运营商在居民区、写字楼、办公楼、公共充换电场站建设光储充一体的电力供应设施，包括光伏设施、储能系统、充换电设备等，促进绿色汽车使用绿色电。

开设充换电设施接入电网的绿色通道，制定统一的快速简易报装流程及报装手续的管理规范。

（2）建设用地保障

公共充换电场站建设用地要纳入城市空间发展规划。各地方政府根据当地新能源汽车市场发展预期，以及充换电需求预测，制定充换电设施中长期发展规划，把充换电设施建设用地纳入城市建设用地规划，作为公共管理与公共服务设施用地（A类）管理，编制控制性详细规划，切实保障充换电设施用地。

纳入城市规划用地的公共充换电场站免费使用土地。

3. 推动充换电设施建设

（1）居民区充电设施建设

新建居民区按100%车位配置充电容量，预敷电缆到车位，新建居民区配建充电设施项目内容纳入建设项目验收必要条件。

有私人专属停车条件、有电容量条件的小区要按比例配建充电桩，物业不得以任何理由阻止建设施工。

私人专属停车位不足、增容困难的老旧居民区，鼓励充电设施运营商与物业合作，在小区内公共停车区建桩，对于没有公共停车条件的小区，当地政府要在小区周边规划建站用地，办理报装接电手续。

（2）停车场配建充电桩

企事业单位、写字楼等办公场所停车位，商铺、医院、机场、高铁站、游乐场等公共停车场，按规定实现充电桩配建率，建设指标完成率纳入当地政府业绩考核。

（3）推动保障类充电设施建设

所有高速公路服务站、景区停车场在2025年之前按比例配建充电桩，建设指标完成率纳入相关管理部门业绩考核。公交车、垃圾车、洒水车等新能源汽车使用单位要按需配建充电设施，配建情况纳入相关管理部门的业绩考核。

4. 完善管理和监督

（1）统筹管理

在国家层面要完善充电设施产业的统筹管理机制，完善相关管理制度和标准规范，在现有法律、法规框架下针对充换电设施制定相关的标准规范，包括用地、用电、消防、建设施工等。

地方政府是充换电设施建设管理的责任主体，要设立充换电设施相关的统一管理部门，提供用地、用电、报建、验收等便捷快速一站式服务。

（2）加强监管

地方政府要加大对违规用电、不规范建设施工等行为的查处力度，加强消防监督检查，督促充电基础设施运营商加强对充电设施及其设置场所消防安全检查及管理。

加强对充换电设施运行情况的管控，发挥电动汽车充电基础设施国家平台的作用，及时发现“僵尸桩”、非正常运行桩等隐患，督促运营商限期整

改，对运营主体缺失的充电桩/站要及时整改、清理。

（3）促进提升充电设施品质及运维保障能力

加强行业自律，完善自我认证体系，设置充电设施准入门槛，强化品质保障能力，未经行业自我认证的产品不得销售和使用。坚持开展运营商安全隐患排查工作，推广充换电运营安全防护技术体系应用，利用大数据 AI 实现充电状态的动态监测，提高充换电安全保障能力。

5. 优化服务平台和营商环境

（1）解决找桩难、支付难问题

促进汽车企业、运营商企业优化充电服务平台，发挥各级充电桩平台的作用，打通车企和运营商的充电服务平台，进行即插即充技术优化及相关标准制定，实现车网协同，免扫码、免刷卡，自动识别、自动启动充电和自动结算，简化充电设施使用操作和支付操作，提升用户体验。

（2）解决油车占位问题

把油车占位纳入公共管理范畴。统一公共充电站、停车场充电车位标识，利用摄像头等监测手段，对占位油车，比照违规停车由相关部门进行处罚，并统一处罚标准。相关部门可以依据处罚条例授权物业或运营商执行处罚。

（3）减轻运营商负担

各地政府不得对在当地建设运营充换电设施的企业设置“要求在当地设立子公司”等门槛，不得因多头管理重复到企业检查、核查。

6. 鼓励技术创新和商业模式创新

（1）鼓励创新

结合汽车智能网联化、能源清洁化和数字化趋势，鼓励安全高效的充换电技术、光储充一体微网技术、有序充电技术、桩联自动驾驶技术的深度开发和推广应用，鼓励能源、设施和运营商融合创新，鼓励油气电氢一体站建设，充分利用现有空间资源。

（2）完善政策

地方政府设立鼓励充换电设施产业创新专项资金，纳入当地财政预算。

鼓励使用绿色（风电、光电等）能源提供充换电服务，给予设施建设资金奖励，完善光储充一体等充换电设施产权管理制度。鼓励运营商承担居民区充电设施建设（包括私人桩）和运营，并对可实现有序充电、削峰填谷的运营商给予建设资金奖励。鼓励高效自动换电模式，并对可实现共享换电平台的换电设施建设给予建设资金奖励。鼓励在加油站建设充换电设施，给予建设资金奖励。

2025 年末之前，持续给予充换电运营商运营补贴，设置桩/站平均充换电电量补贴的最低门槛。给予充换电设施运营商所得税减半的政策。

参考文献

国务院办公厅：《国务院办公厅关于印发新能源汽车产业发展规划（2021 ~ 2035 年）的通知》，《中华人民共和国国务院公报》2020 年第 31 期。

B.7
车载核心芯片行业发展报告

摘　要：芯片短缺已经成为威胁全球汽车业乃至经济复苏的一大风险，迅速刺激起了产业界的敏感神经。本文综述了车载核心芯片行业的发展状况，车载核心芯片的分类及国内外政策、市场环境、技术环境等,从多个维度展示了车载核心芯片的市场规模、应用领域、竞争格局。分析了国内外车规级芯片技术差距和存在的问题，并给出了如何补齐短板的建议和意见。

关键词：汽车电子　车规级芯片　电子控制单元　自动驾驶　MCU

一　车载核心芯片行业发展综述

汽车制造业是国家的支柱型产业，近年来，我国正处于汽车消费级推广的关键时期，汽车制造业对国内工业具有极其重要的意义。2020 年初，突如其来的新冠肺炎疫情席卷全球，各行各业均受到了疫情波及，其中芯片更是众多行业领域的重灾区，进入 2021 年，半导体行业已经开始了新的一波涨价潮。而作为半导体行业芯片需求的“新生力量”，汽车产业的半导体缺货情况也越发严重，需要使用到大量芯片的汽车领域将面临减产甚至停产的风险。全球范围内的芯片短缺问题越演越烈，对于中国汽车产业而言，更大的风险在于中国本土缺乏高阶车载核心芯片自研能力，一旦外资企业对中国本土汽车实施技术封锁，中国汽车将只能聚焦于低端领域。根据 IHS 预测，全球由于汽车芯片短缺，仅 2021 年第一季度，汽车产量相较预期约减少

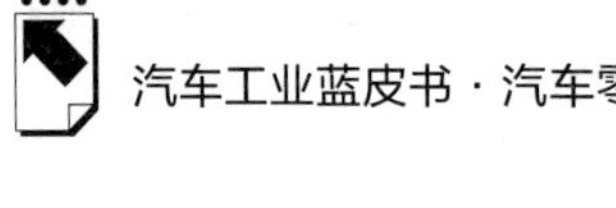

67.2 万辆，全年汽车总产量预计将减少 450 万辆，相当于全球汽车产量的近 5%。日本福岛地震直接造成了汽车芯片主要供应商瑞萨停产。各大汽车巨头也都受到芯片短缺的波及，被迫面临停产。

半导体器件组成汽车电子，从而感知、计算、执行汽车各状态及功能。伴随着汽车的电动化、智能化、网联化、共享化快速发展，汽车电子已成为未来发展主攻方向，下一代汽车系统将应用于混合动力汽车、电动车等新车型，因此需要汽车系统中的各控制单元具备更高效能、更高功能的整合度，以便能够对周边通信设备进行及时响应，同时运用丰富的图形化接口展示人机交互界面，提升使用体验。

车规级芯片需符合各国关于汽车的标准和法规，各国的标准有所不同，车规级芯片和工业级、消费级电子领域所使用的芯片是不同的，车规级芯片在各种恶劣环境下都要保证至少 15 年的品质，来应对不同的温度、湿度、抗震、抗静电等，与工业级芯片相比，车规级芯片具有极高的可靠性和特殊性，品质要求做到 100% 的良品率。而出货的价格不能太高，因为随着国家新能源汽车的普及，车规级芯片在单车的上车数量骤然猛增。一辆新能源智能汽车，其所使用的车规级芯片数量是一辆汽油车的两倍，车规级芯片使用数量、种类逐年在增加，庞大的需求量导致传统车企的车用半导体芯片供给不足。

中国汽车工业协会表示，2021 年我国汽车市场有望结束负增长，汽车销量或将超过 2600 万辆，同比增速预计可达 4%。电动化、智能化、网联化、共享化加速推进汽车产业转型升级，新能源汽车市场也将从政策驱动向市场驱动转变。智能网联汽车芯片、操作系统、算法、数据四大核心技术共同组成产业链生态闭环，其中芯片是生态可持续发展的重要基础。

（一）车载芯片行业概念

汽车电子的快速发展带动了功率器件、控制器、传感器及存储器等各类半导体芯片的需求大幅攀升。其中车载控制器多核 MCU 芯片，主要用于汽车整车控制领域，具有提高车辆的动力性、安全性和经济性等作用，为汽车控制器中核心部件之一，具备数据交换、安全管理、驾驶员意图解释及能量流管理等功能。同时车载控制器多核 MCU 芯片通过多核处理集成架构设计与优化技术，抗温度、湿度、噪声干扰技术以及 ESD 全芯片保护电路设计等关键技术，攻克车规级整车微控制器芯片部分失效的难题，提高了车载控制器芯片的可靠性、高性能、安全性和保障性。

（二）车载芯片的分类

1. MCU 芯片

MCU（Microcontroller Unit）即微控制器，也被称为单片机，是将计算机所包含的运算器、计时器、输入输出、接口和内存等集成在一颗芯片上，将其应用在不同产品里，从而实现对产品的运算和控制。根据 MCU 用途等级，通常可以分为商业级、工业级、汽车级和军工级四个等级。MCU 在车载芯片领域应用较广泛，如存在于动力总成、车身控制、辅助驾驶、信息娱乐等系统中，从发动机车窗、雨刷、座椅到空调等控制单元，各个功能均需要复杂的芯片组支撑，其中 MCU 在汽车装备的半导体器件中占比达 30%，平均每辆车需配备 70 颗以上的 MCU 芯片，需要实现车内各类应用场景，同时对安全要有足够保证。

（1）MCU 是汽车执行 ECU 的运算大脑

汽车发展早期需控制的功能较少，随着功能的增加即新增 ECU（Electronic Control Unit，电子控制单元），形成了典型的分布式电子/电气架构。由此汽车中需包含多个 ECU，分别管理相对应的功能，其中 MCU 芯片嵌入 ECU 中，是 ECU 的运算大脑。MCU 的工作过程为：由传感器输入信号，经过输入处理器对信号进行模数转换、放大等处理后，由 MCU 执行运算处理，最终输出处理器进行功率放大、模数转换等，达到驱动工作，如开关被控元件、电池阀、电动机等。MCU 主要可分为 8 位、16 位及 32 位，位数越多对应结构越复杂，处理能力越强，可实现的功能越多（见图 1）。

（2）MCU 是单车价值量提升的关键路径

整车芯片用量不断提升，芯片应用系统逐步由传统底盘、动力总成领域

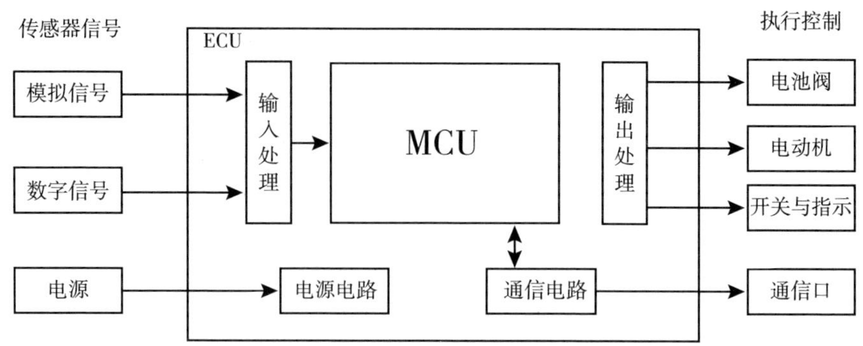

图1　ECU 的工作过程

延伸至整车。在汽车电子化发展趋势下，ECU 将逐步覆盖整个汽车，从传统四轮驱动系统、防抱死制动系统、主动悬架系统、电动自动变速器，逐渐延伸至车身各类安全、娱乐控制系统等。

芯片集成复杂化、单车价值量提升。如发动机管理系统 ECU（MCU 为其核心芯片），在汽车电子发展初期，ECU 仅应用于对发动机的控制。随着国三至国五排放标准的不断提升，ECU 在油耗控制、信号输出控制等方面需要芯片处理的能力逐渐增强，推动 MCU 芯片不断升级，集成度、价值不断提升。

MCU 项目符合一个公司长期战略发展和产品布局需求，其聚焦数字安全、智能计算、高可靠性、高端芯片组件、功率与电源管理等五大核心芯片领域，针对各行各业智慧需求，创新提供更集成、更高效、更便捷、更安全的智慧芯片。属于芯片公司智能计算核心业务领域，该项目的实施，将打造国内领先的 MCU 高端控制器芯片产品。聚焦主营业务，将进一步提升公司的市场竞争力，提高公司盈利能力。

2. 功率半导体

功率半导体是电子装置电能转换与电路控制的核心，利用半导体的单向导电性实现电源开关和电力转换。具体用于变频、变相、变压、逆变、整流、增幅、开关等，下游扩展应用于汽车、通信、消费电子和工业领域。功率半导体可以分为电源管理 IC、功率模组和功率器件三大类。其中，模组是将多个分立功率器件进行模块化封装；功率 IC 是将分立功率器件与驱动、控制、保护、接口、检测等外围电路集成；功率器件是功率模块与功率 IC 的关键。功率器件是功率半导体的一个重要分支，市场空间稳健增长。根据智研咨询的数据，2019 年汽车领域占全球功率半导体市场的 35.4%。细分领域中，MOSFET、IGBT、功率二极管是功率器件最为重要的三个细分产品。MOSFET 全称金属氧化物半导体场效应管，是一种可以广泛使用在模拟与数字电路中的场效应晶体管。MOSFET 具有高频、驱动简单、抗击穿性好的特征，广泛应用于汽车电子等领域。IGBT 全称绝缘栅双极晶体管，是由双极型三极管 BJT 和 MOSFET 组成的复合全控型电压驱动式功率器件。IGBT 是新能源汽车电控系统的核心器件，也是直流充电桩的重要部件，成本方面，IGBT 占新能源汽车整车成本 10% 左右，约占充电桩总成本 20%（见图 2）。

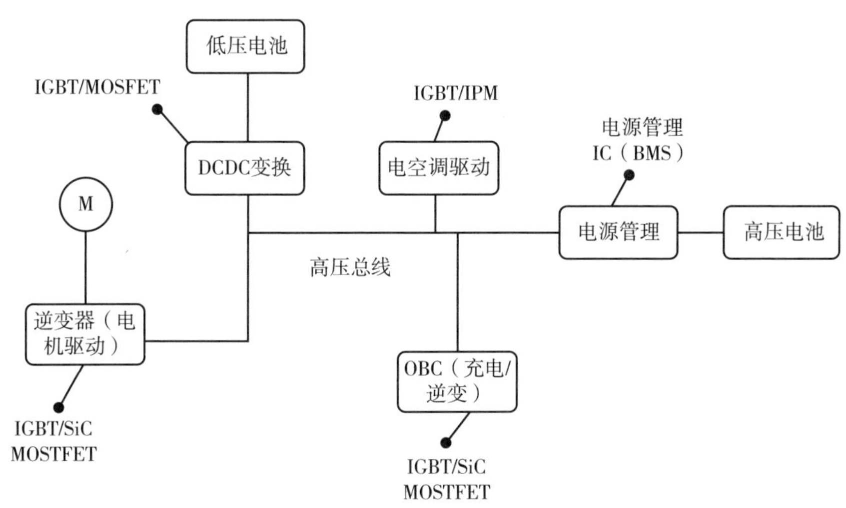

图 2　电动汽车主要功率模块

3. AI 芯片

AI 芯片是智能网联汽车实现域控制的核心器件。芯片需处理多种传感器输入的大量汽车内外部环境信息、图片、视频等非结构化数据，传统面向控制器运算的 MCU 无法满足需求，AI 处理器作为智能网联趋势下的协处理器，现已成为智能网联汽车的核心器件之一。

AI 芯片主要分为 GPU、FPGA、ASIC，当前主流的 AI 芯片是 GPU，未来可能被 ASIC 代替。三类 AI 芯片之间的区别在于适用范围不同。GPU 属于通用型芯片，ASIC 则属于专用型芯片，而 FPGA 则是介于两者之间的半定制化芯片（见表 1）。三种 AI 芯片各有优劣，但是由于当前用量有限，ASIC 难以形成规模，而 FPGA 的量产成本高，相对于 GPU 而言研发门槛又高，因此，目前二者在 AI 芯片市场的占比均不高。GPU 由于运算速率快，且通用性强，开发难度又相对较低，在目前及未来一段时间都将占据主流地位。但是随着 AI 芯片市场规模的扩大，预计在未来某个时间点，高性能、低功耗，量产成本又低的 ASIC 将对功耗高、成本高的 GPU 形成替代，成为主流的 AI 芯片。而 FPGA 由于功能可修改这一优势，在算法不断更新、迭代的环境下将有很强的竞争优势，在需求量较小的专用领域保持住一定的市场份额。

表 1　三种 AI 芯片的对比

指标	GPU	FPGA	ASIC
特点	通用型	半定制化	专用型
芯片架构	叠加大量计算单元和高速内存，逻辑控制单元简单	具备可重构数字门电路和存储器，根据应用制定	电路结构可根据特点领域应用和特定算法定制
擅长领域	3D 图像处理，密集型并行运算	算法更新频繁或者市场规模较小的专用领域	市场需求量大的专用领域
优点	计算能力强，通用性强，开发周期短、难度小、风险低	功能可修改、高性能、功耗远低于 GPU、一次性成本低	专用性强，性能高于 FPGA、功耗低、量产成本低
缺点	价格贵、功耗高	编程门槛高、量产成本高	开发周期长、难度大、风险高、一次性成本高

数据显示，2019 年我国汽车 AI 芯片市场规模约为 9 亿美元。随着各级别自动驾驶技术的不断演进、应用，汽车 AI 芯片市场规模也将不断扩大，预计 2021 年将超过 20 亿美元，到 2025 年超过 90 亿美元。

4. 车规级存储芯片

车规级存储芯片是汽车电子市场增长的主要驱动力之一，包括汽车电子控制装置和车载电子装置两类产品，其作用是提高汽车的安全性、舒适性和娱乐性。汽车电子产品安全性至上且应用环境较为恶劣，车规级存储芯片凭借其耐久性高、可靠性高、温度适应能力强等特性，在发动机控制单元、车身控制模块、调光尾灯（RDL）、防抱死制动系统（ABS）、电动助力转向（PAS）、先进驾驶辅助系统、蓝牙天线、汽车空调、信息娱乐/导航、后视镜倒车显示、后视/侧视摄像机等汽车电子产品中得到了广泛的应用。车规级存储芯片用以存储配置和校对数据，以满足车载应用对参数存储的各种需求及更广泛的驾驶功能。

5. 车规级芯片标准要求高

相较于消费级芯片，车规级芯片标准更高，认证流程也更长，主要表现在：①工作环境更恶劣：不同于消费芯片及工业芯片，汽车芯片的工作环境更复杂，有高振动、多粉尘、多电磁干扰、温度范围宽（-40~155℃）等特点。②安全性可靠性要求高：汽车设计寿命一般在15年或20万公里，远高于消费电子产品寿命要求。③车规级芯片认证流程更长：车规级芯片认证周期一般为2年左右，供货周期一般为5~10年。具体如表2、表3所示。

表2　车规级芯片与其他芯片区别

参数要求	工业级	消费级	汽车级
温度	-10~70℃	0~40℃	-40~155℃
湿度	根据使用环境而定	低	0~100%
验证	JESD47(Chips)	JESD47(Chips)	AEC-Q100(Chips)
出错率	ISO16750(Modules)	ISO16750(Modules)	ISO16750(Modules)
使用时间	<1%	<3%	0

表3　车规级芯片故障等级要求

类别	单点故障等级	潜在故障等级
ASIL A	NA	NA
ASIL B	>90%	>60%
ASIL C	>97%	>80%
ASIL D	>99%	>90%

（三）行业环境现状

1. 政策环境

当前集成电路产业受到各国政府的大力支持，是国民经济支柱行业之一，其发展程度是衡量一个国家科技发展水平的核心指标之一。随着汽车科技变革的蓬勃兴起，智能汽车已成为中国汽车产业发展的战略方向，近年来，国务院、工信部、国家发改委等多部门先后出台多项政策，加快构建我国完善的智能汽车法律法规体系，推动关键技术和产业落地进程，加强重点领域布局。

2016 年以来，我国颁布了多项支持集成电路产业发展的政策法规，营造了良好的发展环境。相关政策如表 4 所示。

表 4　集成电路产业的国家政策

序号	政策法规名称	发布时间	发布单位	政策法规内容
1	《关于软件和集成电路产业企业所得税优惠政策有关问题的通知》（财税〔2016〕49 号）	2016 年	财政部、国家税务总局、国家发改委、工业和信息化部	明确了在集成电路企业的税收优惠资格认定等非行政许可审批取消后，规定集成电路设计企业可享受《关于进一步鼓励软件产业和集成电路产业发展企业所得税政策的通知》（财税〔2012〕27 号）有关企业所得税减免政策需要的条件，从税收政策上支持集成电路设计产业的发展
2	《关于印发"十三五"国家科技创新规划的通知》（国发〔2016〕43 号）	2016 年	国务院	将集成电路装备等列为国家科技重大专项，并大力发展其关键核心技术，建成一批引领性强的创新平台和具有国际影响力的产业化基地，造就一批具有较强国际竞争力的创新型领军企业
3	《战略性新兴产业重点产品和服务指导目录（2016 版）》	2017 年	国家发改委	明确集成电路等电子核心产业地位，并将集成电路芯片设计及服务列为战略性新兴产业重点产品和服务
4	《新一代人工智能发展规划》	2017 年	国务院	抢抓人工智能发展的重大战略机遇，构筑我国人工智能发展的先发优势，加快建设创新型国家和世界科技强国

续表

序号	政策法规名称	发布时间	发布单位	政策法规内容
5	《促进新一代人工智能产业发展三年行动计划(2018～2020年)》	2017年	工业和信息化部办公厅	将推动战略性新兴产业总体突破
6	《关于集成电路生产企业有关企业所得税政策问题的通知》(财税〔2018〕27号)	2018年	财政部、国家税务总局、国家发改委、工业和信息化部	对满足要求的集成电路生产企业实行税收优惠减免政策,符合条件的集成电路生产企业可享受前五年免征企业所得税,第六年至第十年按照25%的法定税率减半征收企业所得税,并享受至期满为止的优惠政策
7	《关于集成电路设计和软件产业企业所得税政策的公告》	2019年	财政部和国家税务总局	对依法成立且符合条件的集成电路设计企业和软件企业,在2018年12月31日前自获利年度起计算企业所得税优惠期,第一年至第二年免征企业所得税,第三年至第五年按照25%的法定税率减半征收企业所得税,并享受至期满为止
8	《新时期促进集成电路产业和软件产业高质量发展的若干政策》	2020年	国务院	从财税、投融资、研究开发等方面,人才、知识产权、市场应用等共八个方面,为进一步优化我国集成电路产业和软件产业发展环境提出了明确的指导意见。提出聚焦高端芯片、集成电路装备和工艺技术、集成电路关键材料、集成电路设计工具、基础软件、工业软件、应用软件的关键核心技术研发,探索关键核心技术攻关新型举国体制

2020年9月19日，中国汽车芯片创新联盟在北京成立，由国家新能源汽车技术创新中心作为国家共性创新平台牵头发起，并获科技部、工信部共同支持。联盟融合汽车产业和芯片产业，联合产业链上下游，包括整车企业、汽车软件供应商、汽车电子供应商、汽车芯片企业、行业组织、高校院所等共70余家企事业单位。

2021年2月26日，汽车半导体供需对接专题研讨会正式举办，并发布

《汽车半导体供需对接手册》，会议中工信部提出将支持企业持续提升集成电路的供给能力，加强供应链建设，加大产能力度，此次会议是国家应对车规级芯片短缺局面的举措。此外，多名车企人大代表在“两会”议案中呼吁提升芯片国产化率，稳定芯片供应链，从而增强国内汽车供应链自主可控能力。

2. 市场环境

在汽车芯片领域，国外企业领先于中国企业，2019 年恩智浦、英飞凌、瑞萨、德州仪器和意法半导体保持汽车半导体厂商的前 5 名，这五家企业的市场份额占比合计达到 50%。同时，在新能源汽车领域，作为新能源汽车关键技术之一的 IGBT 等功率半导体市场也主要由外企占领，虽然国内比亚迪、中车、华为等已经或正在布局 IGBT，然而国内企业与国外企业的差距仍然较大，2019 年在中国 IGBT 市场中，英飞凌占据了 58.2% 的市场份额，比亚迪占比 18%，斯达半导体占比 1.6%。

日本近期发生的地震也波及了汽车行业。地震引起的断电、设备管线内的化学药剂发生渗漏、机台移位等不可抗事故的发生，均会导致汽车芯片以及其他器件短时间内无法继续生产，进而加剧全球汽车芯片的短缺潮。

根据 IHS 的调研，短缺的部件后续和 MCU 有很大的关系，MCU 适用于所有的领域，由于 IC 小型化和高频的需求，MCU 需要 40nm 以下的制程，大部分 IDM 都把芯片生产外包给台积电（TSMC）等代工厂，目前 TSMC 生产出货的所有汽车 MCU 约占市场份额 70%。目前从全球来看，汽车 MCU 芯片的市场也是高度集中化的，排名前 7 位的 MCU 供应商约占需求的 98%，只有极少数供应商在意法半导体方面保持了较高的垂直整合水平。

车规级芯片市场是近年来发展最快的 IC 芯片应用市场之一，受益于汽车智能化、数字化等因素的影响，车规级芯片增速显著。从供给端来看，国内在汽车芯片方面处于弱势地位，对外依赖度非常高，国内芯片产品主要依赖进口。主要原因为汽车芯片拥有极高的技术壁垒和行业壁垒，产品开发周期比较长以及产品的定制化需求等，此外汽车芯片环境要求高，对安全事故零容忍，对产品抗干扰能力、可靠性及稳定性要求极高，新进企业很难进入芯片行业的产业链中。受国际贸易的影响，国内厂商需持续加强技术研发投入，突破制造工艺瓶颈，逐步提升国产化程度。国内厂商瞄准车载芯片市场，通过布局车载控制器芯片，有助于打破国外厂商在该领域的垄断，抢占车载芯片国产化发展先机，国产化替代势在必行。

3. 技术环境

（1）车规级芯片是智能网联汽车发展的基础

智能网联汽车产业正在经历大变革，如何定义汽车理念已经成为共识，因计算能力欠缺、通信带宽限制、软件升级不变等约束，传统汽车使用的分布式 E/E 架构已经不能满足当前汽车高速发展的需求，所以只有解决 E/E 架构的升级问题，才能发展智能网联汽车。汽车 E/E 架构升级主要包含：①硬件架构。分布式 ECU 向域控制器/中央集中架构发展。优势为可提升算力利用率，减少算力设计总需求；数据统一交互，实现整车功能协同；缩短线束、降低故障率、减轻质量等。②软件架构。向 AutoSAR 混合架构发展。优势为可实现软件和固件 OTA 升级、软件架构的软实时、操作系统可移植；采集数据信息多功能应用，有效减少硬件需求量。③通信架构。车载网络骨干由 LIN、CAN 总线向以太网发展。优势为满足高速传输、高通量、低延迟等性能需求，同时也可减少安装、测试成本。

当前由于硬件架构升级，芯片算力需求呈指数级增长趋势。传统汽车功能相对简单，与外界交互较少，常采用分布式 ECU，特点为控制指令运算（约为百万条指令每秒）、无 AI 运算能力、存储较小等；智能网联汽车需要与人、外界环境甚至云数据中心交互，未来将面临海量的非结构化数据处理需求，车端中央计算平台需要 500 + 百万条指令/秒的控制指令运算能力、300 + Tops（即 300×10^{12} 次每秒）的 AI 算力。

（2）车规级芯片的数据处理能力由控制集中式向运算高效式方向发展

汽车芯片将由以控制指令运算为主的 MCU，向以智能运算为主的 AI 芯片方向发展。①控制指令运算，可执行如等待、停机、空操作、终端等指令，运算单位是 DMIPS，即在 Dhrystone MIPS 测试下，计算速度达百万条指令/秒，汽车电子的 MCU 等一般通用芯片常用其表示，代表厂商主要有英飞凌、瑞萨、恩智浦等。②AI 矩阵运算，常指对矩阵运算做加速的能力，在运算处理图像、视频等非结构化数据的情况下，单位消耗将更低、计算速度更快，运算单位为 TOPS 或 Tflops。TOPS 指整数型数据类型，常用于自动驾驶等领域，代表产品主要有华为昇腾系列芯片、地平线征程系列芯片、寒武纪 MLU 系列芯片等。Tflops 指单精度浮点数据类型，相比整数型数据精度更高，通用 AI 芯片用它表示，常用于核实验室运算、分子动力学运算等，代表产品主要有英伟达的 GPU 芯片等。

（3）车规级芯片的结构形式由 MCU 向 SOC 异构芯片方向发展

汽车数据处理芯片按应用类别可分为 MCU（微控制器）和 SoC（System on Chip 系统级芯片）两类。其中 MCU 结构简单，通过适当缩减 CPU 的频率和规格，并将内存、计数器、IO 接口、I/D 转换等结构整合到单一芯片，形成芯片级的计算机，可用于汽车执行端 ECU 中，进行相应控制指令运算。SoC 是系统级芯片，通常由 CPU、GPU、DSP、NPU、各种外设接口及存储类型等电子元件组成，当前阶段主要在座舱 IVI、域控制器等较为复杂的领域中应用（见表 5）。

表 5　MCU 与 SOC 芯片的差异分析

项目	MCU	SOC
定义	芯片级芯片，常用于执行端 ECU	系统级芯片，常用于座舱 IVI、域控制器、ADAS 等
系统组成	CPU + 存储（RAM + ROM）+ 接口	CPU + 存储（RAM + ROM）+ 较复杂的外设 + 音频处理 DSP/图像处理 GPU/神经网络处理器 NPU 等
带宽	8bit/16bit/32bit	32bit/64bit
主频	MHz 级	MHz-GHz 级
RAM（主存）	MB 级	MB-GB 级
额外存储	KB – MB（Flash，EEPROM）	MB-TB（SSD，Flash，HDD）
单片成本价格	低（0.1 ~ 15 美元/个）	较高（座舱 IVI：10 美元左右，ADAS 域芯片：100 美元以上）
常见厂商	NXP、英飞凌、意法半导体、瑞萨	英飞凌、英伟达、特斯拉（FSD）、华为、地平线、寒武纪等
复杂度	较低	较高
运行系统	相对简单，一般不支持运行多任务的复杂系统	相对复杂，支持较多任务的负载系统（如 Android、Linux、黑莓等）

（4）车规级存储类芯片的演进

在关于整车行驶安全性的部分，存储器在响应速度、抗震动、可靠性、纠错机制、Debug 机制、可回溯以及数据存储的高度稳定性等方面的要求随自动驾驶的等级增长，呈现指数级爆发。鉴于车用内存芯片采用焊接而非插槽接口，召回和维修需要更换整个主板，对车商开销庞大。汽车内存必须至少遵循以下三项标准：ISO26262、AEC－Q100、IATF16949。Counterpoint Research 预计，3～5 级无人驾驶汽车的车载存储系统将从 SLC/MLC NAND 转向 UFS/SSD，以实现数据管理所需的速度和性能。

二　车规级芯片市场发展情况

（一）市场规模

从全球范围来看，2017 年汽车芯片市场规模大约 374.7 亿美元，预计 2022 年汽车市场规模将达 656.6 亿美元，增长 75.2%。从中国市场来看，目前汽车芯片市场规模为 450 亿元，预计 2025 年中国汽车芯片市场规模将会超过 1200 亿元。目前，我国汽车芯片的进口率达到 95%，可见国内汽车芯片有非常大的市场机会。近年来，国家加大了汽车芯片的政策支持，资本也在加大对该领域企业的投资，各大厂商也在不断投资研发、加强合作，陆续向市场推出新产品。汽车芯片的市场非常大，行业成长快、壁垒高、难进难出。目前，汽车 SoC 处理芯片基本上被国外汽车半导体垄断，而国内公司在汽车半导体产业的布局才刚刚起步，市场前景广阔。

同时资本也在加大汽车芯片领域的投资。例如，2020 年 9 月 28 日，芯驰科技宣布完成 5 亿元的 A 轮融资，并表示该笔资金将用于加速车规处理器芯片的量产落地，围绕 X9、G9、V9 三个系列在软件、应用和生态上增加投入，帮助客户量产落地。同时，加快新产品研发，在新能源汽车、自动驾驶、C－V2X 等领域扩大布局。

万安科技与万安投资共同设立基金，用于投资车规级芯片等领域。该基

金主要投资新能源、车规级芯片等领域，有利于推动公司在汽车电子领域的战略投资，带动公司新技术产业的发展。

紫光国微也拟募资投资汽车芯片项目，2020 年 10 月 8 日，紫光国微发布公告称，公司拟公开发行可转公司债券募集资金，总额达 15 亿元，其中 4.5 亿元将用于用户车载控制器芯片研发及产业化项目。车载控制器项目针对国内车载控制器芯片日益旺盛的市场需求设计研发，从而形成工艺技术能力和量产能力。车规级控制器的研发，一定程度上提升了国内车载芯片数字化、智能化、网联化水平，进而推动车载芯片关键技术和产业落地进程。

1. MCU 市场规模

根据 IC Insights 和 IHS market 数据，2020 年车用控制器的销售额预计为 60 亿美元，占到 MCU 整体市场的 40%。其中，中国车载控制器市场容量预计到 2023 年将达到近 20 亿美元。同时，电动、智能、互联、共享，已成为汽车行业的趋势，到 2030 年，预计超过 50% 的汽车将实现某种形式的电气化，每辆汽车的半导体含量大幅增加，自动驾驶汽车所需的控制器芯片数量将是普通汽车的 8 ~ 10 倍。

汽车市场容量预测。根据中汽协数据，随着汽车控制功能的逐年增多，单车平均 MCU 数量由 2018 年的 50 个将上升至 2030 年的 62 个。其中，2018 年 8 位、16 位、32 位 MCU 个数分别为 20 个、20 个、10 个。随着智能化趋势对算力要求的提升、相关技术的逐渐成熟，32 位 MCU 用量将迅速攀升，8 位 MCU 凭借其体积小、成本低等优势，单车使用数量将保持稳定，而 16 位 MCU 市场将逐渐被挤压，预测至 2030 年，8 位、16 位、32 位 MCU 个数分别将达 20 个、14 个、28 个。

单车 MCU 价值预测。单车 MCU 价值预测将由 2018 年的 78 美元提升到 2030 年的 149 美元。根据恩智浦市场数据，8 位 MCU 单价一般为 1 美元以下，16 位为 1 ~ 3 美元，32 位为 3 美元以上。随着相关技术的快速成熟，16 位与 8 位 MCU 单价将逐年下降，32 位 MCU 因功能需求逐步丰富和复杂化，将逐步出现更高单价的产品。

2019 年我国汽车 MCU 市场规模为 21.1 亿美元，随着智能化、网联化趋势影响，2025 年我国汽车 MCU 市场规模预测将达到 32.9 亿美元，未来 6 年复合增长率约可达 7.7%，2030 年或将达 47.6 亿美元（见表 6）。

表 6　未来汽车 MCU 市场预期分析

项目		2018 年	2019 年	2020 年	2021 年	2022 年	2023 年	2024 年	2025 年	2030 年
个数	8 位	20.0	20.0	20.0	20.0	20.0	20.0	20.0	20.0	20.0
	16 位	20.0	19.5	19.0	18.5	10.0	17.5	17.0	16.5	14.0
	32 位	10.0	11.5	13.0	14.5	16	17.5	19.0	20.5	28.0
	合计	50.0	51.0	52.0	53.0	54.0	55.0	56.0	57.0	62.0
单位	8 位	0.4	0.4	0.39	0.39	0.39	0.38	0.38	0.37	0.35
	16 位	1.80	1.76	1.73	1.69	1.66	1.63	1.61	1.59	1.52
	32 位	3.40	3.47	3.54	3.61	3.68	3.75	3.83	3.91	4.31
单车价值量（美元）		78.0	82.1	86.6	91.3	96.4	101.7	107.6	113.8	149.0
MCU 市场规模（亿美元）		21.7	21.1	22.7	24.4	26.3	28.3	30.6	32.9	47.6
同比（%）			-2.7	7.6	7.6	7.6	7.6	7.9	7.8	—

注：2021 ~2030 年数据为预测。

此外，国产替代需求强烈。目前全球近 90% 的汽车芯片市场份额被英飞凌、恩智浦、瑞萨等国外企业垄断，而几乎 100% 的车载控制器市场被国外芯片厂商长期垄断，受采购成本、信息安全、贸易局势等因素的影响，国内车企对车载控制器芯片国产替代需求强烈。

2. 功率半导体市场情况

随着新能源汽车的不断提速，功率半导体市场发展也步入快速上升通道。功率半导体是半导体产业的重要组成，是高铁动力系统、汽车动力系统、消费及通信电子系统等领域核心零部件，功率半导体的国产化程度直接关系着我国以上领域能否实现技术自主可控，其战略地位突出，持续支撑着我国功率半导体行业的发展。同时我国是全球最大的功率半导体消费国家，占全球总需求 35% 左右，未来我国功率半导体将持续保持较高增速，2021 年市场规模或将达到 159 亿美元，年化增速预计为 4.8%。

从市场结构来看，电源管理 IC、MOSFET 和 IGBT 合计占据了 95% 的市场份额。其中，电源管理 IC 市场占有率高达 61%，占比较大，MOSFET 和

IGBT 市场份额分别为 20% 和 14%（见图 3）。得益于下游消费电子、新能源汽车、通信行业近几年的快速发展，电源管理 IC 市场几年来保持稳健增长的态势，截至 2018 年，中国电源管理 IC 市场规模已达到 84.3 亿美元。同时，未来伴随新能源汽车行业的快速发展，MOSFET 和 IGBT 也将迎来广阔的成长空间。

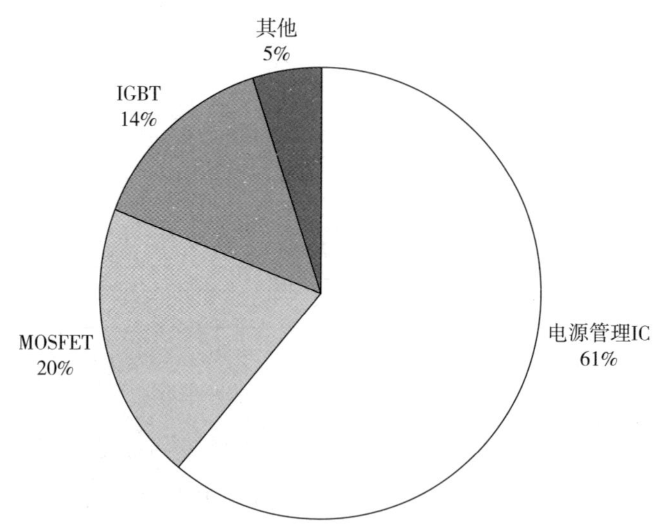

图 3　中国功率半导体市场产品结构情况

MOSFET 和 IGBT 未来五年增长强劲。MOSFET 全称金属氧化物半导体场效应管，是一种可以广泛使用在模拟与数字电路中的场效应晶体管。MOSFET 具有高频、驱动简单、抗击穿性好的特点，广泛应用于汽车电子等领域。

汽车电机控制系统中需用到数十个 IGBT，特斯拉驱动电机中后三相交流异步电机每相需 28 个 IGBT，合计需 84 个，外加其他 IGBT，特斯拉 IGBT 数量达 96 个。按 IGBT 4～5 美元单价计算，双电机 IGBT 价格约 650 美元，IGBT 模块价格约为 1200 美元。

功率半导体在电动汽车成本中占比最高，超过 50%。相较于传统汽车，电动汽车功率半导体应用大幅上升，新增大量与电池能源转换相关的功率半导体器件。据麦肯锡相关数据，电动汽车的半导体成本约为704美元，为传统汽车350美元的2倍，其中功率半导体成本为387美元，占总成本的55%。

全球汽车功率半导体市场规模2023年或达到136亿美元，国内或超过60亿美元，中国产业信息网数据显示，全球功率半导体市场规模2018年为90亿美元，预计2023年或达到136亿美元。从国内来看，以45%的全球占比计算，2023年国内车用半导体市场规模超60亿美元。

3. 汽车AI芯片市场规模

（1）汽车市场容量预测

我国汽车产量预计2019～2025年复合增速为2%。

（2）自动驾驶渗透率预测

L3、L4级自动驾驶预计分别于2020年、2023年实现规模量产，并以每年3%～4%渗透率提升。根据《汽车中长期发展规划》，我国2025年自动驾驶渗透率将达80%。

（3）自动驾驶AI芯片单车价值预测

2020年L1～L3级AI芯片单价分别为50美元、150美元、500美元，预计随着技术不断成熟，2030年L1～L3级AI芯片单价分别将下降至41美元、111美元、315美元。预计2023年AI芯片单车价值约为1500美元，2030年将下降至931美元。

2025年我国AI芯片市场超过91亿美元，未来6年复合增速为46.4%。经测算，2020年我国汽车AI芯片市场规模为15亿美元，同比增长59.4%，随着汽车EE架构加速升级，域控制器/中央计算平台被广泛使用，到2025年AI芯片市场规模达91亿美元，复合增长45.9%，到2030年将达到177亿美元。

4. 汽车存储芯片市场规模

车规级存储芯片在汽车中的应用逐渐扩大，市场整体呈稳步上升态势。尤其是新能源汽车产业对存储器的需求与日俱增，在后移动计算时代，车用存储将成为存储芯片中重要的新兴增长点和决定市场格局的有生力量。Dram、SRAM、Flash未来将被广泛应用在新能源汽车各个领域。中国作为全球最大的集成电路市场和消费国家，大容量存储芯片等半导体芯片基本依赖进口，据统计，2019 年我国集成电路进口金额为 3040 亿美元，其中存储器进口 940 亿美元，存在巨大的进口替代空间。

随着智能驾驶等级与座舱功能的升级，单车存储成本、存储容量也随之上升。2017 年，每年汽车存储设备硬件成本在 20 美元左右（不包含集成在 MCU 中的存储器）。当智能驾驶在 L4/L5 时，存储设备硬件成本在 300 ~ 500 美元。2020 年单车估计需要配置 32GB DRAM 和 200GB NAND 来与功能进行匹配，从而支持智能汽车的功能实现。

表 7　不同存储芯片应用领域及差异

存储类型	应用	适用自动驾驶等级	特点
SLC Nand	①行车记录仪(EDR)事件日志； ②嵌入式系统代码存储； ③仪表板数据存储	L1 ~ L5	最大容量为 4GB，容量较小；需要通过系统进行管理
EMMC/UFS	①信息娱乐系统； ②导航系统和 ADAS 代码存储	L2 ~ L4	有效兼顾性能、成本、数据安全性、耐用性、价格、容量；MLC 已在 ADAS 系统中广泛应用，后续 TLC 还可进一步节省成本
UFS/嵌入式 SSD	①存储高分辨率地图； ②无人驾驶汽车计算机； ③AI 数据库； ④黑盒数据记录仪	L3 ~ L5	SSD 的价格高于其他存储系统；速度更快、容量更大且带宽更高

2018 年全球汽车电子领域对 EEPROM 的需求量约为 17.29 亿颗，同比增长 10.98%。随着汽车电动化、智能化、网联化趋势的不断发展，汽车电子产品的应用需求不断释放，带动 EEPROM 的需求增长，2020 年汽车电子 EEPROM 需求量将达到 21.65 亿颗，2018 ~2020 年复合年均增长率达到 11.9%。

（二）市场应用

1. MCU 应用领域和整车配套情况

MCU 目前分为 8 位、16 位和 32 位，该 MCU 主要应用在汽车各个领域，

8位MCU大部分应用在车辆动力总成、智能驾舱、车辆网联等领域；16位MCU应用在车辆悬挂、传动、线控等领域；32位MCU应用在单车主动安全、被动安全等领域。具体应用场景如图4所示。

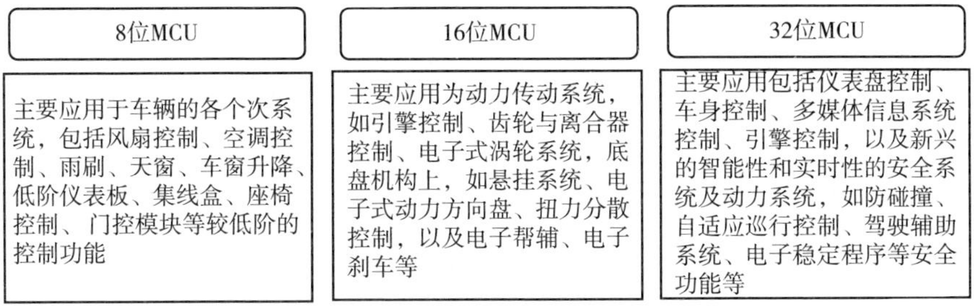

8位MCU	16位MCU	32位MCU
主要应用于车辆的各个次系统，包括风扇控制、空调控制、雨刷、天窗、车窗升降、低阶仪表板、集线盒、座椅控制、门控模块等较低阶的控制功能	主要应用为动力传动系统，如引擎控制、齿轮与离合器控制、电子式涡轮系统，底盘机构上，如悬挂系统、电子式动力方向盘、扭力分散控制，以及电子帮辅、电子刹车等	主要应用包括仪表盘控制、车身控制、多媒体信息系统控制、引擎控制，以及新兴的智能性和实时性的安全系统及动力系统，如防碰撞、自适应巡行控制、驾驶辅助系统、电子稳定程序等安全功能等

图4　不同MCU的应用场景

2020年12月各大主机厂和Tier1厂商芯片短缺较为严重，近期日本地震也使车规级芯片供应难度加大，很多主机厂和Tier1厂商对芯片求之若渴（见表8）。

表8　各主机所缺的MCU

主机厂	所缺MCU芯片型号	Tier1	所缺MCU芯片型号
中国第一汽车集团有限公司	英飞凌 TC297	北京经纬恒润科技有限公司	基于位置的BCM
上海汽车集团股份有限公司	LQFP48,LQFP64	宁德时代新能源科技股份有限公司	BTS7200－4EPA
比亚迪汽车工业有限公司	NXP NCF29A1EHN	惠州市德赛西威汽车电子股份有限公司	NXP MCU
广州汽车集团股份有限公司	瑞萨 RH850， 英飞凌 TC387	潍柴动力股份有限公司	ST SPC58NN
东风汽车集团有限公司	NXP SPC5747C	浙江亚太机电股份有限公司	S9S12P128J0MQK
长城汽车股份有限公司	NXP FS32K144HFT0VLHR	福瑞泰克智能系统公司	瑞萨 R7F7016453AFP

续表

主机厂	所缺 MCU 芯片型号	Tier1	所缺 MCU 芯片型号
安徽江淮汽车集团股份有限公司	瑞萨 RH850R7F7010234AFP	精进电动科技股份有限公司	英飞凌 SAK-TC277TP－64F200SDC
厦门金龙联合汽车工业有限公司	NXP STM32F105VCT7	英博超算（南京）科技有限公司	英飞凌 TC297
上汽汽车电驱动有限公司	SPC5643	上海拿森汽车电子有限公司	英飞凌 SAK-TC212S－8F133FAC

2. 功率芯片应用领域和整车配套情况

MOSFET 和 IGBT 主要应用于单辆汽车及新能源充电桩：①车载充电机；②DC/AC 系统、汽车空调系统、车灯系统供电；③DC/DC 转换器（300V 到 14V 的转换）、车载小功率电子设备供电；④DC/DC 转换器（300V 转换为 650V），其中 MCU 占比最高，其次为功率半导体，主要在底盘安全系统、动力控制系统、燃油喷射、照明系统中。传统汽车功率半导体主要应用于启动、发电及安全领域，新能源汽车由于普遍采用高压电路，需要频繁的电压变化，电压转换电路需求提升，此外还增加大量的 DC/AC 逆变器、变压器、换流器等需求，均对 IGBT、MOSFET、二极管等半导体器件有很大需求量。

3. 车规级存储芯片市场发展状况

2019 年，兆易创新针对工控、汽车电子等领域推出 GD25 全系列 SPI NOR Flash 产品容量，覆盖 2Mb～2Gb，采用 3.0V/1.8V 供电，提供丰富的封装选项，工作温度范围符合 AEC－Q100。聚辰半导体汽车级 EEPROM 用以存储配置和校准数据，以满足车载应用对参数存储的各种需求及更广泛的驾驶功能。公司主要产品有 IIC 接口系列、Microwave 接口系列、SPI 接口系列，分别用于汽车电子和汽车音响。产业链上游供应商中，聚辰、中芯国际等供应商在车规级 EEPROM 工艺及 1.01 平方微米 EEPROM 存储单元等领域开展合作，提高公司新产品与工艺之间的匹配程度，缩短量产时间周期。产业链下游中，聚辰、澜起科技等企业在 DDR5 EEPROM 产品等领域开展合作。2019 年聚辰为全球排名第三、国内第一的 EEPROM 存储器供应商。公司高等级的汽车 EEPROM 领域还有较大的提升空间。

表 9　各主机厂所缺的功率半导体

主机厂	所缺功率半导体型号	Tier1	所缺功率半导体型号
中国第一汽车集团有限公司	MOSTFET:infineon IPD90N04S4－04 二极管:BAS16H BJT:PUMD3	宁德时代新能源科技股份有限公司	MOSFET: SCT3030ARC14
上海汽车集团股份有限公司	IGBT	潍柴动力股份有限公司	某电控 IGBT
比亚迪汽车工业有限公司	MOSTFET:IPD90P04P4－05 二极管:LA－T67F－AAAB－24－1	上海汽车电驱动	IGBT:SI－IGBT
广州汽车集团股份有限公司	IGBT:AFGHL50T65SQD MOSFET:NVJD4158 二极管:ISL9R3060G2－F085	福瑞泰克智能系统公司	MOSFET:SQJ138EP 二极管:S1GHE3_A/I
东风汽车集团有限公司	VNL5030JTR－E		
长城汽车股份有限公司	IGBT:FS50R12KT4 MOSFET:SCT2750NYTB		
北汽新能源	IGBT:FS400R07A1E3 MOSFET:IPB80N04S2 BJT:2SCR542PFRA		
北汽越野	MOSFET,RLS		
南京金龙	MOSFET:EPS 位置 二极管:车身		

聚辰现已拥有 A2 等级（－40～105℃）的全系列汽车级 EEPROM 产品，并积极完善在 A1 等级（－40～125℃）和 A0 等级（－40～145℃）汽车级 EEPROM 的技术积累和产品布局，目标应用于车身控制模块、驾驶辅助系统以及信息娱乐与车联网系统的模块。2019 年聚辰在汽车电子市场上出货量近 500 万颗 EEPROM，其终端客户包含特斯拉、保时捷、现代、丰田、大众、马自达、长城、吉利、Shinwa、华晶、友达、LG Innotek 等。

北京君正在2019年并购北京矽成的相关技术源于ISSI，主要开展各类型高性能DRAM、SRAM、FIASH存储芯片及ANALOG模拟芯片的研发和销售。最近三年，北京矽成的SRAM、DRAM产品收入分别居全球第二位、前八位。在车用易失性存储芯片等专用领域，美光科技近年来均居第一位，市场份额超过15%，南亚科技、三星电子、SK海力士、赛普拉斯等位居其后。

北京矽成将对新型的存储器MRAM布局，长期来看MRAM具有应对车用电子系统对存储器芯片更高要求的潜力，是新型存储的发展方向之一。

（三）竞争格局

车规级芯片的前十大供应商：恩智浦、瑞萨、英飞凌、意法半导体、博世、德州仪器、安森美、罗姆半导体、东芝、亚德诺，掌控了全球车载半导体市场的80%份额（见表10）。

表10　汽车芯片领域主要竞争厂商

项目	公司名称	国家	部分汽车芯片名称	自动驾驶	性能
传统车载芯片厂商（功能芯片MCU）	恩智浦	荷兰	S32系列		业内性能领先，致力于提供目前NXP产品10倍以上性能
	英飞凌	德国	SBC系列		向零失效产品迈进
	瑞萨	日本	RH850系列		首创40nm工艺制造，提供一些CPU内核结构（单个、多个、锁步及组合）
	意法半导体	意大利、法国	SPC5（32位）/ST10（16位）		
	德州仪器	美国	C2000系列		
国外消费级芯片公司	英伟达	美国	Drive AGX Xavier/ORIN系列	L2+～L5	30TOPS，30W/200TOPS，45W，7nm
	英特尔	美国	EyEQ系列	L0～L5	24TOPS，10W
	高通	美国	骁龙865/888	L1～L5	15TOPS/26TOPS

续表

项目	公司名称	国家	部分汽车芯片名称	自动驾驶	性能
国内科技公司（AI 芯片）	华为	中国	昇腾、鲲鹏	L3 ~ L4	512TOPS,310W
	百度	中国	昆仑、鸿鹄	L4	260TOPS,150W
	地平线	中国	征程	L2 ~ L4	96TOPS
	芯驰科技	中国	9 系列		采用 imagination GPU 开发
	寒武纪	中国	思元系列、1M		128TOPS 8TOPS

英飞凌，全球第一的车用半导体供应商。恩智浦，汽车业务上，其产品覆盖了 MCU 和 MPU、车载网络、媒体和音频处理、智能电源驱动器、能源与电源管理、传感器、系统基础芯片、驾驶员辅助收发器、汽车安全等。瑞萨，产品覆盖偏上系统 SoC、电源管理、电池管理、功率器件、通信器件、视频和显示等。意法半导体，针对发动机的定制芯片，占内燃机市场 33%，车灯控制市场占有率第一名，车规级 SiC 市场占有率超过 50%。

需要指出的是，以高通、英特尔、英伟达三家为代表的消费电子芯片巨头也加快了进入的脚步，以高通 820A 车机芯片为例，性能高出恩智浦、瑞萨较多，已经进入了理想、奥迪、路虎、领克、小鹏、雅阁、拜腾等车型。当然，这三家公司目前占据的汽车芯片市场相比前十小得可怜。

智能驾驶依托底层芯片算法支持，芯片公司继续在核心技术领域发力。芯片公司持续研发高算力、低功耗的适用于未来高级别自动驾驶的芯片产品和自家的智能驾驶解决方案，与车企紧密合作，从需求端发出不断迭代和完善相应成品，推动商业化产品落地。目前英伟达、高通、英特尔、华为的芯片产品都已达到支持 L4/L5 级别的自动驾驶的能力，未来主要聚焦高级别自动驾驶的芯片、算法平台产品（见表 11）。

表 11　芯片公司产品进展和发展规划

类型	企业	对应产品及进展	发展与规划
芯片算法公司	英伟达	2020 年 9 月 22 日，英伟达与理想汽车、德赛西威在北京签署了三方战略协议。理想汽车搭载 NVIDIA Orin 系统芯片，采用 7nm 生产工艺，运算性能可实现每秒 200TOPS	理想汽车 2022 年 SUV 将搭载 NVIDIA Orin 系统级芯片中运算能力最强的一款芯片
	高通	2020 年 8 月，高通采用维宁尔下一代感知与驾驶策略软件栈和高通 ADAS 可扩展系统 SoC 组合与加速器	高通预计于 2024 年，此系统支持量产汽车
	Mobileye	2020 年 9 月，Mobileye 公布了最新的驾驶方案 EyeQ5	EyeQ5 预计在 2021 年 3 月量产，已获得吉利和宝马等四大整车厂订单
	华为	2020 年 9 月，在华为全联接大会上，华为宣布自动驾驶解决方案 ADN，打造自动驾驶方案	华为全面引入 AI，未来 3 年达到 L3 级，5 年达到 L4 级，7～10 年迈入 L5 级自治网络

三　车规级芯片产品技术发展状况

在集中式电子/电气架构下，新增的域控制器被集成了更多的功能，而主控芯片若要与其能力相匹配，则算力匹配也需随之提升。在此趋势下，汽车芯片将从 MCU 向 SoC 异构芯片转移。在分布式 EE 架构阶段，ECU 主要对应于简单的处理，因此采用由 CPU + 存储 + 外设接口组成的 MCU 芯片，即可满足其对于算力的需求。但随着汽车向集中式架构迭代，域控制器的出现，大量 ECU 被功能性整合，原有分散的硬件可以进行信息互通及资源共享，硬件与传感器之间也可实现功能性的扩展，而域控制器作为汽车运算决策的中心，其功能的实现主要依赖于主控芯片、软件操作系统及中间件、算法等多层次软硬件之间的有机结合。同时，为了赋予汽车更高级别的智能化功能，域控制器需要处理由传感器传来的环境信息，其中涵盖了海量的非结构化数据，这就导致面向控制指令运算的 MCU 芯片难以满足其复杂的运算需求。相比之下，SoC 芯片引入了 DSP（数字信号处理）、GPU（图像处理）、NPU（神经网络处理），不仅拥有控制单元，还集成了大量的计算单元，从而能够支撑多任务并发及海量数据处理。根据评测，SoC 芯片的算力可高达 10^{12} 次/秒，是 MCU 芯片算力的指数级倍数。

（一）智能座舱芯片发展状况

智能座舱作为人车交互最直接的触点，未来将集成更多如 DMS、应用娱乐的功能，同时车载屏幕也将从单屏逐渐扩展到中控屏、流媒体中央后视镜、HUD 等多个屏幕。而为了实现各屏幕键的互联互通，提高交互效率，“一芯多屏”的设计方案有望成为主流，并倒逼 MCU 芯片升级算力更强的 SoC 芯片，以承担大量图像、音频等非结构化数据的算力需求。同时，从应用娱乐的角度来看，与手机的单窗口单任务相比，汽车的应用多为多任务并发模式，因此其更需要强大的算力来支撑。

智能座舱域控制器芯片市场参与者除了传统汽车电子厂商外，消费电子芯片厂商也纷纷入局。其中，传统汽车电子厂商主要有瑞萨、NXP、德州仪器等，主要面向中低端市场；消费电子厂商则以高通、英特尔、三星、联发科为主，主要面向中高端市场。根据 Strategy Analytics 的数据，2016 年瑞萨与 NXP 二者的市场份额高达 58%，但从 CPU 和 GPU 的性能来看，高通的 8155 芯片算力分别为 8.5 万 DMIPS、1142GFLOPS，远远领先于其他厂商 2 倍以上，更符合“一芯多屏”的算力需求，以实现屏幕的“无缝联动”（见表 12）。

表 12　智能座舱域控制器芯片

项目	瑞萨	NXP	德州仪器	高通		联发科	英特尔	三星
型号	R - CAR H3	i. mx8QM	Jacinto 7	820A	SA8155P	MT2712	A3960	Exynos Auto
类型	SoC	SoC	SoC	SoC	SoC	SoC	SoC	SoC

续表

项目	瑞萨	NXP	德州仪器	高通		联发科	英特尔	三星
CPU 算力(DMIPS)	40k	28.6k	22k	45.2k	85k	22k	48.4k	—
GPU 算力(TOPS)	288	128	166.4	588	1142	133	216	—
厂商市占率(%)	31	27	10	—	—	—	—	—
适配车厂	丰田、大众、长城	荣威、广汽	奥迪、福特	大众、奥迪、比亚迪、吉利	威马、广汽传祺	大众、丰田	长城、宝马、沃尔沃	奥迪

（二）自动驾驶芯片发展状况

自动驾驶的实现依赖于大量的传感器，其产生的海量数据需要强大的计算能力作为支撑，而芯片算力、利用率及能耗比将是决定其是否实现性能最优化的关键指标。根据国内领先的自动驾驶芯片设计初创公司地平线的观点，实现 L3 级别至少需要 24TOPS，而在 L4 级、L5 级，其算力的要求将呈指数级上升，这样才能保证行驶过程中的安全，而这一标准的实现，对于芯片的算力要求又提升了一个维度。

目前除了特斯拉自主研发的 FSD 芯片，其他主机厂受制于自身研发实力，选择与 Mobileye、英伟达、高通、NXP、瑞萨等芯片厂商合作。根据“能耗比 = 算力/功耗”计算公式，在高算力模式下，芯片功耗越低，则芯片性能越好。因此，我们根据计算得出英伟达（Orin）、瑞萨、黑芝麻、高通、Mobileye（Eye Q5）的能耗比相对较高，芯片性能更为优秀，且能满足自动驾驶的运算需求（见表 13）。

表 13　各家厂商自动驾驶芯片情况

品牌	型号	类型	算力/TOPS	功耗(W)	能耗比(TOPS/W)	适配等级	适配车型	价格(美元)
特斯拉	FSD	SoC	72	72	1	L3	Model 3/X/S	—
华为	Ascend910	SoC	640	310	2.1	L4	适配中	—
	Ascend310	SoC	16	8	2	L4	适配中	

续表

品牌	型号	类型	算力/TOPS	功耗（W）	能耗比（TOPS/W）	适配等级	适配车型	价格（美元）
NVIDIA	Xavier	SoC	30	30	1	L2 ~ L5	小鹏、上汽	300 ~ 500
	Orin	SoC	200 ~ 250	65	3.1 ~ 3.8	L2 ~ L5	蔚蓝、小鹏	
Mobileye	Eye Q4	SoC	2.5	6	0.42	L3	一汽、宝马、本田	130 ~ 160
	Eye Q5	SoC	24	10	2.4	L4 ~ L5	宝马、福特	
	Eye Q6	SoC	67	35	1.9	—	—	
高通	Snapdragon 8540 + 9000	SoC	700 ~ 760	65	10.8 ~ 11.7	L4 ~ L5	长城、美国通用	110 ~ 200
地平线	J2	AI	4	2	2	L1 ~ L2	长安	—
	J3	AI	5	2.5	2	L1 ~ L2	广汽	
黑芝麻	华山 A500	SoC	5.8	<2	2.9	L1 ~ L2	上汽、一汽、比亚迪	—
	华山 A1000	SoC	40 ~ 70	<8	8.8	L3 ~ L4		
	华山 A1000L	SoC	16	<5	3.2	L2 ~ L3		
NXP	S32G274	SoC	—	2	—	—	—	—
瑞萨	RCAR V3U	SoC	60	8 ~ 10	6 ~ 7.5	—	—	70 ~ 100
TI	TDA4x	SoC	8	5	1.6	L2 ~ L3	—	—

单芯片的性能强度并不是主机厂考虑的唯一因素，在除芯片性能外，芯片的价格以及其背后厂商的自动驾驶领域软件及工具链的成熟度也是重要的参考。在芯片价格方面：根据汽车之心的资料以及调研的情况综合判断，英伟达 Orin 芯片的单颗价格在 300 ~ 500 美元，高通采用 Snapdragon 8540 + 9000 芯片的组合方式。其中，单颗芯片价值在 110 ~ 200 美元，瑞萨 R-CAR V3U 和 Mobileye Eye Q6 的单价区间分别为 70 ~ 100 美元、130 ~ 160 美元；在软件生态和工具链方面：英伟达则展现出了较强竞争优势，理想汽车 CTO 王凯曾对媒体公开表示“选择英伟达作为理想汽车在自动驾驶芯片领域的合作伙伴，其中，工具链是一个重要的考量指标”。值得一提的是，英伟达在丰富的软件生态下，使 Orin 能够通过开放的 CUDA、Tensor RT API 及各类库进行编程，同时借助于高效的工具链产品和最初的 prototype，使理想汽车在自动驾驶系统的研发更快地落地。

此外，不同的芯片厂商对于其是否能够提供整体化解决方案以及其方案的开发程度、定制化供给的选择均不相同，这也在一定程度上导致主机厂去主动选择与自己能力及需求相匹配的芯片厂商。例如，Mobileye 虽然能提供整体化方案，但其方案的开放性相对较弱，仅给予主机厂“黑箱式”的输出，因此，自身软件及算法能力相对较弱的厂商会选择与其合作；而英伟达、高通等在提供整体化方案时相较于 Mobileye 则更为“开放”，且允许定制化服务。因此，自身能力相对较强，或对于主动权重视的主机厂则会倾向于选择英伟达、高通等厂商。

（三）软件架构发展状况

软硬件加速分离，推动软件架构升级为计算平台。EE 架构开始向集中式演化，域控制器方案的出现，将彻底弱化底层 ECU 的运算能力，将功能的处理统一交付于域控制器进行控制。这一方案的实施，将有利于实现底层资源的标准化、通用化，并进一步降低了软硬件间的耦合度，将解耦范围从应用软件层的分离拓展到了整个软件架构，使其独立于硬件之上，发展为由“芯片—操作系统—中间件—算法”构成的计算平台。其中，芯片作为算力基础，为芯片能力的实现提供底层配置。操作系统则主要负责控制与管理软硬件资源，并进行合理的调配。值得注意的是，在操作系统中系统的内核是核心，其直接决定了系统在运行中是否能实现性能及稳定性的最优输出。AutoSar 作为开放的系统架构，为了应对集中式架构下所需的高性能配置，也进一步扩展为 Adaptive AutoSar 作为开放的系统架构，并主要对中央服务器负责，用于协调在异构软件平台下各域之间的信息交互，为后续汽车架构向 SOA 迭代制定标准。算法层位于软件层次结构的最顶部，主要负责系统功能和业务裸机的实现，例如，智能座舱域中的交互能力；自动驾驶域中的自动泊车、高速代驾、自动巡航等功能。

从 2014 年推出的特斯拉 Autopilot 系统开始，到 2019 年特斯拉成功推出自研芯片，实现了自动驾驶芯片 + 操作系统 + 算法的垂直整合（见图 5）。同时，基于 Linux 内核自研的 Version 操作系统能够与芯片完美适配，增强软硬件的协同性能，加快算法迭代效率。从实际效果来看，基于自研芯片的Autopilot系统性能得到了显著的提升，从早先版本只能同时处理每秒110帧图像进化到每秒2300帧图像；与此同时，芯片成本也较之前下降了20%。特斯拉自动驾驶技术的垂直整合之道再次证明一个道理，依赖第三方供应商技术无法建立起持续的核心业务壁垒，关键技术必须自研。以芯片为例，特斯拉的自研FSD芯片被马斯克称为世界上最好的自动驾驶芯片。

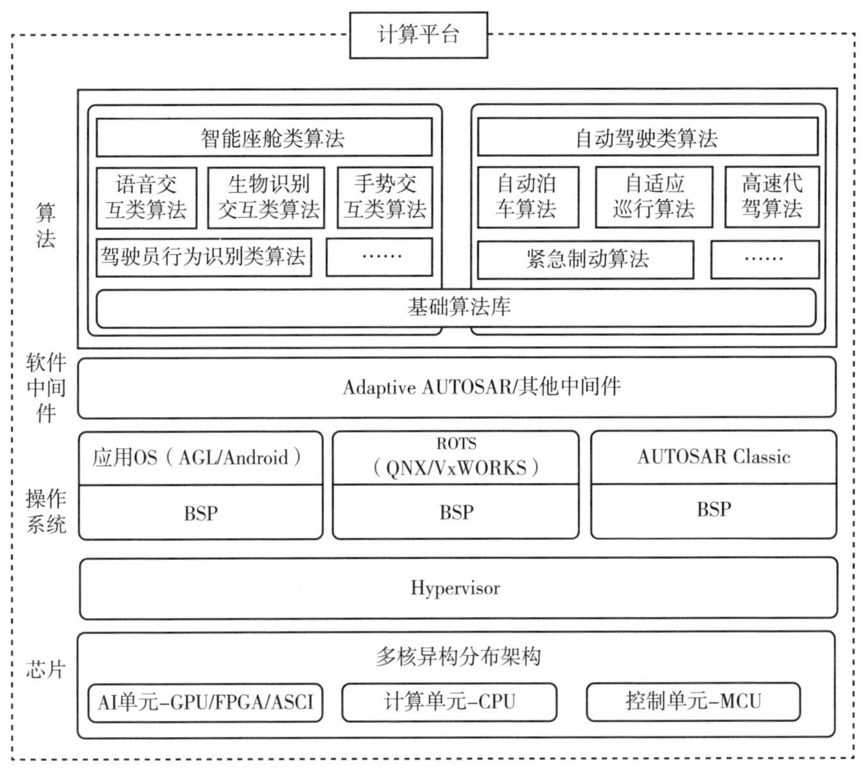

图5　自动驾驶芯片+操作系统+算法的EE架构

四　车规级芯片内外技术差距分析

根据Strategy Analytics数据，2019年全球车载MCU安装量超过25亿。

全球车载 MCU TOP5 供应商分别为英飞凌、恩智浦、瑞萨、德州仪器和意法半导体，当前国外半导体企业在中国市场占据主导地位，我国汽车芯片自给率不足 10%。假设海外企业同样对自主车企断供芯片，将会对中国汽车工业发展形成致命一击，多年来企图用“新四化”换道超车的愿望恐将成为黄粱一梦。其主要原因在于以下几方面。

（一）关键技术缺失，导致“卡脖子”

在华为芯片被断供事件发生后，国人开始谈“芯”色变。虽然这“技术封锁”尚未在汽车行业蔓延，却向我们敲响了警钟。目前，新能源汽车的电池管理系统、动力总成控制系统、主动安全系统、自动驾驶系统等都亟须芯片的支撑，同时自动驾驶、智能网联不断渗透和提升，感知和决策变得日益复杂化，芯片的算力要求将呈现指数级上升。

ASIC 定制集成芯片和 V2X 云计算作为主流解决方案，可满足未来算力的要求，但均存在发展瓶颈。国内芯片厂商起步较晚，在相关领域突破有限，仍然由英飞凌、德州仪器等厂商主导，同时作为消费芯片的英伟达、高通、英特尔也在入局汽车领域。

对于我国企业，目前仅在 8 位 MCU 占据市场主流地位，占比约达 50%。16 位和 32 位 MCU 占比仅为 20% 左右。当前国内 MCU 应用领域仍集中在低端车型产品。

根据行业资深专家介绍，欧美日厂商，它们之所以能笼络大部分的 MCU 市场，这主要得益于它们在产品、软件和使用的生态环境等方面给客户树立的标杆，同时建立了其他竞争者不能轻易跨越的壁垒。

1. 车规级芯片的工艺和制程

国外领先的厂商基本有自己的 IP，但国产的同业大多数 IP 不全，不少是把现有的 IP 拿过来做拼凑开发产品，这就使它们的产品从诞生开始就有先天的“缺陷”。加上国外的 MCU 厂商经历长时间的不同行业耕耘，甚至从零开始扶持行业发展。它们对众多行业规格的了解，已经体现到 MCU 的内部及外部的设计上，这也是国内 MCU 所欠缺的。

2. 车规级芯片的配套软件

所谓软件算法，是要基于行业和客户的需求，从简单的硬件堆积，到理解客户的需求，再到和客户共同创造，但国外的企业因为对具体的行业吃得比较透，时间也长，所以它们非常了解客户的使用场景、系统、软件算法，然后共同创造，用芯片来实现，将主芯片周围的其他器件，尽可能地包括到芯片内部去。这样不但能够节省成本，还使产品更加容易开发。

3. 车规级芯片的生态环境

车规级芯片的生态包括两个方面：首先，车规级芯片整体的设计、生产、加工、制造及各环节是否完整。例如在加工时，客户在生产过程中会对某款量产烧录器非常熟悉，如果要换一种量产烧录工具，客户就需要重新购买，重新进行员工培训等，这就对生产造成影响。为此车规级芯片厂商就必须将此种生态考虑进去。其次，在客户设计过程中，是否有完善的资料、丰富的网上资源、良好的口碑及流量支撑。

（二）汽车电子/电气架构的转变

随着汽车智能化、网联化的渗透，整车集成的重点正由物理架构向高速、安全的电子/电气架构转变。以博世电子/电气架构为例，硬件架构的升级路径为分布式（模块化—集成化）、域集中（域控制集中—跨域融合）、中央集中式（车载电脑—云计算）。即为分布式 ECU（单个功能对应一个 ECU）逐渐模块化、集成向域控制器（一般按底盘域、车身域、动力域、信息娱乐域和自动驾驶域等），逐步发展整合为中央计算平台，最终向云计算和车端计算（中央计算平台）发展。其中车端计算主要用于车内部信息的实时处理，云计算作为车端计算的补充，为智能汽车提供非实时性的数据交换和运算处理。硬件架构升级驱动芯片算力需求呈指数级提升趋势，需要较强算力的芯片支撑海量非结构化数据的处理。在这一领域，以英伟达芯片公司为代表的高算力芯片企业在技术和市场上都有绝对的优势。国内 AI 芯片刚处于起步阶段，无法与国外公司相较高下。

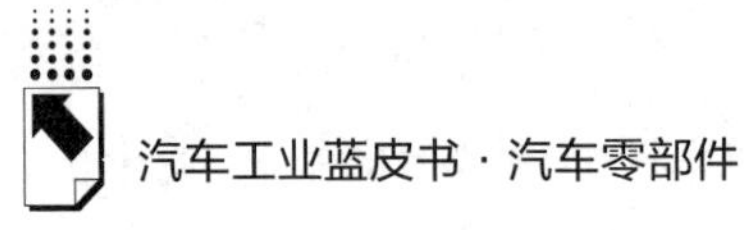

（三）存储芯片的差距

对存储芯片行业，中国的存储芯片才刚刚起步，长江存储和合肥长鑫2019年才投产存储芯片，当然值得高兴的是长江存储已研发与全球主流水平相当的128层Nand flash，但是中国的存储芯片产能占全球的比例还太小，预计到2021年才能占有一成多的市场份额。

五 行业存在的问题及建议

针对疫情和国际形势变化，2020年全球新能源汽车供应链创新大会提出“以强链补链”的建议，顾名思义就是以现在优势为核心牵引，补齐短板，实现综合能力的塑造，具体分为三大环节。

（一）产品自身质量过硬

国内车规级芯片厂商需要扎扎实实把芯片的品质做好，好的产品是国产车规级芯片提升市场占有率的关键。国产车规级芯片需要尽快地完善自己的生态系统。更要深入本土市场的客户需求，找到主机厂和零部件供应商的痛点，做成自己的特色MCU。在细分领域形成差异化优势，提供质量可靠、性价比高、有竞争力的产品，并提供优质的本地化服务。

（二）国家和地方政策给予顶层指引和扶持

国家与地方政府制定战略目标和技术路线图，构建相关产业平台，统领资源和技术协同共享，特别是针对“卡脖子”的高端材料、芯片、设备等清单，合力攻关。目前，由国家新能源汽车技术创新中心牵头成立的中国汽车芯片产业创新战略联盟，让汽车芯片领域拥有了统一的行动组织。仿照新能源汽车补贴政策形势，对车厂进行国产MCU芯片补贴政策；通过保险等车险补贴和“首台套”形式解决车厂后顾之忧；通过地方政府的政策支持，鼓励芯片厂、部件厂、主机厂联合开发、拓展车规级芯片上车应用。

（三）车规级芯片积极应用

对于已取得一定成功，可实现初步商业化的传统弱势环节，政府和上下游企业可以通过采购补贴、定点扶持等方式，积极引导相关产品的上车搭载和应用。例如，比亚迪在功率芯片研发初期，在功率小、逆变器性能要求低的秦系列等入门级纯电动车上进行试点应用与搭载。在芯片、电子架构、三电系统方面仍需打破技术壁垒、补齐短板，才会让我国离真正的汽车强国越来越近。在这样的情况下，车企和供应商都应该找准自己的优势和技术控制点。特斯拉核心部件如芯片、自动驾驶系统、电池等都在坚持自研，并且能将这些关键技术快速迭代与落地，这是特斯拉最具优势的地方，也是市值超过4000亿元的核心原因。

汽车"电动化、网联化、智能化、共享化"已成为行业普遍认可的变革方向，随着我国智能网联汽车产量不断提升，汽车芯片的重要性不断增强、需求量不断增大，汽车芯片短缺的风险也愈加突出。围绕我国汽车芯片产业重大需求，本文详细阐述了我国车规级芯片行业发展现状，对车规级芯片进行了明确的分类和细化。并结合市场、上下游产业链环境对比国内外车规级芯片的技术差距，发掘出了技术痛点并给出了若干建议，希望对车规级芯片产业链重组和构建提供参考。

参考文献

王君：《工信部回应芯片产业发展热点问题》，《机电商报》2021年3月8日。

《功率半导体对于汽车市场发展有何意义?》，http：//www. elecfans. com/d/775837. html。

《软件定义汽车，AI芯片是生态之源》，https：//max. book118. com/html/2020/0708/7114112065002146. shtm。

夏金彪：《缺"芯"蔓延 冲击全球汽车业》，《中国经济时报》2021年1月26日。

张锐：《车载芯片：短缺之痛与未来之警》，《上海企业》2021年第2期。

B.8
智能汽车人机交互行业发展报告

摘　要：自2019年以来，在政策法规制定、标准体系建设、产业和技术整体发展方面，中国智能网联汽车产业取得了巨大突破。2020年2月24日，国家发改委、网信办、公安部等11个部门联合印发的《智能汽车创新发展战略》明确指出，高级别的智能汽车在未来将实现规模化的应用，汽车的智能化将成为我国产业发展战略新的方向。未来，汽车智能化、网联化、共享化、电动化的趋势将深刻地影响人、车、环境的关系，人机交互设计也将成为智能汽车发展和创新的核心要素。

关键词：网联化　智能化　人机交互

一　行业发展综述

（一）车载智能交互系统行业的概念、分类

1. 概念

近年来，中国汽车工业在“新四化”浪潮下，面临前所未有的机遇和挑战，其中我国智能网联汽车产业发展迅猛，产业规模不断扩大。智能网联汽车作为战略性新兴产业，获得了政府管理部门及行业的广泛关注。“智能网联汽车”（Intelligent and Connected Vehicles，ICV）概念的首次提出是在《中国制造2025》中。伴随着汽车智能化、网联化的发展，用车方式和人机关系都发生了新的转变，为汽车人机交互的创新发展创造了前景和机遇。

2019 年以来，在政策法规制定、标准体系建设、产业和技术整体发展方面，中国智能网联汽车产业取得了巨大突破。未来，汽车智能化、网联化、共享化、电动化的趋势将深刻地影响人、车、环境的关系，人机交互设计也将成为智能汽车发展和创新的核心要素。

人机交互（Human-Computer Interaction，HCI）是一种交互式计算机系统，能够实现设计、评价和使用功能。人与计算机以一定的交互方式进行信息交换，涉及机械工程学、人机工程学、认知学、心理学等学科领域，以研究系统与用户之间的交互关系。“人机交互”概念最早是由 Bill Moggridge 在一次设计会议上提出，并命名为“Interaction Design”，即交互设计。随着科技的不断发展，国外最先对人机交互设计方面进行研究，各种产品设计和用户体验设计层出不穷，至今对市场产生着深远的影响。国内在人机交互的设计方面虽然起步较晚，但是发展迅速。目前已经有很多企业、大学开展了交互设计的理论学习和研究。以百度、腾讯、阿里为代表的互联网巨头公司也相继成立了用户体验设计团队，力争打造符合国人自身习惯的人机交互设计。

随着工业化的进程和人工智能技术的不断发展，市场上涌现出一批智能化汽车，人机交互在此类智能化汽车中发挥着重要的作用。人机交互一般包括两个方面，即人机交互界面和人机交互技术。

2. 分类

人机交互技术（Human Machine Interaction，HMI）是指为完成某一确定任务时，以一定的交互方式所使用的某种对话语言实现人与计算机之间的信息交换，包括触控、语音、手势识别、生物识别等技术。随着汽车智能化的发展，人机交互方式也从老旧的按键交互进步到车载触屏交互、语音交互等，基于用户体验的需求，交互技术在汽车内的应用越来越广泛。

人机交互界面（Human Machine Interface，HMI）作为信息交换媒介，能够实现信息内部形式与人可接受形式之间的转换。用户通过人机交互界面与系统进行交流和操作，如车载广播开关、空调按钮、语音系统等。汽车人机交互界面是智能化汽车不可或缺的一个重要部分，与智能座舱紧紧结合在一起，与车内功能紧紧联系在一起，中控大屏、HUD（平视显示器）、后排娱乐等都已成为人机交互的重要载体。

早期　　现代化

纯机械式仪表交互系统

现代化HMI整体视图

未来无人驾驶汽车交互系统

图1　汽车人机交互系统

资料来源：研报。

近年来，人机交互界面经历了从早期手工作业阶段、20世纪60～80年代作业控制语言及交互命令语言阶段、20世纪80年代后图形用户界面（GUI）阶段、20世纪90年代后网络用户界面阶段和未来多通道人机交互阶段。基本可视为命令行界面到图形用户界面两个发展阶段的主要演变。人机界面的发展是用户交互行为与其生理认知相结合，更加强调交互的自然性和响应灵敏性（见图2和表1）。

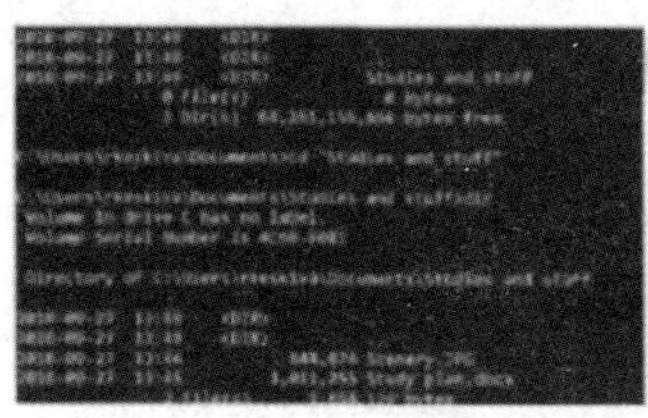

（a）命令行界面

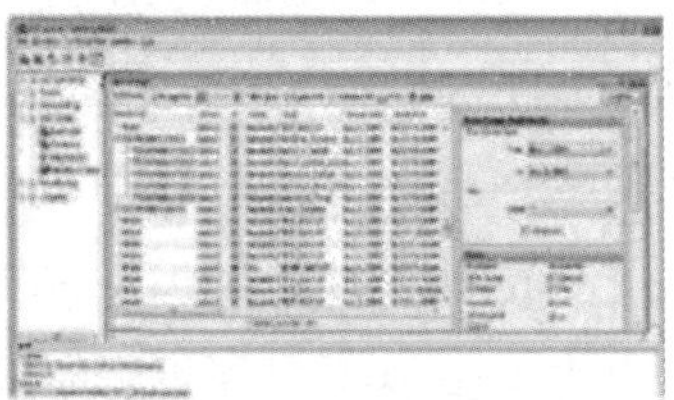

（b）图形用户界面

（c）触摸交互界面

（d）三维交互界面

图2　人机交互界面的发展（清华大学人工智能研究院）

表1　主流人机交互界面一览

分类	车企品牌	代表车型	座舱芯片	车机系统	人机交互界面			交互方式			
					中控屏	液晶仪表	HUD	触控	语音	手势	生物
国际品牌	奔驰	新一代S级	英伟达	MBUX	12.8寸OLED屏	12.3寸裸眼3D	AR-HUD	√	√	√	√
	宝马	X7	英伟达	iDrive 7.0	双12.3寸液晶		W-HUD	√	√	√	
	奥迪	A8	英伟达	MMI	上10.1+下8.6寸		12.3寸	W-HUD	√	√	
	大众	帕萨特	高通	CNS3.0	8寸/9.2寸		部分10.2寸	—		√	
	丰田	RAV4	—	Entune3.0	10.1寸		7寸	—	√		
造车新势力	特斯拉	Model 3	英特尔	Version	整合至15寸液晶屏		—	√	√		
	蔚来	ES8	英特尔	NOMI	11.3寸	9.8寸	W-HUD	√	√		
自主品牌	荣威	Marvel X	高通	斑马/AliOS	14寸	12.3寸	—	√	√		
	比亚迪	唐	高通	DiLink	12.8寸	12.3寸	—	√	√		
	吉利	博越PRO	自研	GKUI	12.3寸	7寸/12.3寸	高配W-HUD	√	√		

资料来源：公开资料，盖世汽车研究院分析。

（二）智能交互系统政策

1. 国家加速完善相关政策法规

2019年5月，工信部发布的《2019年智能网联汽车标准化工作要点》中指出要落实标准体系建设指南，动态完善标准体系；系统布局技术领域，加快重点标准制修订；履行国际协调职责，加强标准交流与合作。2019年7月，交通运输部印发了《数字交通发展规划纲要》，明确指出推动自动驾驶与车路协同技术研发，开展专用测试场地建设。鼓励物流园区、港口、铁路和机场货运站广泛应用自动驾驶等技术。2019年9月，国务院印发《交通强国建设纲要》指出，到2035年，基本建成交通强国；加强智能网联汽车（智能汽车、自动驾驶、车路协同）研发，形成自主可控完整的产业链；开发新一代智能交通管理系统，大力发展智慧交通；推动大数据、互联网、人工智能、区块链、超级计算等新技术与交通行业深度融合。12月，工信部对《新能源汽车产业发展规划（2021～2035年）》公开征求意见，明确2025年智能网联汽车新车销量占比达到30%，高度自动驾驶智能网联汽车实现限定区域和特定场景商业化应用发展目标。

2. 中国积极参与国际标准体系制修订

自工信部、国家标准化管理委员会发布《国家车联网产业标准体系建设指南（智能网联汽车）》以来，智能网联汽车标准建设和应用推广成效显著。基础通用和行业应用标准正在制定，标准关键技术研究和试验验证工作正在有效开展，相关宣贯与应用加速了各类标准项目有序推进。2019年5月，全国汽车标准化技术委员会智能网联汽车分标委与中国智能网联汽车产业创新联盟签署合作备忘录，表示要加强双方的合作沟通，共同促进国家标准、行业标准与团体标准的优势互补和协同补位，引领和促进智能网联汽车技术及产业健康快速有序发展。2019年11月，基于智能网联汽车“中国方案”，全国汽车标准化技术委员会发布了车用操作系统标准体系，智能网联汽车标准体系建设进入一个快速发展时期。

二　智能交互系统国内外技术环境

（一）触控方式逐渐替代车内大部分物理按键操作

对比传统的物理按键，触控屏的美观及科技感优势突出，近年来中控出现大尺寸触控屏趋势，部分车型选择触控+按键组合的方案，同时一些厂商（以日系为代表）出于安全性因素回归物理按键（见表2）。

表2　操作模式优缺点对比

项目	物理按键	触控技术
优点	可唤醒人脑的动作记忆，相对操作简单 反馈清晰，甚至可以盲操	提升座舱内饰美观度和科技感 信息呈现更直观，内嵌功能丰富 迎合用户使用手机的习惯
缺点	界面样式老旧，影响美观 复杂功能难以一键操作 智能交互扩展困难 按键太多，可能操作出错	显示信息过多，分散注意力 可能存在加载缓慢、触控不灵敏等问题

（二）车载语音交互已成为主流交互方式

语音交互主要包括三大模块，即语音识别、自然语言理解和语音合成。语音识别（Automatic Speech Recognition，ASR）是对声学语音进行分析，并得到对应的文字或拼音信息。自然语言处理（Natural Language Processing，NLP）是将用户的指令转换为结构化的、机器可以理解的语言，并给出合理的反馈。语音合成（Text To Speech，TTS）的主要工作是将文字转化为声音，让机器说话。车载语音交互在车载端有着丰富的应用场景，具备传递效率高、解放双手等优势，通常与触控、视觉、手势等方式结合，以实现智能驾驶体验（见表3）。

表3　语音交互系统场景应用

场景	应用
多媒体娱乐	播放音频、广播等
车辆控制	基本功能如调节空调温度、车窗、后视镜
智能导航	精确定位与导航
车况监控	随时与汽车进行交谈并询问有关车辆状况的任何信息，如胎压、水箱温度等
驾驶行为预警	识别驾驶状态，给予语音反馈，驾驶状态预警

（三）手势识别作为新兴交互方式仍处于发展初期

手势可定义为人手或者手和手臂相结合所产生的各种姿态和动作，可分为静态手势（指姿态，单个手型）和动态手势（指动作，由一系列姿态组成），前者对应模型空间里的一个点，后者对应一条轨迹。由此可将手势识别分为静态手势识别和动态手势识别。手势识别的顺序主要包括图像的获取、手势的检测和分割、手势分析和识别技术。当今业内主流的手势识别大致有三种：光飞时间（TOF）、结构光（Structure Light）和双目立体成像（Multicamera）。

（四）眼动交互技术

眼动交互技术是通过记录眼睛的定位与运动跟踪用户的意图，目前汽车端应用主要为驾驶员监控系统、疲劳预警系统，以眼动操控车载信息娱乐系统及其他功能的方案将在奔驰、宝马等高端车型上率先应用。

眼动跟踪（眼动交互技术）：眼动即眼球的运动，在眼动交互过程中，需要基于基本的眼动形式，设计相应的眼动交互方式或策略。目前常见的眼动交互方式主要包括驻留时间出发、平滑追随运动、眨眼、眼势。

（五）生物识别应用

生物识别技术如指纹、人脸、声纹、虹膜等作为前沿的交互方式，目前已经在一些高端车型上加以应用，随着生物识别技术的成熟，未来该技术将大大增强车辆的智能化水平，提高安全性与便利性（见表4）。

表4　生物识别应用场景

项目	指纹识别	声纹识别	人脸识别	虹膜识别
功能简介	指纹识别是指通过分析指纹全局和局部特征，再经过比对来确认一个人的身份	提取说话人声音特征和说话内容信息，对声波特征进行提取和验证辨识身份	通过脸部特征和脸部器官之间的距离、角度、大小外形等，进而量化出一系列参数进行识别的技术	通过人体眼睛虹膜特征来识别身份，是目前精确度、稳定性、可升级性最高的身份识别系统

续表

项目	指纹识别	声纹识别	人脸识别	虹膜识别
应用场景	指纹开门、指纹开启发动机、指纹解锁中控屏等	登录、支付、定位操控等	人脸识别登录车机账号、解锁车门、实现定制化场景等	验证乘客身份、授权车辆使用、行进路线跟踪、驾驶疲劳提醒等

三　市场发展状况

目前，大多数汽车企业都推出人机交互系统，交互方式基本以触摸显示屏、物理按键/旋钮、语音控制等方式为主（见表5）。

表5　各主流人机交互系统

人机交互系统	厂家
iDrive 系统	宝马
COMAND 系统	奔驰
MMI 系统	奥迪
安吉星系统	通用汽车、上汽集团、上海通用汽车
MyFordTouch 系统	福特
SENSUS 系统	沃尔沃
CARWINGS 系统	日产
G-book 系统	丰田
MMCS 系统	三菱
Cf-net 系统	马自达
inkaNet 系统	荣威
DiLink 智能网联系统	比亚迪
D-Partner 车联网系统	中国一汽

资料来源：研报。

（一）宝马 iDrive 系统

iDrive（Intelligent-Drive System）系统是宝马公司特有的智能驾驶控制

系统，它是一种全新、简单、安全和方便的未来驾驶概念。其采用位于换挡杆附近的多功能操控模块以及一个10.2英寸的高分辨率（1280×480）显示屏实现最简单直接的人机交互功能。多功能操控模块上有7个快捷按钮以及一个可以拨动、按压及旋转的“操控杆”。其上的快捷键包括CD播放器、收音机、菜单、电话、导航、设置以及返回这7个用户使用最为频繁的功能。操控杆的各种动作则对应菜单的选择、切换或确定选项等功能。虽然并没有采用触屏方式的人机交互，但整套iDrive系统易于上手，操作起来非常方便。

（二）奔驰COMAND系统

COMAND（Cockpit Management and Navigation Device）驾驶舱管理与导航设备，是奔驰研发的独立影音控制系统。COMAND系统包括显示屏、控制器、功能按钮和电话键区，主要对车内的车辆综合控制系统、导航系统、车载电话、音响以及多媒体等进行控制。COMAND系统的中控台液晶屏上具有5个分级菜单，即车辆、导航、电话、媒体和收音机。具体操作时可以通过3种方式来控制，分别是中央扶手箱前的旋钮、空调区域的快捷键以及多功能方向盘上的按键。

（三）奥迪MMI系统

MMI（Multi Media Interface）是奥迪的多媒体交互系统，仅通过8个特定操纵键就能够实现对其行驶、通信、信息以及娱乐系统的从操控。对旋钮的按动或旋转便能完成功能菜单中的功能确认，每个操控键所代表的功能有所不同，可通过操控键进入下级菜单，同时屏幕上会显示相应的说明，按动退回键便能够返回到初始的菜单。MMI带有的记忆功能可以使使用频率高的功能优先排列在菜单的靠前位置，方便用户的操作与进入。

（四）安吉星系统

安吉星（OnStar）是通用汽车专属配置，应用于凯迪拉克、别克、雪佛兰的多种车型。OnStar 技术的安全信息服务对象以通用汽车为主，服务内容包括逐向道路导航（Turn-By-Turn Navigation）、远程车辆诊断、远程解锁服务、自动撞车报警、免提电话和道路援助等。

（五）福特 MyFordTouch 系统

MyFordTouch 系统是福特最新研发的车载多媒体互动系统，能够为驾驶员提供用于操控车辆主要功能的控件和显示屏组合。MyFordTouch 系统由 8 英寸的触摸屏呈现，新一代福特 SYNC 为界面和图像提供支持，平台应用的是微软 Windows Embedded Auto。MyFordTouch 系统对声音识别功能进行了增强，并实现了多接口的 SD 卡槽，驾驶员能够通过直观的、清晰的彩色显示屏和语音实现对各种功能的控制。

（六）沃尔沃 SENSUS 系统

Sensus 旨在构建智能化汽车生态系统和安全、幸福的未来生活新秩序。当前它包括互联（Connect）、服务（Service）、娱乐（Entertain）、导航（Navi）、控制（Control）在内的车载互联功能，未来还将借助沃尔沃 SPA 平台实现更多延展，打造智能城市交通生态系统，为沃尔沃用户的社会活动、生活、旅途提供综合性的解决方案。

（七）日产 CARWINGS 系统

CARWINGS 智行 + 由车载油耗显示仪和基于蓝牙的信息系统两部分组成，通过导航系统或日产呼叫中心向用户提供服务，是东风日产旗下新天籁搭载的车载信息服务系统。CARWINGS 系统能够在统计和历史数据库的基础上结合即时的交通信息对交通条件进行预估，并通过日产的专用软件计算出最佳行驶路线，在减少行驶等待时间的同时提高平均车速，从而提高了燃油的使用效率。

（八）丰田 G-book 系统

豪华汽车品牌雷克萨斯研发推出具有划时代创新理念的智能通信系统——

G-book 智能副驾，2009 年 3 月引入中国。G-book 智能副驾以无线网络连接数据中心为用户提供 11 项智能通信服务，包括高速公路安全驾驶提醒、紧急救援、G 路径检索、网络地图接收、图形交通信息、保养通知、防盗追踪等。

G-book 网络资料系统在任何时间任何地点使人与车、万物的连接更有条理和效率，将应用于电脑、手机等各种平台。

（九）荣威 inkaNet 系统

2010 年上汽集团发布了 3G 智能网络行车系统 inkaNet，产品理念超前、语音识别能力快速精准、人机界面与响应速度出色、服务功能便捷全面。车载应用丰富强大使 inkaNet 自发布起就成为全球车联网领域和车载系统的先行者，也使上汽集团在这两个领域超越众多国际汽车巨头，跃居全球各大车企前列。目前已发展至第三代，应用于上汽自主品牌荣威、MG 旗下多款车型。inkaNet 系统涵盖电话、导航、对讲机、收音机、视频、音乐、网络等多项内容，功能比其他导航娱乐系统更加丰富，在 3G 互联的基础上，其人机交互能力超越了市场上的普通导航娱乐系统。

（十）比亚迪 DiLink 系统

比亚迪对大数据、车联网、智能 AI、语音识别、移动互联等最新技术进行用户洞察后，通过软硬件创新独立自主研发了 DiLink 智能网联系统，该系统由五大板块组成——Di 云、Di 平台、Di 生态、DiUI、Di 开放，Di 云包括云服务、网联应用、数据应用（能耗排名、服务预约功能）；Di 平台包括智能自动旋转 Pad、智能应用适应、“移植”手机生态；Di 生态包括超级汽车生态、手机生态、智能家居生态、DiCall 救援、客户秘书、DiBand 智能手环钥匙；Di 开放共开放 431 个传感器、66 项控制权。DiLink 智能网联系统旨在通过构建开放的智能汽车平台，实现人—车—生活—社会的全面连接，为消费者提供智能出行新体验。

四　产品技术发展状况及趋势

（一）多模态交互已是发展的必然趋势

在物理按键、触摸控制/手势控制、语音控制和生物识别（指纹、声纹、人脸等）等交互方式各有优缺点的今天，其相互之间难以完全替代，基于场景和使用频率将成为平衡各交互途径的切入点，未来更多的前沿技术将逐步向车内渗透，获取部分市场份额，优化驾驶操作与乘坐体验。多通道的融合可以降低驾驶员的认知负荷，提高驾驶安全性。未来车内系统可以在不同场景下检测用户的驾驶状态，并提供合适的交互方式，使车内交互体验更加自然。

（二）HMI 集成 AR 及3D 显示等新技术

随着汽车智能化和网联化的不断发展，车内多屏互动、裸眼 3D 及 AR 等新技术的应用、抬头显示逐渐“AR”化、后视镜智能化及车载系统多系统并存等或将成为 HMI（Human Machine Interface，人机界面）发展的重要方向（见表6）。

表 6　HMI 发展新趋势

趋势	描述
液晶仪表加速发展	随着汽车智能化和车身电子设备越来越多，呈现给驾驶员的信息也在增长，其对仪表的交互需求变得急迫，在未来几年，液晶仪表的发展将会非常迅猛
抬头显示逐渐“AR”化	按照目前全球各大零部件厂商和主机厂的车型规划，搭载初级 AR 技术全挡风玻璃式 HUD 将在 2021 年左右进入真正前装量产元年。未来，AR-HUD 将成为大趋势
流媒体中央后视镜智能化	从单一后视镜向多媒体化、智能化方向发展，功能结构丰富，最终取代传统后视镜
裸眼 3D、AR 等新技术应用	大尺寸屏幕应用越来越多，随着新技术的发展，曲面 OLED 屏也逐渐被应用，裸眼 3D 显示屏、AR 应用也成为发展核心技术的重要方向

续表

趋势	描述
多屏互动	一机多屏(液晶仪表+HUD+中控屏+后座娱乐+扶手+车窗等)驾驶正在重新定义人机交互,目前屏幕作为重要的显示窗口,多屏联动成为人机交互的趋势之一
车载OS多系统并存	随着汽车电子架构向多域控制方向发展,未来虚拟化管理程序的应用支持多个独立操作系统同时运行,每个OS根据自身优势运行在各自适合的域中

(三)交互界面不断延伸

在新技术的发展与应用下,未来车载显示将摆脱液晶屏幕束缚,或出现在任何区域,甚至将空气作为影像传播的介质,人机交互界面无处不在,显示区域存在于各个部件之中,其中车窗玻璃显示可能成为最先落地的技术之一。

现阶段全息投影处于发展初期,可借助一定的介质,并通过特定角度观看。在未来,随着技术的成熟,全息投影技术将在汽车中逐步扩大应用。

(四)车载智能助手将成为主动与情感化交互的重要载体

车载智能助手的搭载将成为智能汽车交互技术趋势之一,包括车载实体机器人和虚拟形象等,基于智能网联系统与语音交互技术,提供更加形象相化与趣味性的人机交互体验(见表7)。

表7　具有代表性的车载智能助手类型特点

形象分类	智能驾驶助手	全息管家	AI虚拟形象	虚拟语音助手,车载版Siri
代表产品	蔚来"NOMI"	奔驰全息智控系统"YOMI"	行车精灵	宝马智能个人助理
表现特点	以实体形式将语音交互、视觉交互和智能情感交互融合一体,带来情感体验	形体上比车载机器人灵活,且可有多种虚拟形象切换	直接在中控屏中呈现AI形象,不需要借助外在介质呈现	形式较为单一,只提供语音协助功能,缺少形象化
搭载车型	蔚来ES8/ES6	奔腾T77/T99	比亚迪唐、宋Pro	宝马3系、4系等
发展趋势	形式逐渐多样化 呈现个性化、情感化趋势			

五 汽车人机交互技术融合创新八个趋势

（一）运载工具向交通系统的转变

智能交通系统（Intelligent Transportation System，ITS）的研究和建设始于20世纪60年代，但一直未能实施。近年来，随着网络互联技术和人工智能与云计算技术的发展，智能交通系统的实现成为可能。移动互联网、车联网技术能够解决各种协同交互问题，包括汽车内部各系统之间的、汽车与人之间的、汽车与环境之间的。移动通信技术演进形成的车联网（Long Term Evolution Based Vehicle to Every-thing，LTE - V2X）和5G条件下的车联网（5G - V2X）等先进车用无线通信技术能够为智能网联汽车提供延时低、可靠性强、无线通信能力强的技术服务，并将“人—车—路—云”等交通参与要素有机地结合起来，构建全新的网状智能交通系统。目前众多企业在“车路协同”方面开始布局，百度作为最早布局的企业之一，从2016年至今，已经在场景数据和测试里程积累上取得了阶段性成果。

在智能交通系统的背景下，设计对象已经不仅仅是单一的汽车产品，而是车、人、基础设施、城市环境等要素共同组成的有机的交通系统。因此，智能网联汽车的设计已经转变为多领域、多学科的系统设计。各相关的专业领域共同参与到出行系统的设计当中，整合使用出行系统的设施和资源，使出行更加方便高效。国内，滴滴出行的智慧交通、阿里巴巴的城市大脑、百度的AI-city等多个跨交通工具的智能交通系统平台已经在研发之中，很快将实现投入运营。

（二）新型移动终端

智能网联汽车已经逐渐成为一个移动终端，汽车可以通过自身或者车内的移动设备等连接网络，其中，会有成熟的移动互联网产品在车内使用或与汽车互联，在车内的独特情境下，也会产生新的设计和商业机会，这使智能网联汽车的相关服务成为智能网联汽车人机交互设计的主要内容之一。除家庭和办公场所以外，汽车是多数情景下使用时间最长的独立个人空间，当高级别自动驾驶实现之后，用户得到解放，能够完成驾驶以外的其他任务，这便体现了在汽车上开展个人空间服务设计的必要性。用户在汽车中可以获得在其他场所不能获得的相对独立的第三空间体验，在这个空间中，汽车作为一个移动终端和周边环境或网络进行信息传递与交互，不会使人感到孤立存在，使智能网联汽车与周边物理和虚拟环境的互联服务成为未来发展趋势之一。目前，移动互联网所建立的生态圈已经将各类生活服务涵盖在内，智能网联汽车的生活服务是在位置服务的基础上设计，与其周边物理和虚拟环境的互联服务都具有直接关系。找车位、停车、汽车保养、维修、加油、充电、过路费收取等与汽车强关联的服务需要将服务设计与使用场景紧密结合，对服务内容进行创新，充分利用互联网和人工智能解决相关问题。与汽车出行弱相关的服务则需要考虑不同的驾驶场景，提供相应的服务模式、流程以及交互方式。

随着智能网联汽车用户的驾驶功能削减，智能网联汽车空间正从驾乘空间向其他服务空间扩展，服务空间的概念是智能网联汽车与手机等传统移动设备相比最大的差别，智能网联汽车可以通过内部环境、灯光、声效的变化，以及内容显示、空间布置等功能为用户提供具有差异性的服务空间。很多企业在汽车的内部空间进行了重新设计，为各类服务提供空间。

（三）随处可显示

随着智能网联汽车自身数据、车内外的信息交互数据、用户数据的快速增长，显示信息的数量也快速增加，资讯、社交、娱乐等大量信息涌入汽车内部使在车内需要显示的信息量已经远超驾驶本身信息。同时，信息显示所需的维度也更加复杂。车内多屏显示、辅助驾驶显示、车内外信息显示、基于路况的自然显示、移动设备与汽车的整合显示等都成为多维度显示的内容。信息数量的增加和维度的复杂性，使智能网联汽车的显示需要更多空间。未来，智能网联汽车的显示将不仅限于传统的中控台、仪表板、后视镜等区域，显示装置可能被嵌入任何环境和物理设备中。随着柔性屏、透明屏

等多种设备的应用，智能网联汽车的信息显示可以出现在车内外所有可能的区域。显示材料和技术的发展也加快了随处可显示这一趋势的发展。在显示方式上，智能网联汽车的显示将不局限于单一的物理装置，而是多形式、多位置的整合。多屏显示将是未来智能网联汽车显示方式的发展趋势。全息显示、平视显示、增强现实等显示技术的逐步成熟，将形成一个全新的显示界面。

显示位置和方式的多样化是随处可显示最突出的特点，将会对原本以驾驶为中心的信息架构根据互动、娱乐、个性化设置等层级进行分解，系统性地设计汽车人机交互界面的不同显示。从不同信息的传递、可视化等维度对信息分布进行设计。平视显示是诸多显示技术中最可能实现重大突破的，其最大优点是可以让驾驶员在视线不离开前方路面的情况下获取各类信息，能够有效地提高驾驶安全性。平视显示系统将路况、导航、车速等数据可视化处理后显示在汽车前挡风玻璃附近，驾驶员除了可以获取驾驶信息、辅助驾驶信息外，还可以获取娱乐信息。

（四）接管与移交

随着智能网联汽车自动驾驶水平的提升，驾驶员从繁重的驾驶任务中解脱出来，但与此同时对车辆的控制权在减少。到了真正的无人驾驶阶段，甚至可能完全丧失控制权。控制权的减少或丧失，使驾驶员的安全感缺失，从而产生负面影响。从历史角度来看，人与机器产品的关系正在从“人适应机器”、“机器适应人”向着“人机相互适应”的弹性关系方向发展，这种弹性人机关系的核心是控制权不是单一归属，会在人和机器间发生转换，相互适应。因此，在人工智能时代，控制权的接管与移交将成为智能网联汽车人机关系的核心。未来汽车人机交互设计在人机控制上的趋势是，智能网联汽车系统的控制权会根据驾驶情境的需要，在人和车之间发生转换，实现任务的接管与移交。从人机交互的角度来看，人机介入式控制包括两个方面——智能网联汽车介入式控制和用户介入式控制。智能网联汽车介入式控制是指智能网联汽车的驾驶系统能够在对驾驶员多维度监测和判断的基础之上，对实时情境数据和以往数据进行分析，从而预测驾驶员或者汽车即将产生的行为，使智能网联汽车介入驾驶员的操作中，执行自动化驾驶控制。用户介入式控制是指智能网联汽车在高度自动化驾驶期间，允许驾驶员介入自动驾驶过程中的控制方式，驾驶员可以通过介入驾驶或其他形式，获得控制权。用户介入式控制的接口相对开放，驾驶员通过接管控制权保持掌控感，提升驾乘体验。

人机介入式控制有四点设计原则。第一，驾乘控制更安全。介入式控制重点在于人机协作，不盲目依赖自动驾驶或人为驾驶。这种人机协作，一方面能够减少智能网联汽车自动驾驶系统无法处理的突发情况，另一方面很大程度地降低了驾驶员个人原因造成的交通事故的概率。第二，控制权补偿。控制权逐渐失去会使驾驶员产生不安，用户介入式控制在为驾驶员提供控制权的同时，一定程度上提升了驾驶员的安全感。人机介入式控制最好的状态就是为驾驶员提供他们需要但用不到的控制权。第三，情境多样化。驾驶情境的复杂性决定了人机介入方式的多样性。在未来，智能网联汽车可以利用其感知技术和结构化数据对算法进行深度学习提升计算力使自动驾驶系统对相关情境进行准确识别，并根据驾驶员情况提供多样化的人机介入式控制方式。第四，控制切换的设计。在人机介入式控制中，关键设计之一就是不同情境的控制切换。在紧急情况下，智能汽车的控制切换会优先保证驾驶安全，而在非紧急情况下，智能网联汽车的控制切换会优先确保驾驶员的驾驶与控制体验。因此，明确切换时间和条件，以及切换过程中和切换前后的责任归属是未来人机介入式控制设计的一个重点方向。

（五）实体媒介交互

传统人机交互设备的典型是显示和控制分离设计。在自动驾驶技术（L3～L5 级别）成熟和推广之前，很大程度上会保留传统的驾驶设备，在这样的情况下，在未来智能网联汽车的应用中，车内实体设备都可作为交互媒介，并被赋予全新的交互功能。此外，实体媒介交互呈现信息的形式将是物理形式，驾驶员通过触觉交互等新的交互方式在物理界面上与动态交互信

息进行感知和交互。随着材料科学和智能技术的不断发展，汽车的物理控制设备将逐渐超越其固定的物理属性，被赋予动态的交互内容，形成实体显示控制界面和信息数据的传播媒介。在媒介材料上，其材质、弯曲度和柔韧性等性能实现多样化实体，同时通过对重复性、灵敏度、线性度等条件的控制构建新的交互形式。相关技术的实现包括事故状态预警、车道偏离、手持/手离方向盘检测等。物理材质的新交互方式使实体交互更加灵活，取代了机械的传统实体交互。驾驶员可以通过更自然的按键或触摸行为完成操作并得到反馈，更符合驾驶员的操作习惯。实体媒介交互方式提供了物理的、有形的、交互式的空间数据，使驾驶员能够操作并掌握复杂的三维数据。

自动驾驶完全实现之后，驾驶员的主要关注点将转移至智能网联汽车的内部，汽车的内部空间也会发生重大变化，为移动办公、移动休息、移动娱乐等提供空间场景，在这样的情况下，传统的控制设备也会发生改变甚至被取代。在新的技术环境下，实体交互媒介的设计包含实体界面设计，同时还包含虚拟信息设计，突破传统控制设备形式，形成新实体交互媒介。在这些实体媒介中，灵活的控制方式成为可能。

（六）个性化

个性化一直都是用户需求和设计趋势。特别是 21 世纪以来，个性化产品已经逐渐成为时代主流。在智能网联汽车时代，用户会根据自身需求对汽车提出不同的要求，传统的定制模式已经远远不能够满足用户的个性化需求。在汽车领域，生物识别的应用是大势所趋，在生物识别的基础上，这样的技术趋势为汽车个性化奠定了基础，通过将线下识别信息和线上用户进行整合，能够构建线下、线上无缝衔接的定制化体验，这将是汽车个性化最核心的发展趋势。汽车个性化的发展能够大大节省用户的操作成本，体验更加便捷。智能网联汽车在身份识别的基础上结合生理、心理感知技术能够实现对人的生理、心理状态的实时监控，从而实现人机交互界面的实时个性化。

（七）多感官融合交互

多感官融合交互是指将人的视觉、听觉、触觉、味觉、嗅觉、躯体感觉等多个感官融合在一起，与产品或系统产生交互，能够使人全方位、立体、综合地感知、操作和体验产品，从而对产品形成全面的认知和情感体验。多感官融合交互的应用已经成为智能网联汽车发展的重要特征和创造全方位驾乘体验的重要因素。多感官融合能够降低驾驶员的认知负荷，提高驾驶安全性。近年来，随着传感识别、自然语音、情感计算和机器感官增强等多项技术发展，多感官融合交互成为可能。其中，自然语音技术最具代表性，其包含自动语音识别技术（Automatic Speech Recognition，ASR）和语音合成技术（Text To Speech，TTS）。目前，语音交互技术日趋成熟，并且广泛应用于以智能家居为代表的智能产品领域，未来将成为智能网联汽车的标配。智能网联汽车作为智能产品之一，承载特殊的驾驶任务，有极高的安全性要求，语音技术的使用能够大幅提升驾驶的安全性。

目前，手势交互仍需解决驾驶场景适应性问题。手势交互作为一种自然的交互方式，能够让用户脱离实体设备的束缚，提供范围更大、操作可以模糊的交互方式，可以有效减少汽车行驶过程中驾驶员的分心。在高级别自动驾驶实现之前，手势交互将是汽车人机交互的重要储备技术。目前，在实际驾驶场景下，由于系统识别要求、驾驶场景复杂等问题还未解决，手势交互的正确识别率不高，难以实现规模应用水平。嗅觉是目前尚未广泛应用的感官通道中，最有可能被运用在汽车领域人机交互的感官，车内系统可以根据用户需求、驾驶场景和品牌需要提供不同的气味，打造全新的品牌和驾乘体验。

（八）智能情感交互

在自动驾驶技术的基础上，未来智能网联汽车将是“聪明的”，能够进行“理解和思考”，并实现智能的情感交互。人工智能的核心能力体现在感知和认知两个层面，感知能力和认知能力是实现智能网联汽车智能情感交互

的前提，智能网联汽车不仅能够实现自动驾驶和回应指令，并且能够与用户进行情感交互和协作。“理解和思考”可以让智能网联汽车胜任更为复杂的工作，更高效地完成驾驶任务，满足用户的各种需求。汽车的交互体验设计要在“理解和思考”的基础上考虑到用户的情感需求，使汽车成为有情感的合作伙伴，这将是汽车人机交互的重要发展趋势。

六 行业存在的问题及建议

（一）行业存在的问题

从企业自身看，行业成本的不断上升压缩了企业盈利空间，智能交互行业成本竞争力下降，产品同质化严重，结构性问题比较突出。与此同时，部分制造商跟不上消费变化，面临品牌竞争激烈、转变经营模式困难等突出问题。

从大形势来看，智能交互企业也受到“过度房地产化”对其的挤出效应和“过度金融化”掠夺其发展成果的影响。

（二）发展建议

创新和产业升级是加快制造强国建设的关键，中国制造业必须拥有自身的核心技术，以“品质革命”引领中国制造的华丽转身。国家应进一步优化营商环境，为企业强化服务、减轻负担；不断改造与制造业相关的公共政策，进一步加大对内对外开放步伐，培育世界先进制造业集群。国家应建立健全复合人才培养机制，不断推动资源要素向实体经济聚集和各要素融合发展。

参考文献

刘凯：《车载智能通信系统的研究》，北京工业大学硕士学位论文，2014。

张竞涛：《数字孪生技术在智能交通应用中的态势与建议》，《信息通信技术与政策》2020 年第 3 期。

谭浩、孙家豪、关岱松、周茉莉、齐健平、赵颖：《智能汽车人机交互发展趋势研究》，《包装工程》2019 年第 20 期。

谭征宇、戴宁一、张瑞佛、戴柯颖：《智能网联汽车人机交互研究现状及展望》，《计算机集成制造系统》2020 年第 10 期。

朱宁：《车载互联系统主观评价方法研究》，《汽车文摘》2020 年第 3 期。

《中共中央 国务院印发〈交通强国建设纲要〉》，《中华人民共和国国务院公报》2019 年第 28 期。

B.9

自动驾驶操作系统行业发展报告

摘　要：　在“新四化”背景下，智能网联汽车成为产业竞争的焦点，汽车电子的产业链和技术链面临重构。基于高性能系统级芯片构建的车载智能计算平台（汽车“大脑”）是新型汽车电子电气架构最重要的组成部分，能否在智能网联汽车电子产业竞争中获胜，取决于能否实现L3级以上的自动驾驶功能。本文通过对车控操作系统和车载操作系统市场、技术发展现状和趋势等方面的研究，分析了当前行业发展存在的问题，并提出发展建议。

关键词：　自动驾驶　操作系统　融合发展

一　行业发展综述

（一）自动驾驶操作系统行业的概念

作为国民经济的重要支柱产业，汽车产业是推动实现制造强国、交通强国、网络强国建设的重要支撑和融合载体。在“新四化”背景下，智能网联汽车成为产业竞争的焦点，汽车电子的产业链和技术链面临重构。

智能网联汽车是指在融合人工智能、现代通信与网络等技术的基础上，搭载更为先进的车载传感器、控制器、执行器等装置，完成车与X（车、路、人、云等）智能信息互换、共享，能感知复杂环境，进行智能决策、协同控制等，可实现“安全、高效、舒适、节能”行驶，将替代人操作作为最终目的的新一代汽车。

智能网联汽车在高速发展的同时，车辆需要完成感知、决策、控制等一系列操作，机器要逐渐取代人来完成复杂的驾驶任务，以 CAN 总线为基础的传统汽车分布架构已无法满足需求，基于高性能系统级芯片构建的车载智能计算平台（汽车“大脑”）是新型汽车电子电气架构的最重要的部分，其能否在智能网联汽车电子产业竞争中获胜，取决于能否实现 L3 级以上的自动驾驶功能。车载智能计算平台的硬件主要包括模组、芯片、接口等，软件就是操作系统。广义的汽车操作系统可分为车控操作系统和车载操作系统两类，其中，车控操作系统是动力、底盘、车身等方面控制系统的基本运行条件；车载操作系统提供人、车、互联网等方面的信息交互，是汽车实现联网功能的关键设备（见图 1）。

图 1　车载操作系统（车载娱乐系统/仪表盘显示系统）

（二）行业环境现状

目前，欧、美、日在智能网联汽车技术领域形成了较强的优势。美国以 AI 技术为切入点，旨在掌控智能网联汽车车载核心芯片架构，取得人工智能计算时代的主导权，其在智能网联汽车产业链上具有显著优势；欧洲的汽

车电子零部件供应商和整车企业世界领先，其基于车载传感器的自动驾驶技术也处于领先位置；日本汽车产业和交通设施均有较好的基础，智能网联汽车方面的技术也在逐步提升。

中国发挥市场与体制优势，实践智能化与网联化融合路径。国内主要主机厂已经开始在量产车型上装配DA、PA级辅助驾驶系统产品，同时纷纷发布具备CA、HA级自动驾驶功能及C－V2X功能汽车的量产计划。2020年3月，长安汽车发布了国内首款具备L3级别自动驾驶功能全新车型UNI－T。2020年6月，东风汽车发布L4级5G自动驾驶汽车Sharing-VAN。计算平台、激光雷达、毫米波雷达等核心零部件纷纷取得国产化突破，但在核心传感芯片、计算芯片方面仍与国外顶尖企业具有一定差距。在网联化方面，C－V2X产业生态体系基本形成，产业化速度加快。基础设施建设、高精度地图和高精度定位等也取得阶段性进展，提升支持高等级智能网联汽车规模应用的能力。

自动驾驶推进汽车软件化进程，新型电子电气架构将成为未来发展趋势。为应对车辆智能化与网联化发展趋势，大众、戴姆勒、博世、松下、上汽等公司已聚焦软件技术开发能力建设，全力推进汽车软件化进程。此外，传统汽车电子系统由数十个，甚至近百个负责不同功能的电子控制单元组成，这种碎片化的汽车电子系统缺陷明显，已经难以满足未来汽车软件化的需求。未来基于域控制器、中央计算平台的电子电气架构将成为趋势。其优势明显，可使车辆软硬件分离，充分利用硬件性能，提高软件复用率，降低整体成本；同时，车企将主导核心算法开发，自主软件系统的开发与应用，能掌握对整车OTA升级能力，从而实现车辆性能、功能的持续优化与迭代更新。

二　市场发展状况

汽车在不断向网络化、智能化方向发展，智能车控、车载操作系统也已成为重要的发展方向。

车控操作系统是管理车辆动力、底盘、车身等基础硬件系统和软件资源的程序。欧美已开展了两轮标准化工作：OSEK/VDX（对操作系统和网络管理进行标准化）和AUTOSAR（从软件架构、开发方法、开发工具三方面进行标准化）。目前，德国Vector、dSpace、ETAS，芬兰EB和美国Mentor Graphics等企业都拥有符合以上标准的操作系统产品及完善的解决方案，并大量应用在汽车上。

传统的车载操作系统仅局限于简单的少量应用集成，为车辆实现所需的基本功能如娱乐、导航、后视等功能所开发，并且和车辆物理控制系统完全分离，仅作为附属功能额外搭配。

智能车控操作系统指以实现自动驾驶为目标，利用人工智能等相应技术，实现对车辆的智能控制。现阶段主要的智能车控操作系统大概分为两类，一类是移植机器人开源项目的操作系统，然后有针对性地优化研发，如由开源ROS系统优化研发而来的百度CarOS系统，另一类是基于开源Linux的操作系统，如特斯拉的Autopilot的操作系统。以下公司已经布局智能车控操作系统：Google、特斯拉、苹果、Uber、百度等互联网企业，而宝马、沃尔沃、福特等传统车企也逐步加入。

（一）市场规模

1. 智能车载操作系统

智能车载操作系统主要包括车载信息娱乐系统、流媒体中央后视镜、抬头显示系统HUD、全液晶仪表、车联网模块等。通过多屏融合实现人机交互，以液晶仪表、HUD、中控屏及中控车载信息终端、后排HMI娱乐屏、车内外后视镜等为载体，实现语音操控、手势控制等更智能化的交互方式，并逐步融入人工智能、AR、ADAS、VR等技术（见表1）。

车载操作系统下能集成芯片硬件，上能提供开发框架和算法库，为用户应用平台的定制开发提供支撑。智能座舱OS作为应用类程序的运行载体，发挥着构建智能网联汽车生态的作用，因此要求具备便捷的开发接口和良好的移植性。

表 1 智能车载操作系统前装市场渗透率及预测

单位：%

产品	2017 年	2018 年	2019 年	2020 年	2021 年	2022 年	2023 年	2024 年	2025 年
车载信息娱乐系统	71.3	78.7	83.1	90.2	92.0	94.0	96.0	97.0	98.0
驾驶信息显示系统	5.9	6.4	15.0	27.2	35.0	43.0	50.0	55.0	60.0
HUD	5.9	6.4	7.5	8.7	10.7	13.7	17.7	23.7	30.0
流媒体后视镜	5.1	0.7	3.1	7.6	10.0	14.0	18.0	22.0	26.0
行车记录仪	3.7	11.3	10.6	13.0	17.0	23.0	29.0	36.0	44.0
后排液晶显示	1.5	0.0	0.6	1.1	2.0	3.0	4.0	5.5	7.0

资料来源：ICVTank。

随着智能座舱总体市场的迅速扩大，各巨头将投入更大资源角逐智能操作系统的王者宝座。预计到 2025 年，国内智能操作系统总体市场规模将超过 1000 亿元（见图 2）。

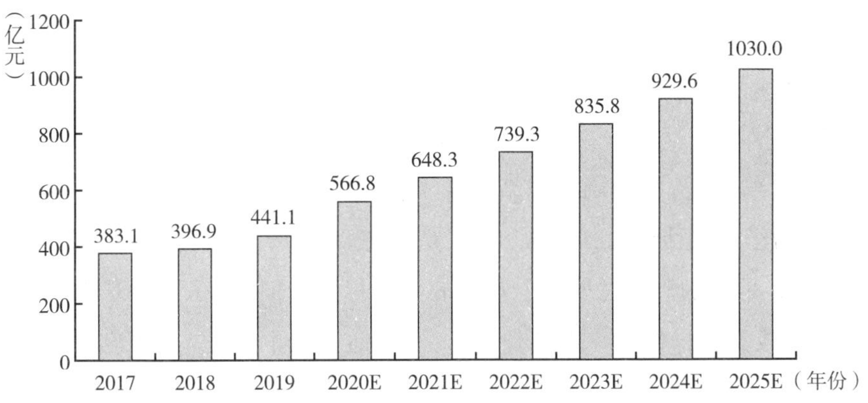

图 2 智能车载操作系统市场预测

资料来源：ICVTank。

2. 智能车控操作系统

在全球范围内，自动驾驶车控操作系统尚处于技术起步阶段，意味着这是行业融合形成的蓝海和重点领域，特别是高性能复杂嵌入式系统，高速网络，人工智能芯片及算法，海量数据收集、处理和计算，云机协同等。目前全球范围众多的公司以此为契机发力，有望在2~3年有所突破。此外，各大公司也开展业内合作和跨界协同，对国外行业融合理解更深刻，产品市场化执行能力更强，经验更丰富，如大众宣布研发VW. OS等。

（二）竞争格局

1. 车控操作系统

全球众多OEM、零部件供应商、ICT供应商以L3级自动驾驶量产为目标进行发力，但大多数是针对操作系统的某一子模块单独发力，难以形成合力。在系统框架层面，Autosar Classic和Adaptive比较普遍，但在自动驾驶生态体系方面比较欠缺；内核方面，普遍使用QNX作为传统车控实时OS；通信框架方面，运行在Linux上的ROS被广为接受。但这些都未达到系统、功能软件层面。

承担汽车控制功能的车控操作系统必须是高稳定性的嵌入式实时性操作系统，保证在一定时间限制内完成特定功能。例如汽车安全气囊控制，在车辆发生碰撞的很短时间内（毫秒级）若不能快速打开，就无法对人员起到保护作用。

目前主流的汽车控制操作系统基本上兼容OSEK/VDX和AUTOSAR两类汽车电子软件标准，OSEK/VDX是基于ECU开发的操作系统标准，AUTOSAR是基于整体汽车电子开发的功能标准。但OSEK和AUTOSAR仅作为标准定义了操作系统的技术规范，基于这些技术规范，各家软件和工具服务商开发了各自的操作系统产品，然后提供给Tier1供应商。

（1）AUTOSAR平台

AUTOSAR中规定的操作系统标准是基于OSEK/VDX，虽然在通信和网络管理方面与OSEK有区别，但AUTOSAR是基于OSEK/VDX发展出来的，AUTOSAR标准软件架构包含OSEK/VDX。

AUTOSAR（Automotive Open System Architecture，汽车开放系统架构）致力于制定汽车电子软件的标准，于2003年由全球汽车制造商、半导体和软件系统公司、Tier1部件供应商联合建立了一个联盟，为汽车开发一个开放、标准化的汽车电子控制单元（ECU）软件架构，帮助汽车制造商更好地管理日益增长的复杂系统，核心成员包括宝马、博世、德国大陆、戴姆勒、福特、通用、标致雪铁龙、丰田和大众等。

AUTOSAR 目前主要有两个平台，一是早期的 Classic Platform（经典平台），在基本微控制器上实现，适用于具有严格的实时和安全性要求的车辆（见图 3）；二是 2017 年为适应自动驾驶发展提出的 Adaptive Platform（自适应平台），能够很好地满足自动驾驶对高性能计算和高宽带通信的需求（见图 4）。

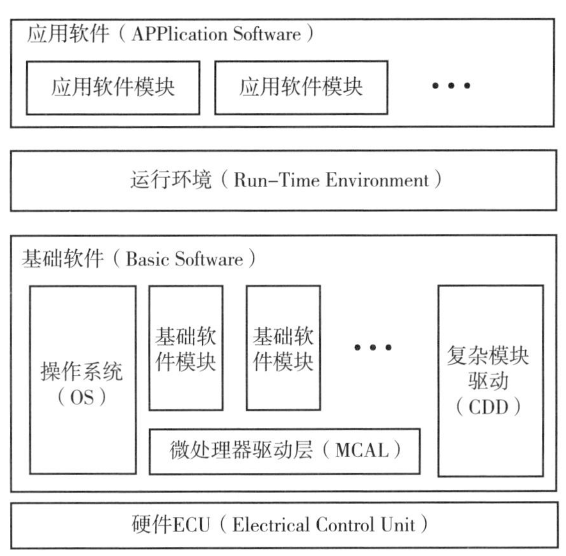

图 3　经典平台

Classic Platform 在传统汽车电子领域应用广泛，但 Adaptive Platform 发布较晚，相比 ROS，在自动驾驶生态建设上还存在差距，现阶段在自动驾驶 OS 领域的应用范围较小。

（2）ROS 和 Linux 平台

ROS（Robot Operating System）是一套基于 Linux 的统一的开源程序框架，旨在控制在多样化的现实世界与仿真环境中的机器人，同时也是一个贡

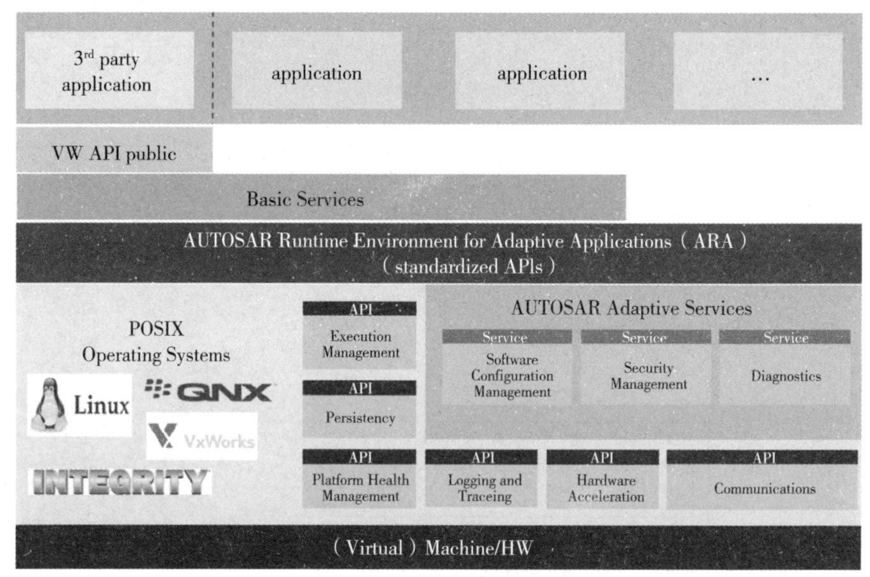

图4　自适应平台

献者众多的大型软件项目。

2000 年，为了给机器人研究建立一个开放式的协作框架，斯坦福大学开展了人工智能机器人（AI Robot，STAIR）项目、个人机器人（Personal Robots，PR）等一系列相关研究项目，在研究具有代表性、集成式人工智能系统的同时，建立了用于室内场景的高灵活性、动态软件系统。

2007 年，柳树车库（Willow Garage）利用其大量资源，扩展和完善了斯坦福大学项目中的软件系统，同时，还有其他无数研究人员一起努力，逐步完善了 ROS 的核心思想和基本软件包。

现阶段自动驾驶技术最重要的部分为算法和计算平台的搭建，其中绝大部分的算法在基于 Linux 内核的 OS 中间件环境——ROS 中进行搭建和验证。特斯拉 Autopilot 系统主要是基于 Linux 建立的。

（3）Apollo 平台

Apollo 把打造开放式自动驾驶平台（架构 + 底层软件 + 通用算法模块）作为其目标，全球的开发者都被吸引，他们协同合作改进自动驾驶必备的各类模块算法，联合汽车主机厂和零部件供应商将其商业化，并收集车辆移动中的实时数据，不断优化自动驾驶的人工智能算法（见图5）。

百度研制的自动驾驶操作系统CarOS，具有实时、可靠、安全、可控的优点，处于国际领先水平，其可提供一整套完善的自动驾驶操作系统应用框架及服务。操作系统是计算平台的重要组成。CarOS处于上层应用软件和底层硬件之间的中间层，可提供模块通信、服务调用等应用接口及丰富的传感器驱动等功能，是汽车电子系统的核心软件。针对自动驾驶业务的实际需求场景，百度自主设计、研发了向下能够兼容主流硬件计算平台，向上能够支持自动驾驶业务各个应用模块的实际业务需求的车载操作系统运行框架Cyber RT。

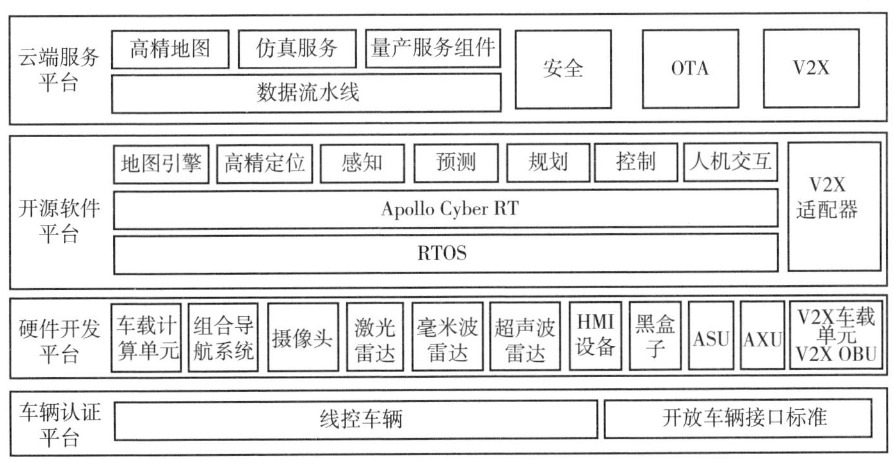

图5　百度Apollo整体架构

在Apollo平台中，OS位于功能算法层与硬件平台层之间，对上提供系统级的功能接口，包含数据读取、并行计算、消息通信、数据存储等，对下提供不同硬件平台、不同传感器设备的驱动支持等，起到一个中间层的作用。

Apollo的操作系统主要分为两个部分，底层的RTOS是基于Linux研发的实时操作系统，是为自动驾驶定制的轻量级、高实时的操作系统；上层的

Cyber RT 计算框架则是扩展了操作系统的接口，为上层应用提供计算调度、通信等基础功能，提高系统的研发效率和性能。

（4）华为 MDC

华为 MDC 智能驾驶计算平台基于自研鲲鹏 CPU 和昇腾 AI 处理器开发，搭载了基于华为鸿蒙的智能驾驶 OS，是一个开放的标准化平台产品，可支持从 L2 + 级高级驾驶辅助到 L5 级自动驾驶的演进，能够兼容 AUTOSAR 与 ROS，已经和 18 家主流车企和一流供应商建立了合作关系，覆盖乘用车、商用车、特种作业车等应用场景。华为 MDC 智能驾驶计算平台于 2020 年 2 月获得 ISO 26262 功能安全管理认证证书。

（5）大众 VW. OS

2018 年 8 月，大众集团宣布将投入 35 亿欧元为整个产品系列开发“VW. OS”软件操作系统，从 2020 年起大众品牌的电动汽车上将应用该系统，这些新车将拥有全新的电子结构，用于自动驾驶功能。

大众的汽车电子系统正在从分布式向集中式处理方式转换，计划将 ECU（车载控制单元）功能集成起来，最终实现系统模块数量级的减少，核心架构从当前上百个控制单元减少到 3 ~ 5 个车载中央处理器。以新高尔夫为例，需要将来自 200 多个供应商的 70 个控制单元，减少到 3 ~ 5 个中央处理器，因为当前庞杂的架构系统根本无法满足自动驾驶时代汽车的开发。

搭载大众 VW. OS 的汽车将使用专有软件操作系统连接各种传感器，这些传感器通过操作系统与对应的 ECU 取得联系，可以在大幅减少互相通信的基础上，共享底层代码，进而大大减少代码量，实现 ECU 功能的集成。

目前基于 AUTOSAR 经典平台开发汽车控制器的大量软件工作是由供应商完成的，其特点是面向特定实时性功能，缺点是系统对 RAM 或 Flash 等资源具有较低的占用率。VW. OS 使大众可以对汽车进行空中软件更新，而不是依赖不同厂商提供各种传感器的第三方软件，将原先属于供应商的工作回到大众的掌控中。

2. 车载操作系统

现阶段智能车载操作系统的标准在国际上还没有统一，但至关重要的知识产权主要被黑莓 QNX、谷歌 Android 以及许多基于 Linux 定制的 OS 等国外软件企业掌握，整车 OEM 和 Tier1 供应商会在以上 OS 的基础上开发定制化界面，用于汽车信息娱乐和仪表等产品。

（1）QNX

QNX 操作系统是一种商用的类 Unix 实时操作系统，由 Gordon Bell 和 Dan Dodge 在 1980 年开发出来，目标市场主要是嵌入式系统，在 2010 年被黑莓手机（BlackBerry）制造商 RIM（Research In Motion Ltd.）收购。

QNX 具有小巧的核心、极快的运行速度、独特的微内核架构，安全可靠，作为全球首款通过 ISO 26262 ASIL－D 安全认证的车载的 OS 产品，具备整车厂最为看重的优势。

QNX 公司为汽车开发了完整的数字座舱系统（QNX Platform for Digital Cockpits）、车载信息娱乐系统 QNX CAR（QNX CAR Platform for Infotainment）和驾驶辅助系统平台（QNX Platform for ADAS），开发人员可以灵活选择工具，并支持 Android 应用程序。

（2）Linux/AGL

Linux 是一款具备高效、开源、灵活优点的 OS，与 QNX 相比，开源是其最大的优势，开发灵活度很大。Linux 内核紧凑高效，可以充分发挥硬件的性能。

OEM 和供应商需要在一个比较固定和可靠的 Linux 版本上进行开发，但由于 Linux 版本变动很快，因此需要积累大量 OS 开发经验。特斯拉、阿里分别基于 Linux 开发出了自己的汽车操作系统。目前基于 Linux 内核的 OS 在智能座舱 OS 市场中占据约 20% 份额。

Linux 基金会于 2014 年发布了开源 AGL（Automotive Grade Linux）规范 1.0 版本，它是第一个开放式车载信息娱乐（IVI）软件规范。Automotive Grade Linux 是一个协作开源项目，由 Linux 基金会管理，它将汽车制造商、供应商和科技公司聚集在一起，以加速开发和使用完全开放的智能网联汽车软件堆栈。

AGL 设立的最初目的，是提供一个车规级的信息娱乐系统，但随着自动驾驶的发展，未来还会加入更多的功能，不仅会融合仪表盘、舱内控制的功能，还会覆盖自动驾驶的相关功能。截至2020年3月，国内加入AGL的已有上汽、德赛西威、中国移动、中科创达等，成员总数已达146个。

2018年发布的丰田凯美瑞混合动力XLE首次使用了基于AGL的信息娱乐系统。奔驰Vans正在开发使用汽车级Linux（AGL）的下一代车载操作系统，可基于AGL向车辆添加和连接任何类型的物联网组件，如传感器、自动化控制和执行器，最终服务于奔驰的自动驾驶货车和乘用车。

（3）Android

安卓（Android）由Google公司和开放手机联盟领导及开发，是基于Linux的自由及开放源代码的操作系统。Google以Apache开源许可证的授权方式，发布了Android的源代码。安卓被认为是基于Linux内核开发的最成功的产品，应用生态最为丰富，主要使用于移动设备。

安卓最大的优势在于庞大的手机群体，为其OS开发了极其丰富的应用，可以迅速实现移植，在汽车上快速建立起软件生态。安卓已推出车规级版本，目前在国内汽车信息娱乐系统中占据主流。

作为开源OS，安卓吸引了中低端OS开发商，但同时给系统漏洞和后期版本升级等带来了技术维护成本和巨大风险。作为汽车操作系统，Android的稳定性和安全性较差，而且Android手机应用在操作逻辑和触控体验上与汽车操控不相适应。

2019年5月，谷歌正式开放基于Linux运行的开源前装车机系统Android Automotive OS，便于开发者开发应用程序，其将首先在沃尔沃旗下的Polestar 2车型上使用。Polestar 2有两个屏幕，包括11英寸的中控屏和驾驶员仪表屏，两块屏幕都运行在Android Automotive OS上，不同于目前很多车企用不同的操作系统来分别开发中控屏和仪表屏。

谷歌公司推出的基于安卓的汽车操作系统平台产品尚处于发展早期，但国内车载信息娱乐系统产品的底层操作系统几乎全部采用安卓，主要的造车新势力也都基于安卓深度定制了自身的系统。

（4）小度车载 OS

小度车载 OS 作为百度 Apollo 推出的完整人工智能车联网系统解决方案，通过多模交互方式，实现以人为本的自然交互体验，为用户带来更加优质的驾驶体验。主动式交互中，小度车载 OS 系统结合百度 AI 能力，通过智能判断用户当前所处的不同场景，依据动态的人、车、场景组织服务，在恰当的时机把信息和服务呈现给用户。基于多通道交互能力，系统可以通过红外人脸识别智能判断用户当前的状态，通过语音通道和 GUI 通道的配合原则，对用户做出情感关怀，例如语音提醒和车内环境因素调节等。而直觉式交互，则是指用户通过语言、肢体动作、表情等与车机交互，不仅使用户的交互更加自然，极大地降低学习成本，也同步提升驾驶愉悦感和安全系数。百度为开发者提供了开放平台，让开发者加入车载 OS 生态的建设过程之中。同时百度的自动驾驶平台 Apollo 也为其车载 OS 的开发和应用推广起到了重要溢出效应。小度车载 OS 合作车企已超过 60 家，合作车型超过 500 款。

小度车载 OS 不仅致力于提升用户智能驾乘体验，让用户开上更聪明的车，同时致力于帮助每个 OEM 造好车、卖好车，让每个 OEM 都能拥有属于自己的智能车联系统。小度车载 OS 不但提供端到端完整解决方案，还推出了可集成的嵌入式解决方案，满足车企差异化需求。全面开放小度车载 OS 平台，让 OEM 拥有多维度的连接能力，可以支撑 OEM 进行定制开发和拓展，让车企自由选择适合自己的智能化、个性化车联解决方案。

（5）AliOS

2015 年，阿里基于 Linux Kernel LTS 开发出 YunOS，并与上汽合资成立斑马网络公司进行业务推广。YunOS 在 2017 年更名为 AliOS，并在 2017 年宣布开源。2018 年，阿里发布 AliOS 2.0 系统。

AliOS 属于智能座舱 OS，不包含自动驾驶功能，它通过先进的交互方式对座舱内部件进行操控以及获取娱乐导航等信息服务，通过环境场景的感知来为用户提供驾驶辅助和服务推荐，可以实现车辆近远程控制（借助手机 App，车主远离车辆也可以进行上锁、解锁、打开后备厢、打开空调系统和座椅加热）和车辆状态查询。

AliOS 添加了云服务相关的模块以接入阿里巴巴的生态环境，重点包括电子商务（淘宝）、网络支付（支付宝）和高清地图（高德），打造手机之外的第二移动支付终端。

（6）WinCE

WinCE 是微软公司于 1996 年发布的嵌入式操作系统产品，基本为车载主机、车载导航或车载娱乐系统。随着用户需求的增多和改变，以及其他操作系统的成熟，WinCE 高度模块化的开发流程使开发用户越来越少，应用越来越匮乏，逐步退出了汽车操作系统市场。

（7）华为鸿蒙

2019 年 8 月，华为推出 Harmony OS（鸿蒙），这是一款基于微内核的全场景分布式 OS，可应用在手表、大屏、车机与 PC，并计划从 2020 年发布的鸿蒙 OS2.0 版本开始正式支持车机。

（8）GENIVI

2009 年，宝马、通用汽车、英特尔等头部企业联合成立 GENIVI 联盟，旨在提供车载信息娱乐平台适用标准和开放源代码，建设支持开源车载娱乐系统的中间件。GENIVI 基于 Linux 平台，准确来说是一个标准联盟。该联盟将 Android、AUTOSAR、Linux 和其他车载软件的采用者与解决方案供应商联系起来，涵盖各大汽车制造商、一级供应商、半导体供应商、软件开发商和服务提供商，成员已有 100 多个。

GENIVI 开源组件如 vSOMEIP、DLT 等已经成为汽车业界通用的标准组件。从 2019 年 10 月开始，GENIVI 联盟逐步由原来的车载娱乐向安卓车机拓展。2020 年 3 月，腾讯旗下科恩实验室正式加入 GENIVI，成为国内首家加入该联盟的安全团队。

三　产品技术发展状况

（一）技术现状

当前自动驾驶车控操作系统存在顶层设计、关键技术、标准缺失和滞后等问题。当前自动驾驶车控操作系统正处于发展初期，国内外相关技术标准及管理规范尚未成熟，无法支撑自动驾驶车控操作系统相关应用落地及技术发展。

自动驾驶车控操作系统包含功能软件及系统软件两大部分。系统软件包含异构分布式系统的多内核设计及优化、分布式系统数据分发服务（DDS）、Hypervisor、POSIX/ARA（AUTOSAR Runtime Adaptive）等。功能软件主要包含自动驾驶的重要共性功能模块软件，如自动驾驶通用框架模块、网联、云控、信息安全等。以上共性功能子模块结合系统软件以达到自动驾驶实现，构成完整的自动驾驶车控操作系统。

自动驾驶车控操作系统安全设计方面，主要包含功能安全设计和信息安全设计。自动驾驶车控操作系统需要具备高可靠性且冗余的安全设计，系统必须满足功能安全 ISO－26262 ASIL D 级别要求，并符合 SOTIF（ISO 21448）要求，实现车规级要求。针对自动驾驶应用的信息安全防护，车载智能计算基础平台要求建立具备纵深防御、长期监控和全生命周期的信息安全防护体系，包括车边界网络防护、车内处理器防护、内外网传输保护、车辆安全服务生态等多方面。针对自动驾驶系统的高安全性和实时性要求，自动驾驶车控操作系统加入针对计算基础平台的信息安全模块，还需要考虑计算平台对外部车载平台、内部多域之间的访问控制和监控、传输认证加密等安全措施。

自动驾驶车控操作系统基于异构分布硬件/芯片组合，向下驱动车辆平台及外围硬件，向上支撑应用生态建设，主要包括异构分布硬件平台、传感器、执行器、应用算法、云控平台等。

异构分布平台由计算单元、AI 单元和控制单元组成。计算单元由多个多核 CPU 构成，用于执行自动驾驶大部分核心算法。AI 单元采用并行计算架构芯片，如 GPU、FPGA、ASIC AI 芯片等。当前完成硬件加速/深度学习功能的芯片常依赖于内核系统（多用 Linux）进行资源分配、调度。在匹配的 ARM 处理器上装载 Linux 等内核系统后调用相应库文件，驱动 AI 芯片用于图像、激光雷达等海量数据加速计算。控制单元在传统车控微控制器（MCU）基础上，实现车辆动力学横纵向控制并满足功能安全 ASIL – D 级要求。

传感器和执行器是自动驾驶车辆平台的重要组成部分、自动驾驶车控操作系统的重要验证环节，应用算法围绕自动驾驶车控操作系统形成并建立生态，功能软件中如云控模块需与云控平台频繁交互。以上均支撑自动驾驶车控操作系统核心架构一体化运行。

（二）技术趋势

自动驾驶车控操作系统的价值主要在于可以更好地分配、调度运算和存储资源，但在分布式 EE 架构下，各 ECU 基本只处理某一项单一任务，并不存在资源“分配和调度”的需求；甚至连 Mobileye 的 EyeQ 3 和 EyeQ 4，也只是跑单任务的 ASIC，只需要处理摄像头的数据，因此，不需要高性能的 OS。而到了域控制器时代，许多项功能都被集成到一颗性能强大的 SOC 芯片上，尤其是在自动驾驶功能从 L2 向 L2 + 、NOA 演进的过程中，传感器的种类和数量大幅增加、需要处理的数据量更是呈指数级增加，如此复杂的任务，必须要有一个强大的实时操作系统才能完成。从 L2 到 L4，操作系统对实时性、功能安全、信息安全的要求都在提高。

实时操作系统应支持多核、高速数据传输、应用动态部署，具有实时确定性，提供通信管理、执行管理、软件配置管理、远程诊断、安全管理等功能，支持多种通信总线，提供标准 POSIX/ARA（AUTOSAR Runtime for Adaptive Applications）接口。

自动驾驶车控操作系统需要满足车规级信息安全和功能安全要求。在功能安全方面，需要遵循 ISO 26262 标准，支撑整个系统不同功能安全等级 ASIL B、C、D 混合部署要求。在信息安全方面需要面向自动驾驶车辆建立完善的信息安全纵深防护体系。

四　国内外技术差距分析

（一）异构分布硬件

传统车规级芯片及硬件主要被国外厂商垄断，包括设计工具在内的硬件设计产业链也掌握在 Synopsis、Cadence 等国际厂商手中。虽然国内 ICT 芯片及硬件企业也开始进入汽车行业，但在车规级芯片的安全等级和性价比等方面仍有差距。国内具备车规级芯片自主研发能力的企业较少，目前没有量产产品。国外厂商如英飞凌、恩智浦等早已实现 ASIL－D 等级芯片大规模量产。在芯片算力方面，国内目前主要以深度学习加速芯片为发力点，目前单芯片算力在 5 TOPS 左右，国外如英伟达已经量产大算力 SOC 芯片，算力达 30TOPS 以上。总体上，当前国内在车规级芯片设计和产品化方面积累不足，与国外存在较大差距。

（二）自动驾驶基础软件

在自动驾驶基础软件方面，计算平台的控制单元、计算单元与 AI 单元分别需要部署 Classic AUTOSAR 及 Adaptive AUTOSAR 架构的中间件，AI 芯片采用相应功能安全等级的 Linux 内核，计算单元采用实时性、安全性较高的实时操作系统，控制单元采用 ASIL－D 安全等级的实时内核等。目前成熟内核系统及中间件等基本掌握在欧美厂商手中，国内存在较大差距。

（三）工具链

车载智能计算基础平台所涉及的工具链主要由国外企业提供，国内产业基础相对薄弱，产业链供给上存在常用工具关键软件缺失的问题。虽然部分软件具有开源属性，但多数开源基金会和开源项目位于美国，几乎所有的开源许可证和代码托管平台也都由相应学术界和工业界主导，受制约风险较大。

五　行业存在的问题及建议

为应对智能网联汽车技术和产业高速发展，我国亟须建立自主可控的操作系统，重点在车控操作系统方面强化资源统筹、形成发展合力，建立符合中国标准的车辆通用软件架构，吸收更多企业参与设计开发和产业化，促进形成我国在智能网联汽车领域的核心竞争力。

一是集中行业优势资源，深度参与 AUTOSAR 等国际组织的活动，进一步推进 ISO 26262（功能安全）标准的完善和 ISO 21448（预期功能安全）标准的建立，研究制定我国统一的软件接口标准和规范，加快推动符合中国标准的通用汽车软件架构。

二是积极发挥已成立的智能网联汽车联盟、基础软件联盟等的积极作用，推动国内整车、软件、电子等企业的联合与协作，加快形成我国软件系统发展的生态，推动国产软件在汽车领域的应用。

三是搭建智能网联汽车软件检测和评估平台，加强信息安全隐患排查，提高安全防护能力。

参考文献

王宇霞：《从国内外双视角看我国自主汽车操作系统发展》，《中国计算机报》2018 年 6 月 4 日。

奚美丽、张远骏：《自动驾驶操作系统现状与发展趋势》，《汽车与配件》2021 年第 12 期。

中国软件评测中心：《车载智能计算基础平台参考架构 1.0》，《智能网联汽车》2019 年第 4 期。

孙忠：《区块链标准化提速 工信部将加强与央行协调》，《上海证券报》2017 年 5 月 17 日。

何晓晴：《顶层架构初定 标准起草人详解国内首个区块链标准》，《21 世纪经济报道》2017 年 5 月 23 日。

案 例 篇

Case Reports

B.10

东风设备制造有限公司在智能制造领域的创新探索

摘 要：面对德国工业4.0及《中国制造2025》，越来越多的设备厂家加入智能制造的领域。东风设备在2014年就提出在自己的装备项目上植入智造技术，经过市场调研和研讨，确立了“智能子程序”的开发及其他智能制造技术的开发等课题，尤其重点关注“生产线智能管理系统”（“智星”系统）的开发。同时东风设备以机床装备产品（加工中心、柔性物流）为载体，以准备、执行、维护、决策智能技术为切入点进行了智能技术开发相关工作。2013年启动“数字装备”信息化项目，构建了以企业资源计划ERP系统为核心，制造执行系统（MES）、采购管理系统（PMS）、经营分析系统（BI）、协同办公门户（OA）等周边系统为支撑的信息化体系。

关键词: 数字装备 智能产品 智能制造技术

一 企业基本情况

(一)企业概述

东风设备制造有限公司(原东风汽车有限公司设备制造厂),始建于1969年,位于湖北省十堰市,是东风汽车有限公司全资子公司,2016年整体改制为东风设备制造有限公司,是国家高新技术企业,获得国家级技术中心、湖北省汽车智能装备工程技术研究中心称号。东风设备制造有限公司经过50多年的发展,依托东风,面向国内国际市场,主要提供专用智能设备、焊装设备、重卡平衡悬架总成,现已成为我国汽车装备的领军企业。

公司为国内外众多厂家提供各种替代进口的柔性加工设备及柔性线、焊装线,与广州本田、长安汽车、江铃汽车、雷诺日产全球工厂、云内动力、玉柴机器、神龙汽车有限公司、东风日产、东风乘用车、东风商用车、东风本田、东风雷诺、东风股份、五十铃等众多知名企业建立了长期的战略合作关系,拥有丰富的客户资源。产品市场覆盖全国,并出口欧美多个国家和地区,具有明显的规模优势。同时公司拥有一支综合型高效研发团队,现有产品开发人员297人,具有先进的机床产品与焊装产品开发能力、整体交钥匙方案集成能力、精益制造与工艺保证能力、高效装配与调试交付能力,具有较强的研发实力。

公司构建了以企业资源计划ERP系统为核心,制造执行系统MES、采购管理系统PMS、经营分析系统BI、协同办公门户OA等周边系统为支撑的信息化体系,为公司提供统一的数据采集、数据共享、数据分析平台,提高了公司各业务单元数据准确性、及时性和透明性,促进业务数据的有序共享和充分利用。ERP、MES、PMS、CAPP信息集成技术应用、制造工艺仿真、虚拟调试、数字化控制等智能技术的应用,使公司的管理更科学,产品质量更优。

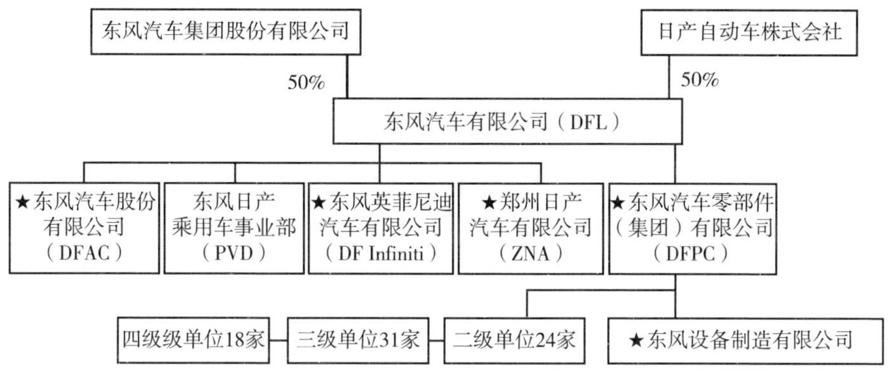

图1　企业结构

注：★为全资子公司。

资料来源：东风设备提供。

（二）历史沿革

公司前身为“第二汽车制造厂设备制造厂”，1969 年成立之后，设计制造了第一台推力杆双面铣削组合机床、第一台组合机自动线，自行创建了第一台 TH630 卧式加工中心。2003 年 6 月设备制造厂加入东风汽车公司与日产汽车公司合资公司东风汽车有限公司，成功研制第一台 PM400II 卧式加工中心、斯太尔发动机缸盖主轴承孔、凸轮轴孔精加工机床，2005 年 11 月成功研制第一条柔性加工线长安 CA20 缸盖柔性生产线并投入使用。2006 年 10 月作为国内设备商首次研制成功交钥匙工程项目 4F 发动机缸体国产设备集成自动线，2011 年 1 月研制成功第一台 DH500I 新型高速卧式加工中心。

2016 年 12 月东风设备公司化改制成功，东风设备制造有限公司正式成立。

2017 年 4 月由东风设备自主设计研发的智能装备和“智星 STAR”生产线智能管理系统亮相 CIMT 2017 北京国际机床展。2018 年 4 月机床和焊装产品的软件技术开发获得七项嵌入式软件著作权。2018 年 6 月获得“国家高新技术企业”“湖北省汽车智能装备工程技术研究中心”称号。2018 年 8 月装备业务全面导入数字装备并投入使用。2019 年 4 月参加 CIMT 2019 北京国际机床展，DH400 加工中心获得中国机床工具工业协会 2018 年度产品质量十佳。2020 年 8 月获得了“国家级技术中心”称号。2021 年 11 月东风设备制造有限公司整体并入东风汽车零部件（集团）有限公司。

二　企业发展及合作

（一）发展战略

《中国制造 2025》激励制造业创新发展的各项举措，为企业发展带来新的机遇。东风设备结合自身优势，确定了东风设备发展目标：能够参与国际竞争、技术服务国内一流、有较强赢利能力和水平的汽车及一般工业机械智能化加工制造设备、汽车自动化智能化焊装、装配设备专业制造商，汽车企业保全服务供应商，汽车悬架驱动类零部件专业制造商。东风设备的机床、焊装、汽车零部件以及保全再制造，四业并举，将在未来 5 年以平均每年 13% 的较高增长率快速发展，实现东风设备 S186 战略发展目标。

2016 年改制完成后，东风设备以公司化为契机，贴近市场、贴近资源、地域优化。未来将推进以武汉分公司为中心，辐射广州、郑州、襄阳、上海、成都的国内市场格局。同时海外市场在罗马尼亚、印度尼西亚、泰国基础上延伸至以提升技术能力、项目管理能力的法国、日本办事处。实现从单纯的卖产品向卖技术、服务的全方位升级。

公司坚持轻资产发展战略，加强技术、研发、管理、集成整合等核心能力建设，追求有质量的赢利性发展，做强做优企业，提升企业价值。紧密围绕制造关键环节，开展信息技术与制造装备融合的集成创新和工程应用。开发智能产品和自主可控的智能装置并实现商品化。紧扣关键工序智能化、关键岗位机器人替代、生产过程智能优化控制、供应链优化，搭建智能制造网络系统平台，逐步向构建智能工厂、数字化车间方向发展。

（二）对外合作

机床技术方面，东风设备在自主研发的同时，积极寻求国际合作，先后

与日本 SKTD 公司进行小型卧式加工中心、数控双轴立式车床、数控卧式车床的联合设计，从而使机床产品在专机及自动线、柔性加工设备及自动线的基础上增加数控车床等产品，适用于轴类零件、盘类的加工。同时为了更好地获取汽车动力总成市场订单，在机床产品“国内竞争国际化”的市场格局下，和德国 HELLER、意大利 COMAU 等公司合作，采取本公司总包合作公司协作的方式承接项目。

焊装技术方面，根据业务发展需求招聘人才，夯实管理技术，培养管理人员。2011 年，在与日产自动车 BSO 的战略合作框架下，东风设备员工派驻花都 NSL 项目承担机器人示教任务，引进机器人焊接调试技术；2012 年引进 PDPS 软件，针对焊装发展的核心技术开展了培训，并结合实际项目提高团队技术水平；2013 年与法国 CFER 公司开展 D23、G25 项目技术合作，同步学习四片式车身主线总拼工位焊接技术，通过龙门框架定位抓手，前后左右四个抓手定位车身骨架，属国内先进技术，后续广泛应用于神龙乘用车项目中；2014 年至今与东风日产、神龙、本田等公司一起拓展数字化环境装备，推动焊装全数字环境下的虚拟工程与虚拟调试准备工作。

三　企业创新发展

（一）创新能力

公司本着以集成创新和跟随创新为主体，辅以部分原始创新和领先型创新的技术创新战略，研发具有自主知识产权的重大新技术、新产品、新工艺、新装备，并进行转化和产业化。公司拥有一支综合型高效研发团队，具有先进的装备（机床、焊装）产品开发能力、整体交钥匙方案集成能力、精益制造与工艺保证能力、高效装配与调试交付能力。

东风设备拥有研发人员 297 人，专业技术职称人员 139 人，公司有享受政府特殊津贴专家 5 人，研究员级高级工程师 10 人，高级工程师 70 多人，全国劳动模范 2 名，全国技术能手 1 名，形成了产品研发的核心人才队伍。

技术中心本着校企合作、资源共享、协同创新、互惠双赢的原则，与华中科技大学、武汉理工大学、湖北汽车工业学院等高校建立长期战略合作关系，以共同利益为纽带，进行企业化管理、市场化运作，近3年开展了产学研合作项目5项，实现产学研结合，打造“应用型技术”高端人才聚集平台。

（二）创新成果

1. 知识产权及行业标准

东风设备制造有限公司拥有专利90项，其中发明5项、软件著作权10项、汽车工业科学技术进步二等奖6项、湖北省科学技术进步三等奖1项、东风公司科技进步一等奖20项、东风公司专有技术核心商秘5项。

东风设备参与制定了企业技术标准100余项，制定和修订各类管理标准200余项、工作标准430余项，工作标准覆盖率达100%。同时参与制定了国家机械行业标准《组合机床动力箱第1部分：精度检验（2013）》《组合机床通用部件 多轴转塔动力头 参数和尺寸（2015）》《组合机床 通用部件 单轴转塔动力头 参数和尺寸（2015）》《组合机床通用部件 第8部分：滑台（长台面型）参数和尺寸（2017）》《组合机床通用部件 第9部分：十字滑台 参数和尺寸（2017）》《组合机床三坐标加工单元 第2部分：立式三坐标加工单元 精度检验（2019）》《组合机床 数控滑台 精度检验（2019）》7项行业标准。

2. “数字装备”信息化项目

为实现机床、焊装、汽车、保全四大业务中期事业计划规划目标，迫切需要信息化保障东风设备业务运营，为管理提供强有力支撑。为此，东风设备2013年启动“数字装备”信息化项目，明确“打造国内一流，参与国际竞争的智能装备和汽车零部件制造商”的目标。

具体建设方面，东风设备构建以企业资源计划ERP系统为核心，以产品数据管理（PDM）、工艺设计（CAPP）、客户关系管理（CRM）、制造执行系统（MES）、采购管理系统（PMS）、经营分析系统（BI）、协同办公门户（OA）等周边系统为支撑的信息化体系，为公司提供统一的数据采集、数据共享、数据分析平台，提高公司业务数据准确性、及时性和透明性，促进业务数据的有序

共享和充分利用，为各层级的管理人员提供及时、准确的决策依据。通过业务标准化、信息化系统建设、数字化集成，实现东风设备智能化制造。东风设备装备业务人员在智能制造领域潜心研究，开发和应用了大量先进制造技术和智能技术，为用户打造智能化工厂提供坚实的技术支撑。

东风设备 PDM 系统实现了企业产品全生命周期管理，使需求分析、产品设计、工艺规划、生产制造等形成一个集成的信息管理平台。以企业产品为中心，以提高企业的产品创新能力为目标，以信息技术和应用软件为手段，以企业的知识型资产为重要资源，建立一个支持从概念、开发、生产到维护整个产品生命周期的协同产品开发支撑管理体系（见图 2）。

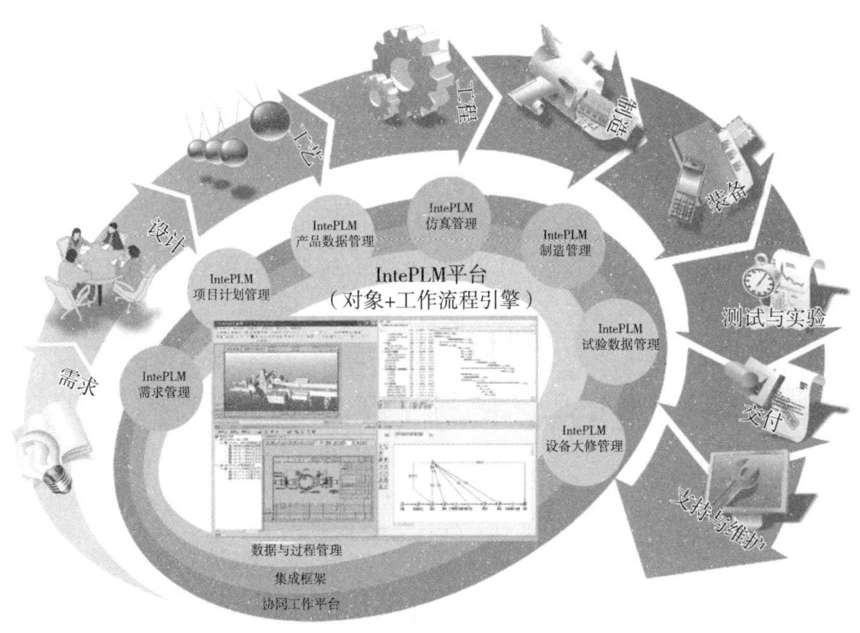

图 2　PDM 系统产品全生命周期管理

资料来源：东风设备提供。

CAPP 系统承接了 PDM 系统，实现了对工艺设计过程的管理，凸显了工艺过程数据在产品研发生命周期中的枢纽作用，为 ERP 系统规范了前端数据，为“数字装备”计划的推进起到了重要支持作用。系统功能包括：

工艺 BOM 创建及维护、工艺任务管理、工艺编制、报表输出管理、与 ERP 系统交互管理等（见图 3）。

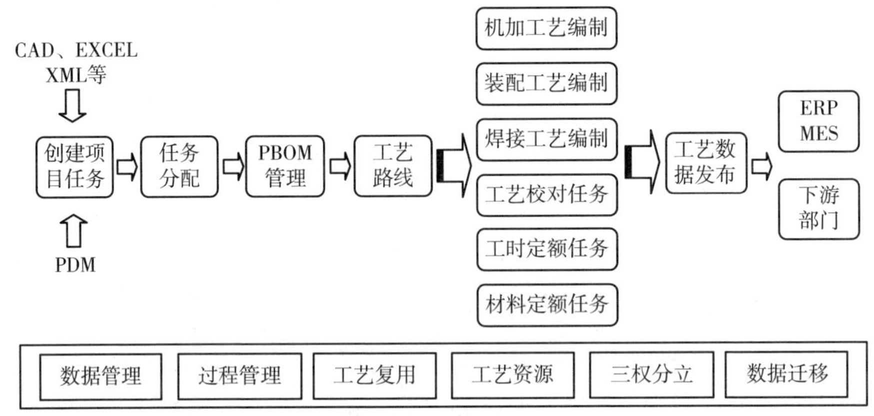

图 3　CAPP 系统

资料来源：东风设备提供。

东风设备设计研发并使用 PD/PS 工艺及仿真软件、UG/NX 设计软件、CATIA 三维设计软件、日产 SV 设计软件、SOLIDWORKS 三维设计软件、CAE 分析软件、PLM/CAPP 管理软件等专业开发软件。利用 PD/PS 数字化工厂软件为主机厂实施焊装工厂的同步工程能力，掌握机器人滚边岛的设计制造调试、伺服柔性夹具的开发、机器人视觉应用、虚拟调试技术等关键核心技术（见图 4）。

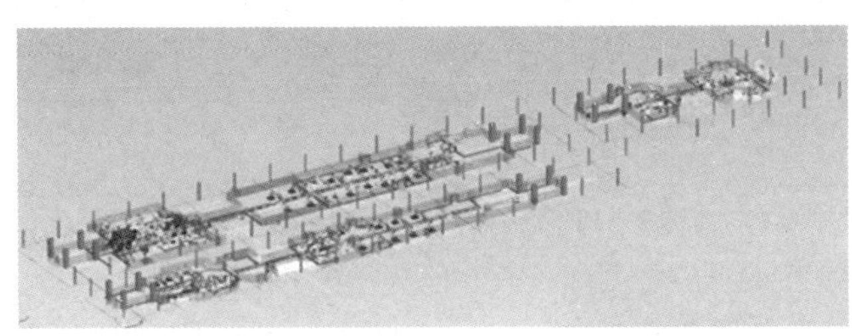

图 4　PD/PS 数字化工厂规划技术

资料来源：东风设备提供。

在生产过程中，数据采集基于采集数据内容需求，通过线边触屏工控机信息录入（MES 基础数据）和标签条码信息采集（MES 基础数据）两种方式实现（见图 5）。

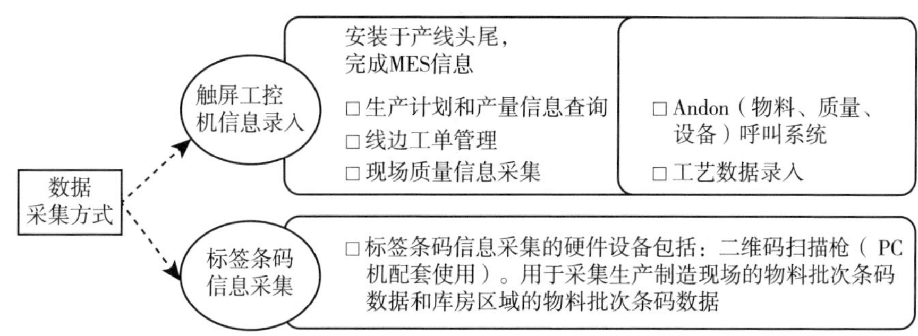

图 5　数据采集方式

资料来源：东风设备提供。

数据采集路径采用了一套基于线边触屏工控机、扫描枪等硬件设备的数据采集实施方案，实现机加车间、装配车间、热处理车间等的实时数据采集（见图 6）。

东风汽车有限公司 IS 部为解决多个系统之间的集成问题，实施了企业服务总线（ESB）系统。东风设备 ERP&MES&PMS&CAPP 系统集成就是通过 ESB 系统进行数据传输，其中 ERP&MES 接口 33 个，ERP&PMS 接口 16 个，CAPP&ERP 接口 20 个（见图 7、图 8 和表 1）。

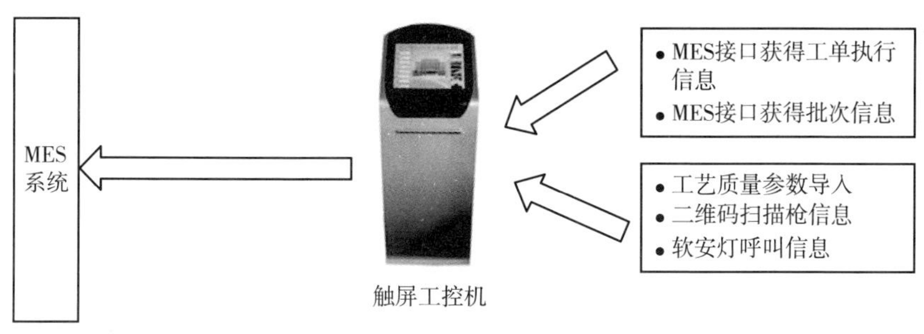

图 6　数据采集路径

资料来源：东风设备提供。

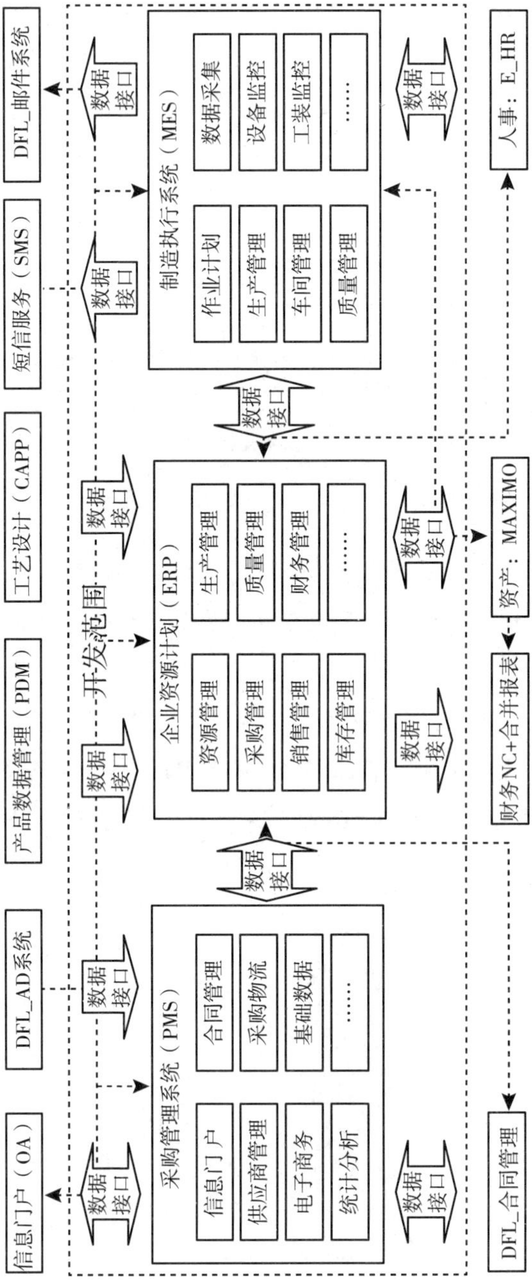

信息门户（OA） DFL_AD系统 产品数据管理（PDM） 工艺设计（CAPP） 短信服务（SMS） DFL_邮件系统

开发范围

数据接口

采购管理系统（PMS）
信息门户 合同管理
供应商管理 采购物流
电子商务 基础数据
统计分析 ……

企业资源计划（ERP）
资源管理 生产管理
采购管理 质量管理
销售管理 财务管理
库存管理 ……

制造执行系统（MES）
作业计划 数据采集
生产管理 设备监控
车间管理 工装监控
质量管理 ……

DFL_合同管理 财务NC+合并报表 资产：MAXIMO 人事：E_HR

图7　MES 与 ERP 对应的接口关系

资料来源:东风设备提供。

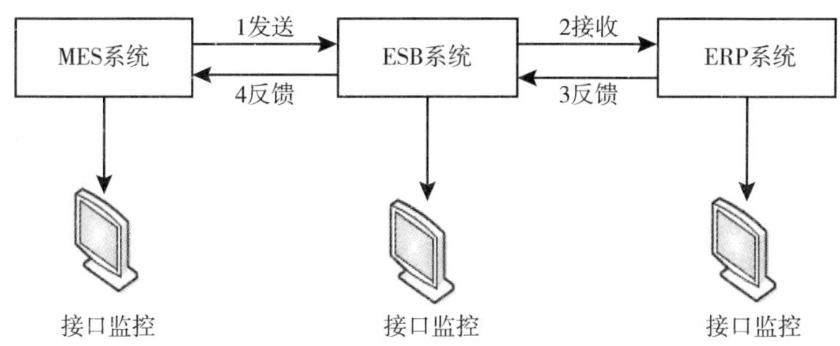

图8　ERP、MES与ESB接口关系

资料来源：东风设备提供。

表1　ERP与MES接口

系统	接口名称	接口数据信息	提供	接收	传输方式	新增	调整
ERP	项目信息	项目基本信息，编号、名称、企业单元、项目经理、计划时间等	ERP	MES	ESB	✓	
	项目日程计划	项目中日程信息，项目编号、活动编码（工作包）、名称、计划开始和结束时间	ERP	MES	ESB	✓	
	物料主数据	物料主数据增加字段："单件追溯""配送类型""项目号"	ERP	MES	ESB		✓
	物料工艺流程工序	物料工艺流程增加字段："计数点""等待时间"	ERP	MES	ESB		✓
	生产订单工序	生产订单工序增加字段："等待时间"	ERP	MES	ESB		✓
	配送批次信息	接收配送单信息，调整处理逻辑	ERP	MES	ESB		✓
ERP	不良品材料退料信息	生产订单、物料编码、批次号、不合格数量	ERP	MES	ESB	✓	
	项目工时	项目编号、任务、员工、工时	ERP	MES	ESB	✓	
	生产订单工艺更新	生产订单、工序、工作中心、工时	ERP	MES	ESB	✓	
	配送单接收信息	公司、转移仓单	ERP	MES	ESB	✓	
	物料需求信息	物料需求信息增加字段：要料类型（计划要料/紧急要料/报废补料）、主物料数量	ERP	MES	ESB		✓
	生产订单完工数据	工单号、派工单号、物料编码、产品名称、报工人、数量、报工时间、不合格数量	ERP	MES	ESB	✓	
合计						7	5

MES 系统软件主要包含计划管理、车间管理、物料管理、设备管理、质量管理、工时管理、统计报表管理等模块及功能，通过采集工具采集车间生产信息，包括生产反馈、在制品质量、工序调度、设备开工等信息，提高企业制定的生产计划的可操作性，以及有效地配置和利用有限资源；支持精细化管理的要求，为 QCD 推进提供数据支撑（见图 9）。

ERP 系统是企业信息系统核心。作为全公司统一物流、信息流、资金流一体化运作平台，建立从供应、生产、库存、销售的全过程、完整化的信息作业流程；建立自动化的经营、作业数据采集和账务处理；建立完整、系统化的数据结构，与其他系统（财务、客户 BOM 等）成功对接，达成在生产计划、生产过程、库存、交运等全阶段对原料、物料、半成品、成品的全程控制管理（见图 10）。

东风设备 ERP 系统采用全球知名的软件企业 Infor 雷诺产品，主要包括销售管理、采购管理、设备管理、制造管理、生产计划管理、仓储与物流管理、质量管理、财务及成本管理等功能。

PMS 系统通过构建企业采购信息门户，实现组织与供应商网上信息交流，达成采购过程透明化，保障企业供应链的安全性，以及降低采购成本，实现电子化采购。PMS 的核心目的就是实现对采购途径和供应商的有效管理，主要体现在以下五个方面：采购方式标准化和流程化（招标、比质比价、询价、竞争性谈判、内部采购等）；采购物流管理（订单达成、供应商生产状态跟踪、物流跟踪）；采购发票管理（交付与发票对应）；供应商管理（准入、评价、提升、淘汰）；采购成本统计分析（见图 11）。

东风设备“数字装备”项目具有极高的安全性，设备层级、控制层级、车间层级，网络独立建设，不与公司 OA 网络共线，车间数据采集及时传递给 MES 系统；企业层级系统属于公司 OA 网络，MES 系统通过 ESB 与 ERP 系统数据实时进行交互，保证系统的稳定性及数据的准确性、及时性；协同层级系统通过公众互联网或专线进行访问，这些系统包括 CRM、PMS、SCM 等，主要是外部客户、供应商对系统的访问（见图 12）。

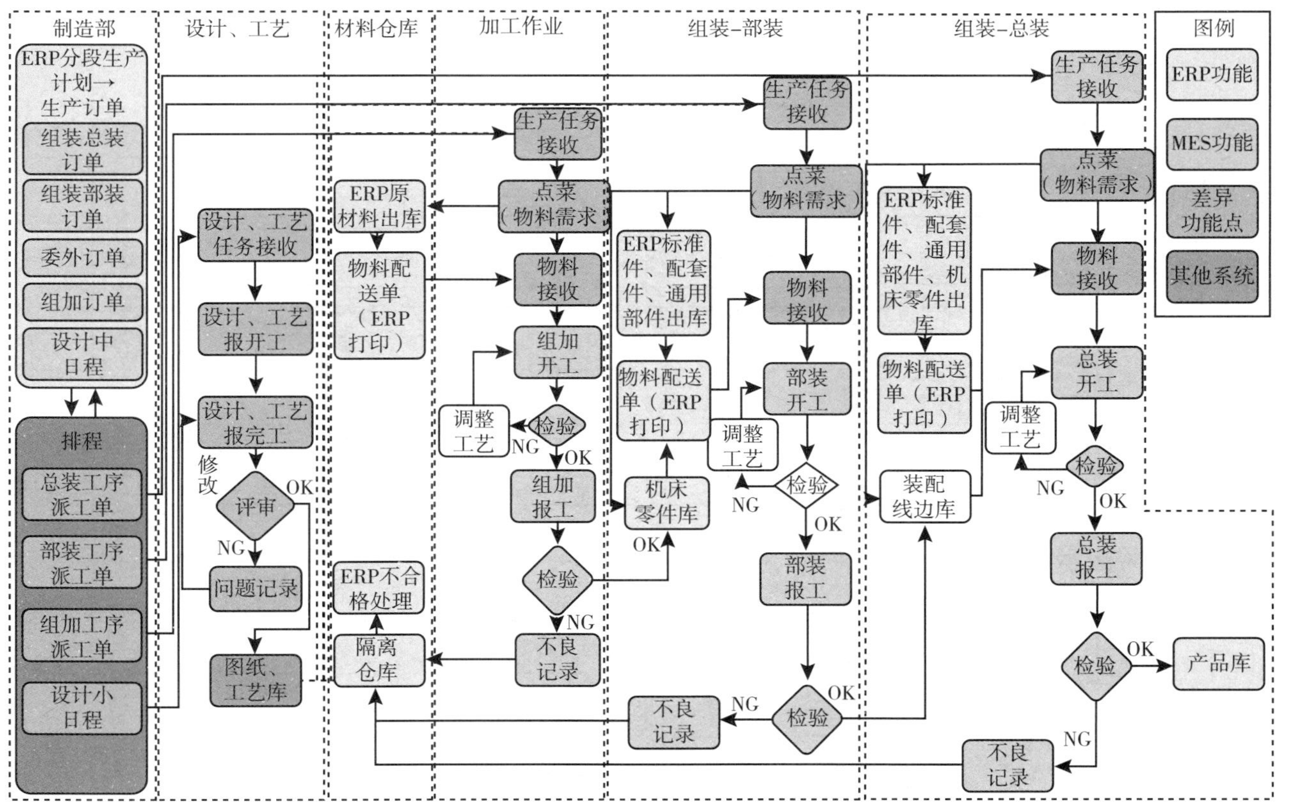

图9 MES 系统架构

资料来源：东风设备提供。

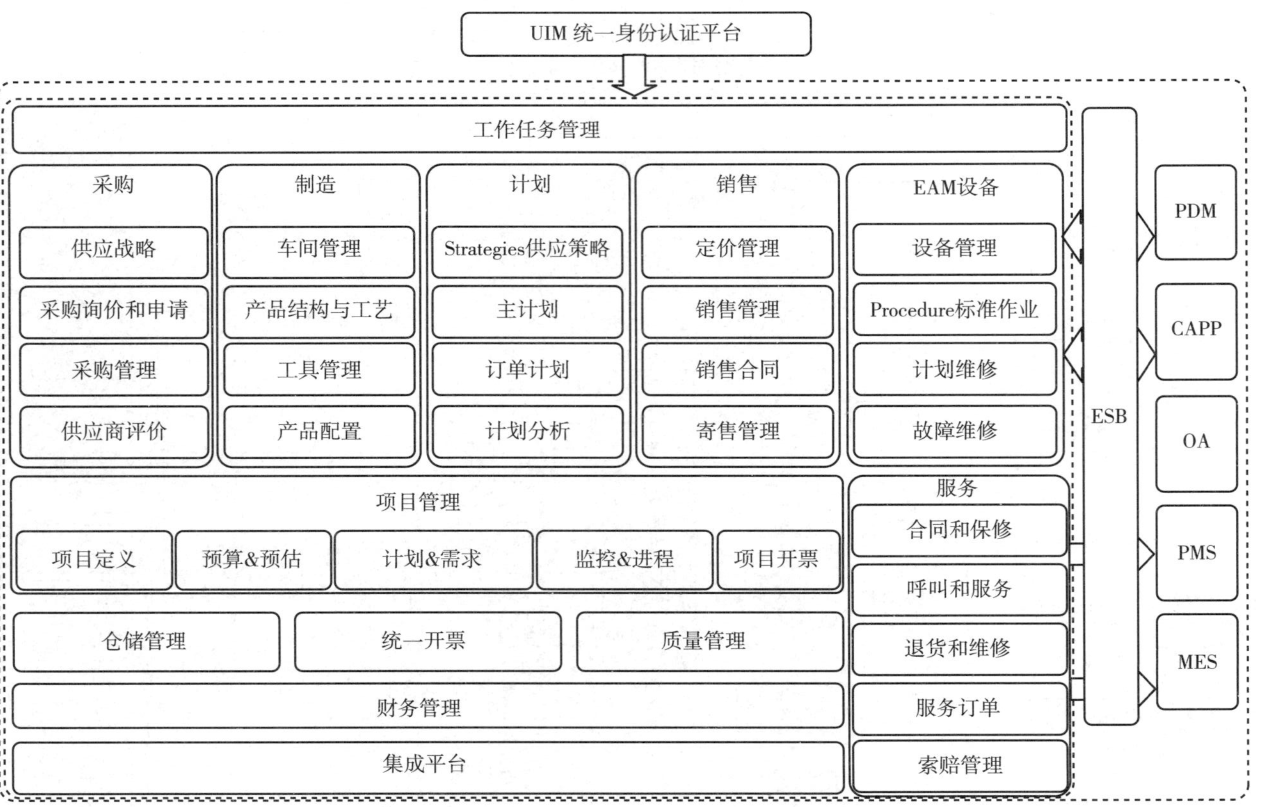

图10 ERP系统架构

资料来源：东风设备提供。

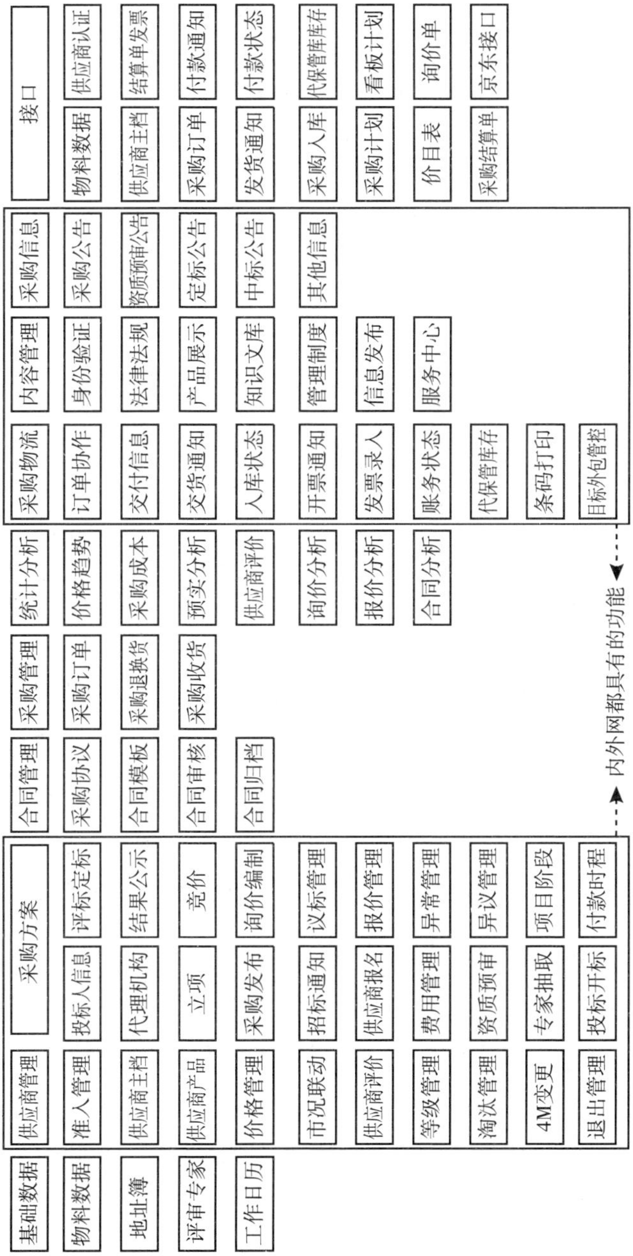

基础数据
物料数据
地址簿
评审专家
工作日历

供应商管理
准入管理
供应商主档
供应商产品
价格管理
市况联动
供应商评价
等级管理
淘汰管理
4M变更
退出管理

采购方案
投标人信息
代理机构
立项
采购发布
招标通知
供应商报名
费用管理
资质预审
专家抽取
投标开标
评标定标
结果公示
竞价
询价编制
议标管理
报价管理
异常管理
异议管理
项目阶段
付款时程

合同管理
采购协议
合同模板
合同审核
合同归档

采购管理
采购订单
采购退换货
采购收货

统计分析
价格趋势
采购成本
预实分析
供应商评价
询价分析
报价分析
合同分析

采购物流
订单协作
交付信息
交货通知
入库状态
开票通知
发票录入
账务状态
代保管库存
条码打印
目标外包管控

内容管理
身份验证
法律法规
产品展示
知识文库
管理制度
信息发布
服务中心

采购信息
采购公告
资质预审公告
定标公告
中标公告
其他信息

接口
物料数据
供应商主档
采购订单
发货通知
采购入库
采购计划
价目表
采购结算单
供应商认证
结算单发票
付款通知
付款状态
代保管库库存
看板计划
询价单
京东接口

内外网都具有的功能

图 11　PMS 系统主要功能模块

资料来源：东风设备提供。

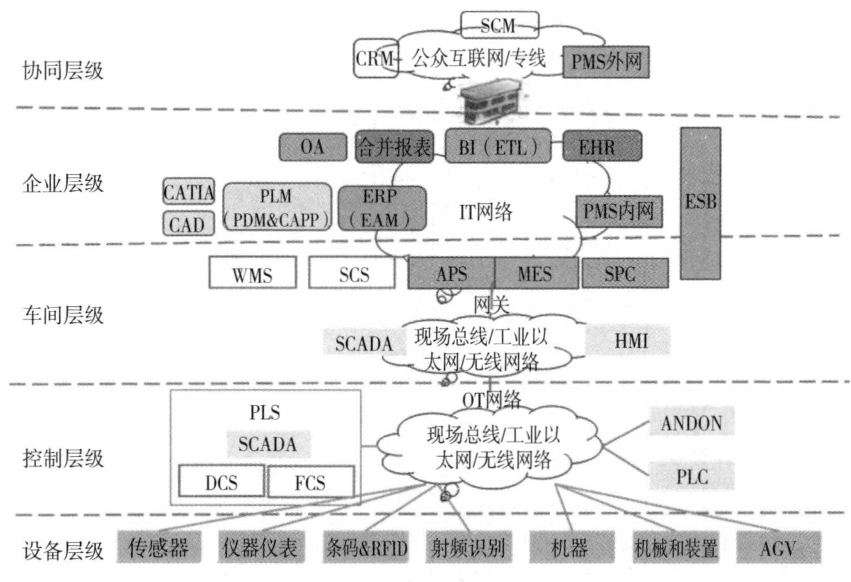

图 12　东风设备“数字装备”层级架构

资料来源：东风设备提供。

为保障信息安全，公司先后制定了《信息安全管理制度》《计算机房管理制度》《公司加密系统管理制度》《电脑软件安装管理标准》《信息资产管理制度》《信息设备维修管理》《电脑软件安装管理标准》《公司外网申请及使用的管理》等制度及标准，对全公司电脑设备、软件、数据安全、网络信息安全、病毒防护、机房管理等进行了全方位部署，并通过网络技术方式保障信息安全。通对局域网 VLAN 的划分，实现公司研发网与 OA 网的虚拟隔离，研发网与 OA 网互相之间不能访问；公司在核心交换机中按部门或职能划分很多网段，不同网段上的用户，可以通过技术实现访问控制，如研发及财务为公司一级部门，其他部门计算机不能访问一级部门的所有信息。

在互联网安全管理方面，通过防火墙保障公司内局域网与外网互通之间的安全；公司员工开通互联网需根据规章制度走流程申请；公司一级部门禁止上互联网，只开通公用机的外网供技术人员查阅资料；实行实名制上互联网；限制视频、股票等网站的访问。

通过对计算机硬件限制等方式来保障信息安全。公司所有台式计算机不装光驱及其他外置设备：在购买新计算机时就取消外置光驱等外接输入、输出设备；公司研发部门台式机及笔记本关闭所有USB口；研发数据无权对外拷贝。

此外，公司还通过软件设置、限制访问等方式保障信息安全。对计算机加域管理，用户只能使用其中已有的软件，没有安装、删除、卸载的权限；用户所需要的软件只能通过批准后由系统管理员操作，这样就保障了计算机系统的安全性；通过加域管理，系统管理员给公司内每位用户设置用户名及访问权限，以此来设定文件的访问权限，保证有权限的员工才能访问涉密级别较高的文件；对公司设计文件、财务文件、企业管理文件、体系文件等重要文件设置权限，只针对有权限的员工访问、修改。

公司运用加密软件，实现全公司电子文档、图纸文件加密。所涉密的数据文件自动加密。加密的文件在公司内部可以正常使用，以任何方式带到公司外部使用，需要申请解密流程进行脱密，并建立数据定期备份机制。按规章制度执行，每天进行数据巡检。ERP、OA、PDM系统，企业管理数据，研发图纸文档等重要数据做到实时异地备份、定期离线备份，保障数据安全。

制定病毒的防治管理制度。系统管理员及时升级病毒库，并提示各部门对杀毒软件进行在线升级，各部门根据要求定期查毒、杀毒。充分利用病毒防护资源，有效对公司计算机及网络病毒进行监控和防护。

3. 智能产品及技术

机床业务方面，采用适用于组建高效、高可靠性、高精度生产线的柔性加工设备，可用于组建高效、自动化生产线的先进物流系统，适用于动力总成关键零件精加工的专用数控机床以及自动线及“智星STAR”生产线智能管理系统。

自主开发的“智星STAR”生产线智能管理系统，能够实现生产线智能制造诉求，可提供真实、实时、可视的数据，实现数据驱动管理，实时了解设备运转情况、生产线产出情况、被加工零件信息和生产线OEE情况、刀具和动能等消耗情况、设备维护保养和易损件更换情况，为设备健康管理提供大数据分析，为产能提升或优化提供大数据分析。“智星 STAR”能自动采集现场设备运行数据及统计分析，自动生成各种报表和图示，同时可作为基础数据提供给用户 MES 管理系统。

在焊装业务方面，高柔性、高节拍、高自动化、高可靠性的焊装生产线，可与主机厂工程能力同步。

四 企业典型案例分析

在《中国制造 2025》和德国工业 4.0 的形势下，随着信息技术的迅猛发展以及数字制造、数字网络化制造的迭代，数控设备迈向智能化是我国中高端装备实现自身突破发展的转折点，是实现智能制造的关键点，更是市场迫切需求。目前东风设备的专用机床及自动线、柔性加工设备及柔性生产线、焊装设备及柔性焊装线，产品主要技术水平与当前国际同类产品同步。经过多年的探索和努力，在机械冷加工领域、焊接装备领域积累了大量的实践经验，对于自主感知、数据采集方面已经有较深入的研究，开发了全数据采集技术，实现了数字化制造。同时，针对机床在智能制造领域也做了一部分工作，开发了一系列的智能化功能，并在长安、东风日产、东风乘用车等动力总成项目，共计 300 多台加工中心智能机床上得以应用。

东风设备基于自主研发的智能装备、先进的制造技术、信息集成技术综合应用，先后承接了东风雷诺白车身柔性焊装线、东风乘用车 C 平台缸体缸盖加工生产线等项目。

（一）东风雷诺白车身柔性焊装线

1. 项目概述

车身是汽车的基体，它不仅要承受来自汽车内、外部的所有力和力矩，为乘客和货物提供保护，而且还要满足用户对汽车外观质量日益苛刻的高要求，即车身应具有“承力、保护、美学”三大最基本的功能。此三大功能是否能得到最大限度地实现，在很大程度上取决于车身焊装质量。这正是业内常说“车身焊装工艺水平直接关系着汽车产品的外观质量和使用性能”的原因。

焊接生产线相对于涂装线和总装线来说生产刚性强，多品种车型的通过性差，每更新换代一种车型，均需要更新占用车间大份额投资的大量专用设备。因此，焊装生产线的混流柔性技术引起国内外汽车制造业的广泛重视。目前，高柔性化焊装线已在欧美系、日系和韩系合资品牌汽车公司普遍应用，出于对设备、场地及人员成本等因素的考虑，国内公司的汽车焊装生产线也逐渐步入多车型、柔性化的行列中，因而对先进柔性焊装技术有着强烈的需求。但国内主要设备厂商柔性焊装线的技术水平较低，难以满足汽车厂家的技术要求，而国外一些先进的企业则将最重要的核心技术与装备进行了垄断。东风设备制造有限公司具有从事焊装设备的行业经验，具有坚实的市场基础、技术储备、团队支撑。能够开发、生产先进柔性焊装技术装备，不仅能提高行业水平，还为国内汽车厂家提供先进柔性焊装技术装配，满足汽车厂家的设备需求，同时打破国外企业的技术垄断及高售价。

随着全球经济、技术一体化进程，全球汽车行业主干企业之间加强资本和能力合作，提高资源利用效率已经成为趋势。东风雷诺的成立使雷诺通过合资企业的本地化进入全球最大的汽车市场。东风雷诺按 30 万台整车的年生产能力规划产能，第一期将实现年产 15 万辆整车的生产能力。

东风设备制造有限公司先后承担了东风日产花都工厂、郑州工厂、襄阳工厂、大连工厂、神龙公司、东风汽车股份有限公司、东风本田、东风自主品牌等焊装生产线的研发及制造、安装调试任务，积累了丰富的经验，拥有雄厚的研发实力、强大的加工制造能力、精湛的安装调试水平。凭借自身的综合竞争实力，承接了东风雷诺整个焊装生产线的研发任务。

汽车焊装主线是把侧围分总成线、底板分总成线、由小件焊接而成的车体钣金合件及顶盖，通过传输装置、夹具、合装台等设备定位后，焊接合装，完成白车身组焊的总成线，是车身焊装生产线的核心部分。

东风雷诺白车身柔性焊装线首先根据零件构成，将整个焊装线分成机舱线、地板线、车身线、侧围线、前地板线、后地板线、开启件滚边线以及相应的分装夹具等。其次，根据自动化和制件的工艺要求、焊接难度，将其中机舱线、地板线、车身线、侧围线、滚边岛设计为全自动化线。最后，根据车间的厂房面积，调整线的布置位置，合理地布置各个总成及分总成线。

在总体布局上，以地板线、车身线为中心，各分总成线在主线的一侧，调整线在主线的另一侧。各分总成焊接完成后，通过各种物流形式，输送到主线上。采用这种布局，各分总成到主线的物流距离短，转运时间短，所需的转运器具少。整个焊装车间共用机器人 378 台，包括点焊机器人、弧焊机器人、APLAS 焊机器人、搬运机器人、涂胶机器人、滚边机器人等。共有机舱线、前地板线、后地板线、侧围分装线、侧围总成线、地板线、车身主线、顶盖线、4 门 2 盖开启件焊接及滚边线等线体组成。全线共有 NC 夹具 13 台、NC 抓手 10 个。

项目实施后，实现生产节拍为 30JPH，年产 15 万辆整车的生产能力，能够进行 4 个车型的柔性混流生产。项目采用先进的新工艺、新设备、新技术，以达到节约场地、减少设备采购、降低成本的效果。

焊装车间运用了整车流的生产管理模式和精益化的物流原则，各线体布局满足多品种混流、准时化—拉式流的运行模式，通过车身生产工艺过程遵守整车流的期限和顺序，保证了客户的交付，实现整车流与零件流在顺序和时刻同步协调，以追求生产和物流成本最低。生产实现先进工艺制造技术、信息技术、自动化技术、管理技术的集成应用，保证生产线高效率、高质量、低成本运行，车型导入更加便捷，导入车型周期缩短。设备技术水平位于国内领先地位。

在车间规划方面，焊装车间按照自上而下、零件及分总成逐步升级的原则进行整体工艺平面布置，生产线之间靠升降机转接零件，地板、车身总成生产线呈现“环形”路线布置，分总成转运采用 AGV 传输方式，低成本自动化实现无人自动运输。

机舱线布置规划方面采用新的生产布局，环形布置工位，4 工位旋转台与 4 车型夹具组合的形式，机器人布置在旋转台的外侧，负责焊接及搬运。

侧转线布置规划的侧围线能够实现 6 个车型的混流生产，且全部为机器人焊接，全自动控制。地板、车身线布置规划采用环形辊床输送台车的输送线，在线体的纵向输送上，一端采用了常用的皮带式输送，满足台车储存需要，另一端采用了旋转辊床输送，并且在两个旋转辊床之间，增加了顶盖焊接工位，有效利用了线体空间。开启件滚边岛分为 3 个滚边岛，分别是左/右前门滚边岛，左/右后门滚边岛，机罩、后背门滚边岛。在一个滚边岛内，布置了 2 个旋转台。每个旋转台可以放置 4 个车型的滚边胎膜，每个旋转台的中心各布置了 1 台机器人，在 2 个旋转台之间，布置了 2 台机器人。

2. 先进智能技术的应用

东风雷诺白车身柔性焊装线对主线布局进行创新，没有采用皮带纵向搬送形式，采用自主开发的旋转辊床，实现在纵向搬运增加顶盖上线和焊接工位。根据焊装工艺的特点，以及汽车厂家新车型的频繁推出，对生产先进柔性焊装技术装备提出了更高的要求，为此，东风设备制造有限公司积极开发先进的柔性焊装技术，满足汽车厂家的设备需求，打破国外企业的技术垄断。

为适应多平台、多车型的定位要求，开发了 NC 伺服单元，能够满足多车型的柔性定位。NC 伺服单元分别开发了两种，一种是由伺服电机、齿形带、丝杠、直线导轨等组成，另一种是由电缸、直线导轨等组成。二轴主要由 NC 伺服单元（X、Z 向）和 Y 向定位车型切换装置共同组成。既能在 X、Z 向大范围移动，在 Y 向又可安装 6 组车型切换定位夹紧装置，主要用于侧围总成的定位。三轴 NC 伺服单元，实现在 X、Y、Z 三个方向精确控制运动，重复定位精度达到 ±0.02mm，不但在前、后地板，车身线上使用，在侧围线上也在使用。满足车型柔性化共用定位夹紧要求，实现多种车型的混流生产（见图 13）。

为使用多车型定位，在侧围后部采用了 OG 定位机构的形式，对 OG 的切换形式，设计了平移输送与旋转组合的旋转台切换装置。装置包括 OG 工作固定位置、OG 存放固定位置、旋转平台及平移机构。

在工作时，在工作固定位置和存放固定位置，分别放置了两个车型的侧

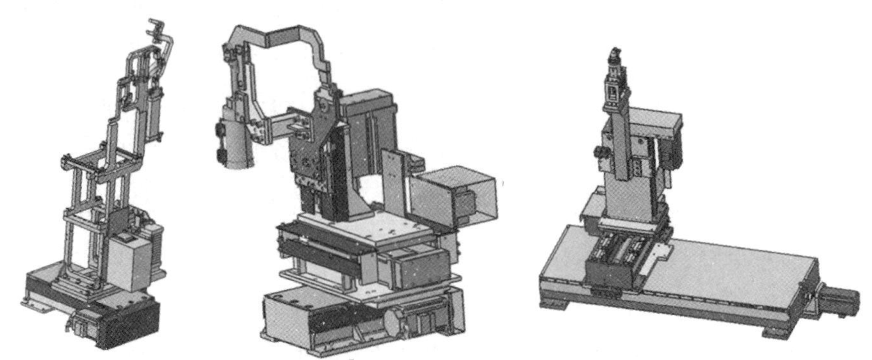

（a）二轴 NC 定位单元 （b）侧围线三轴 NC 定位单元地板 （c）车身线用三轴 NC 定位单元

图 13　NC 定位单元

资料来源：东风设备提供。

围后部 OG，在需要切换时，转台上的平移机构同时将两个 OG 从存放台上移动到转台中间，之后转台旋转。转台旋转 180 度后，平移机构又将两个 OG 从转台上分别移动到工作位置和存放位置（见图 14）。

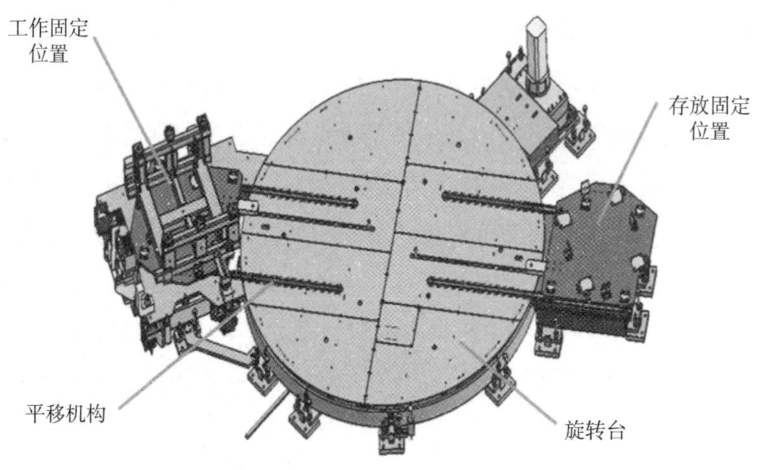

图 14　旋转台切换装置

资料来源：东风设备提供。

车身总成 RIMS 成型定位技术具有柔性化强、定位精度高、重复性高、结构简单的特点，可轻松实现多种车型定位工装的导入和切换，严格贯彻了精益化生产工艺的原则。

RIMS 成型技术属于组合式成型机，能容纳 4 套不同车型的左右前部、尾部和顶部工装，由 6 台机器人进行定位工装搬运，底部工装不需随车身移动，而是在需要适应不同车型地板时将定位元件都制作为活动部件，通过 PLC 控制不同车型的定位元件满足切换要求，这样 RIMS 成型机可以容纳 4 种不同车型的组合形式，工位面积只占用 1.5 个车位左右。

模块化滚边系统采用了旋转四面体混流滚边线，最多可实现 4 车型门盖滚边，能力一次到达 30JPH 目标。通过增加胎膜实现新车型依次导入，线体无须改动，调试新车型对在产车型几乎无影响；同时，在平面设计上，该方案充分发挥机器人效率和面积效率，转台旋转中心布置一台滚边机器人，两相邻滚边转台共用两台滚边机器人，当其中一个滚边岛在上下件时，两台共用机器人在相邻的岛上工作，节拍不受损失。

东风设备在基于项目标准化的基础上，所有设备及程序的规则规范都做到了标准化，所有的设备制造者都遵循着其建立的标准化规则，使西门子程序能够在 ODIL 软件的基础上得以实现自动生成，ODIL 通过定制企业电气标准化，可以帮助客户节约工程成本，辅助电气工程的快速设计，保证产品质量，实现装备集成商的管控。所有项目参与者都可以通过 ODIL 获得该项目的设计标准，ODIL 支持他们单独工作或者协同工作。

目前公司参与项目都是通过 ODIL 软件生成 PLC 程序的框架，然后完善程序细节，降低了设计成本及人力资源。

公司成功地于 2017 年导入了雷诺伺服系统（高速响应系统），在雷诺标准化的平台上加入了东风设备的元素，雷诺伺服系统使生成线体更柔性化，可以兼容多个车型的伺服夹具大大降低了客户的成本，深受客户的认可，也使伺服夹具走出国门，开拓了海外市场。

在夹具方面，普通夹具只是单纯的部装及气缸控制，而伺服夹具是对每个部装的 X、Y、Z 方向都增加了电机，使部装在每个方向都可运动调整而

适应各种车体，电机通过高速响应系统的控制来实现每个车体的不同坐标，这样使线体更加柔性化，更不占空间，而非每个车型都需要特定的夹具来配合。

PLC 远程调试与行为监控技术通过设立远程设备管理服务器，建立一个完善的现场设备与服务器之间的连接，将远程连接设备安装到每一条生产线，将所有生产线通过互联网接入该服务器。针对不同 PLC 编写标准的功能块，用于对生产线进行远程监控，所有监控数据进行标准化收集。

硬件方面，设立远程设备管理服务器，同时在生产线上安装远程管理设备用于连接现场设备（PLC、机器人、现场视音频设备），同一工厂多个设备需要连接时，采用交换机集中式配线。

软件方面，程序采用 LAD 或者 STL 编写，在不同系统的 PLC 内，编写同一功能的程序段或者功能块，虽然输入不尽相同，但是输出一致。此外还需建立针对不同用户（工程师、管理者）的客户端软件。

随着工业 4.0 进程的加快，制造业面临的设备智能化需求尤为突出，远程调试与监控及数据采集项目应运而生。在此之前，生产设备都是孤立的，对设备进行调试、维护、故障诊断只能在现场进行，而维护只能进行应急性维护。项目实施完成后，可以远程对现场设备进行调试与诊断，降低人员现场调试时间。工程师可以在任何连接到互联网的条件下对设备进行调试，而不必将人员限制在现场。也可以对孤立的设备进行联网，收集并分析每个设备的状态数据，利用数据库对设备状态进行分析，提供预防性及预见性维护。在故障发生之前进行保全作业，保证设备长期稳定的运作。

虚拟调试技术是当前汽车制造行业最尖端的技术之一，其优势就在于将仿真与控制技术相结合，在虚拟环境中将生产制造过程压缩和提前，并得以评估和检验，在设备实物化之前对机械设计工作进行验证优化，降低设计错误带来的风险。

东风设备以东风雷诺的 BM30 成型焊接工位为例，搭建了以虚拟调试技术为核心的虚拟仿真环境，并通过虚拟现实 VR 设备进行展示。东风雷诺的 BM30 成型工位，涉及 12 台机器人和 3 个车型的主线成型焊接，是目前涉及

的所有焊装线体中难度系数最大的线体。需要同时满足 4 台 OG 机器人切换。同时因为密集的焊接机器人和众多的 OG 设备，电气程序和机器人程序涉及的信号都十分复杂。公司已经实现该工位的 VC 调试，并成功将该项目与 VR 设备连接，实现 VC 和 VR 双虚拟的调试目标。

虚拟现实（Virtual Reality）技术是利用计算机生成一种模拟环境，一种多源信息融合的、交互式的三维动态视景和实体行为的系统仿真环境，用户能沉浸到该环境中。东风设备已经实现以东风雷诺的 BM30 工位为基础，搭建出虚拟现实的环境，可以通过 VR 环境进行环境校对、设备干涉验证，布局机器人及其他设备、人机交互验证等操作。

虚拟调试技术综合了机械设计验证、机器人仿真、电气调试等工作，可在现场调试前最大限度地对现场调试工作进行预演，真实地体现现场的几乎所有情况，可对项目过程中设计时序的合理性、机器人程序中的信号及互锁、电气程序中的程序调用、时序步骤等功能进行充分验证。在生产线上应用的搬运工业机器人大多是通过示教再现来实现机器人的操作，这样物体的初始位姿和终止位姿都是严格限定的，机器人只是完成点到点的任务动作，外部参数变化后就无能为力了。这样一来，生产线的柔性就差，满足不了柔性生产系统对物料输送和搬运的要求。在这种情况下，为保证机器人顺利高效地完成工作任务和减少生产准备时间，就必须引入机器视觉技术来实现对工作目标物体的识别和定位。

东风设备选用美国康耐视 In－Sight7200 视觉系统，将视觉系统固定在 FANUC 机器人抓手上，通过拍照比对算出机舱纵梁位置偏移，并将该偏移值补偿到机器人放置轨迹中，从而动态改变机器人的放置轨迹，引导放件。由于侧围和机舱纵梁的位置影响了 PQ 件的安装位置，因此选择图 16 中的 3 个点作为相机的拍照点。

其中侧围上的两个拍照点是为了确定在车身坐标系下，放置点在 X、Z 及 Ry 三个变量上的变化，机舱纵梁上的拍照点是为了确定放置点在 Y、Z 及 Rx 三个变量上的变化。在获得了上述变量后，建立数学算法，得出最终放置点相对于标准车体机器人放置轨迹的 X、Y、Z、Rx、Ry、Rz 六个变量

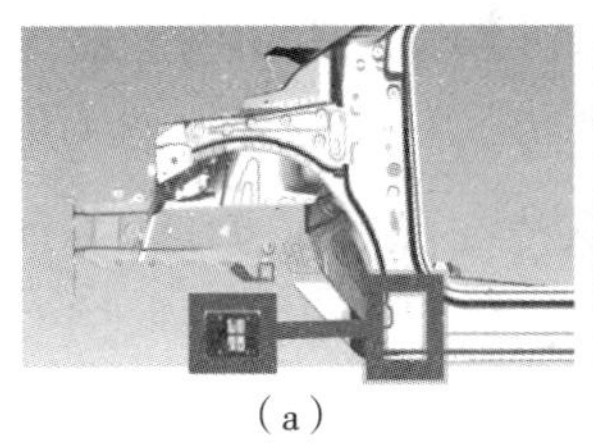
（a）

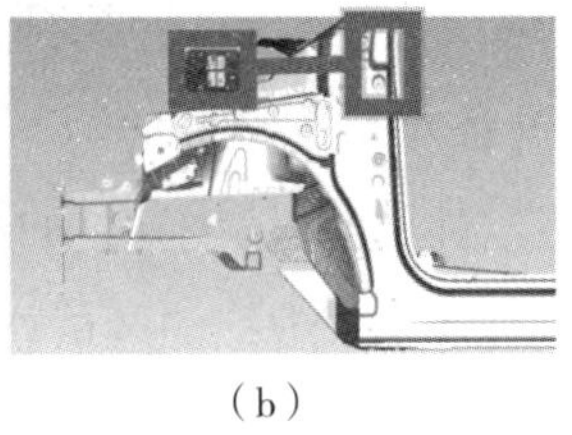
（b）

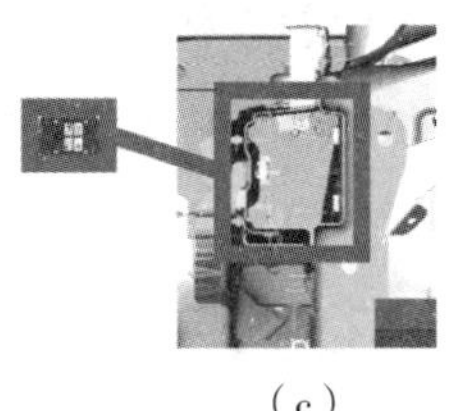
（c）

图 15　相机拍照点

资料来源：东风设备提供。

的值。视觉系统的使用，有效提高了 PQ 件的安装稳定性和准确性，也是东风设备在人机智能系统运用上的一次新的探索。

东风雷诺白车身柔性焊装线采用自主研发的 NC 定位单元、定位部件整体切换装置、车身总成 RIMS 成型定位技术、模块化滚边系统、雷诺西门子程序自动生成及 ODIL 软件平台、伺服系统、虚拟调试等技术的集成应用，满足用户多品种混流生产的需求，同时进一步提高整合先进焊装生产技术的能力。其中分装夹具 JIGBOX 专用信号控制器的开发，打破了国外公司的价格垄断，不仅实现比国外产品更多的功能，而且大幅降低了采购成本。JIGBOX 控制系统的开发，实现了硬件和软件设计的自动化、标准化、模块化。白车身柔性焊装线的工厂规划、高效智能机加生产线的模式及原始创新的共性技术研发与集成应用具有极高的可复制性和示范性。

（二）东风乘用车 C 平台缸体缸盖加工生产线

1. 项目概述

随着当前人工智能技术的融合应用，新一代智能设备开始具有自主感知、自主学习、自主决策、自主执行等智慧功能。目前国内外绝大多数设备厂家不能提供数据采集和数据深度分析功能和软件，依赖于专业的软件公司进行工程设计和软件开发。从事这些软件开发的公司几乎全部为 IT 领域人才，对实际的生产工艺和设备并不了解，造成对于数据采集停留在局部数据、数据分析停留在标准比对的基础层面，所采集的数据没有得到有效利

用，造成数据浪费，对工业生产决策支持力度不强，这也成为数字化制造向智能制造迈进的鸿沟。

本项目是信息技术与制造业深度融合的典型项目，符合高效、高可靠性、绿色、智能的发展趋势，具备适应各种设备冷加工工业场景，以深度挖掘数据内在关联性为主要方向，实现数据本身客观存在的关系，开发的模型具有前瞻性和可移植性，在类似制造领域也可以借鉴，在当今信息化、智能化制造的需求下，市场前景广阔。

东风乘用车C平台缸体缸盖加工生产线由缸体、缸盖两条加工线组成，各4序，主体包含22台卧式加工中心、8段无线桁架及相应输送滚道。其中，缸体分四道加工工序及一道安装数据螺钉工序，缸盖分四道加工工序。生产线布局采用全新的建线模式——“鱼刺式”，设备开通率高。可视市场需求调整设备开通数量。DH高速卧式加工中心、无线桁架运行高效、自动化程度高（见表2和表3）。

表2　缸体工序安排

工序号	OP10	OP20	OP30	OP40	OP50
主要加工内容	缸体底面、销孔、进气面及孔系	安装数据螺钉	缸体顶面、缸孔、前后面孔、止推面、曲轴孔	缸体顶面斜孔、底面斜孔、进排气面	缸体进排气面、前后面孔
夹具形式	A轴毛坯夹具		B轴立式夹具	A轴夹具	B轴卧式夹具

表3　缸盖工序安排

工序号	OP10	OP20	OP30	OP40
主要加工内容	顶面及顶面部分孔系等	底面、排气面及部分孔系	进气面及孔系、喷油嘴孔等	四周面及其部分孔系
夹具形式	A轴毛坯夹具	A轴夹具	A轴夹具	A轴夹具

2. 先进智能技术的应用

东风乘用车C平台缸体缸盖加工生产线全过程采用数字化设计，对零件特征、机器人、桁架等自动物流及加工过程进行三维虚拟仿真，实现用户对物流、加工的实时可视化要求。采用先进的建线模式构建高效、高自动化、高 OEE、工序集中、低成本、易扩能的“鱼刺式”生产布局。自主研发的基于控制系统的数据采集技术、质量信息自动追溯技术、主轴振摆检测技术、热变形自动补偿技术、刀具智能管理技术、虚拟加工技术等智能制造技术在生产线上的集成应用，为用户打造“高效、高自动化、信息化、清洁”的生产线。

基于三维设计大数据库，开发虚拟加工技术，与机械设计同步进行。可对刀具运动轨迹仿真，及时发现刀具干涉问题；对加工过程模拟仿真，提前调试，优化加工节拍，提高后期安装调切效率。主轴振摆检测技术可在精密加工前检测主轴是否产生振摆。若产生振摆，则证明辅具锥柄与主轴结合处粘有切屑，机床启动报警，进而人工或自动清理辅具锥柄与主轴结合处的切屑，避免造成产品报废。热变形实时补偿技术能够在线、实时补偿不同材质的热变形差异，具有不占用加工时间、经济、精确的优势。智能防碰撞技术在碰撞发生时，能够最大限度地降低主轴的损坏概率，从而降低维修成本。刀具在线管理设备植入了刀具识别功能，通过采用 RFID 识别芯片技术，在刀具的辅具上安装一个电磁芯片，芯片内通过对刀仪事先写入该把刀的属性数据——刀号、刀具长度值、刀具半径值、刀具寿命等，人工换刀时刀具信息自动读入数控系统中，实现刀具在线识别和管理。在进行刀具切削过程管理时，设备采用了 ARTIS 刀具及机床状况监控系统，实时可视在线监控，在加工过程中，可准确检测到断刀、缺刀状况，对钝刀状况也可做出及时判断。一旦出现异常状况（断刀、缺刀），机床便可立刻停机，进行处理，避免了刀具、工件及机床的再次损伤，保证了产品质量，有效地降低了运行成本，为用户提高了经济效益。零件管理系统在每个零件上安装数据螺钉（芯片标签），零件上线刻字后，在数据螺钉中写入零件的二维码身份信息，通过采用 RFID 识别芯片技术，在每一个零件加工完成后，存储加工信息（加工的工序号、设备号、加工时间、工件状态等），由此实现零件的信息追溯。零件下线时，将数据进行保存，并最终上传到用户的生产管理系统中。

生产线智能管理系统自成体系，不特别依赖现场条件，便于植入现场管理，帮助管理者和生产者及时充分掌握生产现场信息，发现并分析生产瓶颈、优化生产流程、提高设备运行效率、提升整体生产能力、提高管理水平，为投资决策提供依据，实现数据驱动管理。该项目生产线智能管理系统采用的是公司自主研发的“东风智星 STAR2.0 系统”，具有以下四大功能：①实时自动采集设备数据、生产过程数据和质量数据；②实时了解被加工零件信息和生产线 OEE 情况；③实时了解刀具、动能消耗以及设备维护保养和易损件更换情况；④打通上位 MES、ERP、CPS 等上层执行和管理系统的数据通道，实现数据共通共享，为设备健康管理、产能提升或优化提供数据分析。“生产线智能管理系统”所属 IT 技术领域和电气自动化领域，应用了网络通信技术、数据库技术、大数据分析技术、手机 App 技术，可广泛用于汽车动力总成的各种生产线。

B.11
万帮数字能源股份有限公司创新发展案例

摘　要：　在充电桩产业发展之初，万帮成立并迅速成长为行业标杆，其核心品牌——星星充电作为充电领域的国标制定单位与全球近60家知名车企建立了战略合作伙伴关系。公司旗下的五大产品，广泛应用于各充电场景，并配有12朵云的全场景服务、多维度的业务中台，形成独有的生态优势。企业放眼全球引进最新技术，设立全球研发平台，依托国创能源成立江苏省新能源汽车智慧能源装备创新中心，制定新能源汽车智慧能源产业的总体技术路线图，创新性地提出了“云—管—端”运营模式和“移动能源网”概念。围绕初心打造六“星”综合解决方案，以开放的心态，开创了诸多行业整合案例。

关键词：　充电桩　创新发展　场景解决方案

一　企业基本情况

（一）企业介绍

充电桩互联互通是为充电用户提供便利服务、增强充电体验的重要基础，《新能源汽车产业发展规划（2021～2035年）》明确提出“提升充电基础设施服务水平，引导企业联合建立充电设施运营服务平台，实现互联互

通、信息共享与统一结算”。新能源行业是未来中国经济发展中确定的发展方向，受政策驱动，充电桩市场整体发展向好。

星星充电董事长邵丹薇表示“我们最早做充电设施是因为我们不服输，相信行业的难题我们可以解决。没有经验可循，就披荆斩棘蹚出一条路来！专业人才不足就大力培养人才！缺乏技术支撑就放眼全球引进技术！”作为汽车人，董事长邵丹薇一直有个抱负：助力民族汽车工业屹立于世界之巅。而解决充电桩建设运营这一难题，就是帮助我国新能源汽车产业实现弯道超车的捷径。由于新能源及充电桩产业刚刚起步，没有经验可循，专业人才不足，缺乏技术支撑，资金投入巨大。

2014 年 10 月万帮新能源投资集团有限公司成立，星星充电成为万帮新能源集团发展中的核心品牌。万帮进入新能源领域积极创新：利用众筹模式在三个月之内建设了 1400 个充电终端，迅速成长为行业领军标杆。发展过程中形成了万帮特色的新能源全产业链，包括主营充电设备研发与制造的江苏万帮德和新能源科技股份有限公司、主营充电设施城市运营的万帮星星充电科技有限公司及其子公司、主营新能源品牌汽车销售的 4S 店群、为各大主机厂提供全国性私人充电桩安装服务的云安装。

公司从最初 5 人逐步发展成为 2000 多人的万帮新能源集团，离不开公司管理层的丰富经验。管理团队汇集行业资深人士和技术专家，拥有成功的创业经历、汽车行业资源经验、精细化运营管理经验、国际化背景及深厚研发技术背景。2020 年中国共产党第十九届中央委员会第五次全体会议通过了《中共中央关于制定国民经济和社会发展第十四个五年规划和二〇三五年远景目标的建议》，提出要发展新能源、新能源汽车等战略性新兴产业，推进能源革命，完善能源产供储销体系，建设智慧能源系统，提升新能源消纳和存储能力。

2020 年 9 月，万帮首次启动社会化融资，获得 8.55 亿元人民币 A 轮融资。本轮融资由中金资本旗下基金和施耐德电气领投，国创中鼎、上海国和、武进高新区平台公司等跟投，摩根士丹利担任独家财务顾问，万帮新能源正式升级变更为万帮数字能源股份有限公司。

5月17日，万帮能源和星星充电宣布获得高瓴领投，IDG、北京泰康投资、禹达投资、宝龙与远洋地产等跟投的B轮融资，投后估值155亿元，成为亚洲数字能源领域头部独角兽。

凭借专业的研发生产实力、丰富的充电运营经验、开拓的创新驱动理念，万帮推进传统能源经济向新能源经济方向发展，致力于实现“推动人类交通电动化，引领全球能源数字化”的长远梦想。

（二）品牌介绍

公司核心品牌——星星充电，总部位于中国常州，专注于新能源汽车充电设备研发制造，平台兼容全部国标车型，产品线涵盖交直流设备、充电枪头、电源模块、智能电柜、换电设备等，掌握着智能控制、物联网、大功率定制等核心研发能力。为全球客户提供设备、平台、用户和数据运营服务，借助车辆销售、私人充电、公共充电、金融保险等业务打造用户充电全生命周期平台。现已发展为全球为数极少始终盈利的充电运营商，在大功率充电技术、智能运维平台等方面优势显著。

星星充电曾获国家能源局“能源互联网重大应用示范”项目、工信部“智能制造2025新模式应用”项目、科技部“新能源汽车”2018年度重点专项三个国家级项目立项，并牵头成立全国新能源汽车智慧能源装备创新中心。星星充电是全球近60家知名车企的战略合作伙伴，其中不仅包括梅赛德斯奔驰、保时捷、宝马、捷豹路虎、大众等国际品牌，还包括比亚迪、北汽等国内车企。2019年，星星充电与大众汽车、一汽集团、江淮汽车成立合资公司，创造了大众汽车在中国首次与民营企业合资的历史。

2020年星星充电首创提出“移动能源网”概念：借助于移动的交通工具、移动的能源载体、移动的补能设施和移动的通信终端所构建的时空泛在能源互联网络。创新“云—管—端”即硬件+软件+服务的商业模式，堪称数字能源生态中国样本。

在提高能源利用效率、促进结构调整和节能减排、助力民族汽车工业屹立于世界之巅、推动国家新能源产业发展壮大的事业上，星星充电永远不遗余力。

二　企业发展历程

（一）公司战略

2019年万帮数字能源是中国获得德国汽车质量体系认证的充电桩企业，是戴姆勒奔驰、保时捷、捷豹路虎、大众奥迪、雷克萨斯及蔚来在中国充电桩采购的唯一或主要供应商。

2019年公司充电桩保有量超15万个，占全国充电桩总量的24%，2019年新增充电桩数量排名第一，拥有122万个星星充电和微信用户账号，2019年App订单数3000万个。2018年公司与国家电网、南方电网、特来电共同成立河北雄安联行网络科技有限公司，以类银联的方式，推动全国充电网络的互联互通。

万帮数字能源还是国内规模最大的私人充电桩安装服务提供商之一，在中国31个省份有110多个第三方安装合作伙伴。

公司战略成为横跨用户互联网、工业物联网与能源互联网的领先服务提供商。通过超级接口与能源入口，分别接入工业互联网/物联网和能源互联网构建覆盖最广的充电服务网络。

1. 构建覆盖最广充电服务网络

通过自有、联营、他营、人人充电桩，以及主机厂的终端渠道，构建最大的充电服务网络；通过互联互通、企业大客户等，与出行平台、车队、车机、地图等构建超级接口，连接最广阔的用户平台。

2. 大数据、安全与智能运营

通过用户及场站大数据分析，为用户提供更便利、优质的服务，为场站运营提供更强的系统支撑；通过车辆充电大数据，对车辆使用习惯、状态、过程安全数据等进行全面监控；通过对充电桩全生命周期管理及数据监控，实施智能运维、检修等。

3. 智慧能源与电力交易

通过充电桩、车载电池或者储能方案，利用V2G、V2L、船舶岸电以及

HEMS、BEMS、FEMS 等技术和系统方案，实现智能的能源网络运营和交易，为削峰填谷、节能减排提供更多支持；通过电力交易、绿证交易等，降低能源成本。

（二）公司产品

星星充电是获得 IATF 16949 和 VDA 6.3 认证的充电桩运营商，受到主机厂的高度认可，通过全球标准化生产和管理程序向全世界客户提供一致的产品和服务，利用标准化管理程序来提升效率，强化质量控制标准，将缺陷最小化，通过自我评估和解决流程获得持续提升。星星充电通过定制化平台，可根据客户要求灵活生产，并通过自动化生产线提高生产效率。

目前星星充电拥有直流系列、交流系列、大功率系列、超大功率系列和便携系列五大产品，广泛适用于包括私人充电、公交/物流车充电、充电运营商对外运营、大型停车场等场景。

1. 充电桩系列

（1）交流充电桩

星星充电交流充电桩授权专利已超过 15 项，分布于各式功能包括硬件安全保护、接地检测、电气安全、软件 OTA 升级、与云平台互联监控功能、功率限制、充电预判、电站管理系统、计费方法装置及系统等各领域。

交流产品主要有 7kW 智能互联网交流充电桩、7kW 互联网二代智能交流充电桩、7kW 智能交流充电桩（配液晶显示器）、1.7kW/2.8kW/3.5kW 便携式交流充电桩、40kW 三相智能交流充电桩。

目前，经过由 98 位国际设计专家所组成的评委会的认真评选，2021 年国际 iF 设计奖最终获奖结果揭晓，星星充电“极光”交流充电桩一举夺奖。新能源的世界，清洁干净，正如“极光”的设计完美兼具了设计的简洁和柔和美感（见图 1）。

“极光”交流充电桩支持三种支付方式：刷卡支付、二维码支付、无感支付；拥有私人充电、公共营运两种模式。作为私人充电使用时，“极光”

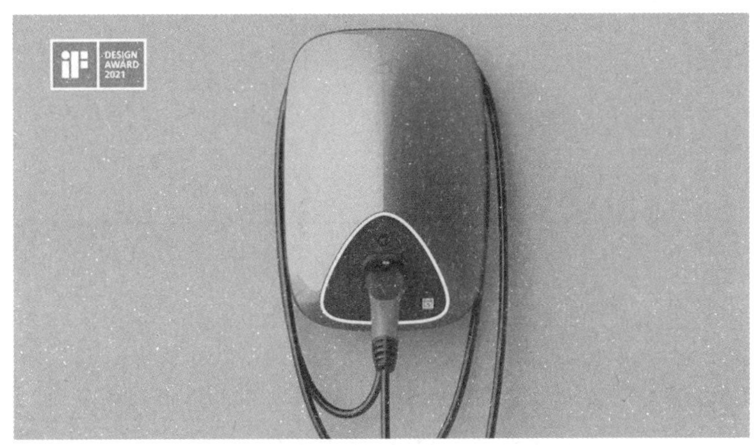

图1　“极光”交流充电桩

资料来源：万帮数字能源提供。

可自动识别车主车辆，实现即插即用，且支持私桩共享功能；公共营运模式服务于广大新能源汽车用户在公共环境下的使用场景。

此款产品拥有7kW、11kW两个版本，集成了4G/WiFi/蓝牙/以太网通信。前端的LED灯在待机情况下为绿色常亮，充电时为绿色呼吸状态，故障时跳转为红色。前壳可以单独拆卸，使安装更简便，同时非常便于运维。

在社会效益方面，“极光”为出行的用户提供快捷、便利、高效的充电服务；互联智能，更节省用户的时间；能源整合，科学分配社会电力等能源资源，产生更大的社会经济效益。

“极光”作为星星充电高端系智能充电桩，充分符合iF精神，在后续产品迭代中也将不断丰富新功能。好的设计最终都为了用户使用更友好，星星充电将继续坚持做真正可投放市场、具有应用价值的成熟产品。

（2）直流充电桩

星星充电实现了从充电器件和装置、充电系统到充电网络的全领域研发布局，全球率先研发的500kW大功率液冷充电桩，可实现大功率快速充电，其采用的液冷技术比传统风冷技术在单位时间内带走更多热量，极大地提高了充电桩电流上限，从而缩减了充电时间，充电8分钟，能跑400公里（见图2）。

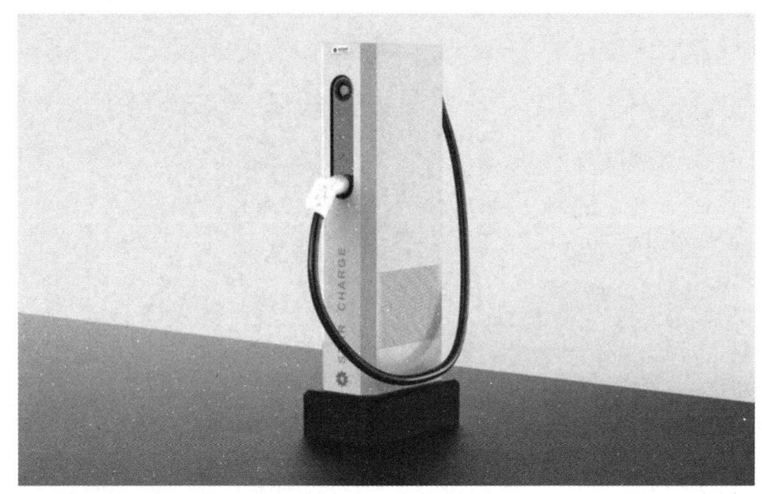

图2　大功率液冷充电桩

资料来源：万帮数字能源提供。

500kW大功率液冷充电桩中“一种充电枪用带液冷通道结构”专利，能够有效降低过大功率导致的发热问题，可实现用更细导体通过更大电流。液冷端子组件通过软管、端子接口、端子主体和电缆外绝缘层，使冷却液在液冷端子组件内定向流动，带走充电端子产生的热量（见图3）。

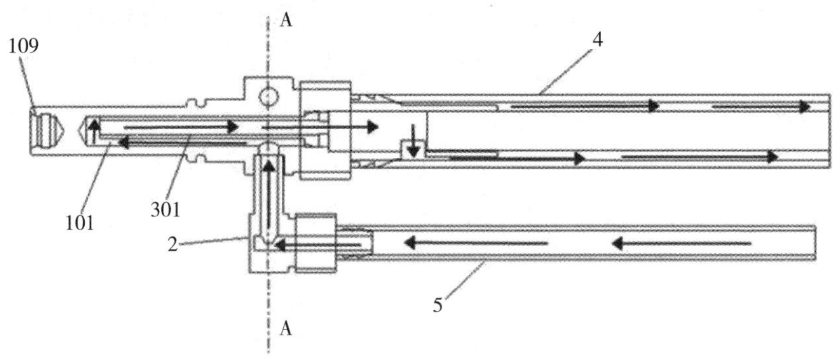

图3　液冷端子组件

资料来源：万帮数字能源提供。

星星充电已正式部署350kW系统，专注于120kW+直流充电桩投资和充电板块发展。直流产品主要有20kW移动储能充电机、30kW电动汽车直流一体机（单枪）、45kW~60kW电动汽车直流一体机（单枪）、40kW~90kW电动汽车直流一体机（双枪）、105kW~120kW电动汽车直流一体机（双枪）、180kW~240kW电动汽车直流一体机（双枪）、120kW~360kW分体式直流充电桩、240kW~360kW分体式直流充电桩。

（3）特殊场景

全球首个基于物联网技术的充电设备、全球首个可商用的专有充电机器人等研发成果，首创基于V2G的可视化能耗分析和能量管理系统，提供智能用电联动、节能增值服务。

2. 运营平台

除了硬件方面的实力，星星充电与传统制造型企业不同，真正做到了软件定义硬件。12朵云（商家云、用户云、生态云、充电云、电商云、电力交易云、碳迹公益云、车链云、安装云、电力管理云、运维云、增值服务云）的全场景服务、多维度的业务中台，形成了多项分布式数字触点和场景化算法的智能云平台，促成了更为敏捷化的运营SaaS级服务。云—管—端协同模式，形成了星星充电独有的生态优势。

其中，星星充电运营平台保证线上远程运维的高效全能，超过90%的故障都可以被在线诊断，真正做到了智能化。

客户关心的自动化分账、互联互通、智能监控和预警以及能源管理等内容，都已形成了独有的产品优势，客户的顾虑都能得到更完美的解决方案。值得一提的是独立研发的星云小黑盒，堪称实现充电安全智能、千人千面和平台综合运营赋能的秘密法宝。运营平台产品主要有：可实现能源双向流动和电网互动的能源传输系统，可实现配电管理和电损管理的能源管理系统，互联互通并连接能源互联网和产业互联网的能源交易系统，以大数据来决策充电运营的智能决策系统，八大安全系统保障充电安全的安全预警系统。

（三）企业创新

充电技术与电池技术一样，是电动汽车发展的两大最核心的瓶颈，随着电池性能的不断突破，充电的矛盾显得尤为迫切和突出。

技术路线至少经历了三个大的历史阶段。第一，充电桩阶段，2016 年以前，大部分的充电中断是单机版，用刷卡器启动，桩群与桩群之间大部分处于信息孤岛的状态，这显然不利于产业的规模化降本与智能化提升。第二，充电网阶段，2017 年起，行业普遍接受充电终端必须组网的观念，星星充电在工业互联网上是投入最早的代表性企业，自 2014 年起就率先打破传统单片机的模式，采用了工业互联网的智能终端模式，以充电终端为载体的能源互联网，上接能源，下接交通，横跨三个万亿级，是能源与交通取得联系的能源入口、交易入口、交互入口、行为入口和信息入口，它终将带来整个产业的数字化大变革。第三，移动能源互联网阶段，随着双向充电、有序充电、多层次能源路由器与 V2X 的普及，星星充电预测从 2020 年开始，充电基础设施将迈向移动能源互联网的新阶段。星星充电的发展与行业发展是同步的，提前看到了行业发展的方向，并不断开拓创新。

1. 全球研发平台

放眼全球引进最新锐的技术。星星充电连续 3 年翻倍增加研发投入，完善技术类型，持续创新、迭代或颠覆，都是对卓越产品的追求。星星充电先后引进住友电工、尼吉康等合作伙伴，展开与台湾台达、大众保时捷等知名企业的对口研发，建立了涵盖产品研发、工程设计、测试验证、工艺制造等领域完善的研发体系，拥有技术优势。研发团队超 300 人，专家团队 24 人，院士团队 4 人，累计 500 多项专利申请和有效专利，发明占比七成左右，还拥有实用新型和外观设计专利，不同类型的专利运用于不同产品，多次获得国家专项研发奖励。

星星充电拥有包括总部实验室、南京研究院、台湾研究院、美国弗吉尼亚研究院在内的 5 个研发中心，2018 年成立国创移动能源创新中心（江苏）有限公司［原国创新能源汽车智慧能源装备创新中心（江苏）有限公司，

以下简称“国创能源”]。作为充电领域的国标制定单位，星星充电参与了国内所有充电标准的起草工作，并作为中方代表参与IEC国际标准的起草工作，同时也是国家标准委员会指定的国内大功率充电两家牵头单位之一。

领先的产品技术给星星充电带来巨大的竞争优势和卓越的客户体验。定制化充电策略，分为有序充电和分体式多端点充电，App地点搜寻、充电、支付功能方便，智能维护、主动监控、远程操作指导，让用户充电体验更佳。充电站内有15项保护特性，10项充电过程主动保护技术，15个云保护算法，与全球知名的零部件供应商合作，系统可用率为99.9%。场站拥有三级能源管理系统：设备级，拥有零损耗交流/直流模块，待机时能耗更低；充电站运营级，新的充电策略可降低能耗并提升2%能效；城市级，星星充电云平台对所有充电装桩的状态实施监控并可迅速响应。星星充电的产品与大多数车型兼容，兼容车型的数量还在不断上升，支持多个国内充电设备平台，支持OCPP 1.6－J（OCPP指开放充电桩协议），正进行以OCPP 2.0为基础的开发。运维方面，可选快速安装模块，能够缩短建设时间、降低建设成本，模块可回收，更为环保。

在人才培养方面，依托“垦思园”（企业大学）的人才培养模式，根据企业人才特点设计培训内容，分层次、分类别、重点突出。企业通过各种渠道，为各类人才提供技术交流的机会，有计划地选送各类人才前往清华大学、台湾成功大学、东南大学等各类院校以及科研机构进行学术交流、科技合作、参观访问或进修学习。

2. 省级制造业创新中心

在国家政策的鼓励与号召下，依托国创能源成立江苏省新能源汽车智慧能源装备创新中心（简称“中心”），中心建立了专家委员会和顾问委员会，汇聚了全球新能源汽车行业的顶尖专家，中国科学院院士、清华大学教授欧阳明高担任专家委员会主任。此外，参加专委会的还有中国工程院院士、清华大学教授韩英铎，全球电力电子领域最具影响力的专家、美国国家工程院院士、中国工程院外籍院士李泽元，合肥工业大学教授张农，微传智能科技（常州）有限公司董事长万虹等27人。2019年获得省级重大共性技术开发项目立项（项目名称：大功率自动充电系统研发）；2020 年 5 月，中心被选入江苏省重大科技创新平台项目库进行重点培育；目前是江苏省新能源领域的省级制造业创新中心。

在中心专委会主任欧阳明高院士的指导下，立足装备、系统、网络 3 个层级，从能源生产端、能源传输端、能源消费端 3 个方面着手开展相关智慧能源装备核心技术的研发，实现新能源汽车清洁能源供给、高效便捷补给和安全高效驱动。中心以实现社会效益和产业愿景为目标，本着创新、协同、高效、互补的原则，制定新能源汽车智慧能源产业的总体技术路线图（见图 4）。

通过两年的创新发展，围绕技术路线，星星充电开展了以下共性技术的研发：B 型漏电保护器、绝缘监测技术、SiC 器件封装技术、功率变换模块、PLC 通信模块、户用控制器、交流充电桩、直流充电桩、大功率充电系统、大功率受电弓、自动充电系统、光储充微电网、多级能量管理系统、液冷系统及连接器、基于大数据的电池安全预警、基于电池特性的充电技术等。目前自主开发的 B 型剩余电流传感器、绝缘侦测器等核心零部件已经攻克国外的技术壁垒，成功开发工业级产品。以上核心零部件已经在充电桩项目上试验应用，量产后预计年经济效益在 2800 万元以上。SECC 已完成 DIN 70121 和 ISO 15118 认证，为全国第一个拿到 ISO 15118 认证证书的产品，目前产品已在出口的欧标桩上完成各种兼容和互操作测试，进入量产。EVCC 样品已与多个国内整车厂进行整车联调测试，开始接受客户定制和标准品小批量试产。

3. “云—管—端”业务模式

在运营模式上，星星充电创新提出了“云—管—端”模式，其中云是指软件，将第三方充电桩连入星星充电网络，提供会员计划、充电网络和充电行为相关数据包（来自电动车、电动车车主等）、App 内置与充电站广告、使用星星充电 App 支付平台时收取支付通道手续费、软件开发（App、充电平台、定制化软件）；管是指服务，包括充电服务、运营与维护、安装、电力交易/能源管理服务；端是指硬件，包括销售充电桩和一体化充电

实现新能源汽车能源
清洁智能供给、高效便捷补给、安全高效驱动

		2022年	2025年	2030年
能源生产端	风光储微网系统	·交/直流微网 ·电力电子变压器组网	·实现微电网需求响应侧管理，动态管理 ·微电网自治，多能互补 ·与外部市场相互作用	·智能化模块化的即插即用能量变换设备及多能互补系统
	氢能供给系统	·可再生能源制氢 ·CCS技术	·低碳煤基制氢技术 ·可再生能源制氢 ·多元制氢体系	·规模化可再生能源制氢 ·工业副产氢回收 ·规模低碳制氢 ·形成绿色氢能供应体系
	电力电子变压器	基于新型器件的PET和智能柔性开关研制	基于新能源汽车充电需求的交直流柔性配电网示范工程	
		基于新型器件的光伏/风电逆变器和直流固态限流器等功率变换模块的技术开发、样机研制及示范应用		
能源传输端	超大功率充放电设备	·充电10分钟，续航300km ·充电功率350kW	充电10分钟，续航400km	·充电10分钟，续航400km ·智能补电
	小功率交直流智能充放电设备	·3.3kW便携式，7kW壁挂直流充电机 ·V2G示范应用	·三相15kW/20kW/30kW壁挂式 ·V2G商业推广	V2G升级产品规模化应用
	无线双向充放电系统	·大规模示范 ·商业模式逐渐成熟	·在一线城市普及 ·商业模式成熟	·产业链打通 ·大规模生产落地
	自动充换电系统	顶部：大范围推广、商用模式成熟	全面普及	
		侧方：小范围商用化探索	大范围商用化试验，商业模式探索	在主要城市普及、打通产业链
		地盘：技术准备	小范围商业化、标准准备	大范围推广应用
能源消费端	动力电池	比能量：250Wh/kg、能量密度：320Wh/L、比功率：700W/kg、寿命：3000次/10年、成本：1.0元/Wh	比能量：300Wh/kg、能量密度：500Wh/L、比功率：700W/kg、寿命：3500次/12年、成本：0.9元/Wh	比能量：350Wh/kg、能量密度：700Wh/L、比功率：700W/kg、寿命：4000次/15年、成本：0.8元/Wh
	双向车载充电机	OBC充电功率达95%、功率密度：1kW/L	·充电机、DC/DC及电机控制器组成新一代集成电力电子控制器 ·具有V2V/V2H/V2L/V2G功能的双向充电机	
	基于新型器件的电驱系统	电机功率密度>4kW/kg 控制器功率密度>30kW/L 机电耦合效率：88%	电机功率密度>4.5kW/kg 控制器功率密度>40kW/L 机电耦台效率>91%	电机功率密度>5kW/kg 控制器功率密度>50kW/L 机电耦合效率>95%
	V2X/HEMS/BEMS	智能家庭/建筑能量综合管理系统	区域智能家庭/建筑能量互联和自动交易	智能家庭/建筑能源融合综合管理系统

图 4　新能源汽车智慧能源产业的总体技术路线图

资料来源：万帮数字能源提供。

解决方案（充电站、充电平台）。“云—管—端”模式通过多种细化场景的开发与合作，为不同客户群体带来多种服务和价值，构建设备销售、运营管理和云服务的一体化业务体系，覆盖面向主机厂、运营商、能源公司、电动车队、专有充电客户及地产客户的硬件端设备，同时通过自营、联营共建方式及联网方式提供运营充电、运维、安装及电力交易和能源管理服务，并拥有同时面向B端和C端的云化软件服务能力及充电网络和行为的数据运营能力，向车企、运营商、出行平台提供增值服务。这种含充电产品、安装、维护、充电平台、运营服务的“一站式”解决方案，通过规模优势降低成本，对于其他充电桩运营商投资回报期更短。

4. 移动能源网

在2020年的须弥山大会上，星星充电首创提出了“移动能源网”概念，为行业拓宽了新的发展视野。当能源可以随着人们的需求自由生产、存储、传输、管理、交易和消费时，生活必将发生翻天覆地的变化。

移动能源网是什么？它是指借助于移动的交通工具、移动的能源载体、移动的补能设施和移动的通信终端所构建的时空泛在能源互联网络。它可以归纳为一个公式：EVB + V2X + EMS = VPP，电动汽车电池（EVB，Electric Vehicle Battery）+电动汽车万物互联（V2X，EV to Everything）+能量管理系统（EMS，Energy Management System）=虚拟电厂（VPP，Virtual Power Plant）。

如果我们把电动汽车作为移动的储能，它至少会在7个场景给我们带来全新的体验：车载能源到电网（V2G）、车载能源到家庭（V2H）、车载能源到楼宇（V2B）、车载能源到园区（V2F）、车载能源到社区（V2C）、车载能源互助系统（V2V）、车载能源到电器（V2L）……也就是说车不只是电能接收方，更可以实现双向充放电，既可吸收电量，也可释放电量，实现和能源环境的互动。

把移动储能都加在一起，就可以形成车载三峡。一个三峡一年的发电量是1000亿度，到2025年我国新能源汽车年用电量将达到3100亿度，也就是相当于三个三峡的电量。

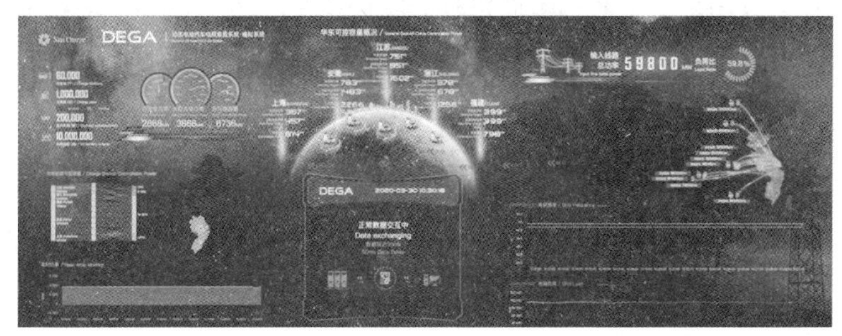

图 5　能源交互与管理“DEGA”系统

资料来源：万帮数字能源提供。

移动能源网正在成为人们生活中不可或缺的重要角色，可以说这将是一场旷日持久又肩负着国家未来发展使命的智慧能源革命。星星充电致力于共建移动能源互联网生态，让移动储能成为未来能源发展新模式。

（四）企业合作

除了拥有强大的综合实力，星星充电针对不同的客户，皆可定制场景解决方案。并在主机厂、充电桩运营商、能源公司、电动车车主与车队、专有充电客户、地产客户等 6 类客户方面拥有不菲成就。

在主机厂方面，星星充电与全球 60 余家车企是充电生态战略合作伙伴，其中不仅包括梅赛德斯奔驰、保时捷、宝马、捷豹路虎、大众等国际品牌，还包括比亚迪、北汽等国内著名车企。2018 年星星充电成为奔驰独家私人充电设备服务商，优秀的客户群体更充分证明了其卓越的产品与服务能力。

在充电桩运营商方面，星星充电全国运营伙伴超过 1000 家，全流程精准指导选址与建站。除了国内市场，星星充电还携手欧洲充电巨头 Hubject 打造全球第一充电网络。

星星充电还与南方电网、国家电网、中国石油、华润电力等 50 多家国内外知名能源公司进行战略合作，全面打造互利共赢、可持续发展的商业合作模式。

同时，与全国 100 多家大型车辆运营商达成战略合作，提供全方位充电服务，时刻以用户为中心。除此以外，在公交、物流、机场、地产等多个领域，星星充电都有覆盖，且业绩斐然。在公交领域，覆盖100多个城市，创新推出大功率充电、BRT充电弓、一体化充电堆等场景适应性更强的产品；在物流领域，为京东、顺丰、传化等多家全国大型物流企业提供整体充电服务；在地产领域，星星充电的市场占有率更是超过70%，为全国500多家地产企业服务，占据强势的领先地位。

三　企业典型事件

在行业发展上，平台级服务企业将是整个充电基础设施行业非常重要的趋势。星星充电打造能源互联网的战略方向一直没有变，到现在为止，星星充电已经初步完成了全国充电网的建设，在公共充电网和私人充电网上都形成了很强的优势，并且在大功率、智能充电、智能运营运维技术上形成了领先的技术能力。

同时，通过硬件、软件加服务的综合服务能力和开放的合作模式，星星充电也已经成为一家服务于多种客户、用户类型，并且容纳多种形式的行业生态参与者加入的平台级企业。作为业内领先和担当，星星充电带动行业生态的共荣，先后与国内外多个企业强强联合，成立了合资公司。

2018年12月21日，星星充电与国家电网公司、南方电网公司等四家充电设施巨头成立河北雄安联行网络科技股份有限公司，打造了互联互通平台，构建了一个以“充电一张网”为核心的生态体系，提高行业效率，有效促进产业发展。在联行科技承接的十余个省市级平台基础上，全力构建国家级政府监管平台，实现对国家、省、市级平台全面贯通和数据接入，为国家发改委、国家能源局、国家工商总局及各省市政府提供政策制定、行业监管、安全监管和市场管理服务，为中国充电设施促进联盟等行业协会提供行业数据统计及分析服务。

2019年7月11日，大众汽车（中国）投资有限公司、中国第一汽车股份有限公司、星星充电、安徽江淮汽车集团股份有限公司在江苏常州联合成

立开迈斯（CAMS）新能源科技有限公司，助力中国充电基础设施行业驶入“智能纪元”。星星充电作为四大股东中唯一的充电企业，将从产品研发、制造和运营层面提供全面支持。

2020 年 10 月，星星充电联合中国质量认证中心、TÜV 莱茵合资成立国创未来检测技术（江苏）有限公司（简称“国创未来”），并落户于中欧（常州）检验检测认证国际合作产业园。国创未来将借助各方在国内外的资源和资质，着力于新能源汽车充换电设施、系统、设备及相关零部件检测项目的落地，并实现“一次检测多国通行”，即产品通过测试，可同时获得中国、美国、欧盟等国家和地区的相关认证，助力中国充换电企业不断提升产品质量和技术实力，通行全球市场，在技术和行业标准等方面达成长期战略合作与交流。

融合创新方面，2020 年 3 月，为有效推进清华大学科研成果产业化，面向行业需求培育创新型企业、打造核心产业链并形成产业集聚，星星充电参与了由清华大学苏州汽车研究院、清华新能源产业创新联盟、清华大学欧阳明高院士团队、清大联合（厦门）投资有限公司团队孚威清创（厦门）股权投资合伙企业发起，依托清华大学汽车安全与节能国家重点实验室联合国内整车（小鹏汽车与拜腾汽车）、核心零部件企业（万帮新能源、科易动力与易控电子）及南京市地方政府共同出资设立的清研华科新能源研究院（南京），这是一家在新能源领域产研结合探索的清华系研发技术公司。

星星充电不断发挥创新主体中龙头企业的作用，凭借其行业影响力和产业链上的赋能作用，深挖和培育孵化新技术、新企业的可能性；星星充电与产业链上下游以及平台上的友商，一直是生态共荣的关系。

四　场景解决方案

充电桩行业最大的问题是盈利难，国内已经实现了在运营端全面盈利的企业，但屈指可数，想盈利，需要做到“两高三低”——选址的效率要高，运营的效率要高，投建的成本要低。运维的成本要低，系统的成本要低。要想做到“两高三低”，就需要利用大量的历史数据和技术积累，精准选址，精准营销，通过规模优势降低成本。电动汽车充电这一行业是新兴行业，客户在设备选型、场站建设以及场站后期的运营运维护方面还存在以下痛点。

缺少经营经验：客户不知道如何选址，整个场站投入成本较高；同时对相关备案的流程不清楚，机会成本高。设备质量参差不齐：设备的故障率高，导致客户体验差，最终使客户流失；同时运行的效率低下，导致投资回报周期长。没有运营平台：集客、引流能力差；缺少政府平台及互联互通能力；对场站每天的经营情况不能及时掌握。经营安全低：汽车产品质量参差不齐，安全事故频发；场地安全管理经验不足。运维效率差、成本高：没有专门的售后团队，无法对相关问题快速响应，缺少备件。

（一）六“心”综合解决方案

为了更好地服务客户，使客户在最短的周期内收回投资成本，达到效益最大化。星星充电围绕初心——打造六“星”综合解决方案，为客户赋能。

1. 大数据分析，科学选址——放心

通过智能运营平台的大数据分析以及自投场站的选址经验，结合交通流量、周围的竞争场站情况、车位管控情况，精确指导投资，使选用的场站更具竞争优势，从而快速收回投资，增加场站竞争力。

2. 专业团队，提供一站式工程服务——省心

场地勘测服务，多类场站勘查经验，规避建设风险。报装咨询服务，工程团队精通报装业务流程，拥有丰富的增容经验。计咨询服务，拥有数百座自建充电场站，设计经验精通，选择最优设计方案。造价咨询服务，数百座场站造价经验，精通最优预算。物资供应服务，战略级高品质供应商，品优价廉交付快。工程施工服务，全国拥有上百家战略级施工供应商，所有工程人员均持证上岗，拥有施工总承包三级资质。竣工交付服务，按照最高标准进行验收，对所有场站进行系统性培训。

3. 智能高效充电设备——匠心

自主研发了 120kW 直流一体充电设备，采用最新的 30kW 充电模块，

能满足国内所有电动车型的充电需求，最高充电效率可以达到95%，是国内充电效率最高的充电设备。

采用先进的谐振高频软开关、有源PFC技术，具有高功率密度、功率因数和效率，谐波失真小等特点。采用CAN通信可以让客户及时了解模块的工作状态。完善的保护及告警功能，包括输入过/欠压、输出过压、过温、限流、限功率等。温控风冷方式，风扇采用温控线性调速，噪声小、可靠性高、寿命长。内置防反接保护，具备失效自动隔离功能，支持带电热拔插。内置输出电压泄放电路，简化系统设计。集成输入继电器，简化系统设计，实现0待机功耗以及0功率损耗。200～1000V超宽输出电压范围，兼容200～500V以及200～750V充电规格。

星星充电的产品在极端环境下表现优异（极寒、极炎、高盐雾、高湿度情况下平稳运行），国标要求－20～50℃，星星充电的设备能在－30～60℃内正常稳定运行，极寒区域可根据实际情况设计御寒装置。充电效率高于国标要求（功率因素、电损率优于行业标准）并具备相关的型式检测报告。采用高频零电压软开关技术，工作的可靠性和效率远高于硬开关电路，效率达到94%以上，而采用硬开关技术的充电柜效率为89%～90%，以100kW的充电一体机为例，相当于每小时节省3～4度电能。而传统的充电柜效率只能达到80%～85%。超低待机功耗，待机模式下，模块能耗为0，整机能耗23.88W，一天24小时待机损耗为24×23.88＝573.12Wh≈0.6kWh，即0.6度电。超宽输出电压范围200～1000V，满足市面上所有充电车型，充电更快速，充电效率是其他充电设备的1.5倍。星星充电充电桩是汽车群智能充电系统，设备按照模块化设计，标准化生产，批量化预投，灵活搭配，多个模块并联工作，具有强大的容错性，某个模块故障时不影响整机使用，可以方便地对单个模块维修替换。

4. 智能运营管理平台——贴心

星星充电运营管理系统，是专门针对企业运营桩群开发的系统，一站式运营管理，会根据企业使用情况、使用实际需要，并结合星星充电产品发展方向及迭代考虑，进行持续性迭代升级、丰富功能，以确保系统稳定性、便捷性、先进性。支持平台与平台间互联互通；支持加盟直营、联营、他营、个人桩等多种运营模式；支持充电桩多种充电方式的统一管理；支持企业内部充电管理与电站对外公共运营充电管理；支持扫码、刷卡、调度定时、车充识别等充电启动方式；支持电站实时监控与预警；支持多维度统计分析及数据报表下载；支持多样营销玩法（活动营销、卡券营销、任务活动等）。

为了保证系统能够长期、安全、稳定、可靠、高效运行，系统具有以下重要技术性能。

操作简单：普通操作人员经简单培训就可操作，或者参考操作手册就可方便操作。功能完善：系统具备分类统计、模糊查询、分析等功能，同时具有良好的运行速度和稳定性。系统安全：权限设置合理，网络、数据安全，有完善应急功能和恢复能力，平台提供 7×24 小时的连续运行保障，系统可用性高达 99.9%，系统具有操作授权及权限控制；提供操作日志管理功能。易于管理：系统查询、分析、统计流程可后台定制化，统计报表可通过流程设计界面自定义，无须重新编程，维护方便，能够方便快速地利用已有基础数据。

运维服务中心目前下设项目管理部、技术支持部、客服部及区域运维服务中心四个机构，人员共计 360 人。主要人员分布在一线各区域服务中心，区域服务中心共设 7 个大区，涵盖了全国 30 个省份（除西藏及港澳台）、163 个市县区域。西到新疆阿克苏，北至黑龙江绥化，南到海南三亚，东至上海。

为了提升运维效率，减少运维成本，星星充电独创智能运维平台（OMC），通过联网接入的电桩实时采集设备运行数据，对故障告警和事件实时监控上报，运维能够更快地定位故障电桩，根据故障等级定义，平台自动派单维修，减少人工成本，提高运维效率，提升电桩的稳定性。

基于大数据搭建模型，系统实现设备信息的智能识别、智能分析、智能预警等功能，为设备高效运行、维护提供强大的数据分析。依托长期的现场维护和数据处理经验，形成设备完好率、充电成功率等指标项和报表数据，为场站的整体运营提供数据支撑和指导。

星星充电在智能运维平台的基础上建立了4层运维服务体系。安全运维：健全安全管理组织；建立日常巡检制度；严格的应急演练。快速运维：持续完善运维服务网络，解决覆盖面；运维前置，调试预处理；提升产品自愈能力——强大的工单报修管理系统ALM，确保每个处理节点都能被追溯。主动运维：增加培训，减少非故障类报修，采用线上+线下巡检的模式，提前运维，减少设备故障率。智能运维：采用智能运维系统进行大数据分析，远程升级，数据上报平台，告警分析、日志分析、状态分析。

5. 三重防护——安心

星星充电与清华大学联合开发了安全预警与防护系统，包括实时数据监测、历史数据展示和充电安全结果评估。创立了具有明显优势的三重防护系统。

第一道防线：桩体自身安全防护。星星充电的产品均满足或高于国家标准要求，具备完善的自身防护能力，包括但不限于以下功能：绝缘检测、电气隔离要求、接地安全、剩余电流保护、直流输出回路短路保护、电击防护、车辆插头锁止检测、预充电功能、急停功能、绝缘状态监测与保护要求。

第二道防线：车端防控。通过车与桩的通信，将车端电池的信息，上传到云平台，在云平台上通过大数据分析，并通过独有的算法，给出电池剩余寿命、内部微短路和电池一致性三个维度的电池安全评价。实时评估电池状态，定期给出用户充电建议。

第三道防线：平台联动。与当地安全主管部门进行平台级的互联互通，一旦发生火灾等危险情况，采用安全联动防护机制，相关部门第一时间感知，最快速度赶到现场。

6. 场站运营，全方位赋能——专心

星星充电采取广泛合作的友好战略，在全国开展了最大范围的合作，形成了用户结构丰富、数量大的用户平台，年充电量超15亿度。

出行平台：拥有全国出行服务平台，超50万充电用户。物流车队公司：全国物流服务平台、车队管理公司超60万用户。App企业平台：企业账号会员，服务500多家企业，超过20万用户。主机厂：超强超全合作伙伴，覆盖100多万用户，未来覆盖超过2000万用户。流量运营平台：全国超强流量阵容，主流互联网渠道覆盖，流量入口丰富全面。

商家补贴高：星星充电辅助入驻商家申请各项补贴，3年补贴总额15亿元。品牌补贴：最高4万元/站。基本CI：立招、雨棚、车位装修、墙面、灯箱、导视系统。配套设施：休息室、卫生间、道闸、车位锁、小票机、洗车机、售货机。运营补贴：全国3亿元/年。活动类：新站上线，28号会员日，用户分组，日常任务。节日类：每年8月28日星星狂欢节补贴。增值业务：场站广告，场站考核评分。

系统功能全：商家专属BOS系统，涵盖5类23项功能，并提供丰富的活动工具，满足一切需求。客户管理：用户管理、大客户管理。场站管理：电站管理、设备管理、电站监控。营销管理：电站折扣、充电返券、电券生成、用户折扣、车辆折扣、充电打榜。结算管理：分账申请、分账账单、商户结算、发票税费。基础管理：订单管理、评价管理、企业信息、子账号、咨询管理、经营看板、月度账单、运营报表。

入驻成本低：星星充电开创式地推出乐享及全能两种模式，满足不同商户的入驻需求，费用比友商优惠近50%，更是推出了运维、质保、保险的增量服务包，实现服务全覆盖。

（二）充电桩配建综合解决方案

星星充电以非常开放的心态，开拓了很多的创新模式，开创了很多行业整合的案例。

1. “智慧能源电动城市”充电运营综合解决方案——山西太原

2015年12月28日，山西省经信委批复了《太原市电动汽车产业基地发展规划（2015～2020年）》《太原市燃气汽车产业基地发展规划（2015～2020年）》。根据规划，到2020年，太原市电动汽车产业的发展力争形成1家客车、1家乘用车电动汽车整车企业和5～8家关键零部件企业，电动汽车产量达到2万辆，产值达到500亿元，具备电动汽车核心零部件自主研发

和产业化能力，除专用和特殊需求外，将建设综合型充换电站20座，充电桩不低于3000个，从而基本建成电动汽车产业基地。2016年3月底，比亚迪已宣布将在太原市投资40亿元建设电动汽车产业基地。

图6　山西太原场站

资料来源：万帮数字能源提供。

2015年底，太原市全市8292辆出租车陆续达到报废年限。2016年1月底，太原市规划将接近报废的8292辆出租车逐步更换成纯电动汽车。截至2016年4月底，太原市已有3000辆出租车完成更换，新运营的出租车全部采用纯电动汽车，并计划到2016年10月完成剩余所有车辆的淘汰、更换。

作为全国新能源汽车推广的优秀典型，山西省太原市将全市出租车全部替换为电动出租车。在新能源电动车推广中，充电设施配套成为顺利推广的重要因素。在太原充电设施招投标中，星星充电从用户角度出发，为用户提供综合充电解决方案，凭借雄厚的研发实力、卓越的技术品质、完善的配套服务、高性价比的产品，独家中标太原充电设施配套设备标案。

此次太原招标项目是专给城市纯电动出租车配套充电设施，车型为比亚迪E6，早在2014年，星星充电研发出比亚迪E6出租车的专用交流充电桩，此款充电桩输出功率为40kW，充电时间仅需2小时，使用户的充电效率大大提高。星星充电提供“40kW交流桩充电为主，直流快充桩为辅，便携慢充桩为补充”的整体充电解决方案，真正践行了从用户角度出发的使命和责任担当。

为配合太原首批电动出租车交付使用，星星充电圆满完成太原南站、长风商务区、太原市博物馆等处的配套充电桩施工建设，提供全套运营方案，春节期间技术人员全程留守。星星充电以高质量、高效率、严要求的生产标准铸就产品品质，以远低于行业平均的故障率赢得太原市场的认可与信赖。第二批桩群主要分布在太原市东、西、南、北中环，并州路，长风街，建设路，太榆路立交桥下面的停车场等地，共计 2000 多台交流桩，真正践行“高效执行”价值观。

2. “三叉戟”地产充电桩配建综合解决方案——万科临港项目

星星充电与百强房企中超过 70 多家都有合作落地项目，超过 50 家为全国或区域集采，比如万科、绿地、新城、中海、招商、金地、龙湖等，与百强房企的战略项目均有落地合作，万科体系项目供货率高达 80%，星星充电有着丰富的全流程服务经验。

万科临港项目前期方案设计为总需求 214 台，其中在靠墙车位上采用壁挂式充电桩共 61 台，背靠背车位上采用立柱式充电桩共 153 台。常规背靠背车位间最小的安全距离为 0.5m。按根据最新规划要求，安装立式充电桩后，背靠背车位最小的安全距离为 0.8m，每个车位需要增加 0.3m 的安全距离，导致整个项目需要减少 10 个车位且需重新修改车位方案报批规划部门，一方面减少了项目收益，另一方面会使项目交付大大延期。

面对最新规划要求，星星充电提出背靠背车位采用吊装式安装，在维持原方案不变的情况下满足当地政府验收要求。此项目在验收时间内顺利验收，同时避免减少 10 个车位，若 1 个车位按照 20 万元来计算，共为客户节约 200 万元成本。

3. “智慧交通电动未来”公交行业解决方案——南京公用能源直流充电桩项目

星星充电作为公交行业充电设施建设运营领域的领先者，服务全国包括南京、西安、沈阳、重庆、长沙等 200 多个城市，建设运营了 30000 多台充电桩，日充电量达 300 万度。为 600 多家公交客运公司、超过 10 万辆电动公交车提供了充电基础设施及场站运营管理服务。

星星充电为全国公交客户提供了“云—管—端”的服务模式，满足公交客户不同需求。其中“云”包括公共交通 SaaS 管理平台、企业级监控平台、城市级监控平台、政府级监控平台、移动 App 和小程序等软件基础设施；“管”包括充电运营服务、售后运维服务、工程安装服务、电力交易服务、能源管理服务和场站联营服务等多种相关服务；“端”围绕公交客户、客车厂客户、轨道交通客户、旅游公司客户、通勤和客运公司等不同客户群体提供了多款不同功率、结构形式的产品设备，其中还包括智能下压式充电弓、500kW 液冷大功率充电桩和分体式充电堆等创新型新产品。

星星充电具有电力工程施工总承包三级资质、承装（修、试）五级电力设施许可证，具备丰富的场站建设、运营管理经验，可以为公共交通客户提供“EPCO 一站式服务”。

为协助客户解决申领设备补贴和资金短缺等问题，星星充电为公共交通客户提供了“以旧换新”、“合作共建”、“场站金融”和“合资公司”等多种合作模式。

设备供应：星星充电为公交客户提供优质的智能充电设备，并提供免费的场站设计方案等。EPC/EPCO：星星充电受公交客户委托，对工程建设项目的设计、采购、施工、运行等实行全过程的承包。场站金融：公交客户采用分期付款方式采购星星充电优质充电设备、场站监控平台等。投建运营/BOT：星星充电对公交客户场站进行投资，提供优质充电设备，进行场站设计建设，提供专业化运营平台，并收取充电服务费用。以旧换新：对于老场站设备老旧影响充电和运营效率，且电损大运维成本高的公交客户，星星充电免费以新桩换旧桩、平台赋能的模式进行合作。合资运营：星星充电与公交客户合资成立公司，星星充电以技术入股，成为绝对小股东，不参与分红，协助合资公司成为当地主流充电运营商。

2017 年 3 月底南京市发布的《南京市“十三五”公共交通发展规划》，2016～2019 年新增及更换的公交车中新能源公交车比重应分别达到 50%、60%、70% 和 80%。“十三五”期间，新购公交车辆中新能源与清洁能源车辆占比 90% 左右，全市新能源与清洁能源公交车辆比例达到 80%。

2017 年 11 月 29 日，星星充电与南京公用能源有限公司签署战略合作协议，星星充电为南京 31 个电动公交车充电场站，约 3000 辆纯电动公交车

提供充电服务。整个场站采用 EPC 工程总承包的合作模式，由南京市公共交通（集团）有限公司出场地，星星充电为其提供“云—管—端”的整体公交场站解决方案，从场地勘探、充电设备供应安装、工程设计施工到运营管理平台搭建，全程由星星充电主导并完成，于 2018 年 5 月开放，服务于南京市民的绿色出行。

此次与星星充电合作建设 31 个电动公交车充电场站将是南京深入落实公交优先发展战略、切实引导城市交通结构合理转型的重要战略机遇。

在推广新能源车的过程中，配套设施的建设运营问题是一大难题。南京公交站在对国家负责任的角度，实事求是地研讨实施方案，包括充电模式和运营模式，以“适用性”为原则选择充电设备。早在 2017 年 10 月，星星充电全额投资建设南京光伏发电项目，从发电源头上解决节能环保问题，助力南京建成江苏省区域首个使用太阳能发电用于生产的公交场站，推动江苏省绿色智慧交通的改革。基于星星充电在公共交通领域的实力和具备城市公共充电运营一体化成功经验（山西太原），南京公交再一次选择与星星充电合作共建公交充电场站。

图 7　南京公交——雨花台南大门站

资料来源：万帮数字能源提供。

近年来，星星充电在公交领域的大功率充电技术上取得了重大突破，新一代大功率电动公交充电系统，可为公交车提供单枪高达 500kW 的输出功率，能让车辆在 10 分钟之内充满电，解决因充电时间长而影响正常使用的问题。星星充电在大功率充电技术领域的创新突破，进一步提高了电桩的转换效率，显著降低电损，能为公交公司节省一笔可观的电费开支。值得一提的是，该系统创造性地采用了液冷方案，不仅成功解决了大功率充电的散热问题，而且摆脱了过去风扇散热带来的噪声扰民问题。

此次合作，星星充电为南京 31 个电动公交场站建设 300 多台直流快充充电机，设备涵盖了 180kW、240kW 和 360kW 等多种型号，双枪和四枪的配置通过功率的智能分配可满足多辆公交充电的不同需求，支撑更加灵活的运行方式。星星充电通过“云—管—端”的全场景方案和可靠的产品在每一次合作中帮助客户解决问题，同时为提高能源利用效率、促进结构调整和节能减排贡献力量。

4. 助力“四型机场”机场充电桩综合解决方案——海口美兰机场

随着 2015 年“油改电”工作的启动、2018 年“打赢蓝天保卫战三年行动计划”，再到 2020 年的“四型机场”建设，机场充电桩基础设施建设愈发重要。但是由于机场的特殊性，建设面临“安全”“需求复杂”“运营维护”“规划建设”几个方面的问题。

2020 年，星星充电以“平安”“绿色”“智慧”“人文”四个原则为设计准则，为海口美兰机场二期提供了一套具备“安全”“超级兼容”“智慧运营”“科学规划”的充电桩解决方案，该项目包含 20 台 60kW 充电桩。

在安全方面，星星充电独有的 Aone 三重防控与预警系统为美兰机场提供了可靠的安全保障：桩端具有绝缘监测、电气隔离保护、短路保护、锁止检测、温度保护等十几项防护；车端通过与桩的通信，将车端电池的信息，上传到云平台，在云平台上通过大数据分析，并通过独有的算法，给出电池剩余寿命、内部微短路和电池一致性三个维度的电池安全评价，从而给出电池风险预警；平台与当地消防部门进行平台级的互联互通，一旦发生火灾等危险情况，采用安全联动防护机制，相关部门第一时间感知，最快速度赶到现场。三者联合形成了强有力的安全预警系统。

星星充电从规划选址、电力系统设计、施工建设等几个方面为客户提供了一站式的服务。星星充电利用超过数百座的充电场站设计经验以及施工经验，以及 CRM、RDM 等科学规范的项目管理系统，为机场客户提供了最科学最规范的规划设计、施工建设方案。在充电设施配置方面，星星充电的解决方案工程师提供了充电设施选型、规划选址、设置配比等服务；在电力系统设计方面，电力设计工程师提供了供配电设计、配电保护设计、防雷接地设计等专业设计服务。另外在云平台方面还有一对一的解决方案满足客户的定制需求，进而保障机场充电桩的规范化、科学化施工建设。

美兰机场特种车辆有飞机保障车辆、旅客服务车辆、场道保障车辆、应急救援车辆四大类，车辆种类超过数十种，车辆电池种类有铅蓄电池、锂电池等多种，电池电压覆盖了 80～750V，需求极其复杂。星星充电的产品选用直流输出电压 50～1000V，满足了机场所有不同车型的充电需求，实现了车桩 100% 匹配，确保了在各个电压段实现最大功率充电，避免了机场充电桩的重复建设。另外，随着新能源车的高压化发展趋势，同比市场 200～750V 产品，星星充电的产品可满足未来 3～5 年发展需求，无形中给美兰机场二期建设省下了一笔不小的费用。

星星云平台的智慧运营和智慧运维解决了机场管理复杂的问题，极大地提高了管理效率。机场航空公司多，分管单位多，车辆种类多，再加上缺乏对充电设备的运营及维护经验，车辆充电管理困难。星星充电 SAAS 平台具有人员基本信息管理、人员和车辆绑定管理、车辆基本信息管理、充电记录和定时启动充电等功能，配合地勤调度系统可实现机场车辆调度，保障车辆运行稳定，为美兰机场的航班稳定提供了坚实的后盾。所有设备均安装在机坪内，平台式能源管理技术首次运用于美兰机场。

5. “新基建”——重庆科学城

与传统充电桩不同的是，新基建赋予充电桩“新”的含义，未来的充电桩将进化成互联互通的充电网。

在国内，星星充电率先运用物联网技术，在其他企业还在用刷卡器的时候，星星充电的第一代产品就实现了用手机进行人机交互，一路走来推动商业模式5次升级，相继突破基于大数据和人工智能运维等8项行业关键技术。越将创新向纵深推进，就越能发现细分小领域可以撬动大市场。一个看起来小小的充电终端，上游链接能源，下游链接交通，横跨3个万亿级市场。而且充电是能源与交通取得联系的主要能量入口、交易入口、交互入口、信息入口和行为入口。通过创新应用工业互联网，向上托起两朵云，一朵叫作智慧能源，一朵叫作智能交通。

2020年9月16日，在2020线上智博会上，万帮数字能源旗下星星充电总部项目正式签约落户西部（重庆）科学城。

该项目计划五年内建设5万台充电桩，8~10家集新能源汽车展示、体验、销售及运营、科普教育示范、新能源汽车城市应用示范、“光储充”示范于一体的新能源汽车综合示范中心以及数字能源运营结算中心。现项目已经在进行中，预计10年内销售收入将突破100亿元。

图8　星星充电部分充电场站效果

资料来源：万帮数字能源提供。

该项目落户西部（重庆）科学城，将为西部（重庆）科学城在新能源、新基建与数字经济融合发展方面提供一个新的样本。通过为高新区新能源汽车智慧能源系统进行科学布局，建设“六位一体”全场景交通数字能源系统，为智慧交通和能源数字化赋能。

万帮数字能源主题是新能源、新基建及数字经济，其与重庆双城经济圈高度契合，尤其是升级版的重庆高新区，正迎来快速发展的黄金时期，西部（重庆）科学城是推动双城经济圈的新平台、高质量发展的新引擎。借助科学城良好的营商环境，公司将加大对西部地区新能源、新基建的投资，充实星星能源网，与西部（重庆）科学城共同成长。

充电归根结底是为电动汽车服务，我们紧紧围绕电动汽车的发展，将坚定地投入这项事业。万帮新能源凭借开放、创新、敢为人先的精神屡创行业记录，未来将成为常州乃至国家新能源汽车产业发展的一张闪亮名片，实现助力民族汽车工业屹立于世界之巅的伟大梦想。

交通变革百年未遇，能源变革千年乃发。星星充电，不止于充电，星星充电将不遗余力，推动人类交通电动化，引领全球能源数字化，共建全球最大移动能源互联网生态。

B.12
小马智行的技术与发展创新探索

摘　要：　作为全球头部自动驾驶技术企业的小马智行专注于全栈式L4级别自动驾驶技术解决方案，其凭借在人工智能技术领域的突破，在全球范围内提供物流与出行服务。在计算机技术领域顶级专家的带领之下，小马智行注重技术创新与人才引进，在中美两国进行国际化技术研发和道路测试的布局，从事软件、硬件的研发设计，拥有自己的自动驾驶软硬件系统，不断突破自动驾驶技术，为实现未来交通方式的彻底变革而不断努力。

关键词：　自动驾驶　产品研发　出行服务

一　企业基本情况

（一）国际化科技布局

小马智行（Pony. ai）成立于2016年底，由彭军和楼天城共同创立，致力于提供安全、先进、可靠的全栈式自动驾驶技术，实现未来交通方式的彻底变革。小马智行以中国和美国为起点，分别在北京、上海、广州和美国硅谷设立研发中心，开展国际化的研发测试。凭借人工智能技术领域的最新突破，小马智行正在不断向全球提供自动驾驶技术解决方案，一是已经与丰田汽车、现代汽车、中国一汽、广汽集团等国际国内一流汽车生产制造企业建立合作关系，共同研发设计无人驾驶汽车系统；二是与博世、大陆、安森美等汽车零部件企业开展技术合作，共同探讨自动驾驶的关键技术和应用；三是与地方政府开展合作，为交通部门实时提供车端感知的道路数据，完善“城市大脑”功能，助力智慧城市的建设。

截至2021年5月底，在复杂的城区公开道路中，小马智行已累计超过550万公里的自动驾驶道路测试里程，为规模化的自动驾驶服务奠定了发展基础。

（二）全球最有价值的自动驾驶公司之一

截至2021年3月底，小马智行融资总额超11亿美元，估值超过53亿美元，融资规模和估值均位列中国行业内第一。投资方不仅包括红杉资本、IDG资本、晨兴资本、君联资本、加拿大安大略省教师退休基金会、文莱主权财富基金等国内外知名财务投资机构，也包括丰田汽车、中国一汽等国内外头部车企。特别是在2020年2月，小马智行获得丰田汽车单笔4亿美元投资，是全球顶级汽车制造商对具有中国背景的自动驾驶公司的最大单笔投资。近两年融资情况如下。

2020年2月，小马智行宣布完成B轮融资4.62亿美元，包括来自丰田汽车的4亿美元。

2020年11月，小马智行宣布获得由加拿大安大略省教师退休基金会旗下教师创新平台领投总计2.67亿美元的C轮融资。

2021年2月，小马智行宣布获得1亿美元的C+轮融资，意味着完成了总额为3.67亿美元的C轮融资，新投资方为文莱主权财富基金文莱投资局（Brunei Investment Agency）和CPE。

（三）全球首家在中美均推出自动驾驶出行服务（Robotaxi）的公司

2018年12月起，小马智行先后在中国广州和美国加州尔湾市、弗里蒙特市上线试运营自动驾驶出行服务PonyPilot①，并在北京公开道路重点开展

① PonyPilot是由小马智行于2018年12月推出的自动驾驶出行服务，通过其同名App应用PonyPilot+，乘客可以在服务区内自由选择出发地和目的地并叫车，自动驾驶汽车即可接送乘客，为乘客带来全新、安全、愉悦的出行体验。

了网络约车、定点接驳测试等。截至2021年4月，小马智行已经完成超过10万个自动驾驶的打车服务订单。根据美国加州公共事业委员会公布的自动驾驶运营季度报告（2019年11月至2020年1月，2020年2~4月），小马智行的单车运营效率连续居首位，该指标包括：单车日均接单数最多、单车日均运营里程最长、每单之间空跑时间最短。随着技术的积累与运营能力的不断提升，小马智行将持续提升在全球范围内提供自动驾驶出行服务的能力。

（四）已获得中美多地自动驾驶测试、运营资质与牌照

小马智行已取得加州自动驾驶路测牌照、加州自动驾驶出行服务许可（Robotaxi）；北京T3级别自动驾驶路测牌照、北京自动驾驶载人测试牌照、北京高级别自动驾驶示范区路测及载人测试牌照；上海智能网联道路测试牌照、示范应用（载人）测试牌照；广州首批智能网联道路测试牌照、广州自动驾驶载人测试牌照、广东首张自动驾驶卡车测试牌照。尤其是早在2017年10月，小马智行就获准在广州市南沙区进行公开道路测试，成为中国第一家开展自动驾驶车队常态化试运营的公司。

（五）主要创始人均为计算机技术领域的顶级专家

小马智行由彭军博士和楼天城博士共同创立，计算机科学家姚期智院士担任首席顾问。

小马智行的联合创始人兼首席执行官彭军，拥有清华大学学士学位和美国斯坦福大学博士学位。作为自动驾驶行业的领导者，彭军博士秉承“以事聚人，因人成事”的思想汇集最优秀的人、解决最难的事，以实现未来出行方式的彻底革新。在彭军博士的带领下，小马智行已迅速成长为行业领导者之一。创立小马智行之前，彭军博士曾担任百度自动驾驶部门首席架构师，负责百度自动驾驶的整体战略规划与技术发展。

楼天城作为小马智行联合创始人兼首席技术官，拥有中国清华大学学士学位和博士学位。楼天城博士是全球闻名的计算机编程“大牛”，曾连续

11 年蝉联 TopCoder 中国区冠军，两次获得谷歌全球编程挑战赛冠军，其比赛常用的 ID 号“ACRush”在计算机编程界享有非常高的名度。楼天城博士投身于自动驾驶领域，坚信技术将为人们创造更安全更高效的出行未来。创立小马智行之前，楼天城博士是百度历史上最年轻的工程师之一，其职业生涯开始于 Google，曾在 Google X 部门（Waymo 前身）从事无人车技术开发。

小马智行的首席顾问是世界著名的计算机科学家姚期智。姚期智先生是目前唯一获得过图灵奖（全球计算机界最高奖项）的华人，目前担任清华大学交叉信息研究院（IIIS）教授、院长。姚期智先生也是中国科学院院士、美国国家科学院院士。姚期智先生拥有美国伊利诺伊大学香槟分校计算机科学博士学位、美国哈佛大学物理学博士学位，以及台湾大学物理学学士学位。

二　企业发展及研发布局

（一）以全栈式 L4 级自动驾驶技术研发为发展方向

小马智行专注于全栈式 L4 级别自动驾驶技术解决方案，凭借其在人工智能技术领域的突破，努力通过构建最安全、最先进、最可靠的自动驾驶技术，聚焦智能网联汽车产品与技术应用、资源管理与信息服等环节，致力于在全球范围内提供物流与出行服务。

技术是小马智行在自动驾驶领域保持领先水平的重要能力，而技术优势表现在聚集了一批具有国际视野的优秀软件人才。在成立的短短 5 年内，小马智行已经在北京、上海、广州以及美国硅谷设立研发中心，并成为中国第一家开展自动驾驶车队常态化试运营的公司。截至 2021 年 5 月，公司已积计超过 550 万公里的复杂场景测试里程数据，包括临时修路、紧急停车、逆行加塞、行人横穿马路、无保护左转、雨雪天气、繁杂的市场等，并能安全、智能地处理好这些场景，实现最安全、最可靠的自动驾驶技术应用。

未来，小马智行将继续保持技术领先的优势，在全栈式 L4 级自动驾驶技术上不断创新突破，成为中国乃至全球的自动驾驶技术引领者。

（二）基于政策、场景、人才等因素在中美两国进行国际化技术研发和道路测试的布局

中美两国在无人驾驶技术发展方面均走在全球前列，都具备技术创新的良好环境。小马智行基于政策、场景、人才三方面的考量，积极在中美两国5 个城市进行技术研发和道路测试的布局。

1. 中国布局

中国是全球最早开始研究无人驾驶技术的国家之一，早在 2013 年，就有企业开始率先尝试无人驾驶技术的探索。为鼓励企业科技创新需要，在国家法律法规和政策一片空白情况下，以北京、上海、广州为代表的一批城市自 2017 年起开始陆续出台地方政策，在确保安全前提下大胆尝试，允许自动驾驶车辆上公开道路进行测试，这为中国率先启动无人驾驶技术研发创造了良好政策环境。2018 年，工信部会同公安部、交通部印发《智能网联汽车道路测试与示范应用管理规范》，这为统一规范全国自动驾驶测试、促进自动驾驶有序发展提供了指导方向、政策依据和管理标准。至此，有条件的省份开始制定本地的道路测试与示范应用政策，鼓励开展自动驾驶技术研发和测试。此外，中国近年来不断加强对互联网、大数据、人工智能等新兴领域的支持，若干文件和配套措施为新兴技术创造了良好的发展环境。最具代表性的是 2020 年 2 月，国家发改委会同 11 个部门印发《智能汽车创新发展战略》，从国家层面对无人驾驶技术发展进行了总体部署和顶层设计。

中国的复杂道路场景是无人驾驶技术研发的一个重要优势。中国幅员辽阔，地形和气候复杂多变，东、中、西部以及城市和农村交通基础设施差异大，加上中国庞大的物流和出行规模，以及电动自行车、老年代步车等各式特色交通工具，使中国具有全球最典型的复杂交通场景。中国无人驾驶技术的测试场景远比美国要丰富，可以说，在美国能完全应用的无人驾驶技术到中国很可能无法适用，需要重新调整；反之，中国能完全应用的无人驾驶技

术却可以在全球大多数国家适用。

基于中国良好的政策发展环境，不断快速增加的大量高端软件人才资源，以及丰富且典型的复杂交通场景等优势，小马智行将立足中国，致力于成为一家国际化无人驾驶企业。

（1）北京布局

北京是中国最早推出自动驾驶测试政策的城市之一，作为全国科技创新中心，其一直在积极推动建设自动驾驶测试先行区。北京拥有全国里程最长的自动驾驶开放测试道路，是一个自动驾驶友好城市。北京开放路段具有典型的测试场景，包括多车道并行的宽阔道路、比较典型的宽阔且无保护的左转路口，以及北方寒冷的冬季和雪天。

在政策方面，北京不断开放测试环境，持续打造场（封闭测试场）—路（开放测试道路）—区（开放测试区）三级测试环境，为自动驾驶汽车测试营造良好氛围。截至2020年底，北京市已累计开放四个区县的自动驾驶测试道路，共计200条699.58公里；开放亦庄和海淀两个自动驾驶测试区域，总面积约140平方公里。2020年，北京宣布将亦庄打造成为高级别自动驾驶示范区，并在亦庄设立市级专班专项研究和推动政策创新。2021年5月，亦庄发布支持智能网联汽车异地测试结果互认、允许企业开展基于收费的商业运营服务、允许无人配送车获取路权上路运营、开放自动驾驶汽车高速测试等创新特色政策。2021年，北京在“十四五”规划中提到，将建成一批高级自动驾驶（L4级别）示范区，运行区域总面积超过1000平方公里，实现限定区域内高级别自动驾驶汽车规模化运行。扩大示范区域，支持规模化运行，对小马智行以及相关自动驾驶企业开展公开道路自动驾驶示范运营、提升技术研发水平有很大的帮助。

（2）广州布局

广州不仅是最早开放自动驾驶测试的城市之一，也是政策创新突破的先行者。广州在2018年初出台的关于智能网联汽车道路测试有关工作的指导意见中，不仅提到道路测试、示范应用（载人测试），还率先提出远程测试的管理模式，为后期各地制定driverless政策提供了参考。2020年12月，广州市智能网联汽车道路测试管理办公室批准南沙区开展智能网联汽车道路测试先行试点，即将道路测试管理下放到南沙区。2020 年，广州还在当地的优化营商环境条例中明确支持自动驾驶技术创新发展，开创了地方立法的先河。

广州南沙区的道路具有南方城市的典型性，一是道路普遍较窄，长距离桥梁较多，而且人车混杂，尤其是摩托车和电动自行车数量非常多；二是雨水天气比较多，自动驾驶车辆上的摄像头很容易起雾模糊，激光雷达在雨天噪点也会增加不少，这对传感器识别率挑战很大。小马智行专门针对广州大量的雨水天气，采用了提升算法、增加镜头清晰装置等方法，已经成功解决了雨天自动驾驶难题。

（3）上海布局

上海自动驾驶起步很早，2015 年 7 月工信部即批准建设国家智能网联汽车（上海）试点示范区，这也是国内第一个自动驾驶测评基地。上海政策设计比较完善、精细、可操作，最早制定的自动驾驶测试政策成为 2018 年国家三部门测试规范起草的主要参考依据。上海在测试区域布局上也做了详细规划，嘉定区定位打造“L3 + 高度自动驾驶创新示范区”；临港新片区定位打造“未来交通新模式创新示范区”；奉贤区定位打造“全出行链智能驾驶创新示范区”；浦东金桥区域定位打造“融合交通基础设施创新示范区”。2021 年印发的《上海市加快新能源汽车产业发展实施计划（2021 ~ 2025 年）》中明确提出要加快打造智能汽车应用场景，探索自动驾驶法规豁免申请机制，推进高度自动驾驶示范区建设，有条件自动驾驶的智能汽车实现规模化生产，高度自动驾驶的智能汽车实现限定区域和特定场景商业化应用等要求和计划。

上海在道路方面具有较为狭窄、车流量大的场景特点，在人才方面拥有长三角地区数量最多的高端软件人才、国际化商业人才。另外，上海还有完整汽车供应链的优势。上海是中国汽车整车和零部件企业的集聚区，拥有最完善的自动驾驶供应链体系，也是自动驾驶技术与零部件企业、整车企业进行技术合作的优势区域。

2. 美国加州布局

美国政府高度重视自动驾驶技术的发展，根据美国联邦和加州法律政策，自动驾驶测试的准入资格较中国更为宽松，企业在向政府真实详细报备相关信息后即可开展道路测试，在与政府沟通商议测试条件后可开展driverless 测试。位于加州的硅谷是全球技术创新高地，集聚了大量世界顶级软件人才，对推动无人驾驶技术的研发提供了重要的智力支持。

与中国相比较，美国加州道路的特点是车速非常快，对无人驾驶车辆安全平稳的路口切换、车道并线、安全刹车、无保护左转等都提出了较高要求。

（三）拥有世界一流的L4级自动驾驶技术

小马智行的技术目标是打造虚拟司机（Virtual Driver），一个适用于各类车型、应用场景的自动驾驶系统。目前，小马智行是全球头部的自动驾驶技术企业，具备全栈式软、硬件技术研发能力，拥有全自主研发的高精度定位、智能感知、行为预测、智能路径规划与控制、硬件结构设计与研发等全栈式的L4 级别自动驾驶解决方案，并通过车载系统、仿真平台、可视化平台、海量数据存储与处理等模块形成闭环的基础架构，具备极高的稳定性和可扩展性，保障了规模化的技术应用和快速迭代提升的可靠性。

小马智行坚守安全为先的原则，具备全栈式软件与硬件研发能力，经过长期的城区公开道路测试，积累了众多的复杂及极端场景数据，朝着自动驾驶无人化、规模化迈进。最终，不论在出行领域还是物流领域，小马智行都致力于提供安全、可靠、先进的自动驾驶技术。

围绕自动驾驶的核心技术，小马智行在全球共提出500 多件专利申请，涵盖自动驾驶核心算法、传感器设计与配置、人机交互、散热降噪、车辆工程等多个方面。

1. 软件

（1）定位及高精地图（Map and Localization）

自动驾驶高精地图能够提供高度统一、可靠、精细的环境信息，是小马智行自动驾驶系统的重要组成部分、车载传感器的重要补充，是感知、定位、规划等模块的重要环境信息输入，从而扩展车辆的静态环境感知能力，为车辆提供全局视野。结合安全冗余需要，同时通过激光雷达、毫米波雷达、摄像头、卫星及惯性导航等多传感器数据深度融合的方案，为无人车提供精准的车辆、行人等交通参与者的物理位置信息，提供精确 3D 结构数据以及车道线、交通信号等大量语义信息，保障车辆的安全驾驶。

（2）感知（Perception）

通过深度学习和传统算法的融合，小马智行的感知系统能确保无人车的安全性和系统冗余。利用基于激光雷达、摄像头、毫米波雷达等的多传感器深度融合技术（Sensor Fusion），无人车具备超越人类的障碍物检测、分类、追踪和场景理解的能力，在不同的路况、天气和环境中都能准确地“看”到周围的世界。

（3）预测（Prediction）

预测模块采用多种启发式算法及深度学习方法，能够根据传感器数据和感知输出结果，实时预测周围车辆、行人和其他障碍物等交通参与者的潜在意图和下一步所有的移动轨迹与可能性。利用来自全球各地大量且复杂的交通场景，在预测领域的学习速度快速提升。

（4）路径规划与控制（Planning and Control）

通过机器学习和深度学习的融合，基于预测信息，小马智行可采用动态寻路算法，在复杂路况中做出安全、可靠、最优的路径规划和驾驶决策，并进一步实现厘米级精度的车辆控制。在中美的各种路况中，无论是美国加州的高速公路，还是中国一线城市的八车道十字路口，都能如“老司机”般很好地应对周围车辆和人流。

（5）基础架构平台（Infrastructure）

成功的规模化技术应用离不开完善的基础架构，包括车载系统、仿真平台、可视化交互系统、数据存储与处理等。小马智行自主研发了一套自动驾驶基础架构体系——PonyBrain，具备极高的稳定性和可扩展性，保障了规模化的技术应用。PonyBrain 是小马智行于 2017 年 4 月自主研发的一套自动驾驶基础架构平台。与大多数自动驾驶公司采用传统机器人操作系统

（ROS）不同，PonyBrain 性能更优，适应车载计算环境，持续降低资源占用，支持复杂的深度学习模型与软件快速迭代。

2. 硬件及车辆集成

小马智行不仅从事软件研发，也进行部分硬件的研发设计，主要原因：一是目前能适配技术需要的硬件尚未成型，需要根据实际需求来设计定制；二是通过打通上下游，能够进行垂直整合，以期掌握更多的核心技术，更好地建立供应链管理。硬件模块自研对企业在硬件方面的设计能力、研发能力都提出了更高的要求，需要企业拥有更强的研发团队以及更长远的规划和视野。硬件自研并不是自动驾驶企业的必由之路，取决各企业对自身团队、发展目标等的定位。

（1）硬件

高性能、高可靠性和高适配性，成就了小马智行的硬件解决方案。小马智行自主设计的传感器融合模块和车载计算单元，将性能最高的组件与尖端软件技术结合，从而形成芯片级高度集成的全堆栈系统，并实现硬件冗余全覆盖，保障了无人车的安全运行。

（2）车辆平台

小马智行的技术已成功应用到不同车型、不同场景中，从不同动力系统的乘用车到长途货运卡车。通过软硬件工具链和一系列诊断及预后管理，可以实时监测自动驾驶软硬件系统和车辆平台情况，不论是载人还是载物，都致力于提供安全、可靠、便捷的自动驾驶技术，保障日常运行的安全。

（3）标准化生产

2020 年 11 月，小马智行推出自动驾驶系统规模化产线，即采用全生命周期理念，打通从供应链管理、硬件模块设计验证与测试生产、汽车改制总装、整体质检、下线标定到道路测试各环节，建立起一套自动驾驶软硬件系统的标准化、信息化生产流程。通过细化工艺路径，整个生产流程包含 40 多道生产工序，1000 多件装配器件，最终再经历 200 多项质检项目后下产线。质检项目涉及功能测试、环境测试和压力测试，包括振动、高低温、防水、噪声、实际道路测试等。

在标准化生产中，小马智行借鉴了车规级工艺设计和开发流程，自主研发了24项核心硬件模块，包含车载计算平台、PIDC信号灯识别摄像头等，实现成本控制与设计一体化，提升模块在车辆行驶场景的适配性和稳定性。小马智行已积累一批成熟的供应链，通过设立进货检验和出货检验标准，使生产器件能够按质、按量、按时投入产线。

3. 产品研发

（1）PonyAlpha

小马智行自2017年第二季度研发第一代无人车技术解决方案开始，加快迭代速度，于2018年9月正式对外发布第三代无人车技术解决方案PonyAlpha。软件方面，PonyAlpha利用其自主研发的一整套自动驾驶系统架构和操作平台——PonyBrain，优化了作业性能，支持快速迭代，同时高度优化并适应车载计算环境，使操作平台在实时性能、作业调度、数据传输和吞吐效率上得到提升。

硬件方面，PonyAlpha通过激光雷达、摄像头、毫米波雷达等传感器一体化的适配方式，使集成度得到提升，能够根据不同的路况和驾驶场景智能地得到精准的感知数据。

（2）PonyAlpha 2.0

PonyAlpha 2.0是小马智行基于PonyBrain平台研发的第四代自动驾驶软硬件集成式系统，于2019年12月发布。其具备五大硬件迭代，包括主激光雷达在内的传感器配置升级，搭载自研传感器清洁系统，独立掌握线控改装技术，提升系统整体集成度及稳定性，后备厢空间可用。

PonyAlpha 2.0使车辆拥有周围200米范围内的全域视野，提升复杂交通路段、早晚高峰及特殊天气状况的应对能力；内嵌的动态寻路算法，能够依据每条车道内的路况进行动态预测和决策优化，支持任意出行路线；采用深度多源的高精度定位，守护驾驶安全。

（3）PonyAlpha X

PonyAlpha X于2020年11月发布，是小马智行首个经由标准化生产的自动驾驶软硬件系统。硬件方面，PonyAlpha X的车辆集成度显著提升，提高了对振动、温度、湿度、电磁等抗干扰能力；采用一体化设计，车顶传感器装置重量下降22%，后备厢可使用率超过90%。

软件方面，该系统可实现200米的全域视野，其中采用的补盲激光雷达和左向毫米波雷达，可以消除感知盲区，提升系统对于各类长尾场景处理质量和反应速度；车内人机交互界面全面焕新，分别推出面向乘客的PonyHI和面向测试安全员的PonyDash，保证规模化路测和技术研发的效率，提供优质的出行体验。

4. 出行服务

（1）PonyPilot（以及升级版PonyPilot+）

PonyPilot是由小马智行于2018年12月推出的自动驾驶出行服务，并在广州南沙率先试点城区公开道路Robotaxi常态化运营，成为首个在中国市场提供Robotaxi服务的公司。为优化和提升Robotaxi服务，2021年正式推出PonyPilot+版本。

（2）PonyHI

PonyHI是面向乘客的用户交互系统，安装在前排座椅背面。PonyHI具备丰富的视觉呈现效果，规范自动驾驶乘车流程，能帮助后排乘客更好地理解自动驾驶汽车决策行为和路径规划比如转向、变道、减速等；也可以将用户的实时体验反馈至研发流程中，促进技术提升。最新版PonyHI新增了临时停车功能，可应对任何突发的需求。PonyHI内设介绍页面，通过点击问题气泡，乘客能获得生动有趣的技术说明，缓解初次乘坐的紧张。

（3）PonyDash

PonyDash是面向测试安全员端交互界面，安装在前座。PonyDash加强了Robotaxi服务模块的展示，涵盖订单详情、路线规划、后台消息、故障上报等。

（四）最新技术亮点

1. 通过标准化、规模化的方式打造和运营自动驾驶车辆，初步具备量产智能汽车的能力

小马智行基于PonyBrain平台研发的第五代L4级自动驾驶软硬件集成系

统，于2020年11月发布。基于PonyAlpha X，小马智行建立首条L4级自动驾驶系统规模化产线，采用全生命周期理念，打通供应链管理、硬件模块设计验证与测试生产、汽车改制总装、整体质检、下线标定、道路测试的全流程，搭建产线管理系统，树立标准化和信息化生产流程，缩短生产时间，有效降低成本，提升整体系统的稳定性。

（1）系统硬件架构

小马智行最新一代自动驾驶软硬件系统PonyAlpha X作为L4量产方案，与整车电子电气架构共同演进，提出了自己的无人驾驶硬件架构，以实现高性能、安全、高效的设计理念。

传统汽车由电子控制单元（Electronic Control Unit，ECU）和低速主干网构成整车的电子电气架构，每一个ECU可以认为都有自己的处理器、数据通路、供电、通信、线束等，使传统汽车极其复杂和昂贵。传统架构无法支持未来“新四化”比如无人驾驶这样复杂度的应用和系统，因此汽车行业在积极推动例如向中央集中式的新电子电气架构演进，以及“软件定义汽车”的概念。

小马智行无人车硬件架构从第一版开始，便一步到位基于中央集中式架构进行设计，将传感器原始数据全部交由高性能车载电脑进行融合和运算，最终将输出交由执行器操纵汽车。

在发展和演进的过程中，基于汽车行业电子电气架构的背景，以及无人驾驶硬件架构理念，小马智行提出了中央车载电脑配合远端区域控制器的混合模式。在PonyAlpha X开发中，小马智行从系统需求和设计入手，搭建硬件系统框架，并遵循V模型进行开发和验证。

（2）自行研发的计算单元

小马智行为PonyAlpha X自主研发了新一代自动驾驶车载计算平台，结构稳固，性能出色，稳定性提升。

作为新一代计算平台，其算力强大，充分支持L4级自动驾驶系统所需的复杂运算。相较于上一代，该计算平台的CPU算力提升3倍。散热方面，由于采用液冷方案，散热效率更高，可实现静音运行。在计算平台的研发、设计到生产过程中，小马智行依照汽车硬件开发流程与标准，需通过严格的EVT（工程验证和测试）、DVT（设计验证与测试），例如压力测试、老化测试、环境测试等，使其更好地适应自动驾驶汽车应用场景和行驶环境。

（3）独立设计、生产关键组件的能力

PonyAlpha X 包含了 24 项由小马智行独立设计与研发的核心硬件模块，包括车载计算平台、传感器网关（sensor gateway）等，整体系统性能更优，保证强劲的车载计算能力。

从需求征集、模块设计、功能验证、工程测试、环境测试、交付生产，PonyAlpha X 展示出小马智行全面的自动驾驶硬件研发能力，充分借鉴了车规级工艺设计与开发流程。经过严格的质量验证和成本控制，PonyAlpha X 更优地解决多类痛点，涵盖传感器的性能与成本、计算平台的功耗与散热，相较于市面不少硬件设备，系统适配性和场景应用更广，这些成为 PonyAlpha X 自动驾驶规模化生产和运营的关键。

例如小马智行在 PonyAlpha X 中自主研发且首次采用的红绿灯识别摄像头 PIDC，能够针对性处理信号灯 LED 频闪问题，识别率和准确性提升，使 PonyAlpha X 能够应对中美各地更复杂多样的路口场景。

小马智行自主研发与设计使 PIDC 充分适配 L4 级自动驾驶，重点关注其防水、散热，信号连接、安装稳固等方面，使其更易于维护，同时维护频率降低。

（4）全新的传感器方案，感知精度和广度提升

PonyAlpha X 传感器方案包含 4 个激光雷达、7 个摄像头与 4 个毫米波雷达，以及 GPS 定位装置、惯性测量单元等，可实现车身周围 200 米的全域视野。

基于小马智行在中美对地路测数据积累和反馈，PonyAlpha X 传感器采用全新方位和角度。新增的补盲激光雷达和左向毫米波雷达，成功优化车身盲区感知。显著提升了 PonyAlpha X 对于各类长尾场景的处理质量和反应速度。

PonyAlpha X 传感器由 4 个激光雷达（LiDAR）、7 个摄像头（Camera）

以及4个毫米波雷达（Radar）构成。其中激光雷达包括2个车顶激光雷达，分别位于前方和正中，实现360°的障碍物测距和物体检测；2个侧向激光雷达，分别位于左右后视镜下方，消除侧方盲区，可实现转弯保护等。摄像头包括4个广角摄像头，分别位于车顶前后左右四个方向，实现车周视野全覆盖；1个红绿灯识别摄像头PIDC，位于车顶前方，精准识别交通信号灯以及2个中、长距摄像头，实现前向物体检测。毫米波雷达则是2个车顶前向毫米波雷达，实现长距离物体探测；1个车顶后向毫米波雷达，实现后向辅助探测、辅助变道；1个车顶左侧毫米波雷达，消除侧方盲区，可实现转弯保护等。

（5）软硬件同步升级，让未来出行走进生活

自动驾驶系统全生命周期管理，保障规模化运营。小马智行在PonyAlpha X上实现自动驾驶软硬件系统的全生命周期管理，为此开发出一整套生命周期管理的配套系统。全生命周期管理是规模化运营的核心，保证自动驾驶汽车生产在软件系统和硬件配置方面的一致性，减少人为因素的干扰，以系统化的方式提升汽车生产、车队运营的效率。

硬件层面，小马智行分别开发出产线管理系统（Vehicle Retrofit System）与车辆管理系统（Vehicle Management System），打通从上游的产线生产、器件管理，到下游的路测运营、维护返修，生成一个全面生命周期视角。结合产线管理系统数据，车辆管理系统负责规模化车队的整体调配和运营，对车辆实际使用开展实时把控和监测，提升车辆在地路测和运营的效率。通过车辆损耗等归因分析，这两套系统将为自动驾驶硬件系统下一步迭代指明方向。

软件层面，小马智行将生命周期管理的重点落在PonyAlpha X软件系统质量把控上，独立开发出一套数据处理方法，能够以自动化的方式监测和评价自动驾驶车辆路测中在感知、预测、路径规划和控制、地图和定位等软件模块的算法质量和表现，更加迅速和准确地发现问题。通过细化数据颗粒度，这套方法突破了测试工程师根据道路测试反馈问题的方式，促进自动驾驶软件系统的快速迭代，匹配软件系统的动态化发展，延长使用生命周期。

车内人机交互新体验。PonyAlpha X 将车内人机交互界面全面焕新，设有面向乘客的 PonyHI 与面向测试安全员的 PonyDash 两大交互系统，推进自动驾驶服务应用和研发测试的闭环效应，保证规模化车队路测的效率以及友好出行体验。

PonyHI 是面向乘客的用户交互系统，安装在前排座椅背面。相较于上一版，PonyHI 丰富视觉呈现效果，规范自动驾驶乘车流程，帮助乘客更好地理解自动驾驶汽车决策行为和路径规划，比如转向、变道、减速等。乘客可以实时反馈乘坐体验，反馈至研发流程中，促进技术提升。新版 PonyHI 新增了临时停车功能，可应对任何突发的需求。PonyHI 内设介绍页面，通过点击问题气泡，乘客能获得生动有趣的技术说明，缓解初次乘坐的紧张。

PonyDash 是新一代安全员端交互系统，安装在前座。PonyDash 加强了 Robotaxi 服务模块的展示，涵盖订单详情、路线规划、后台消息、故障上报等。PonyDash 还优化了整体界面和 3D 场景显示，使用更便捷度，为自动驾驶服务的快速拓展以及规模化路测拓展保驾护航。

2. 全球多城规模化路测，具备了处理多种长尾、极端场景的能力

2017 年至 2021 年 5 月，小马智行在中美五个城市（加州弗里蒙特、尔湾；国内北京、上海、广州）开展规模化的公开道路测试，累计测试里程超 550 万公里，积累了丰富的处理多种复杂、极端、长尾道路场景的能力，提升了技术的稳定性和泛化能力。

（五）区别于传统生产制造企业的管理理念和企业文化

1. 管理特点

软件行业的技术创新和提升的关键在于算法，算法能力和水平关键在软件工程师，对不同关键问题的算法优化往往与软件工程师的年龄、资历、经验关联度并不是非常高。因此，软件企业的管理与以产业工人为主的传统生产制造企业管理不同，日常研发并不是自上而下的决策式工作部署，更多是团队领导者与团队成员的共同探讨沟通，更注重平等、尊重，而非命令，以营造软件工程师开放、活跃的创新环境。在软件企业，经常能看到的是团队

领导者带领工程师共同讨论一个关键问题的解决方案，领导者的作用是主持、引导、激发，相互的关系趋于平等、对等、合作；而传统生产制造型企业里的团队负责人对团队的管理更多是发布指令和命令，相互关系是领导和被领导。

软件企业和传统工业企业不同，一是软件工程师一般比产业工人学历更高，自我约束和驱动能力较强；二是评判软件工程师水平的算法能力往往跟年龄、资历弱相关，因此，软件企业里的部门经理往往只是一个牵头人，负责组织部门全体人员一起研究讨论算法，这与传统工业企业部门负责人有绝对权威和决策权完全不同。基于软件工程师的特点，小马智行形成自己独特的管理模式，即依靠员工的自我驱动、自我创新、自我约束去快速发展。比如，小马智行虽然有上下班时间规定，但没有考勤制度，所有员工不用准时上下班，但实际上工作态度、工作激情、工作投入度都很高，员工一直处在创新发展的良性竞争中。再比如，小马智行员工在差旅标准上一视同仁，不按级别规定住宿交通标准。在这种模式下，企业可以将更多精力和资源放到员工日常工作保障中，提供更好的工作环境，包括无限量的饮品食品、娱乐设备、休闲设施等。

2. 企业价值观

安全第一。安全是一切的“基石”，在实现自动驾驶迈入千家万户的奋斗之路上，小马智行始终把安全放在第一位。

技术至上。小马智行崇尚技术与创新，渴望探索未知，专注于人工智能的技术突破，不断推动自动驾驶技术的广泛应用。

团队合作。团队合作是小马智行成功的重要因素。小马智行将才华横溢的顶尖技术人才集聚一堂，以人成事，携手创造未来。

自我驱动。小马智行鼓励积极主动的行事风格。每个人都有权提出建议，不惧权威，平等沟通，以探求未来的“最优解”。

3. 愿景使命

小马智行致力于通过构建最安全、最先进、最可靠的自动驾驶技术，实现未来交通方式的彻底变革。

4. 社会责任

美国加州当地时间2020年4月16日，小马智行宣布与北美最大的亚洲商品购物平台亚米网达成合作，携手为加州尔湾市市民提供自动化、无接触的“最后一英里”货物运输服务，以帮助亚米网更好地完成疫情期间猛增的订单运送。小马智行将用其全电动的自动驾驶车队把尔湾居民从亚米网上订购的生活必需品送到家。

在加州受到疫情侵袭，物流等基本商业活动受限之时，小马智行和亚米网此次携手用科技为居民提供安全和便利的补给选择，体现了双方为尔湾当地社区抗击新冠肺炎疫情、阻止病毒蔓延而做出的努力。同时，此次合作也是小马智行首次将自动驾驶出租车队用于货物运输，这不仅是其在商业化进程中的一个里程碑，也标志着行业在未来物流领域的新探索。

（六）以解决方案为核心的自动驾驶技术合作方式

基于公司领先的无人驾驶技术，小马智行已与丰田汽车、现代汽车、中国一汽、广汽集团、博世等国内外一流车企及零部件供应商建立深度的战略和项目合作。与传统整车企业和零部件供应商的产品供应式的商业合作模式不同，小马智行与整车和零部件企业之间是一种共同研发的技术合作模式，即共同研发自动驾驶技术解决方案。

自动驾驶技术解决方案提供商的出现对整个行业来说是一个较大的变革，意味着目前的行业规则有可能发生变化。比起成为新的一级供应商来说，小马智行更希望借助自身对软硬件的技术水准成为一个技术的整合方，汇聚并整合产业链的技术和产品，最终提供一份完整的、符合市场需求的出行解决方案。

以丰田汽车为例，小马智行和丰田汽车合作的目标是共同探索自动驾驶的进一步落地，在自动驾驶技术和未来出行领域强强联合，打造能真正造福每个人的产品和服务。作为小马智行和丰田汽车共同携手在中国推广自动驾驶的一部分活动，双方从2020年9月起在中国公开道路开始项目合作，并使用丰田旗下雷克萨斯RX车型和小马智行的自动驾驶系统。

三　典型案例

（一）乘用车常态化运营和测试

小马智行是全球第一家在中美两国实际城市道路同时开展乘用车车队常态化运营和测试的自动驾驶公司。截至2021年5月底，公司近200辆车实际累计道路测试里程达到550万公里，在北京亦庄、广州南沙、上海嘉定、加州尔湾市和加州弗里蒙特市共600多平方公里城区复杂道路上，实现全天候（含早晚高峰）任意点对点的常态化示范运营，累计完成10万单网约车服务，并达到了大于1万公里的平均无接管距离。居全球前三名，在单车测试和运营效率上居第一位。

1. 在北京

2018年6月，小马智行成为第一家获得北京T3自动驾驶路测牌照的初创公司；2020年5月，小马智行成为第一家获得北京自动驾驶载人测试牌照的初创公司，并开始在北京经济技术开发区测试网络约车。截至2021年3月底，小马智行已在北京亦庄和海淀的160平方公里的自动驾驶测试区域内设立了近200个站点，可以实现任意点对点的运行，接送站点包括商业广场、酒店、住宅小区、办公大楼、体育中心、会展中心等众多出行需求集中点，典型场景涵盖了机非混行道路、无保护左转和直行大路口、单车道窄路、主辅路进出、潮汐车道等。根据《2019年北京市自动驾驶车辆评测报告》数据，小马智行单车年度测试效率最高，达到2.29万公里/车，这也充分验证和体现小马智行自动驾驶技术的可复制性、扩展性，以及系统稳定性。

2021年4月，小马智行成为北京高级别自动驾驶示范区首批公开道路及载人测试牌照的获得企业之一；5月，获取示范区首批自动驾驶重卡测试牌照。小马智行已获准在示范区开展面向公众的自动驾驶出租车服务及货物运输服务。

2. 在广州

小马智行是第一批获得广州市智能网联道路测试资质的公司，从 2018 年 2 月开始在广州南沙进行公开道路测试，目前测试范围覆盖南沙中心城区 200 平方公里。2018 年 12 月发布 PonyPilot，即城区公开道路自动驾驶移动出行示范运营项目，是全国第一家开展自动驾驶车队常态化试运营和 Robotaxi 服务的公司。

3. 在上海

2020 年 7 月，小马智行与上海嘉定区政府在“2020 世界人工智能大会”上签署战略合作协议，宣布在上海投资、组建自动驾驶测试车队，开展研发和测试。经过数月筹备，2021 年，小马智行启用最新款丰田 lexus RX 车型并安装 Alpha X 系统的测试车辆，在上海参加道路测试资格考试，一共 55 个考试场景，每个场景考 30 次，通过率达到 100%。目前，小马智行已获得上海道路测试资质和示范应用测试资质，加上对丰田无人驾驶车队的技术支持，小马智行实际在上海已有两个自动驾驶测试车队，在嘉定区已开放的约 100 平方公里道路上进行常态化试运营。

4. 在美国加州

小马智行是最早拿到加州道路测试资格的中国创业公司，是全球第二家、中国第一家获准在全加州公开道路面向所有公众提供自动驾驶出行服务的公司。2019 年 10 月，小马智行在加州尔湾市推出自动驾驶出行服务 BotRide，稳定日常运行面积 50 平方公里，覆盖当地居民区、商业区、办公区、大学城等，设立 100 多个接送点，10∶00～22∶00 全天候运行，成为加州首个面向普通公众提供 Robotaxi 常态化服务的公司。2020 年 2 月，小马智行与加州弗里蒙特市政府达成合作，面向当地市政人员推出 PonyPilot 自动驾驶打车试点服务，服务涵盖从 Fremont Amtrak-ACE 车站至市政厅和市发展服务中心，解决繁忙路段的出行需求，稳定日常运行面积 120 平方公里。

（二）多传感器融合技术

小马智行在车上安装多种传感器，包括激光雷达、摄像头、毫米波雷达和 GPS，通过多传感器深度融合，产生对周围车辆和人流的实时感知、识别、定位和追踪，从而帮助车辆进行减速、变道、刹车等决策和判断。根据目前传感器的性能，小马智行传感器组合最远能看到 200 米左右，并能覆盖车辆周边 360 度。

小马智行的传感器数量和组合不是固定不变的，而是根据不同研发测试车辆尝试不同的传感器组合方案，最终寻找出一个最优。目前配备最新一代 Alpha X 系统的丰田 lexus 车型，一共配备了 4 个激光雷达、4 个毫米波雷达、7 个摄像头。

目前，小马智行将不同传感器集成到一个车顶架子上，主要是基于快速的技术迭代，方便传感器测试和更新各种方案。为了美观，给传感器做了一体化的适配方式，增加外罩，集成度大大提升。随着技术的提高，外观会不断改进，变得更美观和坚固，甚至在外观设计上将传感器“隐藏”起来。

（三）无人驾驶卡车项目——小马智卡

小马智行自成立以来的技术目标一直是打造适用于各类车型、场景的“虚拟司机”，将落脚点放在出行和运输两大应用领域。公司同时在中美进行自动驾驶卡车技术研发。自动驾驶乘用车和卡车的关键技术共通性很高，技术上能够相互促进，这为小马智行发展自动驾驶卡车奠定基础。

2018 年，小马智行开始着手布局卡车自动驾驶领域。

2019 年 4 月，小马智行首次公布了自动驾驶卡车的研发进展，发布首套基于重卡平台自研的全栈式软硬件系统。

2020 年 10 月，小马智行与中国一汽达成一致，将在自动驾驶技术领域开展深入合作。同年 11 月，小马智行在上海举办的第三届中国国际进口博览会上首次展示了基于一汽解放行业领先的 J7 线控平台产品打造的全栈式自动驾驶软硬件系统，可实现 L4 级自动驾驶功能。

2020 年 12 月 16 日，小马智行获得由广州市颁发的首张自动驾驶卡车测试牌照，获准开展公开道路测试。在牌照测试中，小马智行凭借成熟稳定的自动驾驶卡车技术，迅速完成了包括交通信号灯识别及响应、避让、跟车、并道、超车、应急停车、交叉及环形路口通行等多项复杂的场景测试项目。

2020年，小马智行成立了卡车事业部，就商用车自动驾驶的商业化开始进一步探索，公司宣布将加大投入，不断探索自动驾驶卡车在干线物流领域的应用，提供更安全有效的解决方案，以弥补劳动力缺口，提升物流效率和释放更大的价值。

2020年3月31日，在北京举办的技术沙龙上，小马智行首次公布卡车业务品牌——小马智卡（PonyTron）。现阶段我国物流业虽然体量巨大，但存在事故率偏高、成本高、规模小等问题。随着经济发展，物流需求仍在不断加大，与此同时，我国劳动年龄人口却在减少，这将导致物流行业的巨大司机缺口。小马智行希望通过打造优秀的卡车“虚拟司机”（Virtual Driver），大幅提高物流行业行车安全，弥补劳力不足，解决人力管理规模不经济的问题，让组建大型车队成为可能，提升行业效率。小马智行拥有先进的自动驾驶技术，将与卡车制造商、Tier 1 供应商深度合作，发挥各自优势，打造可量产的高度智能的自动驾驶解决方案，实现自动驾驶卡车的大规模生产，使整个物流生态的效率得以提升。在自动驾驶时代，卡车将成为智能终端并产生大量数据，如果这些数据形成闭环，将带来巨大的价值，并推动智慧物流的发展，这也是小马智卡可以提供价值的地方。

（四）突破雨天

小马智行的自动驾驶技术对于天气处理的能力，随着测试里程增加、测试范围扩大、测试地点逐步丰富而得到显著提升。长期的实地路测使小马智行收集到不同天气下的路测数据，基于此，小马智行同时从软件和硬件两个方向入手，寻找到攻克因天气导致的各类长尾场景问题。

以雨天为例，目前小马智行自研的自动驾驶系统能够娴熟应对广州地区雨水频繁的亚热带气候。即使在大雨中，小马智行的自动驾驶车辆也能获得周围环境清晰的感知，甚至远超人类司机，并给出合理的驾驶决策。

在广州地区开启自动驾驶测试的500天内，小马智行便遇到了209天的雨天。雨水天气造成的水花对自动驾驶感知模块提出非常高的要求，水花不仅会给激光雷达带来噪点，也会模糊摄像头的镜头。针对此，小马智行加快了系统中硬件模块的迭代速度，并不断优化感知模块的软件算法。

首先是硬件层面。小马智行自主研发传感器清洁系统，它根据系统对雨天的识别，能够自动触发清洁功能，通过高压气流清除摄像头上附着的雨滴，保证摄像头数据的高质量。同时，硬件团队通过提升车顶传感器装置的集成度，提高各个硬件模块的防水性能，保证其在恶劣天气下也能稳定运行。

其次是软件层面。感知模块利用多传感器融合技术中的深度学习模型，综合判断数据，能够对空中的雨水和溅起的水花做出精准识别，对周围世界给出准确感知结果，帮助下游的规划与控制模块做出正确的决策。

B.13

思维奇公司能源互联网融合创新案例

摘 要： 广西思维奇电力集团有限公司致力于传统电网中的电力电子装备升级换代，推动智能电网与互联网的深度融合，让新能源、非化石能源或者更多的能源技术创新，能够在互联网背景下的信息时代整合得更有实操能力。公司秉承多年行业内电力智能调配技术的优势，整合了风电技术和太阳能光伏技术，以及退役电芯梯次利用等多项专利技术，构建了能源互联网。典型案例是在新能源汽车充电桩的实际应用实践，相对于传统并网方式其投资可以节省约30%，综合效率可以提高约30%，充电桩综合投资效益相对于传统并网方式可以提高1倍以上。

关键词： 能源互联网 风光互补 梯次电池利用 充电桩 思维奇

一 企业基本情况

（一）企业简介

广西思维奇电力集团有限公司成立于2016年10月，公司业务主要为电力工程技术及电力设备的研发、咨询与生产，环保产品、电力产品、计算机软件、手机软件、电子产品的开发及销售，计算机系统集成与技术服务，教育信息咨询等。

（二）公司架构

广西思维奇电力集团有限公司旗下控股企业有广西弘燊电力设计有限公司、广西林之建建筑工程有限公司、广西思迈科技有限公司、广西华承动力科技有限公司，公司的管理经营与所有权分离，拥有先进的管理理念。

（三）技术创新能力、研发团队及获得的成果

广西思维奇电力集团有限公司目前主要致力于研究和开发智能配电网可靠控制系统方案和配套产品、动力电池梯次利用等，已获得 18 个自主发明专利和实用新型专利，另有 9 个发明专利正在审批中，计划在 2021 年底前申请专利达到 50 个以上。

二　企业发展及产品布局

（一）企业战略

公司的愿景是让能源交换像信息交换一样自由。公司致力于绿色智能电网建设、分布式新能源发电、动力电池梯次利用、灵活分布式储能及充电桩等关键技术领域的研究，结合通信技术、工业互联网技术、大数据等搭建“清洁能源储充”一体化成套智能能源供应系统，建立基于新型智能配电网技术的“分布式虚拟电厂（城市能源互联网服务器）”，推动新能源及新能源汽车的发展。

（二）企业产品布局及产品介绍

1. 产品布局

公司现有产品主要包括各型配网智能终端、储能变流器、120kW 直流充电桩、能量管理系统（EMS）、集装箱式储能系统、电池管理系统（BMS）及自主知识产权的梯次电池分级检测装备等，产品可满足居民区、

商业区、工业区、高速公路服务区等搭建“清洁能源储充”或“储充”系统，组立智能微电网，最终形成分布式虚拟电厂（能源互联网）。同时采用线下盲算，线上基于神经网络算法、电池全检系统、并组管理、云平台监控技术等对新能源汽车退役动力锂电池（梯次电池）进行检测、重组梯次利用于储能，降低储能成本（见图 1 和图 2）。

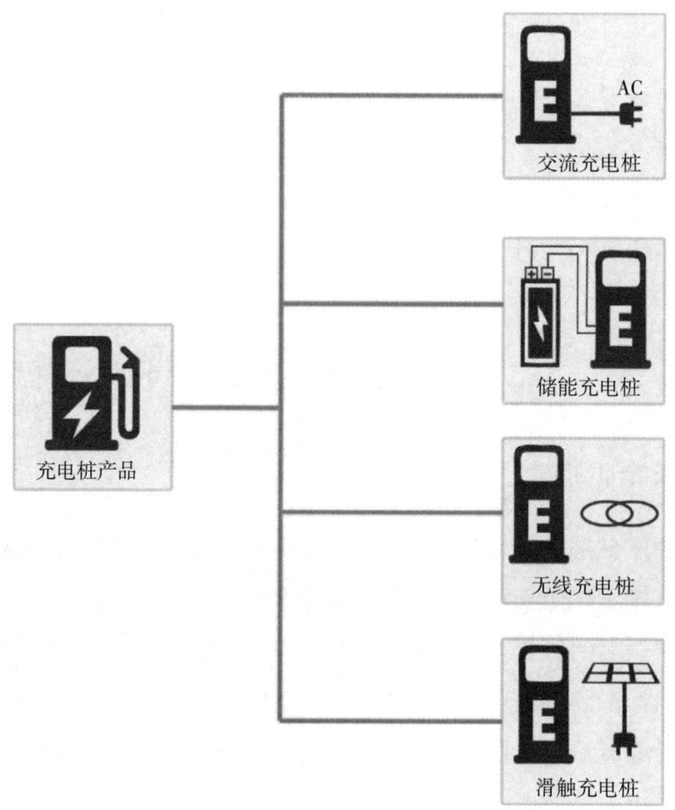

图 1　广西思维奇电力集团有限公司充电桩产品布局

资料来源：思维奇公司提供。

2. 市场布局

能源是经济社会发展的重要物质基础，目前我国已成为全球最大的能源生产国、消费国，有力支撑了经济社会发展。面对日益严峻的气候危机挑

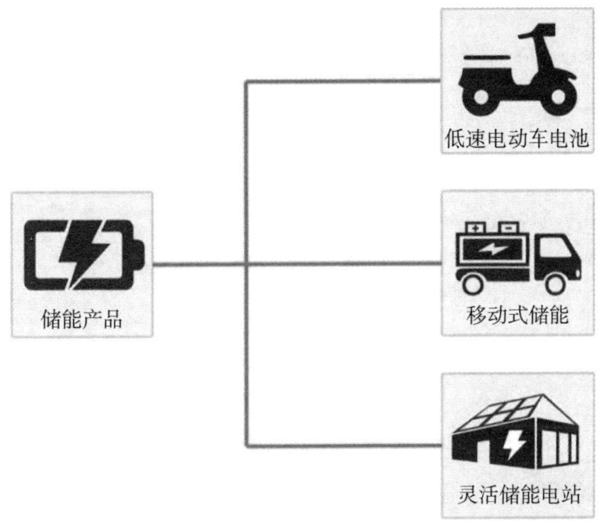

图 2　广西思维奇电力集团有限公司储能产品布局

资料来源：思维奇公司提供。

战，习近平主席宣布中国在 2030 年前实现碳达峰（排放达到峰值）、2060 年实现碳中和（净零排放）的目标；同时，欧盟也决定 2030 年前加大减排，2050 年实现碳中和的目标。实现碳中和、回归人与自然和谐关系是全人类共同的使命和任务，需要世界各国鼎力合作，中国在全球“碳中和”的任务中扮演着极其重要的角色。

为此，广西思维奇电力集团有限公司跨界融合能源互联网系统项目建设，开展绿色智能电网建设、分布式新能源发电、灵活分布式储能等关键技术领域的应用，形成可复制推广的技术方案，在国内推广应用的同时，也向东盟国家复制推广能源互联网，用科技助力国家“一带一路”倡议。

3. 主要产品介绍

（1）智能配电网设备

柱上智能终端（箱式）。一款用于 35kV 以下配电网，对线路和设备具有保护和监控功能的馈线自动化远程终端单元，是柱上分段开关保护控制的必备产品。柱上智能终端以微型处理器为基础，采用模块化结构，易操作，

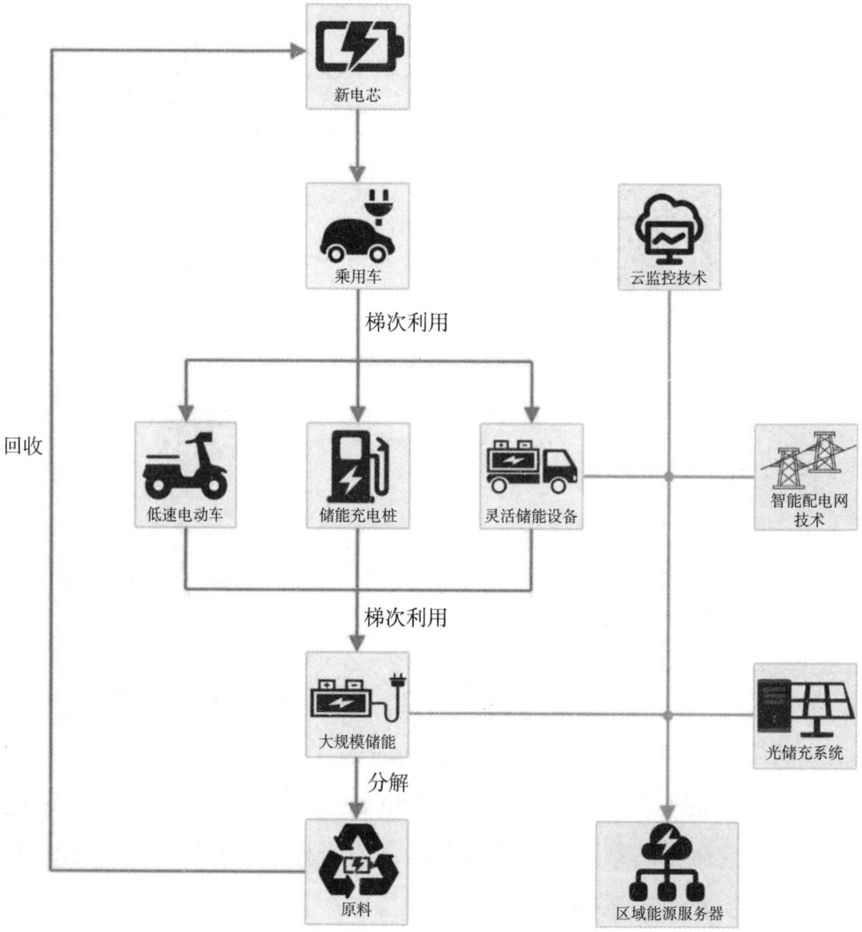

图3　广西思维奇电力集团有限公司市场布局

资料来源：思维奇公司提供。

易维修。是集继电保护、重合闸控制、分段开关控制、联络开关控制、故障记录、GPRS 通信、GSM 短信通信、以太网通信、三遥等功能于一体的智能化装置。

站所智能终端（柜式）。适用于 35kV 以下配电网，对多间隔线路和设备具有保护和监控功能的集中式馈线自动化远程终端单元，是配电室、环网柜及开闭所等保护控制的必备产品。本产品以数字处理器为核心，采用模块化结构，能实现以下功能：具备多线路模拟量、状态量的采集；远程接收遥控指令并执行开关分合闸操作功能；具备三段式过流保护逻辑、就地馈线自动化逻辑功能，可以有效隔离相间、接地故障；具备在故障解除后，上游来电时，自动恢复下游供电的功能。站所智能终端是集线路保护、故障记录、GPRS 通信、GSM 短信通信、以太网通信、三遥等功能于一体的智能化装置。

智能测控终端（分布式）。用于 35kV 以下配电网，对单一间隔的线路和设备进行保护和监控功能的智能化设备。该设备以数字处理器为核心，可通过 RS232 串口与无线通信模块连接以及以太网口与光纤交换机连接，实现远程维护、远程监视、远程控制功能；同时也具备三段式过流保护、就地馈线自动化保护等就地控制模式保护逻辑功能。

10kV 保护测控一体化装置。可在线路保护、电容器保护、站用变保护三种被保护设备类型间自由切换，是解决 35kV 及以下电压等级的用户终端变电站（所）内线路开关、电容器无功补偿装置、站用变压器等绝大部分设备的运行状态测量、设备保护、远程控制等问题的微机式保护测控一体化装置。该装置采用模块化设计，整合了高精度采样板、开关防跳操作板、高速通信板、高速主控板等板件，能高效、稳定、精准地保护和监控运行设备。

EMS 微网能量管理系统。智能微电网是由分布式电源、储能装置、能量转换装置、相关负荷和监控、保护装置汇集而成的小型智能的发配电系统，是一个能够实现自我控制、保护和管理的自治系统；通过前置服务器采集系统中设备的实时数据，经系统控制算法计算后，将最终的控制指令下发至就地设备，实现并网情况下稳定经济运行；EMS 的主要功能为数据采集、数据处理、实时报警、事件处理、人机交互。

（2）锂电池储能设备

梯次电池健康状态预测仪（公司专利产品）。离子电池在充放电循环使用过程中，受自身材料和外界环境的影响，其容量和寿命将会不断衰减。当锂电池的性能下降到一定程度后，会间接影响使用设备的体验、性能和安全，因此，对锂电池的健康状态（剩余寿命）进行预测，能及时提醒用户更换锂电池，以避免因为锂电池的性能下降引起的储能性能下降或者安全事故的发生。

公司依据国标 T/ATCRR 06 - 2019，梯次利用锂离子蓄电池检验方法，基于数据驱动技术和无迹卡尔曼（UKF）滤波技术，结合高精度检测前端及强大的数据处理机制，制作梯次电池健康状态预测仪（见图 4）。

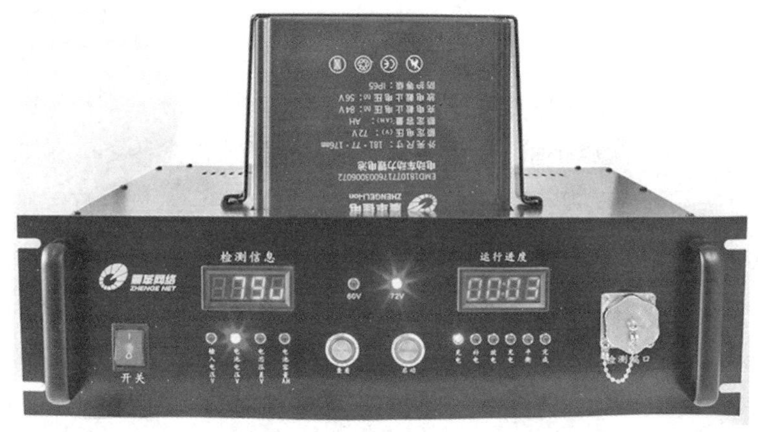

图 4　梯次电池健康状态预测仪

资料来源：思维奇公司提供。

电芯筛选配对。梯次电池（退役电池）的电芯一致性相关问题是影响锂离子电池性能、寿命、成本的关键问题。电芯之间的不一致性会导致在应用中电池系统性能远劣于单体性能，严重降低整体电池组的使用寿命。

电芯需要筛选出容量、内阻、电压、充放比、放电平台等性能参数相近一致的配对使用，公司采用自主研发的分容仪器，对电芯的容量、内阻、充放比进行检测筛选，匹配组包后再用自主研发的平衡仪器对电芯组包（Pack）完成电压平衡、测容，确保有效筛选配对后的电芯在同一组包内使用，确保模组性能达到设计要求。

电池管理系统。电池管理系统（BMS）是用于监测电池模组的电压、电流、温度等参数信息，并对电池的状态进行管理和控制的装置。

公司自主研发的分布式 BMS 架构的优势在于可以根据不同的电池系统

串并联设计进行高效的配置，融合主动均衡和被动均衡技术，BMS 连接到电池之间的线束距离更短、更均匀、可靠性更高，同时也可以支持体积更大的电池系统设计（如 MW 级储能系统）。

BMS 主要由 BMU 主控器、CSC 从控制器、CSU 均衡模块、HVU 高压控制器、BTU 电池状态指示单元及 GPS 通信模块组成，公司标准化的 Module 将电池管理系统的部分功能（单体状态采集和管理）与电池进行高度集成，从而实现空间利用率高、可靠性高、通用性强的要求。

CSC 从控制器结合 CSU 主动均衡模块，更有效地分布管理每个储能设备的底层单元，形成公司标准化的 Module，具有便捷的并入、撤出连接机构。

分布式的 BMS 架构能较好地实现模块级（Module）和系统级（Pack）的分级管理。由从控单元 CSC 负责对 Module 中的单体进行电压检测、温度检测、均衡管理（有的会独立出 CSU 单元）以及相应的诊断工作；由高压管理单元（HVU）负责对 Pack 的电池总压、母线总压、绝缘电阻等状态进行监测（母线电流可由霍尔传感器或分流器进行采集）；且 CSC 和 HVU 将分析后的数据发送至主控单元 BMU（Battery Management Unit），由 BMU 进行电池系统 BSE（Battery State Estimate）评估、电系统状态检测、接触器管理、热管理、运行管理、充电管理、诊断管理，以及执行对内外通信网络的管理。

结构图如图 5 所示。

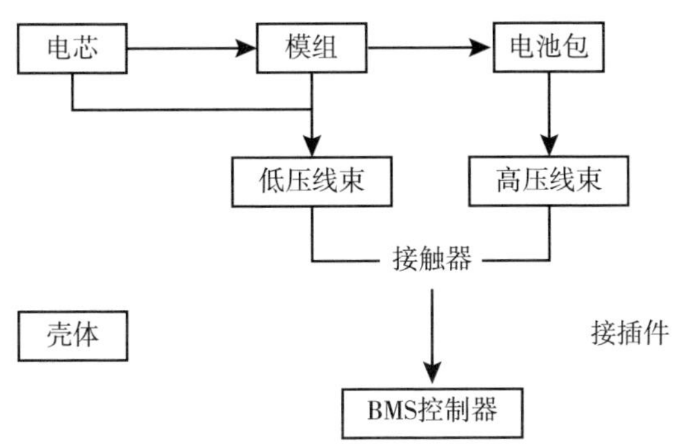

图 5 电池管理系统结构

资料来源：思维奇公司提供。

模块化设计的锂电池储能设备。公司设计的储能锂电池柜主要应用于水力、火力、风力和太阳能电站等储能电源电站、调峰调频电力辅助服务、动力产品、医疗和安防、UPS电源上等（见图6和表1）。

图6　1MWh锂电储能柜

资料来源：思维奇公司提供。

表1　设备参数

项目	名称	参数
电芯	电芯型号	IFP15180230 - 050
	额定容量	50Ah
	能量密度	≥130Wh/kg
	额定电压	3.2V
	充电截止电压	3.65V
	放电截止电压	2.5V
	认证	UL1642 UL1973
电池模块	尺寸	442mm×600mm×133mm
	规格	24V 200Ah
电池簇	额定输出电压	691.2V
	尺寸	1000mm×650mm×2200mm
	输出电压范围	540~799.2V
	额定容量	200Ah
	额定能量	138.24kWh
	最大脉冲放电电流	250A
	最大持续放电电流	200A
	最大持续充电电流	200A

续表

项目	名称	参数
电池簇	充电截止电压	799.2V
	放电截止电压	540V
	荷电保持能力	>95%
	重量	2020kg
	通信方式	CAN 通信
系统	额定功率	1MW
	额定电压	380VAC
	额定频率	50Hz
	额定容量	1.1MWh
	过滤	110%(10min)
	功率因数	>0.99(额定功率)
	均衡	被动/主动均衡
	尺寸	7520mm×2438mm×2591mm

资料来源：思维奇公司提供。

（3）储能充电桩

储能式电动汽车充电桩是在充电桩合适的地方添加一个高性能储能电池。充电桩添加的高性能储能电池，有以下3个作用：通过电网充电，储能电池进行电能储存；利用充电桩储能电池放电，给电网回馈电能；充电桩储能电池放电，为电动汽车进行充电。

使用储能式充电桩有以下优势：①可以在不对电网产生谐波影响的情况下，对电动汽车进行大功率快速充电，减少电动汽车过长时间占用充电桩；②在电网低谷时对储能电池充电，可以降低对用户用电影响，且可以存储电网发出的多余电量；③国家电网对于高峰期和低谷期的用电价格是不一样的，而储能式充电桩正是在用电低谷时充电，可节省充电桩充电成本；④用户在充电的时候可以选择通过电网进行充电，或者通过储能电池大功率充电；⑤储能充电桩可以在用电高峰期为电网回馈电能，起到电网保护作用；⑥在一些大城市，可利用现有的城市大楼间的停车位，节约城区土地投资成本，同时，可以通过一些大型的储能充电站进行电能存储，以方便在用电高峰期进行用电补偿；⑦配合整县分布式光伏项目开发建设，作为安全储能、智能调度并网的典型应用。

（4）再生技术

据行业机构预测，从全球来看，2021～2025 年，全球动力电池回收市场将小规模放量，累计退役规模可达 380GWh；而 2026～2030 年，全球动力电池回收市场将全面爆发，其累计退役规模将达到 1.2TWh。

在此背景下，作为全球新能源汽车产业发展的先行推进者，我国也将率先面对如此庞大规模的动力电池回收问题。

事实上，动力电池回收由于与环保、经济效益等紧密相关，是新能源行业实现从“绿色到绿色”的最后一环，其已受到国家层面的关注。2021 年 3 月 5 日，“加快建设动力电池回收利用体系”被写入政府工作报告中。

与此同时，基于电池回收蕴含的巨大市场前景，新能源产业链企业也在积极探索并构建以自身为主导的电池回收模式，迎接未来巨量退役电池的到来。

公司以“从动力电池回收得到的金属资源，对比采矿的金属，其具有低成本、高效率的优势，还规避了矿山开采时对环境的污染”为指导原则和价值观，跨界转型电池回收机构，建立战略联盟。按照“电池回收—原料再造—材料再造—电池包再造—新能源汽车服务”的新能源全生命周期价值链开展业务布局，实现了电池从生产到梯次利用，到回收分解再到生产的全生命周期价值链的商业模式（见图 7）。

（三）企业技术创新、管理创新

1. 企业技术创新

公司从传统电力设计、施工、试验及调试开始，后核心团队主导南方电网配电网标准设计、海南省智能配电网技术标准，现致力于研究和开发智能配电网可靠控制系统、“光储充”一体化系统、新能源汽车动力电池梯次利用及电池组管理系统成套方案和配套产品，从电力行业切入汽车行业，一直走技术创新发展路线。公司现已获得 18 个自主发明专利和实用新型专利，

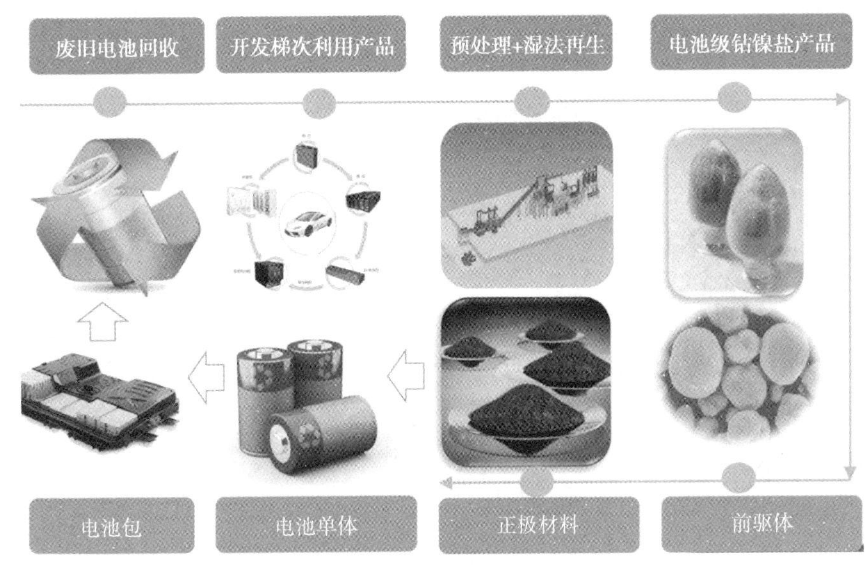

图7　公司完整的动力电池循环产业链

资料来源：思维奇公司提供。

另有9个发明专利正在审批中，计划在2021年底前申请专利达到50个以上。

2. 企业管理创新

公司于2020年引入OKR管理工具，给公司带来的成效是迅速提高公司战略执行力。OKR管理工具的引入提高了公司员工的目标意识与结果意识，改善了员工的目标感与参与感，通过OKR的制定逻辑帮助员工建立策略性思考能力。

公司引入OKR管理工具后各个部门更加努力沟通，加强了部门与层级间的沟通，让企业管理更加扁平化。在共同目标的驱使下，需要设计、开发和制造全流程的成员主动思考，紧密合作，注意力集中，这大大提高了产品的可靠性和生产效率。公司层面OKR管理工具的引入把各部门和层级的协作作为基本条件，同时将OKR与KPI有机结合，充分释放协作的潜力，让公司的内部沟通更加直接和透明。

（四）企业对外合作

公司与广西科学院、中国科学院深圳先进技术研究院等单位联合成立研发中心，对智能配电网系统、“光储充”一体化系统、新能源汽车动力电池梯次利用及电池组管理系统、“虚拟电厂”（能源互联网）及其应用进行研究开发；公司近期与广西交投科技有限公司、广西电网公司电力研究院、重庆大学联合实施的60kW电动汽车移动式无线充电示范工程已投入使用，正与广西交通投资集团接洽高速公路服务区实施“光储充”一体化系统工程及南宁市五象生活广场实施“光储充”一体化系统示范工程。

三　企业典型经营模式/商业模式案例

（一）智能配电网

智能配电网案例为广西电网有限责任公司隆安供电局旧开关改造自动化开关项目。

1. 改造背景

近年来，由于自动化设备的飞速发展，设备更新换代的脚步日益加快。南方电网“十四五”规划中要求，中压线路智能化覆盖率要达到100%。因此线路上需要将普通开关更换成自动化开关，导致旧的普通开关需要大量替换。这些旧的普通开关大部分还在服役期间，距离更换还有很长一段时间。将它们更换成新的自动化开关不仅需要大量资金，同时在再次利用它们时需要先将它们放置，这需要占用大片场地，造成了极大的资金浪费。

为了让服役期间的开关还可以继续再利用，公司以那桐所为试点，将还在服役期间旧型号开关按照南方电网技术规范书标准升级改造成自动化开关，同时配套各个厂家自动化终端进行匹配运行。

2. 旧开关改造为自动化开关基本情况

2020 年，公司立项配电自动化开关修理项目 9 个，投资 300 余万元，将隆安供电局及网区各分局退运闲置的 61 台开关进行修理升级后再轮换安装在线路上。2020 年底，所有开关已全部完成安装、上线，共完成 28 条线路的配电自动化实用化建设，占隆安供电局 2020 年实用化线路（48 条）的 58.33%，基本实现那桐所自动化开关线路全覆盖。

3. 改造步骤

首先将需要升级的负荷开关或断路器从运行现场拆卸下来，送到指定加工车间，等待升级改造。然后由技术人员对转运到车间的开关进行拆解，将原手动操作机构拆除，搭载 CT23 - D 弹簧操作机构（电动）之后确定开关内部电流电压回路，并进行绝缘测试。由于该试点升级只用分段模式，也就是电压时间型，电压用外置 PT，故确定好电流电压回路后，将电流回路接到电动机构的端子上并短接接地（外壳），电压回路接到电动机构端子上悬空。之后采用试验电源对电动机构进行试分合，并对机构分、合闸的功率峰值进行测试。分合闸正常、峰值功率合格的将密封盖装回并进行密封处理。机构密封盖安装时将航空插头对应的二次线接到相应的端子上。改装后装好密封盖的开关先将气室抽真空，再往气室充入稳定气体 SF6 使开关在分合闸时有更好的灭弧能力，随后对开关进行常规试验以及配套 FTU 检测调试。

4. 改装目标及技术要求

改装目标是使改造后的自动化开关设备达到《国家电网公司总部_ 配网标准化物资固化技术规范书_ 柱上断路器》、南方电网技术规范书中对柱上断路器（负荷开关）以及用户分界断路器（负荷开关）功能、性能、参数的技术要求。

技术要求是要使设备能跟主站保持良好通信，遥信、遥测信号能及时传输到主站并且不掉线。①使设备符合南网运行试验标准，和自动化设备可以互插互换；②提升设备运行可靠性，延长设备使用寿命；③对原柱上开关进行压变试验，对缺失的开关、压变绝缘罩进行补充及更换；④对操作机构以及本体密封性存在缺陷甚至有凝露的开关进行密封性加强处理，使其满足开关技术规范要求，对已生锈、卡涩的操作机构进行修理，恢复开关的分合闸性能；⑤对旧柱上断路器（负荷开关）不符合自动化接口标准的进行改接线定义，使其具备符合技术规范要求的自动化接口以及提供开关侧航插连接件；⑥对旧柱上断路器（负荷开关）不满足电动操作机构的开关进行操作机构更换，使其具备电压时间型自动化操作；⑦配套配电自动化终端，改造升级后的柱上断路器（负荷开关）配套 FTU 挂网运行。实现配电网运行监视和控制，具备配电故障处理、分析应用及与相关应用系统互连等功能。

5. 应用效果

截至 2021 年 2 月，投运的开关均正常运行，整体情况良好，开关运行上线率基本维持在 95% 以上。开关动作正确率 81.5%。故障平均停电时间从 4.35 小时/次下降至 3.75 小时/次，故障隔离时间从 1.82 小时/次下降至 1.32 小时/次，有效提高故障隔离效率及缩小停电故障范围，得到了隆安供电局配电线路班组人员的极大认可。

那桐所定忠支 02 开关，于 2020 年 8 月 31 日安装了由旧开关改造的自动化开关。主站监测数据显示：定忠支 02 开关在 9 月和 10 月运行状况良好。

从经济效益看，平均每台自动化开关改造后的价格为 4.92 万元（含部分 PT 利旧），比全新采购安装（按 7 万元计算）预计节省投资 126 万元，减少 42% 的投资。就单套开关本体而言，节约 15% 左右。

从社会效益看，一是通过将升级后的智能开关轮换至其他线路的普通柱上开关的方式，加快智能电网覆盖速度，迅速提升农村电网的供电可靠性；二是以利旧升级为契机，推动构建配电自动化开关维修服务生态链，延长柱上开关的资产全生命周期，提升设备使用效率；三是实现开关本体控制器接口标准化，使智能电网运维简易化，大大减轻供电局一线班组人员的运维压力。

（二）梯次电池在低速电动车上应用范例

梯次利用电池在低速电动车上应用，实质上就是将电动汽车上退役的动

图 8　正在运行的改造后自动化开关

力电池经过拆解、检测、维修、重组等过程，将其再次利用到对电池要求低一些的低速电动车领域。

退役锂电池与全新的锂电池相比有很大的区别，主要体现在老化机制和健康状态两方面。退役锂离子电池如果采用了不合理的充放电规则，在梯次利用的过程中就会出现较少次循环充放电后，电池容量内阻、电压等参数发生急速的变化，导致退役锂离子电池的安全系数降低，影响梯次利用的可靠性。

在对锂电池健康状态评估，判别出其适合的梯次利用梯度范围的前提

专利号：ZL202020671159.7

并联式锂电池组

单个电池尺寸：181cm × 77cm × 176cm

安全 safety

并联电池组，极大地提高了电池使用的可靠性

动力强 Powerfully

单个电池48V/60V/72V可以任意增加、减少或更换单个电池

更放心 More reliable

行车中单个电池发生故障会自动隔离，其余的电池正常供电行驶

修复 Restore

电池组中某个单体电池的一般故障，可用配套仪器处理修复

图 9　并联式锂电池组

资料来源：思维奇公司提供。

下，为了确保储能系统安全可靠运行，实现对其运行状态的实时监测，需要一套合理的锂电池评价方法、测试方法和具体的测试工况以实现电池荷电状态的估算，提高电池利用率，延长电池使用寿命，进而检验梯次利用锂电池应用性能及品质。

应用实例如下。

首先，退役电池模组拆解后，因同模组电芯一致性相对较好，按统计学原理抽样电芯，使用“梯次电池健康状态预测仪”进行电芯寿命评估，预期寿命达到要求的做进一步检测。

其次，拆解电芯经过分容配对、内阻测量、电压平衡后，按低速电动车电池电压规格（72V、60V、48V）及容量要求，组装为电池包。

图10　电池包

资料来源：思维奇公司提供。

最后，电池包经线序检测正确，安装自主研发的BMS板（专利技术），使用自主研发的“锂电池自动平衡仪”（专利技术）给电芯充电和平衡，之后，再用自主研发的“锂电池容量检测仪”（专利技术）按规定流程和放电参数对电池包做容量测量，根据实际数据判定，合格的电池包按规定补电、包装、标识入库。确保所有出厂产品全部检测，成品如图11所示。

梯次利用电池经检测，完全达到相关国标要求，专利产品“一种通用规格的锂电池新型结构”已经在全国畅销近3年，累计数十万用户在使用。

图 11　电池包成品

资料来源：思维奇公司提供。

（三）能源互联网——微电网项目（储能充电桩）

1. 广西科学院光储充一体化项目

广西科学院光储充一体化项目是在广西科学院建设一座光储充一体化充电站。最大限度利用光伏发电及储能充电，储能系统进行削峰填谷平滑整个光储充系统（见图 12）。其微电网电压等级 380V，光伏发电系统容量 660.2kWp，储能装置容量 1000kWh，充电桩容量 540kW，安装面积 8740㎡。

根据项目具体情况及要求，在科学院园区停车棚及楼顶建设 660.2kWp 光伏发电系统，在已规划好的停车位上增加 2 台 60kW 无线充电桩、1 台 60kW 滑触充电桩（供 3 个车位使用）、3 台 120kW 连接储能系统的充电桩。增加集装箱储能系统 1 个，可满足充电站全功率运行 2.5 小时且平滑整个光储充系统，保证系统安全可靠运行，增加微网能量管理系统（EMS）实现对微电网的光伏发电单元、储能系统和负荷（充电桩）之间的管理（包括对光伏单元的功率预测，功率波动平抑；实现储能单元削峰填谷，应急电源控制；负荷预测），对微电网中能量按最优的原则进行分配，实现微电网系统的经济优化运行。

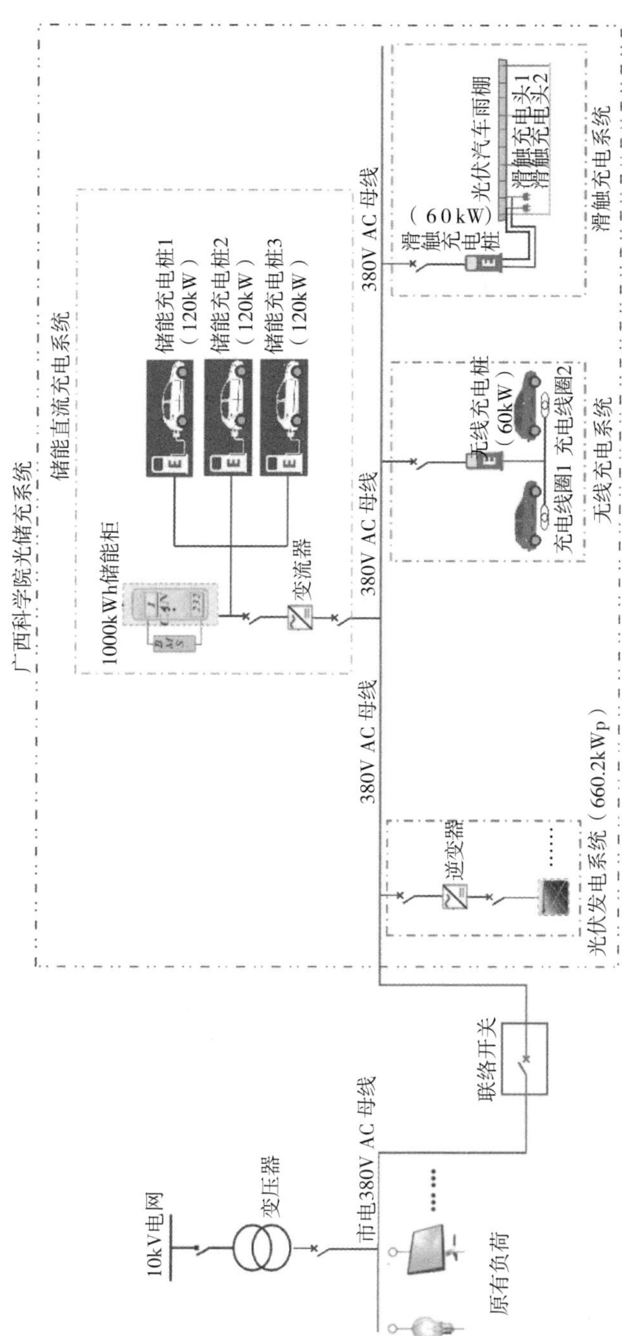

图12 广西科学院光储充一体化项目逻辑图

资料来源：思维奇公司提供。

2. 广西五象汽车生活广场光储充一体化项目

广西五象汽车生活广场光储充一体化项目是在广西五象汽车生活广场建设一座光储充一体化充电站。最大限度利用光伏发电及储能充电，储能系统进行削峰填谷平滑整个光储充系统（见图 13）。其微电网电压等级 380V，光伏发电系统容量 10900kWp，储能装置容量 2000kWh，充电桩容量 2060kW，安装面积 54500㎡。

根据项目具体情况及要求，在五象生活广场园区停车棚及楼顶建设 10900kWp 光伏，在已规划好的停车位上增设新能源充电站，增加 3 台 120kW 储能充电桩，增加 17 台 100kW 直流充电桩。增加 2000kWh 集装箱储能系统 1 个，可满足充电站全功率运行 1 小时且平滑整个光储充系统，保证系统安全可靠运行，增加微网能量管理系统（EMS）实现对微电网的光伏发电单元、储能系统和负荷（充电桩）之间的管理（包括对光伏单元的功率预测，功率波动平抑；实现储能单元削峰填谷，应急电源控制；负荷预测），对微电网中能量按最优的原则进行分配，实现微电网系统的经济优化运行。

3. 项目亮点

（1）汽车无线充电

工程汽车无线充电采用磁共振原理。相比于电磁感应，基于磁共振的方式，无线充电实现了长传输距离、高效的供电，并且是一对多的供电方式。不过，因为需要双方同时在同一共振频率，所以电路调频非常重要。

无线充电桩在输入电源经过能量变换后由初级发射线圈（安装于车位底下）进行电磁变换，初级共振环节感应到此磁场能量后将能量以无线方式传递到次级共振环节，接收线圈（安装于车底）感应到次级共振环节的能量后进行磁电变换，变换后的电能经过调理给汽车充电。

无线充电桩最高效率 90% 以上，接近有线充电效率。车外磁场强度小于 10uT，车内磁场强度小于 1uT（国际标准要求为小于 27uT），其系统综合性能指标达到世界先进水平。

（2）滑触充电桩

滑触充电桩由三部分组成：一进多出充电桩、固定在两个车位之间的充

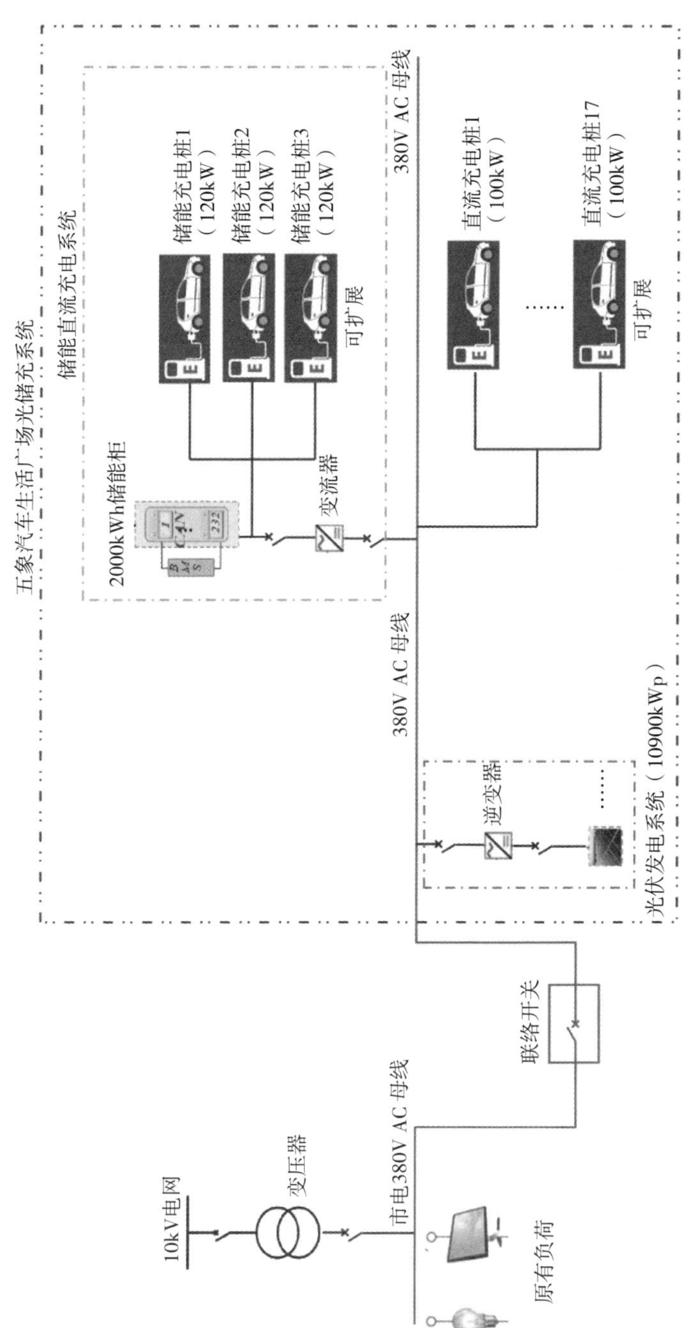

图 13　五象汽车生活广场光储充一体化项目逻辑图

资料来源：思维奇公司提供。

电母座、滑触充电接头。

一进多出充电桩安装于车棚侧边，出线用电缆与固定在两车位之间的充电母座连接。滑触充电接头安装于车棚檐的导轨上。当需要给汽车充电时可将滑触充电头滑动到需要充电的车位，拉下并按下接触按钮，滑触充电头一端即与充电母座连接，另一端与汽车连接即可给汽车充电。在车位闲置或车位上车辆不需要充电时可将滑触充电头滑至车棚一边，不影响汽车进出。

此充电系统可以解决充电车位被传统汽车占用时电动车无法充电的问题，也可以让传统汽车有更多的车位停车，不会因为设立充电桩车位后出现传统汽车停车位紧张的问题。

（3）储能充电桩

储能充电桩系统由一台储能柜以及 3 个 120kW 的直流快充桩组成。储能柜在满电情况下可以满足 3 台充电桩满负荷运行 2.5～3 个小时。

本系统在光伏发电充足情况下使用光伏发电为储能柜充电，储能柜满电情况下可由光伏直接对充电桩供电。在晚上没有太阳情况下也可以利用低价市电对储能柜充电，实现削峰填谷的目的，使资源利用最大化。

（4）微电网管理系统

本工程使用 BMS 电池管理系统，BMS 用于监测、评估及保护电池运行状态的电子设备集合，包括监测并传递锂离子电池、电池组及电池系统单元的运行状态信息，如电池电压、电流、温度以及保护量等；评估计算电池的荷电状态 SOC 及电池累计处理能量等；保护电池安全等（见图 14）。

EMS 通过前置服务器采集系统中设备的实时数据，经系统控制算法计算后，将最终的控制指令下发至就地设备，实现并网情况下稳定经济运行（见图 15）。

4. 项目经济效益

广西科学院光储充一体化项目发电系统装机总容量：660.2kW，年平均发电量约66.02 万 kWh。每年可为广西科学院园区节约34.32 万元电费（见表2）。

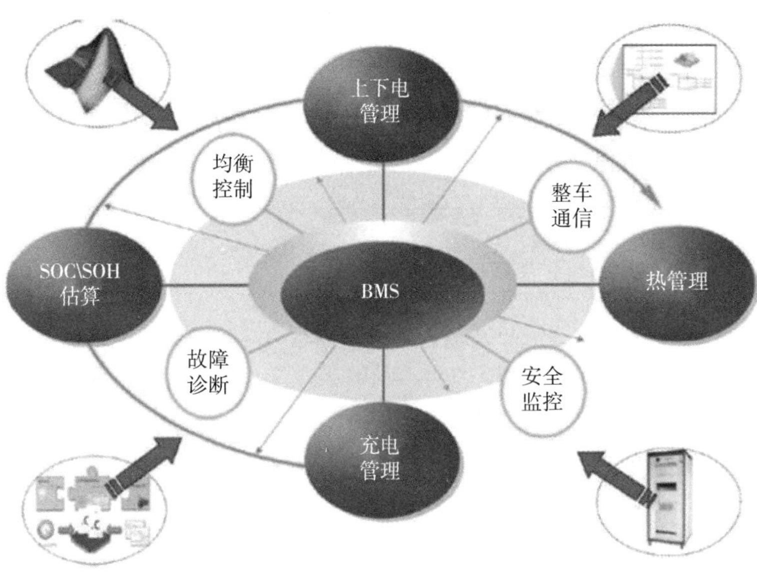

图 14　BMS 电池管理系统原理

资料来源：思维奇公司提供。

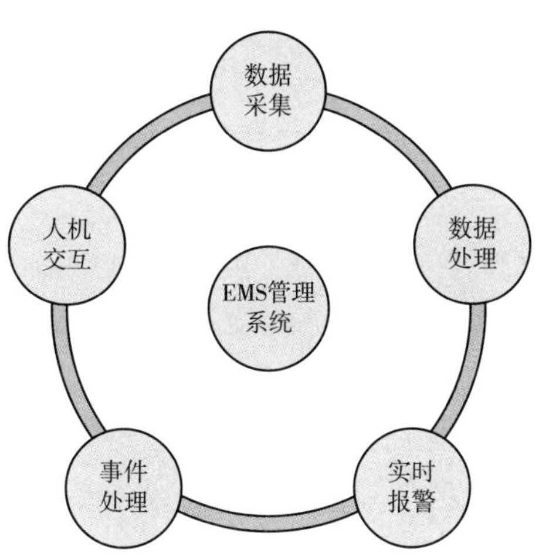

图 15　EMS 电池管理系统原理

资料来源：思维奇公司提供。

表 2　广西科学院光储充一体化项目经济效益

总容量（kW）	约占地面积（m²）	预计发电量（度/月）	预计发电量（度/年）	使用电价（元/度）	峰谷差价（元/度）	充电桩收益（元/度）	年收益（元）	预计投资回收时间（年）	系统寿命（年）	预计25年电费总收益（万元）
660.2	8740	55000	660000	0.52	0.245	0.35	560970	9	25	1402

资料来源：思维奇公司提供。

五象汽车生活广场光储充一体化项目发电系统装机总容量 10900kW，年平均发电量约 1022 万 kWh。每年可为园区节约 610 万元电费（见表 3）。

表 3　五象汽车生活广场光储充一体化项目经济效益

总容量（kW）	约占地面积（m²）	预计发电量（度/月）	预计发电量（万度/年）	使用电价（元/度）	充电桩收益（元/度）	年收益（万元）	预计投资回收时间（年）	系统寿命（年）	预计25年电费总收益（万元）
10900	54505	852225	1022	0.597	0.35	674	7	25	16864

注：使用电价为剔除 10% 能源管理后的电价。
资料来源：思维奇公司提供。

四　思维奇公司能源互联网融合创新意义

公司在战略上从传统电力设计施工业务向新能源及汽车后市场跨界转型是一种拥抱国家政策、符合时代发展的变革。跨界可以带来思想观念的转变或思维方式的革新，尤其对于转型发展企业来说，跨界是大势所趋，要创新就可能需要跨界才能取得新的突破，但是跨界并不一定等于多元化，前者可以是资源的整合，而非改变主业，也可以是营销层面的市场拓展等。

公司跨界不应排斥业务和产品的多元化，且并不是告别传统的发展模式。实际情况是公司在做好原有产业、保证产品和服务质量的同时，有机结合新业务、新产品、新市场的发展，传统电力服务业与新能源联动合作，寻求市场新方向，在“十四五”新规划、新政策、新任务的指

导下为公司寻求新机遇。因此，公司跨界转型的根本动机主要有以下几点。

（一）能源是经济社会发展的重要物质基础

从工业革命开始，随着人类生产力提高和人口数量的增加，人类社会的二氧化碳排放量一直处于增长状态，人类的活动打破了地球的自然平衡，碳源和碳汇的平衡不再，引发了全球变暖、海平面上升等一系列环境问题。改革开放以来，我国能源行业快速发展，目前已成为全球最大的能源生产国、消费国，有力支撑了经济社会发展。但是，我国能源结构长期以煤为主，油气对外依存度高，是全球最大的碳排放国家，能源清洁低碳转型迫在眉睫。

（二）我国电力供应充足，但局部、时段用电紧张

随着夏季高温天气到来，电网负荷攀升，供电紧张情形或在部分省份上演。每年“迎峰度夏”期间，最大用电负荷将会明显增加，部分地区有可能出现高峰时段电力紧张情况。但只是区域性、时段性问题，从满足全社会总量需求的角度看，当前我国电力供应能力是充足的（见图 16）。

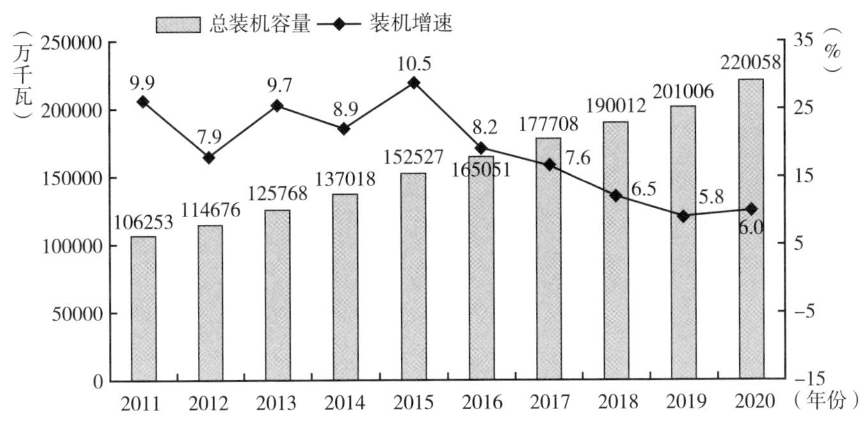

图 16　中国电力总装机量与装机增速

资料来源：思维奇公司整理。

在新能源发电装机比重持续上升情况下，电力系统时段性调峰能力不足现象非常突出，公司根据多年从事电力服务的经验判断，解决此问题需要引入储能与智能配电网技术，光储并济，数字加持，进行局部电能调控。

（三）以国家政策为导向

面对日益严峻的气候危机挑战，习近平主席宣布中国在2030年前实现碳达峰（排放达到峰值）、2060年前实现碳中和（净零排放）的目标；同时，欧盟也决定2030年前加大减排力度，2050年实现碳中和的目标。实现碳中和、回归人与自然和谐关系是全人类共同的使命和任务，需要世界各国鼎力合作，中国在全球“碳中和”的任务中扮演着极其重要的角色。如何在实现“碳中和”伟大目标的同时，保持高速、高质量的发展，是目前需要研究的重大课题。

综上所述，公司提出“城市绿色能源互联网服务器”系统项目建设大胆猜想，并以此为目标，开展绿色智能电网建设、分布式新能源发电、灵活分布式储能、电池梯次利用、新型新能源充电桩、大数据云监控等关键技术领域的研究，建立一套基于新型智能配电网技术的“城市绿色能源互联网服务器”系统，形成可复制推广的试点技术方案，向东盟国家复制推广“分布式虚拟电厂（城市能源互联网服务器）”，用科技助力国家“一带一路”倡议。

附　　录

Appendices

B.14

附录一
汽车零部件产业相关统计数据

附表 1　2020 年全国汽车工业统计

单位：万辆，%

分类	产量	同比增长	销量	同比增长
乘用车	1999.4	-6.5	2017.8	-6.0
基本型乘用车(轿车)	918.9	-10.0	927.5	-9.9
多功能乘用车(MPV)	101.1	-26.8	105.4	-23.8
运动型多用途乘用车(SUV)	939.8	0.1	946.1	0.7
交叉型乘用车	39.5	-1.7	38.8	-2.9
商用车	523.1	20.0	513.3	18.7
客车	45.3	-4.2	44.8	-5.6
客车非完整车辆	1.8	-40.1	1.8	-40.4
货车	447.8	22.9	468.5	21.7
半挂牵引车	85.1	46.3	83.5	47.8
货车非完整车辆	76.3	31.0	71.0	25.6
总计	2522.5	-2.0	2531.1	-1.9

资料来源：中国汽车工业协会。

附表 2　2020 年全国新能源汽车统计

单位：万辆，%

分类	产量	同比增长	销量	同比增长
新能源乘用车	124.7	11.3	124.6	14.6
纯电动	99.1	9.4	100.0	16.1
插电式混合动力	25.6	19.6	24.7	9.1
新能源商用车	12.0	-20.8	12.1	-17.2
纯电动	11.4	-19.9	11.6	-16.3
插电式混合动力	0.4	-23.8	0.4	-22.2
总计	136.6	7.5	136.7	10.9

资料来源：中国汽车工业协会。

附表 3　2005～2020 年全国汽车保有量

单位：万辆

年份	2005 年	2006 年	2007 年	2008 年	2009 年	2010 年	2011 年	2012 年
汽车保有量	3159.66	3697.35	4358.36	5099.61	6280.61	7801.83	9356.32	10933.09
年份	2013 年	2014 年	2015 年	2016 年	2017 年	2018 年	2019 年	2020 年
汽车保有量	12670.14	14598.11	16284	18574.5	20906.7	23231.19	25376.38	27338.56

资料来源：国家统计局。

附表 4　2020 年四大类汽车零部件进出口梳理及金额增长情况

进口	累计数量(万台)	同比增长(%)	累计金额(亿美元)	同比增长(%)
发动机	72.14	-19.15	17.80	-23.53
汽车零件、附件及车身			292.52	1.76
汽车、摩托车轮胎			6.40	-1.04
其他汽车相关商品			36.82	2.74
零部件总计			353.54	0.14
出口	累计数量(万台)	同比增长(%)	累计金额(亿美元)	同比增长(%)
发动机	330	-3.87	17.32	-18.51
汽车零件、附件及车身			399.49	-2.77
汽车、摩托车轮胎			120.25	-10.7
其他汽车相关商品			87.92	-10.62
零部件总计			624.97	-6.04

B.15
附录二 2020年汽车零部件产业政策法规

政策法规名称	颁布时间	颁布单位	内容要点
《新能源汽车废旧动力蓄电池综合利用行业规范条件(2019年本)》《新能源汽车废旧动力蓄电池综合利用行业规范公告管理暂行办法(2019年本)》	2020年1月2日	工信部	新规范文件指出,新能源汽车废旧动力蓄电池中镍、钴、锰的综合回收率应不低于98%,锂的回收率不低于85%,稀土等其他主要有价金属综合回收率不低于97%。采用材料修复工艺的,材料回收率应不低于90%。工艺废水循环利用率应达90%以上
《车用动力电池回收利用单体拆解技术规范(征求意见稿)》	2020年1月3日	全国汽车标准化技术委员会	规定了车用动力电池单体拆解的术语和定义、总体要求、作业要求、贮存和管理要求、安全环保要求,适用于退役车用动力锂离子单体蓄电池的拆解
《智能汽车创新发展战略》	2020年2月22日	国家发改委、中央网络安全和信息化委员办公室、科学技术部、工信部、公安部、财政部、自然资源部、住房和城乡建设部、交通运输部、商务部、国家市场监督管理总局	开展复杂系统体系架构、复杂环境感知、智能决策控制、人机交互及人机共驾、车路交互、网络安全等基础前瞻技术研发,重点突破新型电子电气架构、多源传感信息融合感知、新型智能终端、智能计算平台、车用无线通信网络、高精度时空基准服务和智能汽车基础地图、云控基础平台等共性交叉技术
《全国重点工业产品质量安全监管目录(2020年版)》	2020年3月17日	国家市场监管管理总局	锂离子电池,电动汽车、电动自行车用动力电池,电动汽车充电桩,电力变压器,光伏逆变器等产品位列其中

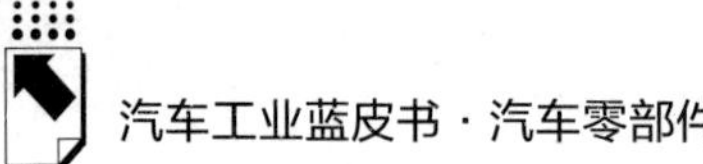

续表

政策法规名称	颁布时间	颁布单位	内容要点
《2020年工业节能与综合利用工作要点》	2020年3月23日	工信部	将推动新能源汽车动力蓄电池回收利用体系建设,深入开展试点工作,加快探索推广技术经济性强、环境友好的回收利用市场化模式,培育一批动力蓄电池回收利用骨干企业
《2020年智能网联汽车标准化工作要点》	2020年4月16日	工信部	以推动标准体系与产业需求对接协同、与技术发展相互支撑,建立国标、行标、团标协同配套新型标准体系为重点,促进智能网联汽车技术快速发展和应用,充分发挥标准的引领和规范作用,支撑我国汽车产业转型升级和高质量发展
《2020年新能源汽车标准化工作要点》	2020年4月26日	工信部	将深入贯彻实施发展新能源汽车的国家战略,秉承创新、融合、开放、合作的理念,持续优化标准体系,加快重点标准研制,深化国际交流合作,发挥标准对技术创新和产业升级的引领作用,支撑我国新能源汽车高质量发展
《铅蓄电池回收利用管理暂行办法(征求意见稿)》	2020年6月2日	国家发改委	铅蓄电池生产企业(含进口企业),应通过自主回收、联合回收、委托回收等方式,实现国家确定的回收目标,于每年3月底前提交上年度目标完成情况报告
《关于开展新能源汽车安全隐患排查工作的通知》	2020年6月8日	装备中心	重点对已售车辆、库存车辆的防水保护、高压线束、车辆碰撞、车载动力电池、车载充电装置、电池箱、机械部件和易损件开展安全隐患排查工作,并根据车辆实际情况,采取有效技术手段,降低车辆起火风险
《京津冀及周边地区工业资源综合利用产业协同转型提升计划(2020~2022年)》	2020年7月15日	工信部	落实废旧轮胎、废塑料行业规范条件,建设一批旧轮胎翻新、精细胶粉制备、再生塑料造粒等项目,在河北定州、山东济南、河南焦作、山西平遥等地培育一批加工利用龙头企业。加快退役动力电池回收利用。京津冀及周边地区是我国新能源汽车推广应用规模最大的区域,充分发挥骨干企业、科研机构、行业平台及第三方机构等方面优势,加强区域互补,统筹推进区域回收利用体系建设。推动山西、山东、河北、河南、内蒙古在储能、通信基站备电等领域建设梯次利用典型示范项目。支持动力电池资源化利用项目建设,全面提升区域退役动力电池回收处理能力

续表

政策法规名称	颁布时间	颁布单位	内容要点
《河北省汽车产业链集群化发展三年行动计划（2020～2022年）》	2020年7月20日	河北省制造强省建设领导小组	在集群发展方面，推动产业布局上趋于集中、功能上趋向集群、定位上互补发展，防止低水平重复建设，打造2个整车、3个关键零部件、3个新能源和智能网联汽车产业链集群、基地，形成“2+3+3”产业发展格局。在产业链壮大方面，全面梳理汽车产业链，做优上游基础材料、做大中游关键零部件、做强下游整车及应用
《关于修改〈新能源汽车生产企业及产品准入管理规定〉的决定》	2020年7月30日	工信部	删除了申请新能源汽车生产企业准入有关“设计开发能力”的要求，包括第五条以及《新能源汽车生产企业准入审查要求》等附件中有关“设计开发能力”的相关内容。将新能源汽车生产企业停止生产的时间由12个月调整为24个月。删除了有关新能源汽车生产企业申请准入的过渡期临时条款
《汽车零部件再制造管理暂行办法（征求意见稿）》	2020年8月11日	国家发改委	对汽车零部件再制造企业的生产规范、旧件管理、生产管理、产品管理、市场管理等环节作出具体规定，包括：鼓励行业协会制定质量管理体系相关标准和认证规则、建立旧件回收网络与追溯系统、进行再制造产品检验检测以及再制造产品的市场流通要求等
《六安市氢能产业发展规划（2020～2025）（征求意见稿）》	2020年9月7日	六安市人民政府	产业规模方面：到2025年，实现产业集聚发展，以燃料电池为核心的研发生产企业超过10家，燃料电池电堆和系统合计产量达到8000台/年，氢能产业产值达到100亿元；到2030年，燃料电池电堆和系统合计产量达到20000台/年，氢能产业产值达到300亿元；示范应用方面：到2025年，燃料电池汽车累计推广应用规模达到600辆，燃料电池船舶示范应用规模在10艘，建成5座加氢站，建成1座氢－电综合调峰电站，燃料电池固定发电系统累计装机达到100台（套）。到2030年，燃料电池汽车累计推广应用规模达到3000辆，燃料电池船舶示范应用规模在100艘，建成15座加氢站，建成3座氢－电综合调峰电站，燃料电池固定发电系统累计装机达到1000台（套）

续表

政策法规名称	颁布时间	颁布单位	内容要点
《乌海市氢能规划简介》	2020 年 9 月 7 日	乌海市发改委	以“低碳环保”为宗旨，基于“氢气原料与核心设备材料”双料冠军，发挥氢资源“源自副产、量大价低、分阶利用”的三大特点，推动“氢气炼铁、十城千辆示范工程、HCNG(天然气掺氢)试验国家研究中心、气体分离产业集群”四个首创工程，促进氢能、稀土、石墨烯、储能、CCUS(碳捕捉和利用)“五大专项”深度融合，布局燃料电池和整车、绿色冶金、HCNG 重卡、省级氢能技术中心、IGFC(整体煤气化燃料电池发电技术)、装备制造六大应用。推动乌海向绿色清洁循环可持续发展转型，同时发挥产业聚集效应，打造乌海西部“清洁能源”之都
《北京市氢燃料电池汽车产业发展规划(2020~2025 年)》	2020 年 9 月 8 日	北京市经济和信息化局	2023 年前，北京市将培育 3~5 家具有国际影响力的氢燃料电池汽车产业链龙头企业，力争推广氢燃料电池汽车 3000 辆，氢燃料电池汽车全产业链累计产值突破 85 亿元；2025 年前，北京市培育 5~10 家具有国际影响力的氢燃料电池汽车产业链龙头企业，力争实现氢燃料电池汽车累计推广量突破 1 万辆，氢燃料电池汽车全产业链累计产值突破 240 亿元
《广东省氢燃料电池汽车标准体系与规划路线图(2020~2024 年)》	2020 年 9 月 15 日	广东省市场监督管理局、广东省发展和改革委员会、广东省工业和信息化厅、广东省住房和城乡建设厅、广东省应急管理厅	该标准体系与规划路线图全面整理了国内外氢燃料电池相关现行标准，编制了氢燃料电池产业标准体系框架，提出了氢燃料电池产业关键标准制修订建议和标准化路线图。旨在解决行业技术标准总体框架不清晰、关键标准缺失、自主标准推广不足、上下游协同度低、标准专利情报弱等制约广东省氢燃料电池汽车产业高效、健康发展的问题
《关于促进汽车产业加快发展的意见》	2020 年 9 月 15 日	广州市人民政府办公厅	加快建设广州国际汽车零部件产业基地。围绕汽车整车制造企业，发展配套的动力总成、变速器、电子控制系统、轻量化部件等高端零部件，前瞻布局节能与新能源汽车零部件。对新引进入驻广州国际汽车零部件产业基地、国家级经济技术开发区的汽车零部件制造项目，实缴注册资本 2000 万元以上的，按实缴注册资本的 5% 给予奖励，每家企业最高奖励 5000 万元，市、区财政按 1∶1 比例负担。已入驻上述基地或区域的企业开展增资扩产，对其新增的实缴注册资本给予同等奖励

续表

政策法规名称	颁布时间	颁布单位	内容要点
《临港新片区创新型产业规划》	2020年9月24日	上海市经济信息化委员会、中国（上海）自由贸易试验区临港新片区管委会、上海市发展和改革委员会、上海市商务委员会、上海市科学技术委员会、上海市交通委员会、上海市金融工作局	以跨界融合、绿色智能为驱动，推进智能网联示范应用，成为上海建设世界级汽车产业中心的重要增长极。聚焦关键技术研发和产业化。支持开展新能源汽车新一代电池、动力系统一体化集成、燃料电池，以及智能网联汽车机器视觉环境感知、人工智能决策、线控制动及转向控制执行、V2X通信、信息安全、高精度地图定位等技术攻关，加强核心零部件研发及产业化。优化智能新能源汽车产业布局。引入全球领先的智能新能源汽车整车企业及产业链上下游企业，构建智能新能源汽车核心部件创新产业集群，鼓励整车、重点零部件企业、高校和科研机构组建国家智能汽车研发应用平台，加快自动驾驶及智慧交通云平台建设。开展智能网联示范应用。全面开展基于多场景的示范应用，加强车路协同技术的智慧道路基础设施建设，优化智能网联汽车综合测试示范区功能，推进洋山港智能重卡示范运营和规模化应用，扩大自动驾驶特定场景应用，探索智能网联汽车市场化应用模式，培育"平台+生态"服务新模式
《广东省发展汽车战略性支柱产业集群行动计划（2021～2025年）》	2020年9月25日	广东省工业和信息化厅、广东省发展和改革委员会、广东省科学技术厅、广东省商务厅、广东省市场监督管理局	到2025年，世界级汽车产业集群培育取得实质性进展，全省汽车制造业营业收入超过11000亿元，其中汽车零部件制造业营业收入突破4500亿元；汽车工业增加值超过2000亿元；汽车产量超过430万辆，占全国汽车总产量比重超过16%，其中新能源汽车超过60万辆；新能源汽车公用充电桩超过15万个。培育一批具有全球竞争力的关键配套企业，新增2～3家百亿级零部件龙头企业，培育2～3家汽车零部件独角兽企业
《舟山市加快氢能产业发展的实施意见（征求意见稿）》	2020年9月28日	舟山市司法局	积极推动氢燃料电池以及高效燃料电池动力系统技术创新，重点引进、转化船用氢燃料电池电堆、质子交换膜、集电器、船载供氢系统等核心器件相关技术
《四川省支持新能源与智能汽车产业发展若干政策措施》	2020年9月29日	四川省人民政府办公厅	对整车、动力电池、氢燃料电池等企业提升品质、扩大销量予以支持。并对在四川省投资落户的国内外领先的新能源与智能汽车整车和关键零部件项目，纳入省重点项目管理，对位列国际前沿的头部企业在川投资建设的研发、制造、检验检测项目及机构给予重点支持

续表

政策法规名称	颁布时间	颁布单位	内容要点
《大同市氢能产业发展规划(2020～2030年)》	2020年9月30日	大同市人民政府	氢燃料电池制造:近期,依托新研氢能和雄韬氢雄的氢燃料电池项目,打造大功率石墨电极燃料电池和金属双极板燃料电池生产线;同时,通过自主研发和国内外技术引入实现对膜电极、质子交换膜、催化剂、氢气循环泵等关键技术和设备的开发,并进行示范和生产 氢能源应用领域:依托陕汽、中植、中车集团等在大同市的产业基础,加快氢燃料电池整车装备和关键技术突破。近期,主要进行燃料电池公交车、大巴车、机车、物流车、专用车及重卡等车辆装备的制造和量产。远期,进行乘用车装备的制造和运营示范;进行固定应急电源、移动电源和氢燃料电池家用热电联供系统的开发、生产和试点建设
《新能源汽车动力蓄电池梯次利用管理办法(征求意见稿)》	2020年10月10日	工信部	鼓励梯次利用企业研发生产适用于基站备电、储能、充换电等领域的梯次产品,不得开发充电宝、手持照明设备等不易回收的梯次产品。鼓励梯次利用企业与新能源汽车生产、动力蓄电池生产及报废机动车回收拆解等企业协议合作,加强信息共享,利用已有回收渠道,高效回收废旧动力蓄电池用于梯次利用
《保定市氢燃料电池汽车产业发展三年行动方案(2020～2022年)》	2020年9月15日	保定市人民政府办公室	聚焦国产大功率发动机系统、电堆、膜电极及储氢系统等核心零部件开发。力争2022年前实现燃料电池汽车、电堆、储氢瓶、高压阀门等关键"卡脖子"技术国产化突破
《关于开展燃料电池汽车示范应用的通知》	2020年9月16日	财政部、工信部、科技部、国家发改委、国家能源局	示范内容包括:构建燃料电池汽车产业链条,促进链条各环节技术研发和产业化。要依托龙头企业,以客户需求为导向,组织相关企业打造产业链,加强技术研发,实现相关基础材料、关键零部件和整车产品研发突破及初步产业化应用,在示范中不断完善产业链条、提升技术水平
《新能源电池回收利用行业标准化工作组筹建申请公示》	2020年10月12日	工信部	为加快推进新能源电池回收领域标准化工作筹建新能源电池回收利用行业标准化工作组

续表

政策法规名称	颁布时间	颁布单位	内容要点
《关于组织开展2020年度道路机动车辆生产企业及产品生产一致性监督检查工作的通知》	2020年10月16日	工信部	传统燃油汽车：货车主要包括整车结构参数、侧后防护装置和柴油货车环保能耗等13个项目；专用汽车主要包括整车结构参数、侧翻稳定角、制动系统、汽车防抱制动性能等10个项目；乘用车主要包括机动车安全、国六排放、燃料消耗量等7个项目 新能源汽车：新能源乘用车主要包括纯电动乘用车技术条件、纯电动续驶里程及电能量消耗量、动力电池能量密度、锂离子动力蓄电池包和系统安全性要求、轻型混合动力汽车能量消耗量等10个项目，新能源客车主要包括客车结构安全、内饰材料燃烧特性、动力电池能量密度、蓄电池单元热失控试验等15个项目，新能源专用车主要包括机动车安全运行强制性项目、电动汽车安全要求、纯电动续驶里程及电能量消耗量等6个项目
《新能源汽车产业发展规划（2021～2035年）》	2020年11月2日	国务院办公厅	提升产业基础能力。以动力电池与管理系统、驱动电机与电力电子、网联化与智能化技术为“三横”，构建关键零部件技术供给体系。开展先进模块化动力电池与燃料电池系统技术攻关，探索新一代车用电机驱动系统解决方案，加强智能网联汽车关键零部件及系统开发，突破计算和控制基础平台技术、氢燃料电池汽车应用支撑技术等瓶颈，提升基础关键技术、先进基础工艺、基础核心零部件、关键基础材料等研发能力
《全国深化“放管服”改革优化营商环境电视电话会议重点任务分工方案》	2020年11月10日	国务院办公厅	2020年底前制定出台深化汽车生产流通领域“放管服”改革的有关意见。简化优化汽车生产准入管理措施，统一汽车产品准入检测标准，推行企业自检自证和产品系族管理，有序放开代工生产等
《上海市燃料电池汽车产业创新发展实施计划》	2020年11月13日	上海市经济和信息化委员会、上海市发展和改革委员会、上海市交通委员会、上海市科学技术委员会、上海市住房和城乡建设管理委员会、上海市财政局	实施目标包括：电堆、膜电极、双极板、质子交换膜、催化剂、碳纸、空气压缩机、氢气循环系统实现批量产业化，供应链上下游安全可控

续表

政策法规名称	颁布时间	颁布单位	内容要点
《平湖市加快推进氢能产业发展和示范应用实施意见(征求意见稿)》	2020 年 11 月 17 日	平湖市发改局	在产业发展层面,到 2022 年,以关键核心部件、燃料电池电堆、动力系统集成等核心装备制造和制氢、储氢、运氢、加氢为重点,引进和培育 5 家以上在行业内有影响力的企业或项目,不断完善氢能产业体系
《中共辽宁省委关于制定辽宁省国民经济和社会发展第十四个五年规划和二〇三五年远景目标的建议》	2020 年 11 月 27 日	中共辽宁省委	推动人工智能等新一代信息技术与制造业融合发展,加快推进优势产业数字赋能,促进制造业向智能、绿色、高端、服务方向转型升级,做强做大重大成套装备、汽车及零部件、高档数控机床等产业,打造具有国际影响力的先进装备制造业基地
《关于上海市开展推进长三角交通一体化等交通强国建设试点工作的意见》	2020 年 11 月 30 日	交通运输部	加大氢能、动力电池、电子控制等关键技术攻关,突破定位导航、智能控制、机器视觉等智能汽车核心技术。加快研制新能源智能汽车车型,加速推动智能汽车测试场景的全车种、全链条、全风险覆盖
《江西省加快推进电动汽车充电基础设施建设三年行动计划(2021~2023 年)》	2020 年 12 月 4 日	江西省发展和改革委员会、江西省自然资源厅、江西省住房和城乡建设厅、江西省交通运输厅、江西省商务厅、江西省工业和信息化厅、江西省文化和旅游厅、江西省机关事务管理局	优先建设城市人口集聚区充电设施;重点建设公共服务领域充电设施;因地制宜建设居民社区充电设施;有序推进建设开发区充电设施;鼓励建设公共机构及企事业单位充电设施;积极推进建设农村地区充电设施;加快建设省内国省干线公路充电设施;统筹建设旅游景区充电设施
《中共海南省委关于制定国民经济和社会发展第十四个五年规划和二〇三五年远景目标的建议》	2020 年 12 月 4 日	中共海南省委	打通产业链,推动“整装+零配件”“制造+维护保养”“生产+应用再集成”等融合发展

续表

政策法规名称	颁布时间	颁布单位	内容要点
《中共湖南省委关于制定湖南省国民经济和社会发展第十四个五年规划和二〇三五年远景目标的建议》	2020 年 12 月 12 日	中共湖南省委	实施战略性新兴产业培育工程，重点发展新一代信息技术、新材料、新能源、节能环保、生物等产业，壮大发展新动能，形成竞争新优势。实施智能制造赋能工程，加快信息技术与制造业深度融合，推动产业向价值链中高端迈进
《中共安徽省委关于制定国民经济和社会发展第十四个五年规划和二〇三五年远景目标的建议》	2020 年 12 月 11 日	中共安徽省委	深入推进“三重一创”建设，加快发展新一代信息技术、人工智能、新材料、节能环保、新能源汽车和智能网联汽车、高端装备制造、智能家电、生命健康、绿色食品、数字创意十大新兴产业，构建一批各具特色、优势互补、结构合理的战略性新兴产业增长引擎。建设世界级战略性新兴产业集群，争创国家级战略性新兴产业集群，建立省重大新兴产业基地竞争淘汰机制
《中共贵州省委关于制定贵州省国民经济和社会发展第十四个五年规划和二〇三五年远景目标的建议》	2020 年 12 月 12 日	中共贵州省委	大力发展高端电子信息制造业，重点布局智能终端、锂离子电池、新型电子元件、新型显示设备、高性能服务器和计算机等领域，加速提升产业链、产品层级
《上海市加快新能源汽车产业发展实施计划（2021 ~ 2025 年）》和《关于支持本市燃料电池汽车产业发展若干政策》	2020 年 12 月 14 日	上海市人民政府办公厅	动力电池与管理系统、燃料电池、驱动电机与电力电子等关键零部件研发制造达到国际领先水平
《青岛市氢能产业发展规划（2020 ~ 2030）》	2020 年 12 月 14 日	青岛市人民政府	围绕打造“东方氢岛”，着眼从制 - 储 - 运 - 用氢能全链条发展，从汽车、轨道交通、港口、供热、化工、发电及备用电源等全领域应用，突出氢能装备、氢燃料电池及整车产业发展，并谋划了一系列重点项目
《内蒙古自治区促进燃料电池汽车产业发展若干措施（试行）》	2020 年 12 月 18 日	内蒙古自治区能源局	在做好氢能全产业链规划布局的基础上，结合各地产业基础和发展优势，重点在燃料电池、储氢材料研发制造、工业副产氢高效利用以及中重型商用车、城市公交“油改氢”等方面取得突破，以点带面加快氢能产业发展

续表

政策法规名称	颁布时间	颁布单位	内容要点
《平湖市加快推进氢能产业发展和示范应用实施意见》	2020年12月22日	平湖市人民政府	在产业发展层面，到2022年，以关键核心部件、燃料电池电堆、动力系统集成等核心装备制造和制氢、储氢、运氢、加氢为重点，引进和培育5家以上在行业内有影响力的企业或项目
《关于支持氢能产业发展的意见》	2020年12月24日	济宁市人民政府	支持企业整合上下游产业。全力支持企业通过开展兼并收购等活动，重组、整合上下游产业链，市相关产业基金可共同参与
《自治区汽车及机械产业供应链金融贷款贴息实施方案》	2020年12月25日	广西壮族自治区工业和信息化厅、广西壮族自治区财政厅	自治区统筹安排5000万元，对合作银行向汽车及机械产业企业发放的供应链金融贷款按1%比例给予贴息，降低企业融资成本，预计带动新增投放50亿元贷款，畅通产业链上下游资金周转，加快发展汽车及机械产业供应链金融，促进全区工业产业链协同达产增产

B.16
附录三
2020年中国汽车零部件行业大事记

序号	事件名称	事件内容
1	拜腾汽车与韩国 SK 电讯宣布合作，拓展车内数字体验	1 月 7 日，拜腾汽车宣布与韩国最大的移动通信运营商 SK 电讯达成合作，共同开发和拓展车内数字体验。根据协议，双方将探索在拜腾车内整合 SK 电讯的数字产品和服务，以满足韩国当地消费者的需求。拜腾和 SK 电讯还将探讨销售渠道、售后服务以及出行领域的合作，开拓韩国电动汽车市场机会
2	吉利与奔驰正式成立 smart 品牌全球合资公司	1 月 8 日，浙江吉利控股集团和梅赛德斯 – 奔驰股份公司宣布：经相关监管部门批准，双方组建的 smart 品牌全球合资公司“智马达汽车有限公司”（smart Automobile Co. , Ltd.）正式成立，在全球范围内联合运营和推动 smart 品牌转型升级
3	佛吉亚与地平线达成战略合作，为中国汽车市场开发基于人工智能的座舱解决方案	1 月，美国拉斯维加斯举行的 2020 国际消费电子展（CES ©）召开之际，全球领先的汽车零部件科技公司佛吉亚与中国前沿的边缘人工智能芯片和解决方案提供商地平线正式签署战略合作框架协议。双方将致力于共同开发多模态感知人工智能解决方案，推动智能座舱系统和高级驾驶辅助系统（ADAS）领域相关技术的商业应用
4	福瑞泰克与 RoboSense 达成战略合作推动量产级智能驾驶多传感器融合方案落地	1 月，中国领先的智能驾驶解决方案产品供应商和服务提供商福瑞泰克与领先的智能激光雷达系统提供商 RoboSene（速腾聚创）签署战略合作协议，达成面向 L3、L4 级别智能驾驶多传感器感知融合领域的全方位战略合作。合作双方将共同努力，致力于为中国主机厂提供可量产的智能驾驶产品
5	采埃孚欲转型，470 亿元收购威伯科	1 月，德国汽车零部件供应商采埃孚以 70 亿美元（约合人民币 485.5 亿元）收购威伯科的交易已获得美国和欧盟的反垄断批准。2019 年 3 月底，采埃孚已宣布完成该收购案。对威伯科的收购，是采埃孚前任 CEO 斯特凡·索默一系列激进扩张计划的一部分
6	克诺尔集团将收购 Sheppard	1 月，克诺尔集团（Knorr-Bremse）将从威伯科（WABCO）控股公司手中收购 R. H. Sheppard 公司。克诺尔对 Sheppard 的收购何时完成，取决于交易完成条件，以及监管部门的批准，并且还取决于采埃孚对 WABCO 的收购进度。本次交易预计将于 2020 年上半年完成

续表

序号	事件名称	事件内容
7	博格华纳 33 亿美元整合德尔福科技,双方将拓展新能源技术市场	1 月 28 日,全球汽车零部件领先供应商博格华纳宣布,已与德尔福科技达成最终交易协议。博格华纳将以全股票交易的形式收购德尔福科技,后者的企业价值约为 33 亿美元(包括债务)
8	佛吉亚完成对 SAS 收购,欲提升座舱系统集成能力	1 月 30 日,在获得相关监管机构的批准后,佛吉亚已在法国宣布完成对 SAS 的收购。至此,佛吉亚将获得 SAS 全部股权,据称这将直接促进佛吉亚营业利润、净利润和资本回报率(ROCE)的增长
9	延锋加速全球化进程,与安道拓达成一揽子协议	2 月 2 日,国际领先的汽车零部件供应商延锋汽车饰件系统有限公司宣布,公司与安道拓(Adient plc)就双方合资组建的多家合资企业相关事宜达成一揽子协议。首先,作为协议的一部分,延锋拟出资 3.79 亿美元(约合人民币 26.44 亿元),收购安道拓持有的延锋汽车内饰系统有限公司 30% 股权。其次,在双方持股比例保持不变的前提下,延锋将取得对延锋安道拓机械部件系统有限公司董事会控制权,并将其纳入公司财务并表范围。同时,延锋安道拓机械部件业务范围将扩展至全球,并可在境外设立子公司。此外,为了满足全球业务拓展的需求,延锋安道拓机械部件将以 2000 万美元(约合人民币 1.39 亿元)向安道拓购买汽车座椅的滑道、调角器、锁扣及调节机构等机械部件包括各国专利在内的知识产权。同时,双方共同商定,将延长延锋安道拓座椅有限公司的合资期限至 2038 年 12 月
10	大陆将投资 1.1 亿美元在得州建设新厂生产 ADAS 产品	2 月 6 日,科技公司大陆集团表示,该公司计划 2020 年开始在得克萨斯州的新布朗费尔斯建设一座工厂,将会为高级驾驶辅助系统(ADAS)生产产品
11	鸿达兴业与旭化成达成合作,破解氢能供给难题	2 月 14 日,鸿达兴业公告显示,该司与日本大型综合化学公司旭化成株式会社签署《氯碱制氢合作协议》。根据协议,鸿达兴业将引进由旭化成株式会社研发设计的离子交换膜法电解工艺及离子膜电解槽设备制取氢气,推进双方在氯碱和氢能领域方面的合作
12	两家公司拟拆解倍耐力工业胎	2 月,优科豪马公司与倍耐力工业胎(PTG)的并购交易,已经推进至高级谈判阶段。此前有意收购 PTG 的风神轮胎,也会加入这次谈判中。两家公司会对 PTG 进行拆解,分别接手其拥有的 4 家轮胎工厂。风神轮胎将接管 PTG 埃及工厂,其余 3 家,都会被优科豪马收入囊中,包括土耳其一家工厂和巴西两家工厂。据悉,三方谈判正在进行中,但是所有权结构尚未确定

续表

序号	事件名称	事件内容
13	丰田对斯巴鲁出资比例增至20%	2月,斯巴鲁主要股东和第一大外部股东丰田汽车达成协议,丰田汽车对斯巴鲁的出资比例由16.8%增加至20%。据悉,此次丰田汽车增加对斯巴鲁的投资,并获得更高比例的决议权,是双方早在2019年9月27日就已达成的协议,该协议于2020年2月6日起正式生效。至此,斯巴鲁成为丰田汽车的权益法适用公司,斯巴鲁公司的盈亏也将反映在丰田汽车此后披露的财报中
14	玲珑集团拟增持玲珑轮胎1亿~4亿元	2月,山东玲珑集团有限公司拟增持玲珑轮胎股份,增持金额不低于1亿元,不超过4亿元
15	日本电产投入18亿美元扩大电动车动力总成产能	2月,日本电产计划投入约2000亿日元(18亿美元)用于电动车动力总成的研发和生产,进一步扩大电动车动力总成的产能。据悉,这笔资金将陆续投入其包括中国大连在内的全世界三大工厂,其中,中国大连工厂:从2021年起,投资额为1000亿日元(9.1亿美元),使该工厂年产约360万台电机。波兰工厂:从2021财年起,每年投资500亿日元(4.55亿美元),使该工厂年产约240万台电机。墨西哥工厂:从2023财年起,每年投资500亿日元(4.55亿美元),使该工厂年产约240万台电机
16	博世投资加码驭势科技,无人驾驶规模化量产可期	2月,驭势科技正式对外公布在B轮融资中获得博世战略投资。同期投资的还包括深创投(深圳市创新投资集团)、中金资本、厦门七匹狼节能环保基金和重庆两江服务业基金等顶级VC、PE和地方战略新兴产业基金
17	中科创达拟募资17亿元,钟情智能汽车系统	2月23日,中科创达发布公告宣布,拟非公开发行股票,募集资金总额不超过17亿元,主要用于智能网联汽车操作系统研发、智能驾驶辅助系统研发、5G智能终端认证平台研发等5个项目
18	定增200亿元、自筹100亿元,宁德时代扩充产能至200GWh	2月26日,宁德时代发布非公开发行预案,拟募集不超过200亿元,用于动力电池及储能电池项目建设、研发及补充流动资金,以提升盈利空间,稳固市场地位。所募约200亿元资金将用于五大项目,分别是"宁德时代湖西锂离子电池扩建项目""江苏时代动力及储能锂离子电池研发与生产项目(三期)""四川时代动力电池项目一期""电化学储能前沿技术储备研发项目"以及补充流动资金。上述项目达产后将合计新增锂离子电池年产能52GWh
19	HELLA与初创公司合作开发高性能雷达软件	2月,照明和电子产品专家海拉与美国初创公司Oculii宣布达成战略合作。此次合作旨在开发高性能、可扩展的雷达解决方案,以满足辅助驾驶和自动驾驶的需求。基于此次开发合作,两家公司将在专业知识和技术专长方面实现优势互补。此次合作还包括对Oculii的战略投资,投资方为位于硅谷的风险投资机构——海拉风投

续表

序号	事件名称	事件内容
20	佛吉亚储氢系统将配套现代卡车	2月,全球领先的汽车零部件科技公司佛吉亚获得现代汽车公司的重要订单,将为现代汽车提供燃料电池电动车的储氢系统
21	博泽与沙尔特宝集团子公司博得携手,为无人驾驶小巴开发车辆进入系统	2月,最多可容纳15名乘客的自动驾驶和智能导航巴士将成为未来客运的主力,该巴士也被称为旅客捷运系统(People Mover)。为积极参与这一发展潮流,博泽和博得携手合作为这一全新出行概念开发创新型车辆进入系统
22	博泽与彼欧联手打造面向未来的车门	2月,博泽与彼欧公司携手推出车门制造的全新理念——采用塑料和金属复合材料制造车门以应对这一挑战。前所未有的设计自由性只是这一方案的众多优势之一
23	科思创为丰田LQ概念车研发新型复合材料,车门框减重30%	2月,科思创被日本丰田集团旗下的汽车零部件制造商丰田Boshoku公司选为合作伙伴,共同为丰田电动概念车LQ研发新型聚氨酯复合材料
24	巴斯夫与汉格斯特联合开发可重复使用旋装机油滤清器	3月,巴斯夫与汉格斯特联合开发了全球首款可重复使用的车用旋装塑料机油滤清器模块。在更换滤清器时,Blue. on可重复使用,是传统旋装金属模块的可持续替代品。Blue. on采用巴斯夫Ultramid© Structure LFX制成,这是一种长玻璃纤维增强的高性能塑料,其特殊性能为替代金属产品提供了全新机遇
25	宁德时代与哪吒汽车战略合作签约	3月2日,哪吒汽车与宁德时代战略合作举行签约仪式,双方将在新能源电池领域进一步深化合作。此次合作,宁德时代将为合众公司提供动力电池解决方案,其旗下先进的CTP高集成度电池Pack技术、5年50万公里长循环寿命等电池技术,将陆续应用在哪吒汽车基于两大平台所研发的五款车型上,辅以哪吒汽车5年50万公里的超长质保政策。未来,双方还将共同携手,充分利用各自在新能源研发、制造、服务方面的领先优势,为用户营造舒适的驾乘体验,推动新能源产业的持续健康发展
26	宁德时代联合百城成立新公司布局充电桩业务	3月6日,宁德时代联合百城新能源成立了一家新公司,欲将为进入充电桩市场布局。根据有关软件查询,3月6日,上海快卜新能源科技有限公司正式注册成立,注册资本为5000万元,经营范围包括新能源科技、电池科技、停车场(库)经营,新能源汽车充换电设施建设运营等
27	马瑞利与半导体公司Transphorm就新能源技术领域达成战略合作	3月,汽车供应商MARELLI宣布与美国一家专注于重新定义功率转换的半导体公司Transphorm达成战略合作。通过此协议,MARELLI将获得电动和混合动力车辆领域OBC车载充电器、DC-DC转换器和动力总成逆变器开发的尖端技术,进一步完善MARELLI在整体新能源汽车技术领域的布局

续表

序号	事件名称	事件内容
28	卧龙－采埃孚合资签订仪式在中德三地同步进行	3 月 10 日，卧龙电气驱动集团股份有限公司与采埃孚股份公司（ZF Friedrichshafen AG）正式合资签约。受新冠肺炎疫情影响，本次签约在中国绍兴、上海和德国施韦因富特同步进行，通过实时视频传输实现全球三地“云签约”
29	佛吉亚携旭阳工业成立新合资公司	3 月 11 日，佛吉亚官方宣布，其与长春旭阳工业（集团）股份有限公司完成了一场特别的“云签约”。双方将共同成立新的合资公司，进军汽车电子市场。新公司名为长春佛吉亚旭阳显示技术有限公司，投资总额达 1.2 亿元
30	总投资 4.1 亿元，德纳北方新能源车动力产业园奠基	3 月 12 日，山东省潍坊市综合保税区 5 个重点项目集中开工仪式在新能源汽车动力产业园德纳项目建设现场举行。德纳新能源汽车动力产业园与园区中另外 4 个重点项目同步开工，涵盖电子信息、新能源动力、生物医药等“十强”产业，外向度高、前景好、潜力大、动力足，建成后将为地区高水平开放高质量发展注入新的强劲动能。德纳集团为新能源汽车动力产业园项目总投资额达 4.1 亿元，包括用于潍坊综合保税区的新工厂的设备、模具和新建生产设施等的采购。新工厂占地 78 亩，建筑面积 17700 平方米，建成后将首先为商用电动车提供电机及控制系统。初步估计项目建成达产后，其年销售额可达约 4.5 亿元
31	科思创与汉高联合为高效锂离子电池封装提供黏合剂解决方案	3 月，科思创与汉高合作开发了一款解决方案，通过结合汉高的紫外线（UV）固化黏合剂与科思创的高紫外线透过聚碳酸酯合金，可将圆柱形锂离子电池高效地固定于塑料电池座内
32	比亚迪宣布成立弗迪公司推进新能源汽车核心零部件对外销售	3 月，比亚迪宣布成立弗迪公司，进一步加快新能源汽车核心零部件的对外销售。值得一提的是，“弗迪”一名源于《诗经 · 大雅 · 桑柔》——“维此良人，弗求弗迪”，寓意着诚实有信，踏实精进。据悉，此次宣布成立的弗迪公司共有 5 家，分别是弗迪电池有限公司、弗迪视觉有限公司、弗迪科技有限公司、弗迪动力有限公司、弗迪模具有限公司
33	ABB 完成对上海联桩的收购，进一步捍卫在中国电动汽车充电市场地位	2019 年 10 月 28 日，瑞典电气公司 ABB 宣布将收购上海联桩新能源技术股份有限公司（Shanghai Chargedot New Energy Technology）67% 的多数股份，并表示，在未来三年内，可能会进一步增持股份。在当地时间 2020 年 3 月 17 日，ABB 宣布正式完成对上海联桩的收购
34	均胜电子与微软达成战略合作，快速推进汽车产业云应用	4 月 2 日，宁波均胜电子股份有限公司与微软中国签署战略合作备忘录，双方将充分发挥在各自领域的优势，以微软世界领先的智能云技术、品牌号召力和全球覆盖的生态系统等优势为基础，结合均胜电子的产品优势、行业经验和市场影响力，实现双方在汽车产业云应用、智能语音、现代协同办公、研发体系等领域的合作，并全力助推均胜电子的全球化部署和数字化转型

续表

序号	事件名称	事件内容
35	中化蓝天成立新公司加码锂电池材料业务	4月,中化蓝天集团有限公司与北京化学工业集团有限责任公司共同出资在河北沧州成立河北中蓝华腾新能源材料有限公司,新公司主营锂电池电解液业务(含一次电解液及二次电解液)
36	柯锐世在华投建首个锂离子电池工厂	4月17日,全球先进储能解决方案佼佼者柯锐世在中国投资首个低压锂离子电池工厂。该工厂的首期投资为1000万美元,践行了柯锐世助力汽车制造商满足日益增长的燃油效率和电气化方面要求的承诺
37	孚能科技科创板成功过会拟募资34.37亿元扩产动力电池	4月,上交所发布科创板上市委第9次审议会议结果,孚能科技成功。孚能科技是第一家申报科创板的动力电池企业,拟募集不超过34.37亿元,主要用于年产8GWh锂离子动力电池项目(孚能镇江三期工程)和补充运营资金项目
38	德赛西威与一汽集团合资公司定名"富赛汽车电子有限公司"	4月22日,德赛西威与一汽集团下属公司一汽股权投资(天津)有限公司、富奥汽车零部件股份有限公司三方共同出资设立的合资公司正式定名为"富赛汽车电子有限公司"
39	亿纬锂能拟投12亿元建储能电池项目	4月25日,亿纬锂能发布公告称,公司子公司湖北亿纬动力有限公司拟与荆门高新技术产业开发区管理委员会分别就储能电池项目、动力电池项目签订合同书,在荆门高新区建设高性能锂离子储能电池项目、高性能锂离子动力电池项目,建成达产后预计分别可形成6GWh/年的锂离子储能电池产能、5GWh/年的锂离子动力电池产能
40	蜂巢能源引入国投招商战略投资	4月29日,蜂巢能源科技有限公司与国投招商投资管理有限公司在保定市正式签署投资协议,引入国投招商战略投资。此次合作是蜂巢能源成立两年来的一个重要里程碑,标志着蜂巢能源将进一步对行业开放、共享发展
41	戴姆勒将和沃尔沃联合开发燃油发动机	4月,吉利全资子公司沃尔沃汽车及吉利10%控股的汽车制造商戴姆勒正在谋求联合开发燃油发动机来降低成本
42	米其林300万欧元认购Enviro公司20%股份合作回收轮胎制原材料	每年都有大约10亿个轮胎会结束寿命。因此,米其林决定与瑞典初创公司Enviro合作,回收此类轮胎,并制成高质量的新产品
43	比克电池携手中车电动/烯谷国际欲共同开拓海外市场	4月,深圳市比克动力电池有限公司与深圳烯谷国际控股有限公司、中车时代电动汽车股份有限公司签订关于开拓巴西电动公交车市场的战略合作协议。未来,三方将在"一带一路"大背景下,合作互利,共同开拓巴西电动公交市场,推动中国制造走出国门
44	东安动力将与吉利合作开发商用车市场,并提供一整套动力解决方案	4月,哈东安动力公司设计生产的DAM16KR + T18R搭载吉利汽车3.5吨燃油小型卡车正式立项。DAM16KR + T18R项目研制启动于2017年,包含发动机和变速器的一整套动力总成解决方案。该项目满足目前最严格的"国六"排放标准,同时应用阿特金森等多项先进节油技术

续表

序号	事件名称	事件内容
45	纵目科技获电装（中国）D1 轮投资	5 月，纵目科技（上海）股份有限公司宣布和电装（中国）投资有限公司达成战略合作并获得由电装（中国）投资的 D1 轮投资。双方将会在中国国内对于 ADAS（主动安全・高级驾驶辅助）领域包括传感器技术展开深度合作。纵目科技向电装（中国）学习品质，而电装（中国）向纵目科技学习中国初创企业的速度，促进双方的共同成长
46	万都合作 Socar 研发网联共享汽车健康诊断系统	5 月，韩国一级原始设备制造商万都集团（Mando）宣布与共享汽车服务公司 Socar 合作，将利用物联网（IoT）传感器研发系统，以诊断和预测共享汽车的健康状况
47	伟世通合作大众为巴西款大众 Nivus 提供信息娱乐系统	5 月，跨国汽车零部件制造商伟世通（Visteon Corporation）为大众集团将于巴西市场上市的新款 Nivus 车型提供了信息娱乐平台 VW Play，该平台可以增强 Nivus 的车载联网能力、流媒体和其他服务能力
48	大陆集团与先锋公司达成战略合作致力于提供全新用户体验	5 月，科技公司大陆集团与先锋公司签订了一份战略合作协议。双方将针对亚洲市场联合打造集成式信息娱乐解决方案，致力于为用户带来一体式的用户体验。作为协议的一部分，大陆集团将先锋公司的整个信息娱乐子域集成于其驾驶舱高性能计算单元中。通过将大量的软件包与大陆集团的驾驶舱高性能计算单元进行集成，为汽车制造商开发驾驶舱系统提供了更高的灵活度。随着车辆电气架构的集中化、软件复杂性日益增加以及驾驶舱功能的迅速增长，这种灵活的解决方案对未来的驾驶舱发展尤为重要
49	频获资本加持看博泰如何做车联网的“第三极”	5 月，国内第三方车联网公司博泰宣布获得东风集团数亿元 B 轮战略融资，围绕此次融资，双方将继续深耕汽车智能互联，携手开拓车联网新纪元。目前，博泰与东风已经组建了联合研发中心，后期双方将以具体车型项目为载体，共同达成量产指标为目标，在车联网端到端解决方案、现有车联网产品的迭代开发和前瞻平台的研发等方面展开深度合作，协助东风快速掌握车联网业务的自主开发能力
50	复星锐正资本领投以色列电动传动系统供应商融资约 1.2 亿元	5 月，以色列电动传动系统产品供应商 IRP Systems 公司表示其在 B 轮融资中成功筹集了 1700 万美元（约合 1.205 亿元人民币）。此轮融资由中国风投公司复星锐正资本（Fosun RZ capital）领投，JAL ventures、Entrée Capital、Tal Capital、Union Tech Ventures、Cendana Capital、联合集团（Allied Group）子公司 Champion Motors（大众集团在以色列的直接进口商和分销商）参投
51	总投入 4.5 亿元佛吉亚歌乐电子重庆研发总部落户两江新区	5 月 14 日，佛吉亚与重庆两江新区管理委员会通过视频连线方式进行了“云签约”，正式宣布建立佛吉亚歌乐汽车电子重庆研发总部，落户重庆两江新区。据悉，重庆区域研发总部是佛吉亚在中国布局的首个独立法人研发总部，总投资达 4.5 亿元

续表

序号	事件名称	事件内容
52	战略版图再扩大，诺博汽车东北基地建设开启新篇章	5 月 14 日，诺博汽车系统有限公司与沈阳市沈北新区人民政府在保定市正式签署投资合作协议，双方就诺博汽车沈北新区投资开发建设项目达成一致意见。诺博汽车东北地区总部基地落户沈北新区，战略布局再次扩大升级
53	布雷博收购世界著名轮胎制造商倍耐力公司股份	5 月，在制动系统的设计、开发和生产方面处于全球领先地位的布雷博公司宣布，其持有以全球高价值轮胎闻名的倍耐力公司的股份
54	埃克森美孚与京东携手达成战略合作	5 月 29 日，埃克森美孚与京东集团宣布美孚成为京东汽车战略合作品牌。未来，双方将基于现有的合作关系，在产品、服务、营销和会员领域继续深化合作，为消费者提供更高端优质的产品与服务，打造数字化时代下的用车养护服务新体验
55	采埃孚完成收购威伯科，后者成为旗下商用车控制系统事业部	5 月 30 日，采埃孚发布消息称，公司已完成收购威伯科，未来威伯科将作为 Commercial Vehicle Control Systems Division 独立运作，并成为采埃孚的第十个事业部
56	国投招商 10 亿元入股蜂巢能源成为第二大股东	6 月，根据工商注册信息，蜂巢能源科技有限公司已完成了新一轮工商变更，注册资本大幅增加到 15.2 亿元人民币，国投招商投资管理有限公司通过旗下两只基金战略性入股，正式成为蜂巢能源第二大股东
57	日本电产将在大连新建电动车马达研发基地	6 月，全球领先的电动马达生产和供应商日本电产（Nidec）将在中国新建电动汽车驱动电机的研发设施，以期应对中美紧张局势带来的风险并吸收中国当地的需求
58	捷太格特子公司收购加拿大研发中心提升转向/传动 ECU 研发能力	6 月，汽车技术公司捷太格特（JTEKT）子公司光洋精工株式会社（Koyo）加拿大公司收购了加拿大新斯科舍省哈利法克斯市（Halifax, Nova Scotia）的一家研发机构，该机构此前为加拿大 KSR International 公司所有。此次收购增强了捷太格特在汽车转向系统和传动系统发动机控制单元（ECU）方面的研发能力，并为其进一步增强全球电气化能力、扩展全球电气化计划奠定基础
59	奥升德：特殊时期的收购行动	6 月 11 日，全球知名的一体化 PA66 产品系列生产商奥升德功能材料公司宣布，正式收购常熟市和氏璧新材料有限公司、特和工程塑料（苏州）有限公司的全部资产，此次收购包括这两家公司位于常熟市的制造工厂、技术中心、仓库及其他资产。收购完成后，奥升德将正式在中国实施本地化生产及研发

续表

序号	事件名称	事件内容
60	投资超70亿元,英威达40万吨己二腈项目投建	6月16日,英威达尼龙化工(中国)有限公司在上海化学工业区举行己二腈(ADN)生产基地奠基仪式,这标志着年产量40万吨的己二腈项目正式启动全面建设。据介绍,该项目总投资超过70亿元人民币,将于2022年投产,致力于满足中国及亚太地区对尼龙6,6化学中间体不断增长的需求
61	麦格纳投资3540万美元升级密歇根工厂新增480个就业岗位	6月,据外媒消息,加拿大汽车供应商麦格纳计划在未来三年投资3540万美元对密歇根州的一家工厂进行升级,以支持新的订单合同
62	蜂巢易创9AT自动变速器项目永川开建,预计2021年底投产	6月,作为长城汽车在永川布局的高端零部件产业基地项目,蜂巢易创9AT自动变速器生产基地项目于近期开工,并将于2021年12月底建成投产
63	大陆集团在常熟新建电子空气悬架系统工厂	6月29日,大陆集团在常熟举行电子空气悬架系统新工厂开工仪式。据悉,新工厂总占地面积超过1.35万平方米,预计在2021年第二季度正式投入运营
64	经纬恒润完成新一轮融资,华兴新经济基金独家投资2.1亿元	6月30日,国内领先的汽车电子系统科技服务商经纬恒润,宣布完成新一轮融资,华兴新经济基金独家投资2.1亿元,成为最大的外部投资人。本轮融资后,经纬恒润将继续加大在智能驾驶、智能网联、新能源、封闭场景无人驾驶运维等方面的产品研发投入,持续扩大客户群体,提升产品质量和服务品质
65	福耀集团与京东方集团签署战略合作协议	6月1日,福耀集团与京东方集团在福建福清举行战略签约仪式,双方将结合各自产业资源和技术优势,在汽车智能调光玻璃和车窗显示等领域进行战略合作,共同开拓市场,实现互利共赢
66	PSA与比利时邦奇扩大电气化领域战略合作关系	6月,标致雪铁龙集团与比利时邦奇动力总成有限公司已就成立一家合资公司签订了协议,拟扩大电气化领域的战略合作,并为应对气候变化做出贡献
67	纬湃科技携手罗姆公司共同开发碳化硅动力解决方案	6月4日,大陆集团动力总成事业群、汽车电气化领域的领先供应商纬湃科技,与碳化硅功率半导体领域的领先公司罗姆最近签署了一份共同开发合作协议。2020年6月起,纬湃科技将采用碳化硅组件进一步提升运用于电动汽车上的功率电子效率。罗姆提供的碳化硅半导体有助于提升效率,更好地利用车辆电池中存储的电能。因此,电动车可以延长其行驶里程,或者可以在不影响里程的前提下降低电池成本

续表

序号	事件名称	事件内容
68	泊知港与腾讯车联宣布建立合作伙伴关系	6月,全球领先的互联网停车服务提供商泊知港与腾讯车联签署战略合作协议,泊知港作为腾讯车联停车服务供应商,将提供封闭停车场的动静态数据,共同为主机厂提供服务。作为腾讯车联"生态车联网"的重要合作伙伴,泊知港的停车服务将帮助主机厂客户提升终端驾驶员的车内体验
69	巴斯夫与广汽新能源拓展合作领域,在中国市场应用数字化汽车涂料解决方案	6月19日,巴斯夫宣布与中国领先的汽车制造商广汽集团旗下广汽新能源汽车有限公司日前签署合作协议,深化战略伙伴关系,探索汽车行业的数字化解决方案。巴斯夫也将首次在中国推出数字化平台,助力喷涂车间提升产品质量与运营效率
70	上汽红岩与采埃孚达成战略合作	6月22日,上汽红岩与采埃孚采用远程视频会议的方式,同步连线重庆、上海及德国哈芬市三地,共同举行了"上汽红岩与采埃孚战略合作"云签约仪式
71	臻驱科技与罗姆成立碳化硅技术联合实验室	6月,中国新能源汽车电驱动领域高科技公司臻驱科技(上海)有限公司与全球知名半导体厂商 ROHM Co., Ltd. 宣布在中国(上海)自由贸易区试验区临港新片区成立"碳化硅技术联合实验室",并于2020年6月9日举行了揭牌仪式
72	知行科技获近亿元B1轮融资,将推进L2+级自动驾驶的量产	7月1日,知行科技正式宣布完成B1轮融资,由建银苏州科创基金领投,禾裕壹号跟投,原股东理想汽车、明势资本、国中创投继续跟投支持。此前,知行科技曾先后获得过3轮近亿元融资,本轮融资金额近亿元,将主要用于L2级自动驾驶的量产规模扩大及L2+自动驾驶量产推进
73	北汽增程式发动机项目于青岛开工,年产能70万套	7月6日,作为北京汽车制造厂(青岛)有限公司整车制造总部基地产业园项目之一的70万套增程式发动机项目已在青岛莱西开工建设
74	普利司通与微软合作研发轮胎损伤监测系统,可实时感知轮胎损伤情况	7月,全球最大的轮胎和橡胶制造商普利司通(Bridgestone)宣布,其正与微软合作研发全球首个能够实时探测轮胎损伤问题的检测系统。与轮胎损伤有关的问题非常严重,在因技术问题导致的交通事故中,轮胎问题占30%
75	宁德时代携河南跃薪打造电动智慧无人矿山新生态	7月9日,宁德时代新能源科技股份有限公司与河南跃薪智能机械有限公司合资公司——河南跃薪时代新能源科技有限公司在河南正式成立。跃薪时代将为电动智慧无人矿山的技术研发和产业推广提供全流程解决方案,促进我国绿色矿山建设的快速发展

续表

序号	事件名称	事件内容
76	大众集团和博泽计划成立座椅系统合资企业,双方各持股50%	大众汽车集团和零部件供应商博泽计划成立一家合资企业,专门生产座椅、座椅结构和座椅零部件。大众集团旗下子公司 SITECH 将成为合资企业的一部分。大众和博泽将各持有合资公司一半股份,两家公司代表于 7 月 13 日签署了一份有关合资企业的谅解备忘录
77	ADI 或以约 209 亿美元收购美信集成创造市值 680 亿美元的芯片制造巨头	7 月 13 日,Analog Devices Inc.(亚诺德半导体,ADI)公司宣布,将以 209.1 亿美元收购竞争对手美信集成产品公司(Maxim Integrated Products)。截至 7 月 10 日收盘,美信集成产品公司市值为 170.9 亿美元
78	鸿泰佛吉亚与东风时代达成战略合作,双方将共同推进复合材料在动力电池领域应用	7 月 14 日,鸿泰佛吉亚复合材料(武汉)有限公司同东风时代(武汉)电池系统有限公司正式签署了一项新的战略合作协议,双方将携手推动复合材料在新能源汽车动力电池系统中的应用
79	佛吉亚与北汽开展合作,在华成立座椅合资公司	7 月,全球领先的汽车零部件科技公司佛吉亚宣布,与排名世界 500 强及中国最大汽车厂商之一的北汽成立 50∶50 合资公司。该合资公司,是佛吉亚通过购买韩国大世公司在北京北汽大世汽车系统有限公司 50% 的股权而达成。此次交易将于相关许可在中国获批后完成
80	华晨宝马选定第二家中国电池供应商	7 月 21 日,亿纬锂能公告显示,子公司湖北亿纬动力有限公司收到华晨宝马汽车有限公司供应商定点信,具体合作事宜双方正在商洽中
81	采埃孚与一家自主品牌共同推出中国业内首款基于单摄像头的 L2 单车道智能驾驶系统	7 月,全球领先的汽车摄像头供应商采埃孚宣布,首个完整的基于单摄像头的 L2 智能驾驶系统已经搭载于中国一家自主品牌 SUV 领军车企的热销车型上,采埃孚为客户提供包括软件及硬件在内的系统化解决方案。这一 S-Cam4.8 摄像头系统包括的功能有:支持十字路口场景的增强型的自动紧急制动(AEB)、智能自适应巡航控制(iACC)、交通拥堵辅助(TJA)、智能巡航辅助(ICA)、紧急车道保持(ELK)、智慧躲闪、智慧灯光以及道路标志识别等功能。该项目由采埃孚中国团队负责开发,目前已经在中国量产
82	华域汽车全资子公司拟 6.26 亿元出售李尔实业交通 45% 股权	7 月,华域汽车发布公告称,其全资子公司上海实业交通电器有限公司与李尔(毛里求斯)有限公司和李尔(中国)投资有限公司签署框架协议。根据协议有关约定,实业交通拟以 6.26 亿元人民币的价格向李尔中国出售其持有的上海李尔实业交通汽车部件有限公司 45% 股权

续表

序号	事件名称	事件内容
83	均胜安全湖州启动三期扩建,建成后气体发生器年产能将达3000万件	7月,均胜汽车安全系统(湖州)有限公司于近日启动三期扩建项目,以满足市场和工厂升级的需求。项目建成后,均胜安全湖州气体发生器年产能将达3000万件,并因此成为均胜汽车安全系统全球最大的气体发生器生产基地
84	未来座舱布局再落一子,佛吉亚收购感知显示处理技术创新公司	7月,佛吉亚宣布,公司正式收购加拿大初创公司 IRYStec Software Inc.,加码布局“未来座舱”
85	几经波折,艾迈斯终完成收购欧司朗	7月,艾迈斯半导体公司(ams)宣布成功完成对欧司朗(OSRAM)的收购,交易完成后,艾迈斯持有欧司朗69%的股份。至此,这场收购交易画上完满句号
86	博世筹建智能驾驶与控制事业部,强化软件实力	7月,博世宣布称正在筹备建立智能驾驶与控制事业部,为此博世专门从驾驶员辅助、自动驾驶、汽车多媒体、动力总成和车身电子系统等事业部集合了一批软件、电子和电气工程师,最终这个事业部将在2020年形成约17000人规模。博世计划从2021年起,基于该事业部统一为现有客户和新客户提供电子系统和必备软件
87	初创公司 Britishvolt 打造英国第一座电池超级工厂,计划2023年投产	7月,英国初创公司 Britishvolt 计划在威尔士建造一座电池厂,这将是英国第一座电池“超级工厂”。目前,Britishvolt 已与威尔士政府签订谅解备忘录。此前5月,该公司与另一家英国初创公司 AMTE Power 也签订谅解备忘录,合作打造电池厂,为电动汽车生产锂离子电池
88	Northvolt 融资16亿美元与宝马签20亿美元电池供应合同	7月29日,瑞典电池制造商 Northvolt 宣布获得16亿美元的债务融资,这是该公司在欧洲占据25%的车用电池市场份额计划的一部分
89	李尔与捷温联合发布载有 ClimateSense™ 技术的 INTU™ 热舒适座椅	8月3日,全球汽车座椅及电子电气技术引领者李尔公司发布最新智能化座椅解决方案——载有 ClimateSense™ 技术的 INTU™ 热舒适座椅。该技术由李尔与全球创新热管理技术开发商和市场领导者捷温公司共同开发,旨在通过智能软件提供可定制的理想温度环境,提升舱内舒适度
90	宁德时代成为梅赛德斯—奔驰头部供应商,双方将共同研发下一代动力电池	8月,宁德时代宣布,其将同梅赛德斯-奔驰在电池技术领域进一步强化合作关系,以支持梅赛德斯-奔驰车型的大规模电动化
91	宁德时代拟以不超190.67亿元投资产业链上下游优质上市企业	8月11日,宁德时代(300750. SZ)发布公告称,公司拟围绕主业,以证券投资方式对境内外产业链上下游优质上市企业进行投资,投资总额不超过2019年末经审计净资产的50%,即不超过190.67亿元(不含本数)人民币或等值币种,其中境外投资总额不超过25亿美元,有效期为12个月

续表

序号	事件名称	事件内容
92	松下将投资1亿美元提升特斯拉电池产能	8月，松下将对特斯拉位于美国内华达州的超级电池工厂进行投资，该工厂共有13条生产线。松下将在工厂内新增一条生产线，将该厂产能提升10%，达到每年39千兆瓦时。这是该工厂自2017年成立以来首次提升产能。除了扩大工厂产能之外，松下还将升级该工厂生产的电池，从9月开始，每块电池的存储容量将提高5%
93	东风公司十堰基地又添零部件新工厂，2021年建成投产	8月18日，东科克诺尔公司新工厂项目正式开工。据悉，该工厂将落地于东风公司十堰基地的东风零部件工业园中，规划占地75亩，一期用地58亩，总投资3亿元，预计2021年2月建成投产，年产值将达12亿元，年税收达5670万元
94	现代摩比斯投资360亿韩元，扩大韩国电动车零部件工厂产能	8月26日，韩国最大的汽车零部件生产商现代摩比斯表示，将投资360亿韩元（约3000万美元）以扩大其电动汽车零部件的产能。现代摩比斯已经对其位于韩国忠州以及蔚山的电动汽车零部件工厂投资了逾3000亿韩元，忠州工厂主要为现代汽车的氢燃料电池汽车提供核心部件，而蔚山是现代汽车主要工厂的所在地
95	宁德时代将向Trailer Dynamics供应300kWh电池	8月，宁德时代正在为Trailer Dynamics开发电池系统，后者正在开发一款集成了电动机和储能装置的半挂拖车，预计将于2023年在德国/欧洲上市
96	丰田合成与Ossia合作提供无线供电方案，可应用于汽车座舱/智能城市	8月，日本丰田合成公司（Toyoda Gosei Co., Ltd.）宣布与美国初创公司Ossia合作，双方将致力于将无线供电技术应用于汽车座舱、智能城市等领域。Ossia公司是无线供电解决方案的全球领导者
97	保时捷与马勒合作3D打印铝制活塞，可提升发动机性能，降低油耗	8月，作为与跑车制造商保时捷以及机械制造公司通快集团（Trumpf）合作的一部分，德国汽车零部件制造商马勒（MAHLE）首次利用3D打印技术，生产了高性能的铝制活塞，而且成功在保时捷911 GT2 RS跑车的发动机试验台上通过了测试。虽然标准锻造法制造的活塞已经达到了性能潜力的极限，但是，还是有可能通过提高其效率，将保时捷700HP发动机的功率提升30HP。马勒就正在研发其3D打印技术，未来，该公司将能够通过为驱动系统、热管理和机电一体化系统提供合适的部件，为电机等替代性驱动系统领域的客户提供支持
98	大陆与aft automotive成立合资公司生产高性能塑料连接件	8月，德国大陆集团（Continental）与系统供应商aft automotive将成立一家合资公司，为未来移动出行工具生产高性能塑料连接件。两家公司已经签署了一份相关协议，成立股份各占一半的合资公司。其实，自2016年以来，两家公司就已经在合作研发连接冷却回路或涡轮增压器/增压空气冷却器与发动机室部件的特殊接头。而此次成立合资公司将进一步扩大双方的研发合作伙伴关系。该新公司计划在2025年前创造30多个新工作岗位，不过首先需经有关反垄断权威部门的批准才可成立

续表

序号	事件名称	事件内容
99	宁德时代携手蔚来、国泰君安国际、湖北科投,成立蔚能电池资产有限公司	8月,宁德时代新能源科技股份有限公司宣布,将携手蔚来汽车、国泰君安国际控股有限公司和湖北省科技投资集团有限公司三家企业共同投资成立武汉蔚能电池资产有限公司,以推动"车电分离"新商业模式在新能源汽车行业的发展,并在此基础上推出 BaaS(Battery as a Service,电池租用服务)业务。公司注册资本为8亿元,其中,宁德时代以2亿元人民币等值代价获得其25%股权及董事席位
100	丰田、一汽、北汽等6家企业注册成立联合燃料电池公司	8月,丰田、一汽、北汽等6家企业注册成立联合燃料电池公司。该公司第一大股东为丰田汽车公司,认缴金额为108745万日元,持股比例为65%,第二大股东为北京亿华通科技股份有限公司,认缴金额为25095万日元,持股比例为15%,北京汽车集团有限公司、中国第一汽车股份有限公司、广州汽车集团股份有限公司、东风汽车集团有限公司均认缴8365万日元,持股比例均为5%
101	途虎养车与双钱集团签署战略合作,独家首发"飞跃乘用轮胎"	8月28日,途虎养车与双钱集团在安徽芜湖签订战略合作协议,未来双方将在产品研发、销售模式、线下体验等方面共同发力,旨在为消费者提供更优秀的产品与服务。现场,途虎养车还独家首发了"飞跃乘用轮胎",这也是双钱集旗下首个线上专用品牌
102	麦格纳获宏立至信多数股权,加大中国市场座椅业务投入	9月3日,麦格纳发布消息称,其与重庆宏立至信科技发展集团股份有限公司达成并签署协议,扩大深化现有合资,并获得宏立至信的多数股权。宏立至信是一家主要为中国汽车制造商提供座椅产品的供应商。这意味着,此次收购将扩展麦格纳在中国的座椅产品能力
103	均胜电子获蔚来汽车5G-V2X项目定点,项目金额约6.6亿元	9月,均胜电子子公司均联智行日前获得蔚来汽车5G-V2X平台项目定点,项目金额约6.6亿元,产品包含V2X的5G-TBOX和5G-VBOX。上述产品将于2021年12月开始供货,率先部署在蔚来ET7上,随后也将涉及ES6、ES8、EC6等车型
104	海立与马瑞利汽车零部件合资项目签约	9月,上海电气旗下全球领先的白色家电和新能源汽车核心零部件及冷暖关联产品研发制造商——上海海立(集团)股份有限公司与全球知名的汽车零部件供应商马瑞利近日宣布就汽车零部件合资项目达成一致。本项目包括马瑞利将其汽车空调压缩机和空调系统的资产和业务(2019年业务规模917亿日元)进行剥离重组,并设立马瑞利香港作为整合目标资产和业务的主体,海立集团收购马瑞利香港60%的股权。该交易计划于2021年1月4日完成交割。项目完成后,合资公司更名为海立马瑞利控股有限公司

续表

序号	事件名称	事件内容
105	大陆集团与 aft automotive 成立合资公司	9 月,科技公司大陆集团宣布,将携手系统供应商 aft Automotive 组建一家合资公司,为未来移动出行工具生产由高性能塑料制成的总成管路。合作双方已签署相关协议,成立持股比例各占 50% 的合资公司。自 2016 年以来,两家公司一直致力于联袂开发特殊总成管路连接件,用于连接发动机室中元件与冷却回路或增压中冷回路。现在,得益于合资公司的成立,双方的伙伴关系得到进一步强化和扩展。负责大陆集团汽车管路与软管业务的车辆流体系统事业部负责人 Philip Nelles 指出:"软管和管路是移动出行未来发展的必要前提。我们的管路与接头依然是汽车设计中至关重要的生命线——无论是对混合动力和电动车而言,还是内燃机车辆而言都是如此。"他补充道:"与 aft automotive 的紧密合作伙伴关系将强化我们作为系统供应商的能力,使我们能够在未来发展中不断扩展高性能塑料领域的技术专长。"按计划,到 2025 年,新公司将创造 30 多个工作岗位。合资公司的最后成立还有待反垄断当局的批准
106	采埃孚与 Aeva 合作研发自动驾驶汽车传感器 2023 年或 2024 年投产	9 月 8 日,德国汽车供应商采埃孚(ZF Friedrichshafen)与美国硅谷初创公司 Aeva 宣布,两家公司正在合作研发一款用于自动驾驶汽车的关键传感器
107	Livox 携手挚途与一汽解放达成前装量产自动驾驶重卡项目合作	9 月 8 日,全球领先激光雷达厂商 Livox 览沃科技宣布与全球重卡销量第一主机厂一汽解放以及一汽解放发起成立的智能车研发公司挚途科技达成重要合作。一汽解放作为全球商用车领域的龙头老大,重卡国内销量连续四年行业第一,单一品牌销量连续两年全球第一,牵引车销量连续十四年行业绝对领先。本次发布的这款 L3 级 J7 超级卡车是由一汽解放与挚途科技联合开发完成的,其中,一汽解放负责整车、电子电气、线控底盘系统的开发设计,挚途科技负责自动驾驶系统的软硬件系统开发
108	上汽零束与中科创达签约,共建智能网联汽车软件平台	9 月,上汽集团零束软件分公司与行业领先的智能操作系统技术和产品提供商中科创达正式签约,双方将结合各自优势,共同打造智能网联汽车软件平台
109	柳州航盛与自行科技签订战略合作协议	9 月 12 日,柳州航盛科技有限公司与深圳市自行科技有限公司于深圳就成立智能驾驶技术联合研发中心的事宜,举办了战略合作的签约仪式和联合研发中心的揭牌仪式。柳州航盛科技有限公司总经理郭永庚先生、深圳市自行科技有限公司董事长宁迪浩先生出席了签约和揭牌仪式
110	宁德时代成功发行 15 亿美元境外债券,获海外投资人热捧	9 月 12 日,宁德时代官方宣布,其两期共 15 亿美元境外高级双期限固息债券已于 9 月 10 日获得超过 135 亿美元的认购,超额认购超过 9 倍

续表

序号	事件名称	事件内容
111	舍弗勒与博世在后轮转向领域建立合作关系	9月,全球汽车和工业产品供应商舍弗勒集团与罗伯特博世汽车转向系统有限责任公司建立开发合作伙伴关系,双方将在智能后轮转向系统领域展开合作。该合作旨在通过打造后轮转向集成解决方案,推动公司在这一领域的业务发展
112	特斯拉前合伙人电池回收公司 Redwood 获亚马逊投资	9月,电池回收初创企业 Redwood Materials 获得亚马逊投资,该公司创始人是特斯拉前合伙人兼首席技术官 JB Straubel。据悉,这是亚马逊约20亿美元气候承诺基金(Climate Pledge Fund)投资的一部分
113	宁德时代扩大在川布局,构建锂电全产业链体系	9月19日,宁德时代官方宣布,其与四川省人民政府在成都签署全面战略合作协议。根据协议,双方将进一步加强双方在锂电全产业链的合作,抢抓新能源汽车应用快速增长的重大机遇,共同打造世界级锂电产业集群;将为四川省构建"5+1"现代产业体系、加快产业转型升级提供有力支撑,实现经济高质量发展
114	倍耐力与京东达成战略合作,满足消费者"个性化"和"差异化"需求	9月22日,倍耐力与京东战略合作签约仪式于上海举行。签约仪式上新产品 P5 Touring 揭幕首发,这是倍耐力与京东多次深入探讨后,根据京东线上客户用车需求而量身定制研发的专属新产品。同时,倍耐力高性能冬季胎产品 Ice Zero FR 也选择在京东平台做国内首发,为在冬季低温严寒和冰雪路面条件下有出行需求的消费者提供一个优秀安全的选择
115	预期,大陆集团和欧司朗计划撤回合资企业	9月23日,大陆集团对外公开宣布将撤回其与欧司朗的合资企业 Osram Continental(欧司朗大陆有限公司)。目前两家公司目前正在进行谈判,谈判计划在年底前结束
116	宁德时代与普洛斯签署战略合作协议	9月23日,宁德时代与全球领先的投资管理与商业创新公司普洛斯签署战略合作协议,双方将凭借在各自产业领域内的领先优势,组建资产管理合资公司
117	预计投资超1亿欧元,宝马扩大在德电动车零部件产能	9月23日,宝马在一份声明中表示,将在其德国莱比锡工厂增加电动汽车高压蓄电池模块的生产基地。而 BMW i3 车型就是在莱比锡工厂生产
118	国产 KungFu 内核车规 & 工控芯片领军企业"芯旺微电子"获亿元首轮融资	9月25日,芯旺微电子(ChipON)公告引入包括硅港资本、上汽恒旭、中芯聚源、超越摩尔、联储证券、炬成投资等在内的A轮融资,获得亿元左右投资,将主要用于新一代高性能 MCU 的开发、汽车电子领域的市场拓展,以及销售网络的搭建。本轮融资由云岫资本担任独家财务顾问

续表

序号	事件名称	事件内容
119	大陆集团和欧司朗计划取消合资企业现有订单不受影响	9 月,据大陆集团官方消息,集团执行董事会决定取消与欧司朗的合资企业。双方的合资企业名为 Osram Continental GmbH,于 2018 年下半年正式成立,旨在将创新性的照明技术与电子和软件技术相结合,为汽车行业开发、生产和销售智能化照明提供解决方案。大陆和欧司朗各持合资企业一半股份
120	挑战中把握转型机遇:博世持续技术创新与本土合作	9 月 26 日,尽管面临转型变革和严峻市场环境所带来的巨大挑战,博世仍将在燃料电池技术、自动驾驶和汽车电子电气架构等重要的业务增长领域继续进行投资和不断创新,博世集团董事会成员、汽车与智能交通技术业务部门主席 Stefan Hartung 博士表示,“今年博世集团在电气化、自动化和互联化交通领域的投入仍将保持高位,预计超过 10 亿欧元”
121	腾讯与博世中国达成合作深耕移动出行数字化业务	9 月 27 日,第十六届北京国际车展期间,腾讯与博世中国宣布达成战略合作。双方将在物联网、人工智能等领域开展深入合作,共同推进移动出行的数字化转型进程。博世中国总裁陈玉东博士和腾讯智慧出行副总裁钟学丹先生在博世展台现场见证了双方战略合作备忘录的签署仪式
122	盖瑞特与重塑科技签署战略合作协议,聚焦燃料电池空压机	9 月 28 日,盖瑞特与重塑科技签署战略合作协议。据悉,双方此次合作将主要为新一代氢燃料电池汽车动力系统配套空压机技术解决方案,旨在为开发性能更好、寿命更长、成本更优的氢燃料电池汽车打下坚实基础,使之能够更好适用于多种场景中的商业用途,拓宽市场前景、加快产业化进程
123	马勒与巴拉德合作开发商用车燃料电池	9 月 28 日,马勒已与加拿大燃料电池生产商巴拉德动力系统公司(Ballard Power Systems Inc.)达成协议,未来将共同为不同重量级商用车开发燃料电池系统
124	佛吉亚座椅项目入驻上海临港新片区,共同打造智能网联汽车产业链	9 月 28 日,全球领先的汽车零部件科技公司佛吉亚宣布,将进一步增加在上海临港新片区的投资,打造座椅生产基地,为特斯拉配套整椅解决方案。该项目同时也是上海临港新片区打造智能网联汽车产业链的一部分,佛吉亚与其他 14 家零部件厂商一道,参加了隆重的签约仪式,入驻临港新片区,为打造智能网联汽车产业链做出贡献
125	电池制造商 Northvolt 通过私募融资 6 亿美元	9 月 29 日,瑞典锂电池制造商 Northvolt 表示,正在通过私募融资 6 亿美元,投资方包括大众、Baillie Gifford、高盛和 Spotify 创始人 Daniel Ek 等

续表

序号	事件名称	事件内容
126	ADAYO 华阳携手上海海思发布智能座舱 360 环视方案	9 月,2020 北京国际汽车展览会期间,ADAYO 华阳与上海海思联合发布 AVM(Aroud View Monitor)全视角智能泊车方案。在行车和泊车时,通过智慧视觉辅助,无死角监控,有效检测障碍物并及时主动预警,消除驾驶员视野盲区,提升驾乘安全性
127	图林根时代加入德国"BattLife"项目,探索电池创新技术	10 月,宁德时代(CATL)全资子公司图林根时代(CATT)加入当地机构发起的"BattLife"项目,该项目旨在运用大数据研究动力电池寿命及可靠性等多维度性能,并将前沿技术应用于生产,实现产业与研究一体化
128	宁德时代与上海交大签署协议共建联合研究中心	10 月 12 日,宁德时代与上海交通大学在上海交大闵行校区签署合作协议,双方将共建清洁能源技术联合研究中心
129	土耳其汽车制造商 TOGG 与孚能签订电池供应合同	10 月,土耳其汽车制造商 TOGG 与中国电池制造商孚能科技(赣州)股份有限公司签订了合同,双方将合作生产电动汽车电池。土耳其计划投资数十亿美元以生产自主品牌的汽车,本次与孚能达成合作,正是该国这一计划的关键部分
130	泊知港与高德地图深化战略合作,为多个汽车制造商提供停车信息服务	10 月,全球领先的车联网停车服务提供商泊知港与高德地图深化战略合作,共同为多个知名品牌汽车制造商提供停车信息服务。通过本次合作,泊知港将为中国境内使用高德导航的多个品牌汽车(包括豪华品牌)的驾驶员提供车机端停车信息
131	星云互联与宸芯科技联合打造全栈式 V2X 软硬件量产解决方案	10 月,专注车路协同产品和解决方案的提供商——北京星云互联科技有限公司,与聚焦信息通信集成电路领域 SoC 芯片和解决方案的提供商——宸芯科技有限公司签订合作协议。双方将发挥各自优势,在宸芯科技车规级 C-V2X 模组产品 CX7101 的基础上,集成星云互联 C-V2X 国标协议栈 CWAVE II,联合推出面向量产的全栈式软硬件一体化解决方案 CX7101N。星云互联将携手宸芯科技在未来 5 年内实现 CX7101N 应用超 200 万套。CX7101N 模组的问世将显著降低 C-V2X 通信终端产品的开发门槛,加快产品上市速度,为企业降本增效提供可能
132	大陆入股激光雷达公司 Aeye 合作配备激光雷达自动驾驶技术	10 月 27 日,德国汽车供应商大陆集团表示,将收购加拿大激光雷达初创企业 Aeye 的部分股份,以加强其在自动驾驶系统市场中的地位。大陆并未透露将收购的股份规模和成本
133	中国第一汽车集团研发总院和 Stratasys 签署战略合作协议	10 月,第一汽车集团研发总院和来自以色列的全球增材制造头部企业 Stratasys(纳斯达克上市公司 SSYS)签署战略合作协议,就未来在增材制造的材料、应用、研发、工程技术端进行全方位的合作

续表

序号	事件名称	事件内容
134	强强联合：上汽变速器与深圳威迈斯深度战略合作，剑指新能源动力总成开发	10月28日，上海汽车变速器有限公司与深圳威迈斯新能源股份有限公司在上海嘉定签署战略合作协议。双方就电源电驱七合一总成、新能源混合动力系统、电驱三合一总成、减速机、电机控制器、车载充电机、DCDC等领域展开深度合作
135	松下与特斯拉合作在内华达工厂建立4680电池生产线	10月，松下宣布，将与特斯拉合作在内华达州超级工厂建立一条新的原型生产线，生产特斯拉新发布的4680电芯
136	日本电产计划投2000亿日元在欧洲建电动车电机工厂	11月，日本电产计划投资约2000亿日元（合19亿美元）在塞尔维亚新建一座电动汽车电机工厂。据悉，电产与当地政府就建厂以及配套研究中心计划的谈判已经进入最后阶段
137	森麒麟募资21.96亿元，用于轮胎扩建项目	11月，森麒麟发布公告，拟公开发行可转债，本次公开发行可转换公司债券募集资金总额不超过21.96亿元，扣除发行费用后将用于森麒麟轮胎（泰国）有限公司年产600万条高性能半钢子午线轮胎及200万条高性能全钢子午线轮胎扩建项目。据了解，该项目投资总额为31.84亿元，建设周期为1.5年
138	软硬兼施，宝能汽车斥资50亿元成立零部件公司	11月，宝能汽车零部件有限公司注册成立，注册资本50亿元，法定代表人为陆幸泽。企查查股权穿透显示，宝能零部件为宝能汽车集团有限公司全资子公司
139	韩媒：LG化学将对南京电池工厂投资5亿美元	11月，LG化学将向其位于中国南京的锂电池工厂额外投资5亿美元。该笔投资后，LG化学在南京进行的投资总额将突破2万亿韩元，投资将在2022年底之前完成，其中一半的投资已经在2020年6月完成
140	捷氢科技与未势能源达成战略合作，将共同研发燃料电池核心技术	11月11日，上海捷氢科技有限公司与未势能源科技有限公司正式签署战略合作框架协议。此次双方合作，不仅对国内氢燃料电池行业的发展起到积极的促进作用，更将有效拉动相关行业的快速发展，加快我国氢能与燃料电池技术自主研发及产业化发展
141	康明斯与Navistar合作研发8级氢燃料卡车续航里程可达300英里	11月，全球动力领导者康明斯（Cummins Inc.）宣布与Navistar International Corporation公司合作，联手研发由氢燃料电池驱动的8级卡车。该项目的部分资金将由美国能源部（DOE）能源效率与可再生资源（EERE）办公室于8月宣布的一项奖励提供。此外，该项目是DOE“H2@ Scale”计划的一部分，旨在以低成本生产、存储、分配和使用氢燃料
142	戴姆勒与吉利合作开发下一代内燃机	11月17日，德国汽车制造商戴姆勒表示，将与中国吉利汽车合作，共同开发用于混合动力汽车的下一代内燃机。戴姆勒发言人表示，两家公司计划开发一种高效的模块化发动机，用于混合动力传动系统，并在欧洲和中国进行生产。据悉，大多数发动机将在中国生产

续表

序号	事件名称	事件内容
143	广和通参股公司顺利完成收购 Sierra Wireless 全球车载前装通信模块业务资产	11 月 19 日,广和通宣布其参股公司顺利完成收购 Sierra Wireless 全球车载前装通信模块业务资产。截至发稿日,《资产收购协议》约定的交割条件已经满足。根据交易协议,交易双方锐凌无线与 Sierra Wireless 已经完成资产收购协议中所约定的交割工作。资产收购事项顺利完成
144	戴姆勒与吉利控股协及子品牌协同合作,开发混合动力系统解决方案	11 月 20 日,吉利和戴姆勒联合发布双方拟共同开发混合动力系统解决方案的信息。根据规划,合作方以打造规模效应、提高在全球市场的竞争力为目标,预计合作领域将包括工程研发、采购、产业化及效率举措等。据了解,双方将利用其全球研发网络,共同开发用于混动技术的下一代汽油发动机
145	现代与英力士跨界"联姻"共同推动氢燃料汽车发展	11 月 23 日,现代汽车和石油化工公司英力士(Ineos)达成协议,现代将从英力士采购氢能源。英力士则可能购买现代的燃料电池技术以便进军汽车行业,该公司刚推出了一款基于路虎卫士打造的越野车型 Grenadier
146	大陆集团和联创汽车电子合作,携手拓展电子制动系统新领域	11 月 23 日,大陆集团正式对外宣布,其同联创汽车电子签署战略合作备忘录,双方将围绕智能驾驶汽车核心技术进行全方位合作,进一步推进智能汽车的产业化发展。根据协议,双方将积极发挥各自技术、业务与资源优势,从多维度共同推进 2 - BOX 制动系统的应用落地
147	德赛西威投资成立威汇智能科技	11 月 26 日,德赛西威发布公告称,公司拟与富赛电子、德赛自动化、德赛西威智能交通技术研究院共同出资设立合资公司广东省威汇智能科技有限公司
148	戴森斥资 27.5 亿英镑研发 AI 和电池	11 月,英国家用电器制造商戴森宣布,未来 5 年将在技术和产品开发方面额外投资 27.5 亿英镑,进军 AI、机器人和电池等几大领域,令其产品组合在 2025 年之前增加一倍。值得注意的是,这一投资规模也超过了戴森在过去 6 年间近 25 亿英镑的产品研发总额。尽管没有透露细节,但是预计这些投资将集中在新加坡、菲律宾和英国等地
149	现代坦迪斯投 2.4 亿美元在美建变速器厂	12 月 1 日,现代坦迪斯(Hyundai Transys)宣布将投资逾 2.4 亿美元在美国佐治亚州建设一家新变速器工厂,毗邻该公司在西点(West Point)的一家工厂和起亚的一家工厂
150	亿纬锂能通过债转股方式引入 SKI 作为战略投资者	12 月,惠州亿纬锂能股份有限公司发布公告称,为满足子公司惠州亿纬集能有限公司的经营发展所需,亿纬锂能、亿纬集能与 Blue Dragon Energy Co. ,Limited 签署了 4 份现金贷款合同,亿纬集能向 BDE 申请借款,公司以亿纬集能 60% 股权提供质押担保

续表

序号	事件名称	事件内容
151	倍耐力为最新款路虎卫士车型提供Scorpion Zero All Season 轮胎	12 月 5 日,米兰——倍耐力加强了与路虎的合作关系,打造新款 Scorpion Zero All Season 作为最新款卫士车型的原配轮胎
152	宁德时代将投 50 亿美元在印尼兴建锂电池厂	12 月 15 日,印度尼西亚海事和投资事务协调部门副部长 Septian Hario Seto 表示,中国电池制造商宁德时代计划投资 50 亿美元在印尼建设一家锂电池工厂
153	日本东芝和富士电机投 19 亿美元加大节能芯片产量	12 月,日本东芝(Toshiba)和富士电机将共同投资 2000 亿日元(约 19 亿美元)以加大电动车节能芯片产量,旨在适应全球各国向电动汽车和卡车的快速转型
154	麦格纳将与 LG 建合资企业生产电动车零部件	LG 电子计划剥离部分电动车零部件业务,与加拿大公司麦格纳国际组建一家新的合资企业
155	普利司通荣获梅赛德斯 - 奔驰“2020 ~ 2022 年度中国首选战略合作伙伴”	12 月,全球知名的可持续出行和先进解决方案提供商普利司通荣获梅赛德斯 - 奔驰“2020 ~ 2022 年度中国首选战略合作伙伴”的肯定,凸显了普利司通在服务水平、业务投入、项目合作及相关支持等多维度的杰出贡献;梅赛德斯 - 奔驰也将在未来两年中持续与普利司通深化合作,共同探索新的销售渠道与市场机遇,携手实现战略共赢
156	LG 化学 2021 年或为特斯拉供应 NCMA 电池	LG 化学旗下电池公司 LG Energy Solution 2021 年将为特斯拉供应镍钴锰铝(NCMA)四元电池,该公司也将是首家为电动车生产 NCMA 电池的电池供应商
157	宏景智驾联合安能物流等多家合作伙伴共建开放式自动驾驶生态朋友圈推动 L3 自动驾驶重卡商业化量产落地	12 月 21 日,由宏景智驾与英特尔、赛灵思、江淮汽车、安能物流联合发起的面向量产的开放式自动驾驶生态朋友圈(简称“自动驾驶生态圈”)正式启动运作,旨在不断积聚科技智慧,拓宽中国自动驾驶领域的创新之路。同日,自动驾驶生态圈联合发布“L3 级自动驾驶重卡解决方案”,加速推动自动驾驶技术在干线物流领域的商业化量产落地进程
158	特斯拉音响软件供应商与 Bose 达成合作开发车内噪声控制技术	12 月,DSP Concepts 宣布与顶级音响企业 Bose 达成合作。DSP Concepts 是音效平台 Audio Weaver 的开发商,该平台被用在特斯拉的车辆之中。本次合作将让 Bose 可以将其 QuietComfort 道路噪声控制(RNC)技术带到支持 Audio Weaver 平台的车辆上,比如特斯拉 Model 3

续表

序号	事件名称	事件内容
159	博世与庆铃成立燃料电池系统合资公司	12月22日,博世中国与中国高端商用车制造商庆铃汽车(集团)有限公司在重庆签署合资协议。双方将成立合资公司,共同开发和销售燃料电池解决方案。合资公司的注册资本为8亿元人民币,其中博世持股60%,庆铃持股40%。新成立的公司将主要负责燃料电池系统的开发、应用、组装、销售和服务。秉持对"氢未来"的共同愿景,双方将集合先进技术和在本土市场的经验及优势——包括博世在燃料电池系统上的专业技术,提供电堆、关键附件等关键零部件,以及庆铃对商用车整车和本土市场的深入洞察
160	LG与麦格纳签订合资协议,拓展动力总成电动化市场	12月13日,LG电子和麦格纳国际公司宣布成立合资公司,制造电机、逆变器、车载充电器,并为一些汽车制造商提供电驱动系统,以支持全球日益增长的汽车电动化转型的需求。新公司名暂定为LG Magna e-Powertrain,合资公司将麦格纳在电动动力系统和世界级汽车制造领域的优势与LG在电机和逆变器开发方面的专长相结合,从而加速双方在电动动力总成市场的发展
161	法雷奥与开云汽车、拓普集团签署电控底盘合作协议	12月25日,从法雷奥官方获悉,其于近期同开云汽车、拓普集团正式签署合作协议,以共同开发无人配送车用电控底盘样车。此次三方合作开发的无人配送车用电控底盘样车将采用法雷奥48伏驱动系统,可满足零排放地区的严格要求。其中,由法雷奥技术提供的动力总成系统,已经量产且符合汽车行业标准,确保了极高的安全性

Abstract

Annual Report on the Development of Chinese Automobile Parts Industry (*2020 – 2021*) is an annual research report on the development of China auto parts industry, first published in 2016, this book is the sixth volume, compiled by China Association of Automobile Manufacturers (CAAM) and China Automotive Engineering Research Institute Co. , Ltd (CAERI), gathered the wisdom of numerous managers, experts and scholars from OEMs, auto parts enterprises, various auto parts branches of CAAM, universities and relevant government departments. This book is a comprehensive and magisterial exposition of the development of China auto parts industry.

The global auto market has been hit hard by the COVID-19, the global auto sales in 2020 saw the biggest drop ever since the financial crisis, and the global auto parts industry has been affected seriously. Under the influence of the weak auto market, Auto production and sales in China have declined for two consecutive years. The sudden outbreak of COVID-19 has seriously affected the production, sales, export and other aspects of automobiles, threatening the automobile supply chain. Under the effective control of the government, domestic parts market recovers rapidly, and the overall performance of domestic parts enterprises increases steadily. At the end of the 13th Five-Year Plan, how to deal with emergencies to complete the transformation and upgrading of China auto parts industry, and how to complete high-quality development during the 14th Five-year Plan period have become the focus of the industry.

This annual report takes the "integration and innovation of auto parts industry" as the main line, and elaborates on the industrial investment research, enterprise research, sub-industry research and quality management research, etc.

The full text of the report is divided into five chapters: General Report, Monographic Study Report, Industry Report, Case Report and Appendix.

The General Report macroscopically analyzes the development of China auto parts industry in the aspects of the policy system, the enterprises' revenues, the current situation of import and export, and the strategic layout, and gives a macroscopic description of the current market situation of the global auto parts industry, the operation state of enterprises, the status of technology research and development, the investment activities, and the distribution strategies in China.

The Monographic Study Report makes an in-depth study on the development planning of national level, local level and enterprise level during the 14th Five-year Plan period. And it forecasts and prospects the development trend of China auto parts industry.

The Industry Report in-depth analyzes the development status and trends of the six sub-industries of engine, electric drive assembly system, electric vehicle charging and changing facilities, on-board core chips, intelligent vehicle human-machine interaction and autonomous driving operating system, conducts in-depth research on product technology and market scale, also forecasts and analyzes the future development trends of each sub-industry.

The Case Report Selects the Dongfeng Equipment Manufacturing Co., LTD. of intelligent manufacturing, Wanbang Digital Energy Co., LTD. of the charge and exchange infrastructure, the Xiaomazhixing Co., LTD. of automatic driving and the Siweiqi Co., LTD. of energy interconnection as examples. The enterprise situation, business layout, enterprise development strategy, innovative development experience and typical transformation and upgrading events are expounded and analyzed in detail.

Throughout this report, it is supported by rich materials of the auto parts industry, and considerable breadth and depth of analysis is carried out, which could help the general readers promote all-round understanding about the development trends of China auto parts industry, and could provide a reference for the managements of automobile industry, the industry organizations, the local governments, and enterprises on decision-making and strategic research.

Keywords: Auto Parts; Fusion Innovation; Intelligent

Contents

I General Reports

Abstract: By the end of 2020, China automobile production and sales were completed 25.225 million and 25.311 million, down 2% and 1.9% year on year, compared with the previous year, the decline was reduced by 5.5 and 6.3 percentage points respectively. Under the influence of COVID-19, the international trade of China's auto parts industry has been severely affected, especially the export of auto parts has been severely reduced. Under the effective control of the government, China domestic parts market recovers rapidly, and the overall performance of domestic parts enterprises increases steadily. At the same time, after years of research accumulation in the field of new energy technology and intelligent network technology, China auto parts enterprises will start to promote the commercialization and industrialization of technology in 2020. This article elaborates on the development of China auto parts industry in terms of policy system, market size, business operations, investment and mergers and acquisitions, and core technology R&D in 2020.

Keywords: Auto Industry; Auto Parts Industry; Industrial Policy; Auto Technology

Abstract: The global auto market has been hit hard by the COVID-19, the global auto sales in 2020 saw the biggest drop ever since the financial crisis. Total sales fell as much as 15 percent to about 76.5 million units, with the auto parts industry also severely affected. Since the outbreak of the global epidemic in December 2019, the supporting facilities, logistics, personnel and other aspects of the automotive industry chain have been seriously affected. In the second half of 2020, auto production is even facing a discontinuation crisis due to a shortage of chips. In such a difficult environment, business operations have been severely hindered, and the decline in performance has become a global trend. However, through mergers and acquisitions, market expansion and other ways, global auto parts enterprises are still accelerating core technology R&D and market layout to hedge the pressure of enterprise operation brought by the current environment。This article elaborates on the global auto parts industry in 2020 in terms of supporting revenue, technology R&D, mergers and acquisitions and reorganization, and market layout in China.

Keywords: Auto Industry; Auto Parts; Auto Technology

Ⅱ Monographic Study Reports

Abstract: The 14th Five-Year Plan proposes to accelerate the development of a modern industrial system and promote the optimization and upgrading of the economic system, and continue to focus on the real economy, build China into a strong manufacturing, quality, Internet, and digital country, upgrade the industrial base, modernize the industrial chain, and improve the quality and efficiency of the economy and core competitiveness. The auto industry is an important grasp of

China's real economy, and the auto parts industry is the premise and foundation to support the sustained and steady development of the auto industry. The automotive supply chain is at a critical stage of comprehensive upward development. With the gradual deepening integration of the global market, the traditional automobile supply chain is facing great changes such as integration and zero coordination, technology integration, digital transformation and model innovation. The 14th Five-Year Plan period will be an important period of strategic opportunities for auto parts industry.

Keywords: Auto; Auto Parts Industry; Intellectualization; Globalization; Auto Industry Chain

Ⅲ Industry Reports

Abstract: Currently, the global manufacturing industry is facing huge changes. The combination of simple manufacturing and advanced information technology has created a frenzy of innovation in manufacturing. As the key core technology of the whole vehicle, the engine is the core competitiveness of the development of the national automobile industry. At present, China five-stage fuel consumption regulations require that the average fuel consumption of enterprises should reach 4L/100km in 2025. Further reducing vehicle fuel consumption and pollutant emissions has become a key technology for global automobile enterprises to compete.

Keywords: Auto Parts; Engine; Fusion Development

Abstract: In recent years, China new energy vehicle market has maintained continuous growth under the two-wheel drive of policy and market. As a core component of new energy vehicles, the development of the automotive drive motor system industry also maintains a rapid upward trend. This report analyzes the market, products and technology development status of the electric drive assembly system industry, studies the main problems existing in the electric drive assembly industry, and puts forward relevant suggestions for the development of the industry.

Keywords: Drive Motor; Motor Controller; Electric Drive Assembly; Integrated

B.6 Report on the Development of Electric Vehicle Charging and Exchanging Facilities Industry / 143

Abstract: During the 13th Five-Year Plan period, under the overall deployment of The State Council, the National Development and Reform Commission, the National Energy Administration and other ministries, and with the efforts of the whole industry, China's EV charging infrastructure industry has made positive progress. With the ability of product technology innovation, it has established a charging and changing facility service system, basically formed a complete industrial chain, effectively supported the promotion and application of new energy vehicles, and become the country with the largest number of charging facilities in the world. This report analyzes the current situation of the market, products and technology development of the charging and changing industry, analyzes the main problems existing in the charging facility industry, and puts forward relevant suggestions for the development of the industry.

Keywords: Charging Infrastructure; Changing Infrastructure; Public Charging Scenario; Private Charging Scenario; Dedicated Charging Scenario

Abstract: Chip shortages have become a major risk to the global auto industry and economic recovery, and have quickly stirred industry sensitivities. This paper summarizes the development of the automotive core chip industry, the classification of automotive core chip and domestic and foreign policies, market environment, technical environment, etc. The market size, application field and competition pattern of vehicle core chip are displayed from multiple dimensions. This paper analyzes the technical gap and the existing problems of the chip of the domestic and foreign car standard level, and gives some suggestions and opinions on how to make up the short board.

Keywords: Automotive Electronics; Vehicle Regulation Level Chips; Electronic Control Unit; Autonomous Driving; Microcontroller Unit

Abstract: Since 2019, China intelligent connected vehicle industry has made great breakthroughs in policy and regulation formulation, standard system construction, and overall industrial and technological development. On February 24, 2020, 11 ministries and commissions, including the National Development and Reform Commission, the Cyberspace Administration of China and the Ministry of Public Security, jointly issued the Strategy for Innovative Development of Smart Vehicles. In the Strategy, it is clearly pointed out that high-level intelligent vehicles will be applied on a scale in the future, and the intelligence of automobiles will become a new direction of China's industrial development strategy. In the future, the trend of intelligent, networked, shared and electric vehicles will profoundly affect the relationship between people, cars and the environment, and human-machine interaction design will become the core element of the development and innovation of intelligent vehicles.

Keywords: Networking; Intelligent; Human-computer Interaction

B.9 Report on the Development of Autopilot Operating System Industry / 223

Abstract: Under the background of "new four modernizations", intelligent and connected vehicles have become the focus of industrial competition, and the industrial chain and technological chain of automotive electronics are facing reconstruction. The on-board intelligent computing platform (the "brain" of the car) based on high performance system-level chips is the most important part of the new automotive electrical and electronic architecture. Whether it can win the competition in the intelligent and connected automotive electronics industry depends on whether it can realize the L3 level and above automatic driving function. This paper analyzes the problems existing in the current industry development by studying the market, technology development status and trend of vehicle control operating system and vehicle operating system, and puts forward development suggestions.

Keywords: Autonomous Driving; Operating System; Fusion Development

Ⅳ Case Reports

B.10 Innovation and Exploration of Dongfeng Equipment Manufacturing Co., Ltd. in Intelligent Manufacturing / 241

Abstract: In the face of German industry 4.0 and "Made in China 2025", more and more equipment manufacturers to join the field of intelligent manufacturing. In 2014, Dongfeng Equipment proposed to implant intelligent manufacturing technology into its own equipment projects. After market research and discussion, it established the development of "intelligent subroutine" and other intelligent manufacturing technologies, especially focusing on the development of "intelligent production line management system" ("Zhixing" system) . At the same time, Dongfeng equipment takes the machine tool equipment products (processing center, flexible logistics) as the carrier, and takes the preparation, implementation, maintenance, decision-making intelligent technology as the entry point for intelligent technology development related work. In 2013, the "Digital Equipment" informatization project was launched, and the informatization system was built with the enterprise resource planning ERP system as the core, manufacturing execution system MES, procurement management system PMS, business analysis system BI, collaborative office portal OA and other peripheral systems as the support.

Keywords: Digital Equipment; Intelligent Product; Intelligent Manufacturing Technology

Abstract: At the beginning of the development of the charging pile industry, Wanbang was established and quickly grew into an industry benchmark. Its core brand, Star Charging, as a national standard in the field of charging, has established strategic partnerships with nearly 60 well-known car companies around the world. The five products of the company are widely used in each charging scene, and equipped with 12 cloud full-scene service and multi-dimensional business center, forming a unique ecological advantage. The enterprise introduced the most cutting-edge technology, set up a global R&D platform, established Jiangsu Smart Energy Equipment Innovation Center of New Energy Vehicle relying on Guchuang Energy, formulated the overall technology roadmap of new energy vehicle and smart energy industry, and innovatively proposed the "cloud-tube-end" operation mode and the "mobile energy network" concept. Build six "star" comprehensive solutions based on the original mind, with an open mind, create a lot of industry integration cases.

Keywords: Charging Pile; Innovative Development; Scenario Solution

Abstract: As a global head autonomous driving technology enterprise, Pony. ai focuses on full-stack L4 level autonomous driving technology solutions. With its breakthroughs in artificial intelligence technology, it provides logistics and travel services around the world. Under the leadership of top experts in the field of computer technology, Pony. ai focuses on technological innovation and talent reference, conducts international technology research and development and road test layout in China and the United States, and is engaged in software and hardware research and development design. It has its own autonomous driving software and hardware systems, constantly breaking through the autonomous driving technology, and making continuous efforts to realize the complete transformation of future transportation methods.

Keywords: Autonomous Driving; Product R&D; Travel Service

Abstract: Guangxi Siweiqi Electric Power Group Co. LTD is dedicated to the upgrading of power electronic equipment in the traditional power grid, promotes the deep integration of smart grid and Internet, and enables innovation in new energy, non-fossil energy or more energy technologies to be integrated more effectively in the information age under the background of the Internet. Adhering to the advantages of power intelligent deployment technology in the industry for many years, integrating wind power technology and solar photovoltaic technology, as well as a number of patented technologies for the Echelon utilization of retired cells, the energy Internet is constituted. A typical case is the practical application of new energy vehicle charging pile. Compared with the traditional grid-connected mode, the investment can be saved by about 30% , the comprehensive efficiency can be improved by about 30% , and the comprehensive investment benefit of the charging pile can be more than doubled compared with the traditional one.

Keywords: Energy Internet; Wind & Light Complementary; Echelon Battery Utilization; Charging Pile; Siweiqi

皮书

智库报告的主要形式
同一主题智库报告的聚合

皮书定义

皮书是对中国与世界发展状况和热点问题进行年度监测，以专业的角度、专家的视野和实证研究方法，针对某一领域或区域现状与发展态势展开分析和预测，具备前沿性、原创性、实证性、连续性、时效性等特点的公开出版物，由一系列权威研究报告组成。

皮书作者

皮书系列报告作者以国内外一流研究机构、知名高校等重点智库的研究人员为主，多为相关领域一流专家学者，他们的观点代表了当下学界对中国与世界的现实和未来最高水平的解读与分析。截至 2021 年，皮书研创机构有近千家，报告作者累计超过 7 万人。

皮书荣誉

皮书系列已成为社会科学文献出版社的著名图书品牌和中国社会科学院的知名学术品牌。2016 年皮书系列正式列入“十三五”国家重点出版规划项目；2013~2021 年，重点皮书列入中国社会科学院承担的国家哲学社会科学创新工程项目。

权威报告・一手数据・特色资源

皮书数据库

ANNUAL REPORT(YEARBOOK) DATABASE

分析解读当下中国发展变迁的高端智库平台

所获荣誉

- 2019年，入围国家新闻出版署数字出版精品遴选推荐计划项目
- 2016年，入选“‘十三五’国家重点电子出版物出版规划骨干工程”
- 2015年，荣获“搜索中国正能量 点赞2015”“创新中国科技创新奖”
- 2013年，荣获“中国出版政府奖・网络出版物奖”提名奖
- 连续多年荣获中国数字出版博览会“数字出版・优秀品牌”奖

成为会员

通过网址www.pishu.com.cn访问皮书数据库网站或下载皮书数据库APP，进行手机号码验证或邮箱验证即可成为皮书数据库会员。

会员福利

- 已注册用户购书后可免费获赠100元皮书数据库充值卡。刮开充值卡涂层获取充值密码，登录并进入“会员中心”—“在线充值”—“充值卡充值”，充值成功即可购买和查看数据库内容。
- 会员福利最终解释权归社会科学文献出版社所有。

数据库服务热线：400-008-6695
数据库服务QQ：2475522410
数据库服务邮箱：database@ssap.cn
图书销售热线：010-59367070/7028
图书服务QQ：1265056568
图书服务邮箱：duzhe@ssap.cn

社会科学文献出版社 皮书系列
SOCIAL SCIENCES ACADEMIC PRESS (CHINA)
卡号：198794231182
密码：

S 基本子库
SUB DATABASE

中国社会发展数据库（下设 12 个子库）

整合国内外中国社会发展研究成果，汇聚独家统计数据、深度分析报告，涉及社会、人口、政治、教育、法律等 12 个领域，为了解中国社会发展动态、跟踪社会核心热点、分析社会发展趋势提供一站式资源搜索和数据服务。

中国经济发展数据库（下设 12 个子库）

围绕国内外中国经济发展主题研究报告、学术资讯、基础数据等资料构建，内容涵盖宏观经济、农业经济、工业经济、产业经济等 12 个重点经济领域，为实时掌控经济运行态势、把握经济发展规律、洞察经济形势、进行经济决策提供参考和依据。

中国行业发展数据库（下设 17 个子库）

以中国国民经济行业分类为依据，覆盖金融业、旅游、医疗卫生、交通运输、能源矿产等 100 多个行业，跟踪分析国民经济相关行业市场运行状况和政策导向，汇集行业发展前沿资讯，为投资、从业及各种经济决策提供理论基础和实践指导。

中国区域发展数据库（下设 6 个子库）

对中国特定区域内的经济、社会、文化等领域现状与发展情况进行深度分析和预测，研究层级至县及县以下行政区，涉及省份、区域经济体、城市、农村等不同维度，为地方经济社会宏观态势研究、发展经验研究、案例分析提供数据服务。

中国文化传媒数据库（下设 18 个子库）

汇聚文化传媒领域专家观点、热点资讯，梳理国内外中国文化发展相关学术研究成果、一手统计数据，涵盖文化产业、新闻传播、电影娱乐、文学艺术、群众文化等 18 个重点研究领域。为文化传媒研究提供相关数据、研究报告和综合分析服务。

世界经济与国际关系数据库（下设 6 个子库）

立足“皮书系列”世界经济、国际关系相关学术资源，整合世界经济、国际政治、世界文化与科技、全球性问题、国际组织与国际法、区域研究 6 大领域研究成果，为世界经济与国际关系研究提供全方位数据分析，为决策和形势研判提供参考。

法律声明